장터의 풍경이
생동하는,
안   동
중앙신시장

연구책임자

이영배　국립안동대학교 민속학연구소장(문화유산학과 교수)

집필진(게재순)

강윤정	국립안동대학교 사학과 교수
이중구	국립안동대학교 문화유산학과 강사
이한승	국립안동대학교 문화유산학과 강사
강석민	국립안동대학교 대학원 민속학과 BK21교육연구팀 박사후연구원
안솔잎	국립안동대학교 대학원 민속학과 박사과정 수료
김정현	국립안동대학교 대학원 민속학과 박사과정 수료
박선미	국립안동대학교 문화유산학과 강사
공다해	국립안동대학교 대학원 민속학과 박사과정 수료
정연상	국립안동대학교 건축공학과 교수
정민지	국립안동대학교 대학원 민속학과 박사과정
최민지	국립안동대학교 대학원 민속학과 박사과정 수료

안동의 전통시장민속 · 2

장터의 풍경이 생동하는, 안동 중앙신시장

초판1쇄 발행　2024년 12월 30일

엮은이　국립안동대학교 민속학연구소
글쓴이　강윤정 · 이중구 · 이한승 · 강석민 · 안솔잎
　　　　김정현 · 박선미 · 공다해 · 정민지 · 정연상 · 최민지

주간　조승연
편집 · 디자인　오경희 · 조정화 · 오성현 · 신나래 · 박선주 · 정성희
관리　박정대

펴낸이　홍종화
펴낸곳　민속원
창업　홍기원
출판등록　제1990-000045호
주소　서울 마포구 토정로25길 41(대흥동 337-25)
전화　02) 804-3320, 805-3320, 806-3320(代)
팩스　02) 802-3346
이메일　minsokwon@naver.com
홈페이지　www.minsokwon.com

ISBN　978-89-285-2067-1
SET　978-89-285-1908-8　94380

ⓒ 국립안동대학교 민속학연구소, 2024
ⓒ 민속원, 2024, Printed in Seoul, Korea

이 책은 저작권법에 따라 보호를 받는 저작물이므로 무단전재와 복제를 금지하며,
이 책의 전부 또는 일부를 이용하려면 반드시 저작권자와 출판사의 서면동의를 받아야 합니다.

안동의 전통시장민속 · 2

장터의 풍경이 생동하는, 안동 중앙신시장

국립안동대학교 민속학연구소 엮음

민속원

· 발간사 ·

　우리 박물관에서는 2012년부터 2022년까지 안동지역의 마을을 선정하여 이미 사라졌거나, 점차 잊혀가는 전통과 풍습을 조사 · 연구하여 '마을민속지'를 발간하는 사업을 진행하였습니다. 이후 안동의 '전통시장'을 주제로 전통시장의 역사와 민속문화를 총체적으로 조사 · 연구하여 2023년 '구시장 민속지'를 발간하였으며, 올해는 '신시장 민속지'를 발간하게 되었습니다.

　시장은 상업공간이자 유희공간이며, 우리의 삶과 문화가 형성되고 소비되는 복합문화공간입니다. 시장은 역사 · 민속학적으로 의미 있는 자료가 산재된 공간이지만, 대형유통매장의 등장과 소비경향의 변화로 인해 시장의 위상이 점차 낮아지고 있습니다. 이러한 시기에 전통시장 민속지 발간 사업은 안동의 역사와 민속문화를 연구하는데 무엇보다 의미 있는 작업이라고 생각합니다.

　이번 조사지로 선정된 신시장은 안동시 옥야동(중앙시장 1길 54)에 위치하고 있습니다. 1946년 경상북도로부터 상설시장 허가 승인을 받았다는 기록으로 보아 약 70여 년 시간 동안 안동 시민과 외지인이 함께 호흡한 공간입니다. 초창기 신시장은 관혼상제冠婚喪祭와 관련된 음식을 주로 판매하였으며, 현재는 ①포목점, 청년몰, ②수선집, 젓갈, 제유소, 의류점, 포목점, ③음식점, 제유소, 잡곡, ④음식점, 농산물, 종묘, ⑤음식점, 문어, 떡, ⑥반찬, 수산물, 육류, ⑦건어물, ⑧분식, 과일, 수산물 등 생필품 중심으로 다양한 물품이 유통되고 있습니다.

　신시장은 단순히 사람들이 모여 물건을 사고, 파는 기능 이외에도 각종 문화 · 예술 공연이 활발히 이루어지는 예술과 놀이의 장이기도 했습니다. 따라서 이 책에서는 신시장의 역사와 상인들의 삶과 문화 등을 다방면으로 기록하여 신시장의 양상과 변화상을 기록하였습니다. 또한 현재의 시점에서 신시장의 성과와 전망, 가능성과 한계를 종합적으로 검토하여 발전 가능성을 제언하였습니다.

　시장은 상인들의 일상생활 공간이자 생계유지를 위한 일터입니다. 따라서 제보자를 섭외하고 인터뷰를 진행하는데 어려움이 따를 수밖에 없습니다. 그럼에도 불구하고 이번 신시장 민속지는 현장 상인들의 목소리를 풍부하게 담아내어 시장 활성화를 위한 기초자료로써 의미 있는 결실을 거두었습니다. 바쁘신 와중에도 친절히 조사에 응해주시고 도움을 주신 신시장 상인분들께 깊은 감사의 말씀을 드리며, 아울러 안동 시장의 역사와 민속문화에 관심을 가지고 이번 사업에 힘써주신 국립안동대학교 민속학연구소 소장님을 비롯한 집필진 여러분께도 감사의 말씀을 전합니다.

2024년 12월
안동시립박물관장 김 태 복

· 머리말 ·

장터의 풍경이 생동하는, 안동 중앙신시장

　시장은 다양한 형태와 방식으로 우리가 사는 삶 속 어느 곳이나 존재하고 있다. 경제 영역뿐만 아니라 사회, 정치, 문화 혹은 놀이와 여가, 예술과 지식 등의 영역 어디에서나 생산과 소비가 이루어지고 있다. 그 생산과 소비의 계기들을 이어주는 교환과 가치 창출이 이루어지는 시간과 공간, 또는 물자와 사람의 교류와 흐름을 매듭지어주는 다양한 형태와 방식의 시간과 장소들이 시장인 것이다. 따라서 시장은 특별한 날과 특정한 곳에 자리매김될 수 없는, 보편적인 형상을 지니고 있는 것이 된다. 그러나 우리는 전통시장을 특별하게 생각하고 의미화하기도 한다. 즉 그곳에 역사성과 전통성, 그리고 지역성이 두텁게 쌓여있다고 생각한다. 나라마다, 지역마다, 혹은 민족이나 문화마다 각기 다르게 시장의 형상을 조건짓고 구조화하기 때문이다. 그런 점에서 시장은 로컬한 역사와 문화적 힘이 마주치는 특수한 공간으로 한 나라의 차원에서 다른 나라와 구별되는 생성적인 정체성의 이름들과 자리들로 이해할 수 있다.
　시장이 제도와 일상, 물품과 사람, 그리고 정치, 경제, 문화, 사회적 행위들의 복합적인 체계임이 확인되는 시기는 대체로 조선 초기 무렵이다. 이 시기에 시장은 장문場門으로 불리기도 했고 그 유형에 따라 경시京市, 향시鄕市, 허시墟市라고 부르기도 했다. 특히 허시는 시장이 이루어지는 모습을 형용하여 지은 말로 사람들이 모여서 거래를 마치고 흩어진 모습을 표현하고 있다. 또한 현대의 시장과 구분하여 장시場市라는 이름에 전통성과 역사성을 부여하기도 한다. 특히 장시는 1670년(선조 40) 무렵에 이르면 한 달 30일 동안 장이 서지 않는 날이 없을 정도로 일상화된다. 그러다가 18세기 중엽에는 정기시장인 장시 중에서도 상설화의 경향이 증가하면서 하나의 시장권을 형성하게 되고 이 시장권들이 망라되면서 전국적인 망을 형성하게 된다.

그 과정에서 장시는 당대의 민속이 전승 연행되는 문화공간으로 자리 잡는다. 즉 장시는 민속문화를 저장해온 곳, 이를테면 새우젓 타령과 장돌뱅이 보부상의 노래 등과 같은 민요가 생성 연행되는 곳이면서 난장판이 펼쳐져 씨름, 줄다리기, 윷놀이, 남사당패놀이, 보부상놀이 등이 연행되는 곳이 된다. 또 근대가 시작된 일제강점기에는 협률사, 신파연극단, 곡마단 등이 연행되기도 했다. 이와 같이 장시는 일상의 경제적, 사회적 필요를 충족하는 곳이자 하나의 제도로서 존속하면서 지역의 역사 속에서 민속과 같은 문화가 생성, 전승, 연행되어 온 복합적인 체계로서 특수한 의미가 있다.

이 책은 신시장의 위상을 역사적인 층위에서 혹은 사회경제, 정치적인 층위에서, 종교와 문화적인 층위에서 조망하고 있으며 현재의 시점에서 성과와 전망, 가능성과 한계를 종합 검토하여 그 발전 가능성을 제언하고 있다. 전통시장을 대상으로 한 조사나 연구가 미흡한 실정에서 매우 다양한 제도적 지원과 경제적 활성화 사업, 그리고 다양한 매체로 남아 있는 그 장소의 기억과 문화적 실험 및 생활의 편린들을 가능한 대로 종합하여 다루고 있다. 간략하게 이 책의 내용을 정리 소개하면 다음과 같다.

신시장(안동 중앙신시장)은 안동시 옥야동(중앙시장 1길 54)에 위치하고 있다. 1946년 상설시장으로 승인된 이후, 현재까지 안동지역 시장문화의 전통을 비교적 잘 전승하고 있는 곳이다. 특히 혼례·상례·제례를 비롯한 명절과 시사時祀 등의 의례 전통과 그에 따른 음식문화의 조달지로 기능하고 있다. 이를테면 어물도가를 중심으로 어물 소매점이 잘 형성되어 있고, 문어 전문점, 떡집, 건어물점, 전집, 통닭집(제수용), 청과물점, 정육점, 채소상회 등이 들어서 있다.

역사적으로 볼 때 신시장은 오일장이 먼저 활성화되었고 상업이 점차 활기를 띠면서 제 모습을 갖추어왔다. 여전히 신시장에서는 오일장의 전통이 생동하고 있는데 그와 관련하여 '베전골목'이 주목된다. 베전골목은 구시장에서 신시장으로 진입하는 길목에 조성되어 있는데 안동포 및 삼베를 취급하던 상가가 들어서 있다. 이 오일장 관련 기록은 17세기 초엽부터 확인된다. 1608년에 편찬된 『영가지』의 기록에 따르면 당시 안동에는 부내장을 비롯해 신당장, 산하리장, 편항장, 미질장, 풍산장, 옹천장, 구미장, 장동장, 내성장, 재산장 등 11개의 정기시장이 개설되어 있었다. 이후 『동국문헌비고』(1770), 『만

기요람萬機要覽』(1808), 『증보문헌비고』의 「시적고市糴考」(1907) 등의 기록에서 그 흔적이 보인다. 안동읍내 오일장은 '부내장府內場'으로 불리다가, 대한제국기에 들어와 '읍내시邑內市'로 불렸으며 개시일은 2일과 7일이었는데, 1920년대까지 이 날에 장시가 열렸다. 해방 이후 1947년 시장 이전사업, 1954년 확장 사업, 그리고 1974~1976년까지 재건축 사업이 추진되었고 1980년대 중반부터 현대식 건물을 증축하여 건어물·어물·과일·제사용품·의류·식육점·음식점, 그리고 농기구와 잡화상 등이 함께 들어섰다. 그러다가 1990년대 후반 구역별로 같은 업종을 입주시키면서 지금과 같은 신시장이 형성되었다.

현재 신시장은 8개의 구역으로 나누어져 있으며, 해당 구역별로 다양한 물품을 판매하고 있다. 지구별 주요 업종 및 판매 품목은 ① 포목점, 청년몰, ② 수선집, 젓갈, 제유소, 의류점, 포목점, ③ 음식점, 제유소, 잡곡, ④ 음식점, 농산물, 종묘, ⑤ 음식점, 문어, 떡, ⑥ 반찬, 수산물, 육류, ⑦ 건어물, ⑧ 분식, 과일, 수산물 등으로 구분된다. 이러한 판매 품목은 신시장의 특징을 잘 보여주는데, 일상생활의 필수품을 중심으로 다양한 물품들이 유통되고 있다는 것이 그것이다.

2000년대 중반부터 본격적으로 들어선 대형마트는 전통 재래시장을 위축시키고 있다. 대표적인 사례로 이마트와 홈플러스를 들 수 있는데 2004년 이마트 안동점, 2012년 홈플러스 안동점이 문을 열었다. 이 외에도 하나로마트와 신시장마트 등 현대화된 소규모 마트가 재래시장과 경쟁하고 있다. 이로 인해 신시장은 젊은 층이 찾지 않는, 고령층이 주로 이용하는 전통시장이 되어가고 있다.

이에 대응하여 신시장 상인회는 시장 활성화를 위한 다양한 사업을 모색 실천해왔다. 2002~2004년에 1차 환경개선사업을 성사시켜 돔 형식의 현대화된 건물 구조를 갖추었고 2007~2008년에 2차 환경개선사업을 추진하였다. 그 이후 고객 유치를 위한 다양한 프로그램을 개발하고 청결·위생 관리, 시설 개선, 상인 역량 강화 등을 통해 내실을 다져가고 있다. 또한 2017년에 청년몰 조성사업, 2019년에 특성화 첫걸음시장 육성사업, 2021년에 문화관광형사업을 상인회 주도로 추진했고, 2022년부터 안동 구시장, 남서상점가, 문화의 거리, 음식의 거리와 함께 상권르네상스 사업을 수행하고 있다.

대표적으로 신시장 청년몰 조성사업은 폐점하는 곳이 늘어나던 1, 2지구를 중심으로 진행되었다. 2017~2018년까지 신시장 1, 2지구 20개 점포에 사업비 15억 원이 투입되었다. 그 목표는 상인들의 세대교체 및 젊은 층 고객 유입을 통해 전통시장의 활력을 제고하여 미래 전통시장을 이끌 청년상인 육성 등이었다. 그에 따라 총 20개의 점포가 선정되어 2019년 1월 기준으로 입점을 완료하였는데, 음식 관련 업종이 18개로 다수를 차지하였다. 주로 청년 상인들이 수월하게 정착할 수 있도록 초기 인테리어 비용과 월세, 홍보 등에 대한 지원이 이루어졌다. 이러한 지원은 청년 상인들에게 실질적인 도움이 되었다고 평가된다.

초기에 청년몰에 대한 관심이 높아 어느 정도 활성화되었으나 사업비 지원이 끝난 뒤 폐점하는 곳이 늘어갔다. 그 이유는 청년몰 사업이 제공하는 공간이 기대와 달라 안정적인 수익 구조를 창출하지 못한 것, 사업을 시장에서 운영하는 이점이 없다는 것 등이었고 기존 상인들과 청년몰 창업자들이 충분히 소통하지 못한 것도 문제가 되었다. 그럼에도 불구하고 시장 방문객들의 소비 패턴에 부합하는 품목의 선정, 시장이라는 말이 주는 이미지의 장점 등 청년들이 시장에서 자신들의 생업을 유지할 수 있는 동기와 계기를 주도적으로 찾아냈다는 점에서 시사하는 바가 크다.

신시장은 정겨운 장터의 풍경 속에서 펼쳐지는 구경거리들을 간직한 곳이다. 동동구루무·약장수 그리고 샌드위치맨은 그 다채로운 구경거리를 구성하는 편린들이다. 장터 이곳저곳에서 펼쳐진 술판과 각종 놀이판 빼놓을 수 없다. 또한 골목골목마다 펼쳐진 아이들의 놀이판은 적어도 90년대까지 신시장 속에서 펼쳐지며, 일상의 층위에서 신시장의 놀이·여가문화를 구성해나갔다. 상업화된 여가문화가 본격화된 이후에는 극장과 롤러장이 활황을 이끌었다. 대안극장은 안동 시내권에서 가장 규모가 큰 극장으로 주민들이 만나는 계기와 통로가 되었다. 미디어 스타들이 펼치는 쇼단 공연과 다양한 장르의 영화는 당대 대중들의 문화적 경험과 감성을 새롭게 수놓았다. 80년 중·후반 등장한 롤러장은 여가문화의 새로운 주인공으로 등장한 학생/청소년들이 자신들만의 감성을 표출하는 장이 되었다. 2000년대 이후에는 왔니껴 투어와 동아리 프로그램과 같은 관광상품으로서 여가문화가 등장하였다.

오랜 기간 전통시장은 주로 물건을 매매·소매 유통하는 것에 초점이 맞추어진 공간이었다. 과거의 시장 역시 문화적 유희가 펼쳐지는 장이기도 하였지만, 이는 필요에 의해 사람이 집적되고, 일정 수준의 인구밀도를 넘어서면서 발생하는 현상으로 이해되었다. 그러나 현재의 시장에 관광 매력물 등의 문화적 요소를 접목하려는 이유는, 시장이 여전히 경제활동이 이루어지는 사회문화적 공간이면서도, 현대 소비사회의 패턴과 빗겨난 부분이 존재하기 때문에 발생하는 방문객의 감소를, 재미있는 요소들을 제공하여 일부

회복할 수 있다고 판단하기 때문이다. 그 재미있는 요소의 하나로 먹거리가 언급되고 있는 배경에는, 전통시장의 특색있고 다양한 먹거리는 소비를 촉진하기도 하지만 방문객들의 볼거리가 되기도 하면서 시장의 방문 수요자들의 흥미를 끌 것이라는 기대가 자리한다. 게다가 시장의 먹거리는 주전부리에 가까운 단촐한 구성으로 소비자들에게 큰 부담으로 다가가지 않으며, 식음료 소비는 실제 시장의 매출 증대에 도움이 될 수 있다는 강점이 있다. 한쪽으로는, 시장의 방문객을 증대시킬 수 있는 방안으로 다양한 먹거리의 제시와 더불어 마트와 변별되는 시장만의 특색을 확실히 드러내야 한다는 점이 제시되고 있었다. 그런데 이러한 발화 속에는 마트와 인터넷 쇼핑과 시장의 차별점을 경쟁력으로 재구하고자 하는 의지가 담겨 있기도 하면서, 대형유통구조가 표방하는 특성들의 일부를 시장에서 차용해야 한다는 생각이 담겨 있다.

   시장의 활성화가 최종 목표라면 시장의 쇠락 원인을 짚어내는 것이 우선되어야 한다. 그런데 많은 연구에서 시장의 쇠락은 구조적인 요인에서 찾으면서도, 해결 방안은 대중적인 요법을 제시하고 있다. 즉 신자유주의 도심 재구조화를 지적하고 그 부작용을 언급하면서 제시된 방안들은, 시장에 다시 규격화된 현대화와 도시화의 처방을 내린다. 그러나 구조적 모순을 제도적 장치로 모두 상쇄할 수는 없더라도, 국가의 설계와 자본에 의탁하여 시장의 쇠락을 늦출 수 있다면 시도하지 않을 도리는 없다. 결국 상인들이 도출한 결론은, 매우 어려운 일이지만 시장의 활성화는 변화와 전환에 유연한 태도를 갖고 줄탁동시啐啄同時로 이루어져야 한다는 것이었다. '가성비'라는 말이 소비를 촉진하는 매개로 언급되는 현재, 급속도로 진행되는 전 지구적 소비 세태는 시장의 미래를 어둡게 하고 있다. 전통시장으로서 중앙신시장의 기능은 회복할 수 있는 것인가? 시장의 기반이 되는 지역의 힘은 어떻게 시장에 집적될 수 있을까? 이에 대한 답을 함께 제시해야 시장 활성화의 전망이 확보될 것이다.

이영배

목차

발간사 _ 5
머리말 _ 7

강윤정 안동 신시장의 역사
17

1. 안동 구시장의 확장과 신시장의 형성 ·· 19
2. 신시장 화재와 재건, 이후 외형 변화 ·· 22
3. 신시장 베전골목과 오일장 ·· 25
4. 안동 중앙고추시장 ·· 30
5. 신시장 '오고가게 청년몰' ·· 32

이중구 안동 중앙신시장 상인회의 운영과 시장 활성화 전략
35

1. 시장과 상인회 ·· 36
2. 상인회의 구성과 운영 방식 ·· 38
3. 상인회의 활동과 시장 활성화 사업 ·· 44
4. 상인회의 과제와 전망 ·· 51

이 한 승　안동 신시장 경제의 특성과 변화
　　　　　57

    1. 신시장 경제의 특성 ··· 58
    2. 지역민을 통해 본 신시장 경제의 특성 ················· 60
    3. 신시장 상점의 업종별 경제 상황 ························· 66
    4. 신시장 노점 경제의 특성 ······································ 77

강 석 민　신시장의 일상과 시장민속의 현재성
　　　　　81

    1. 시장민속의 일상성과 교차성 ································ 82
    2. 품목별 결사체의 사회적 구성과 운영 ················· 84
    3. 시장 환경의 변화와 관계 구성의 재편 ················ 95
    4. 연중행사로 본 신시장 민속의 현재적 의미 ········ 104

안 솔 잎　물질부터 의례까지, 종교 상품으로 읽는 신시장 이야기
　　　　　107

    1. 종교 상품과 신시장의 공간성 ····························· 108
    2. 물질을 통해 맺어지는 관계의 양상 ··················· 110
    3. 의례를 통해 맺어지는 관계의 양상 ··················· 121
    4. 신시장을 매개하는 종교적 관계들과 그 의미 ··· 132

김 정 현　번화가에서 구도심으로, 신시장 여가문화의 두 풍경
　　　　　135

    1. 신시장 여가문화를 바라보는 관점 ····················· 136
    2. 신시장 여가문화의 전개와 특징 ························ 138
    3. 신시장 여가문화의 쇠퇴와 제도화 ····················· 163
    4. 여가문화로 다시 읽는 신시장 ····························· 173

박 선 미　안동 신시장 의례음식의 생산과 소비전통
　　　　　　175

　　　　1. 안동 신시장과 의례음식 문화 ································· 176
　　　　2. 안동간고등어의 생산과 소비전통 ···························· 177
　　　　3. 안동문어의 생산과 소비전통 ································· 186
　　　　4. 떡류·전류의 생산과 소비전통 ································ 189
　　　　5. 보신탕 소비전통의 단절 ······································· 195

공 다 해　시장과 단골, 관계가 만들어 낸 이야기
　　　　　　199

　　　　1. 전통시장의 단골문화 ··· 200
　　　　2. 중앙신시장의 단골문화와 공동체성 ························ 202
　　　　3. 온라인 시장의 출현과 단골문화의 융합 ·················· 215
　　　　4. 소비환경의 변화에 따른 단골문화 변환의 의미 ········ 222
　　　　5. 전통시장 디지털화의 한계와 전망 ·························· 226

정 연 상　안동 중앙신시장의 가로구조와 건축 공간
　　　　　　229

　　　　1. 문화유산으로서 안동 도심의 시장 ·························· 230
　　　　2. 중앙신시장 형성과 가로구조 ································· 233
　　　　3. 안동 시장의 상업건물 ··· 242

정 민 지 인적자원으로써 청년 인식과 안동 중앙신시장 활성화를 위한 시도
249

    1. 청년과 전통시장 육성의 이정표 ·· 250
    2. 청년과 시장의 접붙임 ··· 254
    3. 중앙신시장 아케이드 아래의 청년들 ··· 261
    4. 청년 담론 너머: 지역을 휘돌기 ··· 270

최 민 지 한 해의 기록, 사진으로 본 신시장 오일장의 풍경들
273

    1. 사진으로 보는 신시장 오일장의 변화 ··· 274
    2. 오일마다 펼쳐지는 다채로운 풍경들 ··· 277
    3. 너른 마당에서 좁은 골목으로 ·· 294
    4. 전통의 자리 혹은 변화의 경계에서 ·· 305
    5. 관점 너머, 상인들이 일궈내는 공통의 집 ·································· 319

01
안동 신시장의 역사

강윤정
국립안동대학교 사학과 교수

안동 신시장의
역사

　안동 중앙신시장(이하 신시장)은 안동시 옥야동(중앙시장 1길 54)에 위치한 부지 16,600㎡, 건물 18,040㎡ 규모의 시장이다. 여느 시장처럼 신시장 또한 오일장이 먼저 활성화된 것으로 보인다. 상업이 점차 활기를 띠면서 구시장 공간이 점차 신시장 쪽으로 확장되었다. 그 정확한 기원은 알 수 없으나 여러 기록과 증언을 종합하면 1950년대로 거슬러 올라간다. 즉 안동 신시장은 적어도 70여 년 동안 안동의 민중 및 외지인과 호흡한 공간이었다.

　조선의 오일장은 일제강점기를 거치면서 점차 상설화의 길로 들어섰다. 이는 안동 신시장도 예외는 아니었다. 그러나 안동 신시장은 여전히 5일마다 열리는 오일장이 생동하는 공간이다. 즉 상설시와 오일장이 동시에 기능하고 있는 특징을 가지고 있다. 신시장의 오일장 역사에서 빼놓을 수 없는 부분이 '베전골목'이다. 또한 안동 중앙신시장은 그 특성상 경제의 장場을 넘어 중요한 정치·문화의 장으로 기능하기도 했다. 신시장의 역사에서 또 하나 주목할 만한 사항은 청년몰 조성이다. 다만 자료의 한계로 시대별 조각들을 언급하는 선에서 서술하고자 한다.

1. 안동 구시장의 확장과 신시장의 형성[1]

현재 안동지역 재래시장은 구시장과 중앙신시장(이하 신시장)으로 구분된다. 2개의 시장 사이에는 신안동에서 내려오는 작은 하천이 흘렀는데, 20세기 중반에 복개 공사를 한 상태이다. 안동 신시장의 형성은 안동 구시장의 확장과 관련이 깊다. 안동지역의 오일장(정기시장) 관련 기록은 17세기 초엽부터 확인된다. 조선시대 안동지역의 시장 분포 사항과 관련된 기록으로는 1608년에 편찬된 『영가지』 기록이 있다. 이에 따르면 당시 안동에는 부내장을 비롯해 신당장, 산하리장, 편항장, 미질장, 풍산장, 옹천장, 구미장, 장동장, 내성장, 재산장 등 11개의 정기시장이 개설되어 있었다. 이후 150여 년 후의 기록인 『동국문헌비고』(1770)에도 11곳의 시장이 그대로 소개되고 있다. 이는 크게 변화가 없었다는 의미이기도 하다. 이후 기록으로는 『임원경제지』의 「예규지倪圭志」[2]와 『만기요람萬機要覽』(1808), 『증보문헌비고』의 「시적고市糴考」(1908) 등이 있다.

이들 기록을 종합하면 안동 읍내 오일장은 '부내장府內場'으로 불리다가, 대한제국기에 들어와 '읍내시邑內市'로 불렸다. 개시일은 2일과 7일이었다. 오일장에서 주로 거래된 품목은 시기에 따라 적지 않은 변화를 거쳤다.[3] 연간 거래액도 증가하였는데, 일제강점기에 그 증가 폭이 컸다. 1920년대 안동 읍내시의 연간 거래액은 299,809원이었으나, 1938년 들어 거래액이 대폭 증가하여 665,000원에 이른다.[4] 1924년 대비 100% 포인트 이상의 증가율을 보여주고 있다.

자본주의 시장경제화가 지속적으로 진행되던 일제강점기에도 오일장은 민民의 일상생활에서 절대적인 구실을 하였다. 생산품을 팔기도 하고, 동시에 생활필수품 등을 사기도 하였다. 생활의 상당 부분을 시장에 의존했다고 해도 과언이 아니다. 1920년대 안동지역 이동 상인은 2,000여 명 정도로 확인된다. 이는 전업 상업 인구뿐만 아니라, 농산물

---

1 안동의 신시장은 안동 구시장의 확장 과정이기도 하다. 이에 글의 전개상 '안동 구시장'의 역사 서술이 필요하다고 판단하여, 필자의 「안동 구시장의 역사」(안동대학교 민속학연구소 편, 『로컬한 역사와 문화의 공간, 안동 구시장』, 안동시립박물관, 2023, 28~35쪽)에서 정리, 추가하였음을 밝혀 둔다.
2 「예규지(倪圭志)」는 서유구(1764~1845)의 기록으로 『임원경제지』에 수록되어 있다. 이 책은 30여 년에 걸쳐 편찬되었고, 「예규지」의 정확한 기록연대는 알 수 없다. 다만 1842년에 완성되었기 때문에, 본 글에서는 19세기 전반기로 하였다.
3 조선총독부, 『朝鮮の市場經濟』, 1929, 49~50, 60, 94~95쪽.
4 문정창, 『朝鮮の市場』, 1941, 226쪽.

등을 시장에 내다 팔고, 다른 물건을 구매하는 숫자가 포함된 것이다.[5] 다만 일제강점기 들어 맞이한 큰 변화는 시장 관리 주체와 형태의 변화이다.[6] 장시 운영에 관한 모든 사항을 말단 행정 기관인 읍邑·면面에서 담당하게 되면서 상설시장은 점차 확장되었다. 1920년대까지 안동읍내에서는 2일과 7일이면 노상에서 장이 열렸다. 시장 사용료는 받지 않았으며, 시장의 관리인이 시장 세를 걷는 정도였다. 소와 말의 경우 중개인이 있어서 거래 금액의 4%에 해당하는 수수료를 받고 중개하였다.[7] 그러나 2일과 7일이면 도로에 즐비하게 들어찬 사람들로 불편함도 적지 않았다. 장날이면 중심가와 그 주변 노상에서 난전이 열렸고, 이 때문에 야기되는 불편이 적지 않았던 것이다.[8]

이를 해결하고자 장시 운영 주체인 안동읍 당국은 1933년 경북도청과 협의하여 상설시장 건립 사업을 추진하였다. 1933년 1월 시작된 이 사업은 12월에 이르러 마무리되었다. 안동읍은 시내 연못 4천 평을 매수하여 매립하고, 378간 규모의 장옥場屋을 축조하였다.[9] 당시 장옥의 사용료가 1개소 당 20전으로 당시로서는 고가였다.[10] 새로운 상설시장이 형성되었으나 시장 부지가 도로와 인접하여 여전히 협소했던 것으로 보인다.

안동 '구시장'의 위치 변천은 정확히 알 수 없으나, 1926년에는 5일(2일, 7일)마다 동부동과 서부동에서 시장이 열렸음이 기록에서 확인된다. 그런데 1938년 말에는 시장 위치가 '서부동'으로만 기록되어 있다. 이는 상설시장이 형성되면서 나타난 변화로 보인다. 즉 상권이 서부동 쪽으로 이동했음을 의미한다. 상설 상권의 형성·확장과 더불어 안동지역에 거주하는 상업 인구도 증가세를 보였다. 1925년 8,996명이었던 상업 인구가 1937년 9,169명으로 증가하였다. 특히 한국인의 증가세가 좀 더 높게 나타나고 있다.[11]

---

5 이경덕·박재영, 「안동구시장」, 『국내시장백과』, 가디언출판사, 소상공인시장진흥공단, 2016.
6 1914년 들어 조선총독부는 「시장규칙(市場規則)」을 공포·시행하였다. 이를 계기로 장시 운영에 관한 일체의 사항은 말단 행정 기관인 읍(邑)·면(面)이 담당하는 것으로 전면 개편되었다(허영란, 『일제시기 장시 연구-5일장의 변동과 지역주민』, 역사비평사, 2009, 24, 41쪽).
7 이경덕·박재영, 앞의 글, 2016.
8 『京城日報』 1933년 1월 21일자.
9 1914년 신고된 『토지조사부』에 따르면 안동 서부동에는 3필지에 4,145평 규모의 지소(池沼)가 있었다. 당시 매입한 곳인지 명확한 사정은 알기 어려우나, 서부동 소재 지소를 매입한 것은 확실해 보인다(조선총독부 임시토지조사국, 『토지조사부』).
10 『京城日報』 1933년 1월 21일자; 『동아일보』 1933년 12월 6일자.
11 安東郡, 『郡勢一斑』, 1931; 安東邑, 『邑勢一斑』, 1939.

〈사진 1〉 일제강점기 안동의 시장
(출처: 국립중앙박물관)

〈사진 2〉 일제강점기 안동의 시장
(출처: 국립중앙박물관)

〈사진 3〉 조흥은행 안동지점 앞
(출처: 『사진으로 보는 근대안동』)

〈사진 4〉 식산은행 앞길
(출처: 『사진으로 보는 근대안동』)

해방 이후인 1947년 들어 시장 이전 사업이 추진되었다. 1947년 4월 9일부터 시작된 이 사업은 한 달여 만에 마무리되어, 5월 16일 완공되었다.[12] 이때의 위치는 명확하지 않지만, 구 안동백화점 주변과 지금의 찜닭 골목이 위치한 서부동 일대였을 것으로 추정된다. 그런데 이보다 한 해 앞선 1946년 7월 무렵 신시장이 경상북도로부터 상설시장 허가 승인을 받았다는 기록이 있다. 이때의 신시장이 현재의 신시장을 의미하는지는 명확하지는 않으나, 서부동 일원에서 '사장뚝' 쪽으로 점차 시장이 형성되고 있었음을 알 수 있다.

---

12 『대구시보』 1947년 4월 17일자; 5월 23일자.

1947년에 이어 1954년에도 안동 신시장 확장 사업이 추진되었다. 이와 관련하여 1954년 3월 20일 자 『조선일보』에는 다음과 같은 기록이 보인다. “전란으로 인하여 파괴된 안동시장을 확장코자 동읍장 김진동金震東씨는 중앙 요로에 절충하는 한편 유지들의 찬조를 요청한 결과 결실을 보아 1천만 환 예산으로 시장번영회市場繁榮會를 통하여 신설을 추진 중에 있다.”는 내용이다. 한국전쟁 이후 인구 증가와 시가지 확장으로 상인이 증가하면서 이루어진 조치로 보인다. 1954년 확장 추진 중인 시장 위치는 명확하지 않다. 현재의 ‘중앙신시장’일 가능성도 적지 않다.

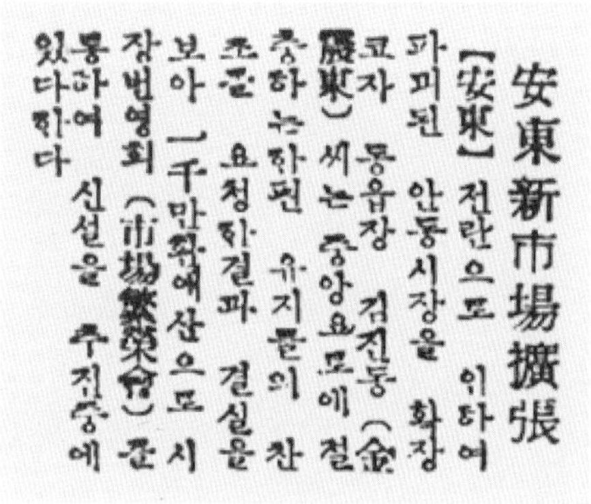
安東新市場擴張

【安東】 전란으로 인하여 파괴된 안동시장을 확장코자 동읍장 김진동(金震東)씨는 중앙요로에 절충하는 한편 유지들의 찬조를 요청한 결과 결실을 보아 一千만환예산으로 시장번영회(市場繁榮會)를 통하여 신설을 추진중에 있다

〈그림 1〉 안동 신시장 확장
(『조선일보』 1954년 3월 20일자)

2. 신시장 화재와 재건, 이후 외형 변화

이상을 종합하면 안동 읍내장(구시장)은 오일장을 기원으로 하는 오랜 역사를 가지고 있다. 고려와 조선을 거쳐 근 · 현대시기를 거치는 동안 끈질기게 민중들과 함께했다. 이러한 오일장과 더불어 점차 상설시가 형성되었다. 1933년 들어 서부동 일대 지소 4,000여 평을 매입하면서 상설시장이 조성되었다. 이때의 시장 위치는 서부동으로, 현재의 중소기업 은행이 위치한 일원일 가능성이 크다. “도로에 인접해 있다.”는 신문보도 내용으로 미루어 짐작한 것이다. 신문기사에 ‘신시장’이라는 용어가 보이지만, 이는 ‘중앙신시장’을 의미하는 고유명사가 아니라, 일반 명사이다.[13] 해방 뒤 1947년 시장 이전 사업이 추진되었는데, 이 또한 안동 구시장 일원일 가능성이 크다. 이후 1954년 추진된 ‘안동 신시장 확장’은 현재의 신시장 쪽일 가능성이 있다. 위치가 명기되어 있지 않아 확정하기는 어렵지만, 다음 글은 주목할 만하다.

13 안동 신시장 상인회 기록에는 1933년 상설시 개장을 ‘중앙신시장’으로 기록하고 있다.

신시장은 1946년 경상북도로부터 상설시장 허가 승인을 받아, 1950년대 후반부터 거주민들이 소규모 가게를 운영하다 1964년부터 일부 상인들은 콘크리트 건물을 지어서 가게를 운영하고, 영세상인은 재래식 목조건물에서 가게를 운영하였다. 1962년 안동읍이 시로 승격되면서 새로운 시장의 형성에 탄력을 받게 되었다.[14]

'옥야동 신시장'이라는 명칭이 확인되는 최초의 자료는 1965년 1월 6일 자 『동아일보』의 기사이다. 1965년 옥야동 신시장에 대규모 화재가 발생했는데, 이때 신시장은 이미 상당 규모의 시장을 형성하고 있었다.

아침 6시 20분쯤 安東市 玉野洞 소재 신시장 내 피복 점포에서 불이 일어나, 동 시장 건물 2동 1백 44간 중 80여 간과 상품 다수를 불태우고 2시간 만에 진화되었다. 피해액은 약 2백여만 원으로 추산되는데 경찰은 화인을 온돌 과열로 보고 조사 중이다.

이에 따르면 1965년 당시 옥야동 신시장에 건물은 2동 1백 44간 규모였음을 알 수 있다.[15] 이후 신시상은 1974년 1월에 이르리 신시장 재건축 사업이 추진되었다. 상설시장을 폐지하고 1976년까지 3년간 재건축이 추진되었다.[16]

1960~1970년대에는 주로 안동 북부지역에서 생산되는 농산물 중 고추를 취급하는 상회가 많았다. 그 주위로 음식점과 포목점, 어물전 및 건어물점 등의 상회들이 입주해 있었다. 1980년대 중반부터 고추상회가 외곽지로 이전하면서, 현대식 건물을 증축하여 건어물 · 어물 · 과일 · 제사용품 · 의류 · 식육점 · 음식점 등이 자리하였다.

〈그림 2〉 안동에 큰불
(『동아일보』 1965년 1월 6일자)

---

14 백소애, 「안동골목기행 13: 오일장이 흥겨운 신시장 골목길」, 『향토문화의 사랑방 안동』 133, 문화모임사랑방, 2011, 43쪽.
15 『동아일보』 1965년 1월 6일자.
16 조정현, 「구(舊)와 신(新)의 역동적 변화와 소통, 안동 오일장」, 『안동학』 14, 한국국학진흥원, 2015, 91쪽.

〈사진 5〉 1975년 신시장 현목국수
(『2019 옛사진 공모전 수상작품집-그리움이 쌓이네』, 88쪽(소장자 신분조))

그 외 농기구와 잡화상도 함께 들어섰다. 1994년에는 우수시장으로 중소기업청장상을 받기도 하였다. 그리고 1990년대 후반부터 구역별로 같은 업종을 입주시키면서 현재와 같은 현대화된 모습의 중앙신시장을 형성하게 되었다. 외곽지구까지 총 9지구로 이루어졌는데, 주로 포목점이 위치한 1, 2지구와 상회, 식당이 위치한 3, 4지구 등에서 8지구까지 그리고 화랑로 큰길가 '불로 흑염소'부터 '늘푸른 약국'까지의 외곽지구가 형성되어 있다.[17]

2002~2004년에는 신시장 제1차 환경 개선 사업이 추진되었다. 이때 돔 형식의 현대화된 건물 구조를 갖추게 되었다. 2005년 9월에 이르러 중앙신시장은 '인정시장 및 중앙신시장상인회'로 등록되었으며, 이듬해 2006년 4월에는 시범 시장으로 선정되었다. 이어 2007~2008년 10월 2차 환경 개선 사업이 추진되었다. 2016년 청년몰 조성 사업을 계획,

---

17 백소애, 앞의 글, 43쪽; 조정현, 위의 글, 91~92쪽.

2017 사업지구로 선정되었으며, 2018년 청년몰 사업이 추진되어, 현재에 이르고 있다. 2022년부터는 상권 르네상스 사업이 추진되고 있다.[18]

현재 중앙신시장은 부지면적 16,600㎡, 건축면적 18,040㎡ 규모로 시장 전체가 건어물·과일·의류·식육 등 9개의 동일 업종 지구로 구획되어 있으며, 205개의 점포와 50개의 노점상에 약 700명의 점포 상인과 50명의 노점상인이 영업에 종사하고 있다. 전체적으로는 건어물이 많이 유통되며, 어물전에서는 안동간고등어와 문어·상어 등의 제사용품이, 식육점에는 안동의 자랑인 안동한우와 지역 생산물인 싱싱한 돼지고기가, 의류점에는 전통 한복을 포함한 여러 의류제품이, 과일류는 사과·밤·호두·대추 등이 많이 거래되고 있다. 또한 황구탕과 소머리곰탕이 전국적으로 알려질 만큼 유명하며, 이와 마주 보고 있는 골목은 일명 베전골목으로 안동시가 보증하는 안동포가 대량 거래되는 곳이다. 한편 중앙신시장은 상설시장 이외에도 오일장도 열리는 시장이며, 오일장이 서는 날에는 국도 34호선 주변과 구 안동영호초등학교 입구까지 장이 선다.[19]

3. 신시장 베전골목과 오일장

베전골목은 안동지역에서 생산된 안동포 및 삼베를 취급하던 상가가 있던 골목이다. 구시장에서 신시장으로 진입하는 길목에 조성되어 있다. 베전골목이 처음부터 이곳에 형성되어 있었는지, 구시장에서 옮겨온 것인지는 단정하기 어렵다. 2022년까지 이곳에서 오랜 세월 베전을 운영하고 있던 이씨(예천 출신, 1931년생 남성, 2022년 당시 92세)는 옛 모습에 대해 다음과 같이 구술하였다. "50여 년 전에 부산으로 가다가 골목을 들여다보니 장사해서 먹고살 만하다는 생각이 들어서 이곳에 정착했다. 처음에는 전부 초가집이었는데 돈을 번 사람이 기와집을 짓고 장사를 했다." 또한 1979년에 대구에서 시집온 신씨(1956년생)는 "시집올 당시에 베전골목에 초가집은 없었고, 전부 기와집이었다. 1980년대에 전부 양옥집으로 다시 지었다."라고 하였다.

---

18 중앙신시장 상인회, 「신시장 연혁」.
19 조정현, 앞의 글, 92쪽.

〈사진 6〉 천리천 복개 이전 모습 (이동신, 「동서 안동의 기름대 사장뚝」, 『향토문화의 사랑방 안동』, 1989, 봄호)

    안동은 조선시대부터 삼베를 많이 생산하던 곳으로 유명하였다. 베전은 안동에서 생산된 삼베가 유통되는 시장이다. 이 베전이 골목을 이루고 있어서 베전골목이라 부른다. 안동에 베전골목이 언제부터 형성되어 있었는지는 정확히 알 수 없다. 조선시대 안동의 베전에서는 삼베뿐만 아니라 무명베[綿布]도 대량으로 유통되었다고 판단된다. 1912년에는 예로부터 유명한 안동 삼베 개량을 목적으로 강습이 행하여졌고, 1913년에는 안동마포개량동업조합安東麻布改良同業組合이 결성되었다가 1920년에 안동마포조합으로 개칭하였다. 조합에는 지방비에서 보조금이 지급되어 ①직물 원료의 구입 알선 ②직물 및 원료사 개량에 필요한 기구·기계의 배부 또는 공동구입 알선 ③기업機業 개량에 관한 실지 지도 ④위탁제직委託製織에 관한 알선 ⑤정련精練·표백·염색에 관한 시설 및 지도 ⑥제품검사 ⑦시장에서 직물 판매의 통일 ⑧강습회·품평회·경기회 개최 등의 업무를 수행하였다. 안동마포조합의 노력이 안동의 베전을 더 활성화한 것으로 이해된다.

    『조선의 물산朝鮮の物産』(1927)에는 안동 베전이 성황을 이룬 것으로 판단되는 기록이 있다. "경상북도 안동군에서는 각지의 상인이 생산 계절 기간 중 읍내에 와서 수십 일간

체류하면서, 마포조합의 중개에 의해 매일 모여드는 생산자에 따라 소요 수량의 마포를 구매하여 대구나 기타 시장에 반출하여 판매한다."라는 내용이 그것이다. 안동마포조합이 생산자들의 조합이되 판로를 염두에 두었음이 확인된다. 이 시기에 안동포는 품질의 우수성이 인정되었고, 품질 개량을 하여 1930년대에는 전라북도로 가서 안동포 직조법 강습까지 하였다.

삼베 상가는 1970년대에 6집, 1980년대에 7집이었던 것이 2022년 4집으로 줄어들었다. 법적으로는 1980년대부터 '장의사'로 허가받아 장의업을 겸하였다. 1970년대 초 정부에서 삼베 장사를 하는 이들에게 장의업 허가를 내주자, 신시장에는 장의업 개업자가 늘어났다. 그 무렵, 삼베 장사에게 세를 놓던 집주인들도 덩달아 장의사 일을 시작했다고 한다. 이것이 현재의 베전골목이 형성된 배경이 되기도 했다.[20]

〈사진 7〉 베전골목 1호 장의사 '신시장 장의사'(『향토문화의 사랑방 안동』 67, 2000)

---

20 이향미, 「안동의 터줏대감: 베전골목 신시장 장의사」, 『향토문화의 사랑방 안동』 67, 문화모임사랑방, 2000, 46쪽.

베전에서는 1980년대까지 안동 장날에 대량으로 삼베를 사들여서 약간의 손질을 하거나 염색을 하여 서울, 대구, 부산, 전라남도 벌교, 경상남도 남해 등 타지로 판매하는 일을 많이 하였다. 보통 상가마다 삼베 200필가량을 보유하면서 장사를 하였다. 그러다가 1980년대 말부터 값싼 중국산 삼베가 수입되고 그에 따라 1990년대부터 안동포의 품질인증 문제가 대두되면서 안동포를 농협에서 취급하게 되었다. 또한 그 무렵부터 병원에서 장례를 치르면서 삼베 수의를 개별적으로 만드는 사람이 줄어들고, 삼베 도포를 만들고자 하는 사람도 감소하여 베전은 크게 위축되었다. 게다가 그동안 삼베를 직조하던 할머니들이 돌아가시고, 삼베가 소비자에게는 비싼 반면에 생산자에게는 품삯조차 나오지 않는 물품이 되다 보니 삼베길쌈을 배워서 하려는 사람이 거의 없어졌다. 이 때문에 베전 상가에서는 과거에 구매한 삼베를 판매하는 것을 기본으로 하되 관 제작·판매, 망자 염, 무덤 산역 등의 장의업 관련 종사자를 연결하여 주면서 가게를 운영하고 있다.[21]

베전골목에는 상설시 외에도 안동 장날이면 노점에서 삼베와 대마피 등을 놓고 판매하던 사람들이 많았다. 삼베는 주로 하절기의 일상복과 외출복이나 홑이불을 만드는 데 쓰였고, 계절과 관계없이 상포喪布·염포殮布·도포道袍 제작용 등으로 이용되었다. 이러한 수요에 공급하기 위한 시장이 안동 베전이었다. 1960년까지만 해도 안동의 삼베는 안동지역 오일장 어디서나 거래되던 품목이었다. 풍산장·옹천장·중리장·구담장 등 안동 일대 시장에서는 삼베가 거래되었다. 그런데 삼베 가격이 상대적으로 비싸지면서 일반 시장에서는 더 이상

〈사진 8〉 1980년대 베전골목 모습
(『향토문화의 사랑방 안동』, 1988, 가을호)

거래되지 못하고, 안동장에서 주로 거래되다가, 1960년대 들어 베전골목에서만 거래되

---

21 이상은 배영동, 「안동베전골목」, 『한국민속대백과사전』, 국립민속박물관 홈페이지 참조.

기 시작했다.

안동포의 흥망성쇠는 삼베 가격의 높고 낮음과 더불어 변해왔다. 화학섬유가 빠르게 확산하면서, 상대적으로 값이 비싸진 삼베옷은 자취를 감추었다. 이에 따라 안동포 또한 한때 명맥이 끊기는가 했다. 그러나 가격이 비싸지면서 "쌀농사보다는 백배 낫다."고 여긴 농촌 여성들이 다시 길쌈을 하기 시작하였다. 안동 시내 베전골목이 다시 활기를 되찾은 것도 이 때문이다. 1980년대 들어 여름 한 철만 약간의 거래가 이루어졌던 안동포는 사라지는 듯했다. 그러나 1980년대 중반부터 안동포가 혼수용으로 사용되면서 오일장이 서기 시작하더니, 1990년대 들어 계절을 가리지 않고 장의 규모가 늘어났다. 대체로 40자 한 필에 25만 원 선에 거래되었다.

1990년 당시 60세였던 김순임님은 "서울서 직접 자기가 쓰겠다고 온 손님에게 자신이 짠 생냉이 4필을 1백 50만 원에 팔았다.", "해마다 생냉이 가격이 좋아지고 있다."고 증언하였다. 이처럼 1980년대 이후 다시 활기를 띠었던 안동 베전은 2000년대부터 다시 쇠퇴의 길로 접어들었다. 그 이유는 삼베길쌈의 경제성이 낮아지니 솜씨와 노동력이 있는 삼베 생산자가 거의 사라졌다. 또 삼베를 생산하더라도 품질인증을 위해 농협과 거래를 해야 하고, 주로 병원에서 장례를 치르게 되면서 기성품 수의를 썼기 때문이다.[22]

생산량도 수요와 가격에 따라 등락을 기쳐왔다. 안동군 자료를 보면 1960년까지만 해도 5,185가구가 삼을 재배, 17,874필의 안동포를 생산했다. 그러던 것이 1976년 110가구 349필로 격감했다가, 1978년부터 다시 늘기 시작해 1983년 1천 필이 되더니, 1989년 223가구가 삼을 재배, 5,500필의 안동포를 생산하기에 이르렀다.

> 옛날에야 안동 일대가 삼 안 하는 집이 없었지. 임하면 금소는 물론이고 풍산, 서후, 남후면 등에서도 모두 삼을 키웠어. 그러던 것이 지금은 금소 쪽에서 주로 키우고 나머지는 거의 없어졌어(풍산에서 과거 삼을 키웠던 황윤식 노인, 1990년 당시 70세)

베전골목 이외에도 안동 중앙신시장에는 여전히 오일장이 열리고 있다. 2일, 7일이면 어김없이 오일장이 열린다. 안동 중앙신시장 동편 푸른약국, 우덕농약종묘부터 안동민

---

22 이상은 「韓國의 장터 어제와 오늘 삶의 脈 그 현장을 가다 〈13〉 안동 삼베장」, 『매일경제』 1990년 7월 29일자 참조.

속한우, 신안고무 앞 도로까지 즐비하게 사람들이 오고 간다. 길이 200m, 폭 10m 규모의 시장이다. 버버리찰떡이 위치한 구 농고 사거리 쪽까지 노점상들이 죽 늘어선다. 주요 거래 품목은 채소이지만, 여러 먹거리로 전을 펼친다. 오일장이면 신시장 상설시장도 덩달아 분주해진다.[23]

4. 안동 중앙고추시장[24]

안동 신시장의 역사에서 삼베와 더불어 빼놓을 수 없는 품목이 고추이다. 1960~1970년대 신시장에서 고추는 주요 거래 품목으로, 고추 취급 상회가 많았다고 전한다. 고추상회는 1980년대 들어 외곽으로 이전되었다. 이후 1990년 들어 중앙고추시장을 별도로 조성하는 사업이 추진되었다. 이를 위해 1990년 총 3천여 평 규모의 부지를 마련하였다. 사유지 1천5백 평, 사유 녹지 1천 평, 하천 부지 등이었다. 여기에 여러 동의 건물을 신축하여, 1991년 4월 11일 개장하였다. 옥야동 천리천을 끼고 자리 잡은 전문 고추 시장이었다.

당시 안동의 고추 시장은 비좁은 신시장에 모여 있거나, 여러 곳에 떨어져 있었다. 중앙고추시장 개장 이후 남부시장의 절반과 신시장의 일부가 이곳에 입주하였다. 1991년 개장 당시 모두 37개의 점포가 모였다. 고추 시장이 형성되면서 유흥음식점과 식품 가게 등도 자리 잡았다. 이곳에서 안동상회 대표이자, 번영회장이었던 권장은 씨(1991년 당시 53세)는 당시 다음과 같이 회고하였다.

옛날 이곳은 고추 집산지인데도 불구하고 시장 규모는 아주 작았지요. 그런데 이제는 뜻 있는 사람들과 함께 전국 제일의 시장을 만든 겁니다. 안동을 비롯하여 영양 · 청송 등 경북 북부지역이 도내 고추 생산량의 2/3 이상이 되는데, 그게 대부분 여기 와서 전국으로 거래됩니다. 가장 많이 나가기로는 아무래도 서울이지요. 그다음이 부산 · 대구 이렇게 됩니다. 대도시를 비롯하여 전국 어느 곳이든 여기 와서 가져갑니다. 그런데 요즘은 냉동초가 나오거든요. 본격적인 햇고추가 나오는 시기가 아니기 때문에 조금 한산한 편

---

23 백소애, 앞의 글, 43쪽.
24 권혁모, 「전문시장 취재_안동 중앙고추시장」, 『향토문화의 사랑방 안동』 15, 1991, 42~45쪽.

〈사진 9〉 단일 고추 시장으로는 전국 최대 규모를 자랑했던 고추 시장(권력모, 위의 글)

〈사진 10〉 중앙고추시장에서 고추 꼭지를 따는 사람들: 한 해 연인원 9만여 명의 유휴노동력 활용(권혁모, 위의 글)

입니다. 연간 물동량은 전국이 15만 톤으로 본다면 안동만 해도 남부시장을 포함하여 1만 5천 톤쯤 될까요? 하루 물동량은 계절마다 차이가 있습니다만 평균적으로 4, 5십 톤은 될 겁니다. 전국 총 물동량의 10% 정도를 점유하게 되는 거지요. 보세요, 서울 가락동 농수산물 시장은 열아홉 집밖에 안 되잖습니까? 그러면 짐작이 가시겠지요?

5. 신시장 '오고가게 청년몰'

1946년 경상북도가 상설시장으로 인정한 이래 안동 신시장은 꾸준한 확장세를 보였다. 하지만 2000년 들어 침체기에 접어들었다. 이러한 문제를 해결하고자 안동 신시장 상인회는 폐점한 여러 가게를 활용하여 청년몰을 조성함으로써 시장에 젊은 층의 유입과 시장활성화 방안을 모색하였다.

안동 신시장은 시장의 침체 문제를 해결하기 위한 기본적인 요소를 갖추고 있다. 즉 시장의 규모, 근접 환경과 같은 조건으로 미루어볼 때, 안동 신시장은 전통시장의 새로운 동력을 발굴할 수 있는 가능성이 있다는 것이다. 하나는 자체적 측면에서 폐점한 가게들의 공간을 활용하는 것이고, 다른 하나는 지자체 측면에서 상인, 물품, 시설에 대한 종합적인 지원체계를 수립하는 것이다. 이와 같은 상호작용이 활성화되면, 현재 전통시장이 가지고 있는 새로운 동력(청년상인, 젊은 층)의 부족 문제를 해결할 수 있을 것이기 때문이다.

그 첫머리가 청년상인을 지원하는 사업이었다. 이 사업은 2016년에 전국적으로 시작되었다. 경북권에서는 경주시와 구미시가 청년몰 조성사업에 가장 먼저 선정되었고, 문경시와 안동시는 다음 해인 2017년에 선정되었다.[25] 안동 신시장 상인회는 안동 신시장 안에 비어있는 가게 55개를 가지고 20명의 인원을 모집하였지만, 모두 채우지 못했다. 2020년 8개소, 2021년 10개소, 2022년 11개소로 해마다 폐업 가게가 증가하고 있다.[26] 이는 청년상인의 유입만으로는 전통시장을 활성화하는 데 한계가 있음을 보여준다.[27] 또한 지자체의 지원이 중단된 것도 폐점의 요인으로 꼽힌다. 안동 신시장의 청년몰인

---

25 안동 신시장에 조성된 청년몰은 '오고가게청년몰'이다.
26 권영대, 「'상품개발 없는' 경북 전통시장 청년몰 무색무취」, 『DealSite경제TV』 2022년 11월 28일자.
27 권은영, 「안동중앙신시장 청년 몰 활성화 방안 연구」, 안동대학교 한국문화산업전문대학원 석사학위논문, 2019, 23쪽.

〈사진 11〉 청년몰 입구(『영남일보』, 2024년 5월 7일자)

'오고가게청년몰'이 처음 개설되었을 때는 적지 않은 인기를 끌었다. 하지만 월세, 인테리어, 홍보 등의 지원이 끊기면서 청년상인들이 폐점을 선택한 것이다.[28] 결국 청년몰이 개설되었더라도 청년상인들의 운영미숙과 매출부진, 사업종료에 따른 지원 중단, 시설의 노후화 등으로 말미암아 자진 폐업이 속출한 것이다.[29] 그러다 보니 청년몰을 운영하는 청년상인들은 당초 청년상인을 지원하는 사업의 취지였던 창업은 뒤로한 채, 자구책으로써 배달로 방향을 선회하거나 업종을 바꾸는 일이 빈번하다. 이처럼 전통시장은 시대의 흐름에 따라 성쇠를 반복하며, 생명을 이어가고 있다.

---

28 오주석, 「배달음식으로 내몰린 경북 청년몰... 상생 방안 찾아야」, 『영남일보』 2024년 5월 7일자.
29 이러한 요인뿐만 아니라 시기적으로 코로나19의 여파도 크게 작용하였다.

02
안동 중앙신시장 상인회의 운영과 시장 활성화 전략

이중구
국립안동대학교 문화유산학과 강사

안동 중앙신시장 상인회의 운영과 시장 활성화 전략

1. 시장과 상인회

1990년대 이후에 거대 자본의 유통시장 잠식과[1] 사람들의 소비 취향 변화 등 복합적 요인에 의해 시장은 쇠락의 길을 걷기 시작했으며, 2000년대 이후에 활성화된 온라인 상거래는 시장의 침몰을 가속화했다. 시장의 쇠락은 곧 고령화된 상인과 중장년층의 단골 소비자에 의해 유지되는 공간으로 전락한 것을 뜻했다.[2] 현재 전국의 시장 상인들은 과거의 영광을 뒤로한 채 고객과 매출 감소로 인해 극심한 한파를 견디고 있으며, 이로 인해 시장 소멸의 속도는 빨라질 것으로 예상된다.

전국적으로 시장의 활기가 사라질 조짐이 일면서, 1990년대부터 정부에서는 시장 활성화 방안을 모색하기 시작했다. 1995년에는 중소기업의 구조개선과 전통시장 활성화를 위한 특별조치법을 제정하여 시행했고, 2002년에는 이를 개정하여 기존 무허가 시장에 세제와 금융상의 지원을 받을 수 있도록 했다. 2004년에는 〈재래시장 및 상점가 육성 특별법〉을 제정하여 본격적으로 시장의 노후화된 시설을 현대화하고 경영 기법의 혁신, 시장 정비 등과 관련한 지원을 시행했다.[3]

---

1 우리나라 유통시장의 변화가 대대적으로 일어난 것은 1996년 유통시장 개방으로 외국의 대형 유통업체와 국내 기업이 유통산업에 진출하고 인터넷 쇼핑몰, TV홈쇼핑, 방문판매와 같은 무점포 영업이 성장하면서부터이다. (구혜경, 「전통시장 상인조직의 변화와 갈등양상」, 『지역사회연구』 21, 한국지역사회학회, 2013, 109쪽).
2 채수홍·구혜경, 「전통시장의 쇠락과정, 대응양상, 그리고 미래-전주 남부시장의 민족지적 사례」, 『비교문화연구』 21, 서울대학교 비교문화연구소, 2015, 118쪽.
3 구혜경, 앞의 글, 109쪽.

최근 시장은 단순히 상인과 고객 사이에 물건을 사고파는 본연의 기능을 넘어서, 사람들의 기호가 소비되는 장소로도 부상했다. 인천의 부평시장은 주위에 들어선 지하상가와 백화점, 대형마트로 인해 경쟁력이 약화됐지만, 1998년에 상인들의 주도로 조성된 문화의 거리가 최근 '평리단길'로 명명되면서 젊은 층의 발길을 이끌고 있다. 전주 남부시장에서는 전통시장의 향수를 느끼며 주요 물품을 구매하는 소비자보다 시장 내 유명 음식점을 찾는 '여행객'들의 발길이 잦다.[4] 이와 같은 현상은 시장의 기능 변화에 따라 달라진 시장의 풍경을 나타내고 있으며, 상권 활성화의 요인으로 작용한다. 이에 비해 대부분의 시장은 여전히 활로를 찾지 못하면서 고전하고 있다. 따라서 시장을 둘러싼 환경 변화에 대응하고, 소비자의 다양한 요구를 적절히 수용함으로써, 시장의 활력을 도모하는 것이 상인들에게 주어진 과제라고 할 수 있다.

"친절하고 깨끗한 중앙신시장 밝은 미소로 모시겠습니다-중앙신시장 상인회". 중앙신시장을 찾은 사람들이 입구에 들어서면 가장 먼저 만날 수 있는 문구이다. 이 문구를 통해 두 가지 사실을 확인할 수 있다. 하나는 친절과 청결, 밝은 분위기 등이 전통시장이 갖춰야 할 최대 덕목으로 제시되고 있다는 점이다. 이는 소비환경의 변화로 인해 위기를 겪고 있는 시장의 자구책임과 동시에 그동안 시장이 이런 가치와 다소 거리가 멀었다는 자성적 목소리를 담고 있다. 다른 하나는 시장의 대표성을 띤 조직으로 상인회의 위상을 읽을 수 있다. 마지막에 대표자 명의로 상인회를 표기함으로써, 상인들의 입장을 대변하는 조직체로서 위상을 드러낸 것이라고 할 수 있다.

시장의 위기와 이를 극복하기 위한 다양한 과제 앞에서 시장 상인회의 역할은 날로 커지고 있다. 상인회는 시장 활성화를 통한 상인들의 수익 향상은 물론 상인들의 권익과 복지를 증진하기 위해 결성된 조직이다. 전국의 시장에서 상인회를 주축으로 시장의 활성화를 위한 노력은 계속되고 있다. 특히 국가나 지자체의 각종 지원 정책과 접촉을 통해 시장의 활로를 모색할 때 상인회의 의지와 아이디어가 중요하게 작용한다. 따라서 시장의 현주소를 파악하고, 시장 활성화의 가능성을 점검하는 차원에서 상인회는 중요한 조사의 대상이라고 할 수 있다.

안동의 중앙신시장 상인회의 경우에도 2000년대 이후 소비자 감소에 따른 상인들의

---

4   채수홍·구혜경, 앞의 글, 87쪽.

소득 감소와 상점 폐업 등으로 이어지는 위기 상황 속에서 시장의 활로를 찾고 있다. 이 글에서는 안동 중앙신시장 상인회를 대상으로 조직의 구성과 운영 방식을 살피고, 시장 활성화를 위한 구체적인 활동 내용을 파악하기로 하겠다. 마지막에는 조사된 내용을 바탕으로 상인회에 주어진 과제를 점검하고, 그것이 향후 시장의 운영에 어떻게 작용할지 전망하는 것으로 끝맺고자 한다.

2. 상인회의 구성과 운영 방식

안동 중앙신시장은 1933년에 안동 신시장으로 개장했고,[5] 1946년 7월 경상북도로부터 상설시장 허가 승인을 받았으며, 2004년에 제1차 환경개선사업을 완료하여 돔 형식의 현대화된 구조물을 갖췄다. 2005년 9월에는 중앙신시장으로 인정시장 등록을 하고, 안동 중앙신시장상인회를 출범했다.[6] 상인회의 공식 명칭이 안동 중앙신시장상인회로 된 것은 2004년에 〈재래시장 및 상점가 육성 특별법〉에 따라 2005년 9월에 전통시장으로 등록하는 과정에서 중앙시장과 신시장이 통합하여 등록했기 때문이다.[7] 이에 따라 상인회의 명칭에도 통합된 두 시장을 명기한 것이다.

저 중간에 선을 기준으로 오른쪽이 중앙시장이라고 했어. 포목점 있던 1, 2, 3, 4지구가 중앙시장이었고, 현대화 사업하면서 5, 6, 7, 8지구가 새로 생겼어. 그래서 신시장이라는 이름이 붙었어. 중간에 상인회를 출범하려다 보니 같이 붙어 있는데 중앙시장 상인회,

---

5   당시 신문기사를 통해 신시장 준공 사실을 확인할 수 있다.
    "경북 안동읍 서부동에 잇는 舊軍用地 련못을 메우거 금년 봄부터 새로 시장을 건설중이든 바 이제 전부 완성되였슴으로 지난 삼일 관민 수백 명이 참집하여 동시장내에서 준공식을 거행하엿다는 바 오랫동안 안동의 현안으로 나려오든만큼 그 이튿날이 안동장날이라 첫장을 마지하는 이날의 복잡함은 말할 수 업섯스며 시장의 규모있는 건물들을 다른 지방에 비교하야 조고만치라도 손새가 업게 다하며 총공사비 일만 팔천 원을 구분하면 다음과 갓다.
    埋立土費 四千圓 建築工費 八千圓 工地購入 二千圓 暗溝修繕 三千圓 其他 千圓 坪數 四千坪 間數 參百七拾八間 一間貸賃 一等二十錢 二等 十五錢 三等十錢 (「安東新市場 竣工式擧行」, 『朝鮮日報』, 1933. 12. 08).
6   이민호·이미홍·주영욱, 『서구동의 어제와 오늘』, 안동문화원, 2022, 105쪽.
7   위의 책, 130쪽.

구시장 상인회 두 군데에 열어 주는 건 힘들다고 합쳐서 하라고 해서 중앙신시장이 된 거야. 정식 명칭이 안동중앙신시장 상인회야.[8]

전국적으로 시장 상인회의 결성 시기와 운영, 활동 등은 다르게 나타난다.[9] 안동 중앙신시장 상인회는 상설시장으로 허가를 받고, 약 60년이 지난 이후에 모습을 드러냈다. 이 시기에는 국가적으로 특별법을 제정해서 '재래시장' 육성을 위해 발 벗고 나섰으며, 상인들은 고객의 감소에 따른 위기를 체감하고 있었다. 즉 당시 상인회의 결성은 시장의 위기에 대해 상인들의 구심점 역할을 담당할 조직의 필요성에 의한 것으로서, 상인회의 존재 목적을 극명하게 드러내고 있다.

안동 중앙신시장 상인회의 상위 조직은 전국상인연합회와 경상북도 상인연합회, 안동시 상인연합회가 있다. 그 가운데 안동시 상인연합회는 안동 중앙신시장, 안동 구시장, 남서상점가, 문화의거리, 음식의거리, 북문시장, 용상시장, 풍산시장, 서부시장, 구담시장 등 총 11개의 상인회가 회원으로 등록돼 있으며, 안동 중앙신시장 주차장 옆에 사무실을 마련했다.

현재 안동 중앙신시장 상인회의 임원은 회장, 부회장 3명, 운영위원 8명, 감사 1명으로 구성된다.

회장은 상인회의 총 책임자로서, 5년 이상 점포를 운영한 사람만 선거에 출마할 수 있으며, 상인회원들의 투표를 통해 선출된다. 지금까지 총 6명의 상인회장이 배출됐는데, 그 명단은 아래의 표와 같다.

---

8   김상선(남, 1980년생)의 구술, 2024년 9월 27일 면담 조사.
9   예컨대 성남 모란민속장의 상인회는 1987년 10월에 결성된 모란민속장 추진위원회를 그 모체로 하고 있으며, 1990년 9월 24일 현재의 장터인 대원천 복개지로 이동하면서 상인가가 본격적으로 조직, 운영되기 시작해 모란시장의 관리와 질서유지, 시장활성화를 주도하고 있다. 특히 분당 개발 이후에 상인회에서는 현재적인 시스템을 도입해서 상인회 회원임을 알 수 있는 신분증 발급과 이들을 중심으로 A/S 및 교환·환불을 의무화했다. 또한 소비자 신고제를 운영해 모란장 이용객의 편의와 상인의 효율적 관리에도 힘쓰고 있다. (김진영, 「모란시장의 변화와 의미재구성에 관한 연구」, 『중앙민속학』 15, 중앙대학교 한국문화유산연구소, 2010, 79~82쪽).

<표 1> 역대 상인회장 명단

구분	이름	임기
1대	김상진	2005.09.14~2012.01.03
2대	김소정	2012.01.04~2014.10.06
3대	이영호	2014.10.07~ 2015.01.26.
4대	윤하식	2015.01.27.~2018.05.13
5대	김석배	2018.05.14.~2021.04.14
6대	김상선	2023.03.01~현재

<사진 1> 상인회 사무실

<사진 2> 업무를 수행 중인 상인회장

상인회장의 공식적인 임기는 3년이지만, 다음 선거에서 당선되면 연임이 가능하다. 선거 전에는 보통 상인회 임원 가운데 5인으로 구성된 선거관리위원회가 꾸려진다. 선거일 공고 이후에는 상인회원들로 구성된 선거인 명부가 나오는데, 여기에 등록된 사람들만 투표권을 행사할 수 있다. 공식적인 회장의 임기는 3월 1일부터 시작되는데, 보통 2~3개월 전에 미리 선거를 치르고, 한두 달 정도 인수인계를 하는 것이 원칙이다. 그렇지만 내부 사정상 회장의 임기를 넘겨서 선거를 치르기도 하는데, 이 경우에는 회장직이 공석이기 때문에 비대위가 결성돼 선거를 주관한다. 2023년에 열린 상인회장 선거에는 총 8명이 출마했는데, 가장 많은 표를 얻은 김상선 씨가 당선되면서, 현재 임기를 수행 중이다. 상인회장에게는 매월 활동비 명목으로 50만 원이 지급된다.

정관상에 회장의 역할은 "상인회를 대표하고, 업무를 총괄한다.", "상가 영역 및 회원 점포 수 가입 확대에 중점을 두고 상인회를 활성화시켜야 한다."라고 명시돼 있다. 즉 회장은 상인회의 대표자로서 시장 및 조직 활성화를 위한 의무를 갖는 것이다. 〈사진 1〉의 경우 상인회장의 대내외적 역할을 잘 드러낸다. 조사 당일 상인회 사무실에는 두 사람이 문을 두드렸다. 한 사람은 임기를 시작한 지 얼마 되지 않은 안동 서부시장 상인회장이 '간고등어먹거리축제'에 대해 자문을 구하기 위해 찾았다.

서부시장 상인회장: 대체적인 구상은 내가 짰어요. 내가 생각한 거는 텐트 쳐주고, 중간에 푸드트럭이나 매대를 놓던지 장사할 사람들로 메워 줘야 한다.

중앙신시장 상인회장: 그런데 축제하는 주차장에서부터 메인 쪽에 나와 있는 천막만 봐도 우리 눈에는 많이 장사하는 것처럼 보이거든요.

서부시장 상인회장: 그런데 작년에도 그렇게 많지 않았어요. 그래서 이렇게 메인으로 짜고, 주차장에 주무대를 세우고 8시 넘어서 오후 무대는 사거리에서 하자.

중앙신시장 상인회장: 무대를 두 개를 설치를 하면 돈이 더 들거잖아요? 메인을 중간으로 하게 되면 등지고 있는 데가 힘들긴 하겠지만 하여튼 주차장이 있고 여기로 나가면 거의 마지막 끝이 여기 아닌가? 그러면 여기서 여기로 메인을 보내던가 여기 있으니까 공연하는 게 좀 그거 한 번 생각해 보십시오.

두 사람은 주로 축제의 공간과 무대 설치에 대한 내용을 협의했다. 다른 한 명은 시장 상인으로서, 점포에 비가 새는 문제를 의논하기 위해 발걸음을 했다. 상인들은 시설 등 각종 문제가 생겼을 때 가장 먼저 상인회장을 찾아 의논한다.

이처럼 상인회장의 역할은 대외적으로 안동의 다른 시장 임원들과 교류를 통해 각종 정보를 공유하고 현안을 논의한다. 위의 사례처럼 사적인 교류 외에 공식적으로는 안동시 상인연합회에서는 매월 25일 전후로 각 시장이 상인회장들이 모여 정기모임을 한다. 장소는 회원으로 등록된 시장에서 돌아가며 마련하는데, 이 자리에서 상인회장들은 식사를 하며 정보를 교환한다. 그리고 시장마다 크고 작은 행사가 있을 때마다 다른 시장의 상인회장이 참석해서 교류를 이어간다.

　상인회장은 대내적으로 상인들이 겪는 각종 불편함을 해소하기 위해 상인회장이 발 벗고 나선다. 시설문제뿐만 아니라 행정기관과 소통, 행사 운영, 분쟁 해결 등 여러 방면에 걸쳐있는 업무를 추진하는 것이 상인회장의 주요 역할이다. 이처럼 다양한 업무를 소화하다 보니 상인회장은 "본인 가게를 좀 소홀히 해야 한다."는 마음가짐이 따라야 한다.

　한편 상인회장이 관할하는 기구로 사무국이 조직돼 있다. 현재 상인회 사무실을 사무국으로 활용하고 있는데, 사무국장과 간사가 상주하며 업무를 수행한다. 사무국장은 상인회 관련 각종 행정업무와 장부 관리, 공동사업비 징수 등을 주도하며, 간사가 옆에서 일을 돕는다. 2022년까지는 시장 상인이 사무국장을 맡았는데, 특별한 대가 없이 무보수로 일을 했다. 2024년 6월에는 사무국장을 공개 채용하면서, 처음으로 시장 외부인에게 일을 맡겼다.

〈표 2〉 상인회 정관상 임원 규정

제 27조(임원의 정수) 상인회에는 다음 각 호의 임원을 둔다.
고문 : 약간인
　신시장 상인회 발전을 위한 대외협력에 관해 활동할 수 있는 인사로 이사회에서 추대한다.
2. 자문위원: 4인 이내
　자문위원은 상인회원이 아닌 외부 인사로 신시장 상권의 활성화와 상인회의 발전을 위해 기여할 수 있는 인사로 안동시가 추천한 인사로 위촉한다. (단, 선출직 공무원은 제외한다)
3. 회장: 1인
4. 부회장: 4인 수석부회장: 1인, 대회협력부회장: 1인, 부회장: 2인
5. 이사회 지구별: 운영위원 8인, 사무국장: 1인, 총무: 1인, 감사: 3인
　총 20여명 이내로 구성한다. 감사는 이사회에 참석할 수 있는 권한을 부여하되 발언권과 표결권은 부여하지 않는다.
6. 감사 3인

　다른 임원들은 회장과 임기가 같다. 위의 상인회 정관상 임원 규정에서 나타나듯이 부회장의 경우 수석부회장, 대외협력부회장, (일반)부회장으로 직책이 구분된다. 수석부회장은 회장이 업무를 수행할 수 없는 상황에 이르렀을 때, 그 업무를 대리하며, 회장과 수석부회장이 동시에 업무에서 빠지게 되면, 대외협력부회장에게 권한이 위임된다. 운영위원은 지구별로 1명씩 상인회장이 임명한다. 안동 중앙신시장은 1~9지구로 나뉘

는데, 과거에 1~4지구는 중앙시장, 5~8지구는 신시장이었다. 지구마다 주요 점포와 판매하는 품목에 차이가 있으며, 구체적인 내용은 다음의 그림과 표를 통해 살필 수 있다.

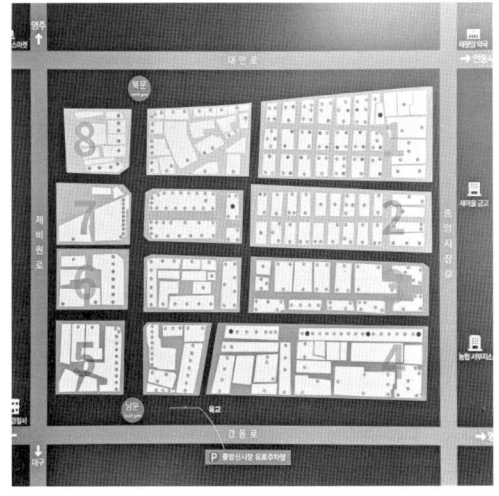

〈그림 1〉 각 지구별 위치도(출처: 상인회)

〈표 3〉 지구별 주요 점포 및 품목

지구	주요 업종 및 품목
1지구	포목점, 청년몰
2지구	수선집, 젓갈, 제유소, 의류점, 포목점
3지구	음식점, 제유소, 잡곡
4지구	보신탕, 농산물, 음식점, 병원, 종묘
5지구	음식점, 문어, 떡
6지구	반찬, 수산물, 정육
7지구	건어물
8지구	분식, 과일, 수산물
9지구	시장 외 구역

운영위원은 1~8지구까지 8명이 임명됐다. 이들은 지구별 상인들의 애로사항을 회장에게 전달하고, 해소 방안을 모색한다. 9지구의 경우 현재 31개의 점포가 운영 중이며, 시장 외 구역이지만 약 30명의 상인이 상인회에 가입했다. 이에 따라 상인회장은 9지구를 정식적인 시장 구역으로 편입하기 위해 안동시와 협의할 예정이다. 한편 감사는 원칙적으로 회계감사와 업무감사를 담당한다. 하지만 편의상 업무감사는 생략하고, 총회 전에 회계감사만 수행한다.

상인회원은 "1점포 1회원"을 원칙으로 하며, 현재 약 300여 명이 가입돼 있다. 입회신청서를 제출하면, 이사회의 심의를 통해 상인회 가입 여부가 결정된다. 회원 가입비는 3만 원이며, 매월 5천 원의 회비를 내야 하는데, 온누리상품권으로도 납부가 가능하다. 회비는 사무실의 사무용품 구입 등 필요한 곳에 사용된다. 상인회원들은 회장 선거의 투표권과 회의의 의결권을 행사할 수 있다. 실질적인 혜택은 점포마다 고객들에게 지급할 무료 주차권을 장당 500원에 구입할 수 있다. 아울러 행사가 있을 때 상인회에서 포장용지를 받기도 한다.

상인회의 공식적인 회의는 정기총회와 임시총회, 이사회가 있다. 정기총회는 연말이나 연초에 열리는데, 상인회원들이 모두 참석해서 시장 운영과 관련한 내용을 협의하고, "과반수 참석, 과반수 찬성" 원칙에 따라 주요 안건을 의결한다. 상인회원이 참석하지 못하면 직계가족에게 의결권이 위임되기도 한다.

> 예전에는 상인회를 부부가 장사를 하면 서로가 다 얼굴을 알기 때문에, 남편이 상인회원으로 등록돼 있는데 남편이 바빠서 그 배우자가 오면 의결권을 줘. 상인회 의결권을 각 점포당 주는 개념으로 보면 돼. 그런데 선거에 관해서는 명부상에 등록돼 있는 사람만 줘.[10]

다만 선거권에 대해서는 상인회원 당사자만 행사할 수 있다. 임시총회는 특별한 안건이 있을 때마다 소집되며, 정기총회와 마찬가지 방식으로 안건 의결 절차를 거친다. 이사회의 경우 매달 말일에 개최하지만, 행사가 겹치면 다른 날짜로 변경한다. 이사회는 상인회 회장을 비롯해서 부회장, 감사, 운영위원 등으로 구성되는데, 시장 운영과 관련한 주요 사항을 협의한다.

3. 상인회의 활동과 시장 활성화 사업

상인회 정관에는 "시장과 회원의 이익을 위한 시설 개선, 경영의 현대화 및 시장 발전을 위한 공동사업, 상인의 자질 향상과 고객에 대한 서비스의 제고 및 상인 회원간의 친목을 도모함으로써 중앙신시장의 발전과 상권 활성화에 기여함을 목적으로 한다."라고 상인회의 역할이 명시돼 있다. 정관에 나타나듯이 상인회의 가장 큰 역할은 시장의 "발전"과 "활성화"라고 할 수 있다.

1990년대까지 신시장은 대목뿐만 아니라 평소에도 많은 고객이 찾아서 늘 활기가 있었다. 1980년대 중반부터 안동 중앙신시장에서 점포를 운영 중인 김춘자 씨는 포목점의 성쇠에 대해 다음과 같은 이야기를 들려줬다.

---

10 김상선(남, 1980년생)의 구술, 2024년 9월 27일 면담 조사.

내가 여기서 장사한 지 38년 정도 됐어. 여기에 가게를 샀는데, 아이들 키우다 보니 처음에는 세를 줬어. 우리 아들이 초등학교 2학년 될 무렵에 여유가 생겨서 가게를 시작했어. 처음에는 장사가 잘 됐어. 혼수라서 친정이고, 시댁이고 사돈팔촌이라도 연관이 돼서 조금만 걸려도 다왔어. 젊을 때는 친구도 있고, 시누도 있고 걸리는 사람이 많잖아. 한 단계 내려가면 우리 아이들 또래가 있잖아. 누구 친구니까 그 집에 가서 해야겠다 이러는데, 우리 아이들이 벌써 50살 넘어버리니까 그런 게 없어. 나이가 많으니까 손님이 줄 수밖에 없어. 그때는 하루에 6팀도 오고 밤을 새도 모자랄 정도였어. 이불에 안찌가 달려 나오지만, 예전에는 거죽찌에 안찌를 따로 했거든. 거죽을 포목은 비단을 해놓고 안찌 맞춰서 하려면 몇 팀하고 나면 밥 먹을 새도 없어. 손님이 몇 팀 오면 한 팀은 다방으로, 한 팀은 식당으로 보내 놓고 장사했어. 여기 대목은 옛날에는 추석 전에 중매해서 선보고 하니까 추석 전에 약혼을 해놓고 추석 때 혼수를 끊었어. 그 뒤로 계속 4월, 5월까지는 혼수철이라 바빴어. 그리고 옛날에는 못살아서 두루마기도 제대로 못 해 입는 사람이 있었어. 돈이 생기면 설에라도 옷을 해 입는 사람이 많았어. 그런데 지금은 젊은 사람들이 인터넷으로 주문하고, 한복을 덜 입고, 이제는 사양길에 접어들었어. 십몇 년 전부터 장사가 안됐어. 특히 안동에는 젊은 사람들이 없잖아. 전에는 젊은 사람들이 멀리 객지에 나가 직장에 있어도 누구 집 혼수하러 오자 그러면 어른들 위주로 했는데, 요새는 젊은 사람 위주로 자기 취향에 맞게 하니까 안되지. 그리고 젊은 사람들은 자꾸 줄어들고 대여점이 생겨서 한복을 잘 안 사니까 지금은 대목도 없고, 혼수도 없어.[11]

김춘자 씨는 1990년대까지 포목점이 호황을 누렸던 것으로 기억한다. 경북 북부지역에서 안동 중앙신시장의 포목점 수가 가장 많았기 때문에 안동의 녹전면과 서후면, 인근의 청송, 영양, 의성 등지에서 많은 사람이 많이 찾았다. 사람들이 몰리는 날에는 뒤늦게 온 사람들을 근처 식당과 다방에서 기다리게 할 정도였다. 포목점의 대목은 추석 무렵이었으며, 설날의 경우 난생처음으로 한복과 두루마기를 맞추려는 사람들로 붐볐다. 2000년대 들어서 포목점의 쇠퇴는 지역 인구의 감소, 온라인 상거래의 활성화, 한복 대여점 성행 등의 요인이 작용했으며, 상인들의 고령화로 인해 인맥을 통한 장사가 어려워진

---

11 김춘자(남, 1953년생)의 구술, 2024년 10월 4일 면담 조사.

것도 한몫했다. 비단 포목점뿐만 아니라 다른 품목을 파는 상점들의 사정도 마찬가지이다. 이에 따라 2005년부터 모습을 드러낸 상인회의 가장 큰 역할은 시장 활성화로 귀결될 수밖에 없었다.

상인회의 활동은 다방면에 걸쳐있다. 시장의 시설 관리와 관련해서는 공영주차장의 운영을 들 수 있다. 공영주차장은 2011년에 건립됐는데, 상인회에서는 분기별로 소유주인 안동시에 위탁료를 내고 직접 운영한다. 현재 관리원 1명이 주차장을 관리하는데, 최근 인건비 부담을 줄이기 위해 무인시스템으로 전환한 상태이다. 주차장에서 발생한 수익으로 관리원의 인건비를 부담하고 있다. 아울러 상인과 고객이 이용하는 화장실의 청결 유지, 소방시설 점검 및 관리 등도 상인회에서 책임지고 있다. 이 밖에도 상인회에서는 대외적인 기부활동을 활발히 펼치기도 한다. 지역 안팎에 재해가 발생하면 상인회에서는 모른 척하지 않고, 성금을 낸다. 2023년에는 상인들이 십시일반 낸 돈으로 안동시에 200만 원의 수해지원금을 기부했다.

상인회의 중요한 역할 가운데 하나는 안동시와 소상공인시장진흥공단 등 다양한 기관과 협력하는 것이다. 시장의 상황이 어려워질수록 관의 지원은 필요 수준을 넘어서, 시장의 운명을 가를 수 있는 조건으로 작용하고 있다. 상인회에서는 주기적으로 안동시 지역경제과 상권활성화팀과 회의를 하고 시장에 실질적 도움이 되는 지원책을 강구한다. 아울러 이 자리에서 상인들의 요구사항을 전달하고, 해결 방안을 찾는 등 지자체와 상인의 중간다리 역할을 한다. 시장의 청소 역시 관의 도움으로 해결하고 있다. 관에서 안동 중앙신시장에 청소 인력 파견 여부를 문의하면, 상인회에서는 청소 구역을 정해준다. 그러면 노인일자리사업의 일환으로 파견된 사람들이 시장 내 화장실 등을 청소한다.

또한 시장 활성화를 위해 다양한 사업을 시행하는 것도 상인회의 몫이다. 2000년대에는 두 차례의 환경개선사업을 통해 시장의 외형을 갖추는 데 공을 들였다면,[12] 2010년대부터는 고객 유치를 위한 다양한 프로그램 개발과 청결·위생 관리, 시설 개선, 상인 역량 강화 등을 통해 내실을 다지고 있다. 이를 위해 상인회의 주도로 여러 기관에서 시행하는 시장 활성화 사업에 응모해서 도약을 시도한다. 2017년에 청년몰 조성사업, 2019년에 특성화 첫걸음시장 육성사업, 2021년에 문화관광형사업을 시행했고, 2022년

---

12 이민호·이미홍·주영욱, 앞의 책, 131쪽.

부터는 주변의 안동 구시장, 남서상점가, 문화의 거리, 음식의 거리와 함께 상권르네상스 사업을 진행 중이다. 각 사업이 시작되면 외부인으로 구성된 사업단이 조직된다. 사업단에서는 일을 추진하면서, 상인회 회장을 비롯한 임원들과 충분한 협의를 거친다. 상인회에서는 더 나은 방향으로 일이 추진될 수 있도록 아이디어를 제공한다.

청년몰 조성사업의 경우 당시 빈 점포 55개 가운데, 주로 1지구의 폐점한 포목점을 활용해서 청년층 20명에게 창업을 지원하였다.[13] 2016년을 기준으로 안동 중앙신시장 상인은 30대 8명, 40대 20명, 50대 159명, 60대 이상 114명이고, 20대 이하의 상인은 한 명도 없었으므로, 고령화가 가속화될 조짐이 보였다. 이에 다양한 아이템이 있는 청년층의 유입으로 시장에 활력을 불어넣기 위해, 2018년 9월부터 개별점포 리모델링 공사를 거쳐 2018년 10월에 청년몰이 운영되기 시작했다.[14]

〈표 4〉 편액 내용

안동중앙신시장 청년상인 안동 오고가게 거리

이곳은 신시장 그 옛날 우리의 할머니 적부터 애환이 서려 있나니 명절 제례음식이며 손수들 구워줄 고등어며 혼수를 장만하고자 오고 가던 안동 오고가게는 이제 청년상인의 꿈의 보금자리다. 오래전 이곳에 터를 잡은 어물 채소 철물 포목점의 푸근함과 청년상인의 참신한 열정이 공존하니 경험과 도전은 서로에게 든든한 울타리라. 누구나 가다가 국밥 한 그릇에 안부를 물으며 인정을 꽃피우기에 이만한 곳이 없으니 사람 냄새 나는 이곳에서 얻을 것이 어디 이뿐이랴. 돌아보면 명소고 명물 아닌 것이 없나니 우리 모두 안동 오고가게 신시장의 실한 바닥에서 건져 올린 것들은 언제나 눈부시다. 한바구니 가득 안고 돌아가는 이의 얼굴에서 환한 미소를 보나니

정유년 삼월 초하루 안동중앙신시장 상인회
와월 글짓고 익재 쓰고 노암 서각

청년몰이 밀집한 골목에 '오고가게거리'라는 명칭을 부여했으며, 상인회에서는 골목

---

13 2017년 안동 중앙신시장 청년상인 창업지원자 모집 공고에는 만 19세~39세를 대상으로, 총 30명을 모집했다. 30명 가운데 창업 교육 후 최종적으로 20명을 선정했으며, 지원 내용은 2018년 10월까지 3.3㎡당 최대 11만 원 이내의 임차료, 점포당 최대 300만 원 이내의 운영비, 3.3㎡당 최대 80만 원 기준으로 총액 60%에 해당하는 인테리어비 등이었다.
14 권은영, 「안동중앙신시장 청년 몰 활성화 방안 연구」, 안동대학교 한국문화산업전문대학원 석사학위논문, 2019, 50쪽.

입구에 편액을 걸어 청년몰의 운영을 기념하고, 새로 입점한 청년들에게 기대감을 표시했다. 당시 점포는 주로 음식점 위주였는데, 청년몰에서는 2021년에 전국우수시장박람회의 부대행사로 열린 '전국 전통시장 청년상인 요리 경연대회'에 참여해서 '소고기 큐브 스테이크'를 선보이며 본선에 오르기도 했다.

특성화 첫걸음시장 육성사업 기간에는 추석맞이 고객사은 대잔치를 개최했고, 상인들로 구성된 자율소방대를 결성했으며, 김장 한마당 행사를 통해 지역의 노인들에게 김장김치를 나누었다. 한편 문화관광형 사업은 안동 중앙신시장의 대표적 품목인 안동 간고등어와 문어를 집중적으로 육성하기 위한 목적을 가지고 있었다. "精으로 通하는 안동중앙신시장"이라는 슬로건을 내걸고, 다양한 행사와 상인 교육 프로그램을 선보였다. 동행세일 사은행사는 2022년 9월 1~2일에 열렸는데, 3만 원 이상 물건을 구매한 고객들에게 사은품을 증정했다. 안동국제탈춤페스티벌 기간에는 안동 중앙신시장축제를 개최했다. 2022년의 경우 9월 29일~10월 3일에 걸쳐 안동 중앙신시장 공영주차장에서 축제가 열렸다. 축제에서는 상인들이 직접 운영하는 먹거리 장터를 비롯해 가수·품바·댄스 공연 등을 선보였다. 안동 옛 장터는 오일장(2·7일)마다 남문 맞은편 일대에서 열렸는데, 농산물 생산자들이 직접 고객과 직거래하는 방식으로 신선한 품질과 저렴한 가격을 장점으로 내세웠다. 이 밖에도 매달 상인들을 대상으로 교육을 진행했으며, 선진지 견학으로 부산 기장 시장 등을 방문했다.

〈사진 3〉 특산품 공유주방(특산품 카페)

〈사진 4〉 무인배송함

안동 중앙신시장은 현재 시행 중인 상권르네상스사업(이하 르네상스사업)을 통해서도 여러 변화를 시도하고 있다. 르네상스사업의 일환으로 시장 내에 '특산품 공유주방'을 만들었다. 공유주방은 특산품 카페라고도 하는데, 고객뿐만 아니라 상인들이 휴식을 취하며, 식사를 할 수 있는 공간이다. 아울러 공유주방에서는 상인회 총회가 열리고, 행사 때 상품권 교환처로도 활용된다. 공유주방 내부에는 안동 지역의 특산품 판매장과 간고등어 저장고도 만들어졌다. 무인배송함은 앱을 통해 고객이 물건을 주문하면, 무인으로 전달받거나 집으로 배송을 할 수 있도록 마련된 공간이다. 무인배송함의 설치로 고객들이 좀 더 편하게 장을 볼 수 있게 됐다.

2024년 3월에는 이전에 시행됐던 오일장이 직거래장터로 새롭게 단장했으며, 그해 5월에는 행사의 명칭을 "왔니껴 안동 오일장"으로 변경했다. 오일장은 매달 2·7일에 중앙시장길 도로상 일대에서 열리는데, 여러 품목을 취급하는 상인과 고객의 직거래가 이뤄진다. 행사 당일에는 차량이 통제되므로, 상인과 물건, 고객으로 이뤄진 오일장 분위기가 연출된다.

"안동 전통시장 왔니껴 투어"의 경우 외지 사람들이 전통시장 전담 해설사와 동행하면서, 안동 중앙신시장을 비롯한 인근 시장을 돌아보는 행사이다. 방문객들에게는 버스 임차비 35만 원과 안동지역상품권 1만 원권이 지급되기 때문에 호응도가 높은 편이다. 말복에는 공유주방에서 무료 국수 나눔 행사를 시행했다. 이때 상인회에서는 상인과

〈그림 2〉 2024년 소소문축제 홍보물

〈사진 5〉 2024년 소소문축제장

고객들에게 국수를 무료로 제공했으며, 상인회 임원들이 궂은일을 도맡아 했다. 이 밖에도 상인들의 역량 강화를 위해 안동시 상인연합회 회원들이 속초와 삼천포 등지의 시장을 찾아 워크숍을 개최하기도 했다.

한편 르네상스사업과 별개로 열리는 행사도 있다. 소소문축제의 경우 안동소주, 소고기, 문어를 집중적으로 홍보하기 위해 마련된 행사이다. 소소문축제는 2012년 처음 시작된 단오맞이 고객감사대축제로부터 시작됐다. 고객감사대축제는 단오 기간에 행해졌으며, 상품 세일, 경품 추첨, 공연 등의 프로그램으로 구성됐다. 그러다가 2017년부터는 단오를 전후해서 문어대축제를 개최하게 됐다. 이 축제는 문어 경매와 경품 추첨 등의 행사로 진행됐는데, 2019년부터는 시기를 10월로 옮겼다. 2020년부터 코로나-19의 여파로 행사가 잠정 중단됐다가 2023년부터 소소문축제로 명칭을 변경해서 행사를 재개했다.

> 소소문축제라고 해서 안동 소주, 안동 소고기, 안동 문어 첫 글자를 따서 만들었어. 서부시장에 간고등어축제, 북문시장에 막걸리축제처럼 그동안에 우리 시장에는 문어축제라고 있었어. 소소문이라는 이름에 대해서 브랜드를 상표 등록을 했어. 상표 등록한 분들한테 이야기해서 소소문 어감도 좋고 해서 우리 시장에 한 번 해보자 이렇게 해서 시작을 했어.[15]

2024년에는 10월 4~5일에 걸쳐 소소문축제가 열렸는데, 축제 성공 기원제를 시작으로 품바공연, 안동소주·안동소고기·안동문어 경매, 퓨전국악과 초청 가수 공연, 노래자랑 및 경품 추첨 등의 행사로 꾸며졌다. 축제 기간에 상인들은 소주와 소고기, 문어를 평소보다 저렴하게 판매한다.

온누리상품권 환급행사는 해양수산부와 농림축산식품부에서 지원하는 행사이다. 고객들이 안동 중앙신시장에서 3만 4천 원 이상의 농축수산물을 구입하면 만 원을, 6만 7천 원 이상을 구입하면 2만 원을 온누리상품권으로 환급해주는 행사이다. 이때 농축수산물을 이용한 가공품은 행사 품목에 해당이 되지 않는다. 이 행사는 추석 명절 기간에

---

15 김상선(남, 1980년생)의 구술, 2024년 9월 20일 면담 조사.

시행되는데, 고객들은 영수증을 제출하면 공유주방에서 상품권으로 교환 받을 수 있다. 2024년의 경우 환급액은 수산물 1억 6천만 원, 농축산물 1억 원정도였다.

'어서욥쇼 수산물 할인 행사'는 안동시의 지원으로 행해진다. 이 행사는 수산물 판매를 촉진하기 위한 보조 사업인데, 5천 원권 쿠폰 7천 장을 발행해서 고객들에게 나눠준다. 고객들은 쿠폰으로 간고등어, 문어, 생선, 건어물 등을 구입할 때 사용할 수 있다. 2024년에는 온누리상품권 환급행사와 병행했는데, 일찌감치 쿠폰이 바닥나면서 조기 종료됐다. 고객의 입장에서는 중복으로 할인을 받는 셈이어서, 일부로 행사 시기에 맞춰 장을 보는 사람도 있었다.

이처럼 2010년대 이후부터 상인회에서는 다양한 사업을 유치하면서 고객 유입을 위한 행사 개최, 상인들의 역량 강화, 편의 시설 확충에 중점을 뒀다. 관에서 시행하는 사업은 다른 시장들과 경쟁을 거쳐야 한다. 그러므로 사업 유치를 위한 상인회의 의지와 노력이 중요하다. 안동 중앙신시장 상인회에서는 여러 사업을 수행함으로써 시장의 도약을 준비하고 있지만, 여전히 풀어야 할 과제들도 많다.

4. 상인회의 과제와 전망

시장은 단순히 상인과 고객의 상거래가 이뤄지는 장소로만 존재하는 것이 아니라, 다양한 물품만큼이나 복잡한 이해관계로 얽힌 상인들이 모인 장소이기도 하다. 이런 시장의 특성으로 인해 상인회는 고객이나 상인과 관계 속에서 다양한 과제를 부여받는다.

먼저 시장의 활성화를 위해 고객들의 발길을 시장으로 돌려야 할 과제가 시급하다. 앞서 살폈듯이 상인회가 다양한 사업을 유치한다고 해도, 상인들의 고민이 단번에 해소될 만큼 파격적인 변화를 기대하기는 어렵다. 행사 때에는 고객들이 모이지만, 일회성으로 그치는 경우가 많기 때문에 상인회의 고민은 깊어질 수밖에 없다. 그러므로 상인회가 발 벗고 나서야 할 최우선 과제는 고객의 유치라고 할 수 있다. 그런데 사정을 자세히 들여다보면 현재 안동 중앙신시장이 처해 있는 대내외적 조건은 그리 좋은 편이 아니다. 대외적으로는 안동 중앙신시장이 뿌리를 내리고 있는 안동시의 인구가 계속해서 줄어들고 있으며, 이는 점점 쇠락하는 시장의 자화상처럼 여겨진다. 아울러 인근에 좀 더 나은 소비환경을 갖춘 대형마트와 끊임없이 경쟁을 펼쳐야 한다. 내부적으로는 안동 중앙신시장의 주력 품목이 대부분 사양화되고 있다.

> 우리 시장에 있는 상품 자체가 소비가 줄고 있어. 그 이유가 전통시장이긴 하지만 제수용품 중심이잖아. 문어, 간고등어, 고기, 야채. 종가집에서도 제사를 간소화하는 추세인데 제사를 지내야 사람들이 물건을 사러 나올 거잖아. 수요층이 점점 줄어들고 있는 상황이야. 명절에 젊은 사람들은 놀러 가지 누가 제사용품 사러 오겠어? 아직까지는 안동이 유교문화권이고 제를 지내니까 유지되는 거지 앞으로는 어떻게 될지 몰라. 옛날에는 제사 지내면 문어 한 마리씩 올렸는데 지금은 다리 하나 올리고 점점 줄어갈 거란 말이지. 그래서 시장이 변모하지 않으면 안 돼. 시장에 와서는 마트보다 싸다, 상품이 신선하다, 친절하다, 옛날에 정겨움이 있다 이런 걸 내세워야 해.[16]

위의 구술에서 나타나듯이 안동 중앙신시장은 문어처럼 제수로 활발히 소비되는 품목이 많다. 그런데 가정마다 전반적으로 제사가 간소화되거나 생략되는 추세이므로, 더 이상 제수 중심의 품목으로 고객들의 발길을 이끌기에는 무리가 있다. 경북 북부지역 최대 규모를 자랑한 포목점 역시 고전을 면치 못하고 있다. 포목점에서 취급하는 품목은 한복과 이불, 수의 등 주로 의례와 관련이 있다. 하지만 온라인 쇼핑몰과 한복 대여점, 수의까지 제공하는 장례식장의 성행으로 포목점의 입지는 점차 좁아지고 있다. 이런 상황은 다른 품목으로 확대해도 크게 다르지 않다.

그런데 현실적으로 품목의 획기적인 교체는 어려운 상황이다. 이는 결국 상인들의 고령화 문제와 만난다. 고령의 상인들은 수십 년간 취급한 품목을 교체하는 데 주저할 수밖에 없으며, 이런 보수성으로 인해 고객들과 거리를 좁히지 못하는 실정이다. 이에 상인회에서는 품목의 다양화를 위해 두 가지 안을 기획했다. 하나는 고가로 거래되는 품목에 대해 고객이 부담 없이 구입할 수 있도록 저가 상품을 내놓는 것이다. 현 상인회장 김상선 씨는 안동 전통시장 왔니껴 투어를 할 때 방문객들이 안동시로부터 받은 만 원권 상품권으로 마땅히 살 품목을 찾지 못하는 상황을 접했다. 이에 소고기, 문어, 안동소주와 같은 품목은 소고기 불고기와 육회, 문어 숙회, 용량을 줄인 안동소주처럼 저가의

---

16 김상선(남, 1980년생)의 구술, 2024년 9월 20일 면담 조사.

상품을 판매하려는 계획을 세우고, 소소문축제에서 적극적으로 시행함은 물론 향후에는 상시 판매로 이어갈 예정이다. 그럼에도 불구하고 여전히 더욱 다채로운 상품 개발로 고객의 관심을 이끌어야 하는 것은 상인회와 상인들이 풀어야 할 과제로 남아 있다.

품목의 다양화를 위한 다른 하나는 바로 청년몰의 활성화이다. 앞서 살핀 대로 청년몰은 1지구에 빈 포목점을 개조해서 청년들이 점포를 운영하고 있다. 그런데 당시 창업한 청년몰의 실적이 예상에 못 미치면서, 폐업하는 점포가 생기기 시작했다. 계속해서 폐업과 창업을 반복하는 과정을 거치며, 현재 청년들이 운영하는 13개 점포 가운데, 3개소 정도만 초창기부터 자리를 지키고 있다. 나머지 점포는 계속해서 주인이 바뀌면서 현재까지 이어지고 있다.

기존 조사를 살펴봤을 때, 청년몰 사업 시행 이후에 기존 상인들과 청년상인들이 잘 섞이지 못하는 측면이 있었다. 청년몰이 대부분 저녁에 배달 음식을 주로 취급하다 보니 시장의 개·폐장 시간과 어긋나서 고객을 유입하는 효과를 안겨주지 못하는 것으로 인식됐다. 또한 청년몰에서 발생하는 음식 냄새로 인해 주변의 포목점 상인들이 제품 판매에 지장이 있다는 의견이 있었으며, 청년상인들은 실익이 없다고 판단해 대부분 상인회에 가입하지 않아 기존 상인들과 분리돼 활동하는 감이 있었다.[17]

상인회의 입장에서는 청년몰 사업이 마무리됐을 때 사업단으로부터 제대로 인계를 받지 못하면서, 청년상인들과 교류가 단절된 것으로 여긴다. 이에 따라 다양한 사업을 수행할 때 늘 청년상인들은 배제될 수밖에 없었다.

> 청년몰 사업이 사업단에서 진행을 하고 나가면 사업 일체를 상인회에다가 인수인계를 해주고 나갔어야 하는데, 그러지 못했어. 그래야 1차 사업으로 시작을 했으면 활성화 지원금이라던가 지원받아서 잘 운영해야 되는데 그게 잘 안됐어. 그래서 최근에 와서 청년몰 대표랑 이야기해서 잘 해나가려고 계획 중이야. 소진공회 보면 청년몰 활성화 방안이라던가 사업이 있어. 그런데 그 사업은 우리 신시장 상인회에서 신청을 해줘야 받을 수 있거든. 그런 방안을 찾고 있어. 지금 하는 13명이 처음부터 하신 분들이면 그 사업을 연계해서 상인회에서 해주면 되는데, 맨 처음에 받은 분들은 팔고 나가서 대부분 새로운 분들

---

17 권은영, 앞의 글, 59쪽.

이야. 그러다 보니까 그 사업으로 지원을 해줄라고 해도 힘들어서 그냥 우리 시장 상인회 명의로 해서 도나 시에다가 환경개선사업으로 2천만 원 정도 들여서 벽에 그림을 그린다던가 그런 구상이 있어.[18]

현재 상인회에서는 청년상인들과 교류를 위해 몇 가지 방안을 구상했다. 하나는 청년상인 가운데 상인회와 소통할 수 있는 대표자를 선정해서 현안을 논의하기로 한 것이다. 또한 청년상인들의 대표자를 상인회 운영위원으로 위임함으로써, 기존 상인들과 청년몰 간의 소통 확대를 꾀하고 있다.

다른 하나는 청년몰의 지원 사업 확대이다. 청년몰은 초창기부터 점포를 운영한 상인이 많이 빠져나갔기 때문에, 독자적으로 사업을 수행하기 어려운 상황이다. 이에 따라 상인회 명의로 각 기관에서 시행하는 사업을 신청해서, 청년몰 운영에 도움이 되도록 힘쓸 예정이다. 그중 하나가 안동시의 환경개선사업 보조금을 받아 청년몰 주변에 벽화를 설치하려고 계획 중이다. 이처럼 상인

〈그림 3〉 상인회 정관

회와 청년상인들이 상생을 위해 손을 맞잡았지만, 여전히 해결해야 할 과제도 있다. 안동중앙신시장의 대표 브랜드로 내세울 수 있는 청년상인들의 독특한 상품 개발과 함께 청년몰의 활성화가 기존 상인들과 어떻게 시너지 효과를 낼 것인가에 대해서는 많은 고민이 필요하다.

다음으로 상인회에서 풀어야 할 과제는 상인과 관계 속에서 형성된 내부적 문제이다. 앞서 정관에서 살폈듯이 상인회의 설립 목적 가운데 하나는 상인들의 결속력을 도모하는 것이다. 상인회는 상인과 상인, 상인과 기관 등의 관계에서 중간다리 역할을 하기

---

18 김상선(남, 1980년생)의 구술, 2024년 9월 20일 면담 조사.

때문에, 상인회는 늘 상인들의 다양한 요구들로 넘쳐난다. 따라서 서로 다른 상인들의 이해관계를 조정하고, 중간자적 입장에서 합리적 결정을 해야 하는 것이 상인회가 고민해야 할 문제이다.

다른 한편으로 시장 운영에 대한 상인들의 관심과 협조를 이끌어내는 것도 중요한 과제이다. 상인회에는 총회라는 민주적인 의사 결정 기구가 존재한다. 하지만 상인들은 바쁜 일상으로 인해 총회 참석률이 저조한 편이다. 이는 상인회 운영에 대한 무관심으로 표출될 수 있으므로, 회원들이 자신들을 둘러싼 현안에 관심을 가질 수 있도록 상인회에서 상인들에게 적극적으로 손을 내밀 필요가 있다.

상인회가 체계적으로 운영되기 위해서 해묵은 정관을 손볼 필요성도 제기된다. 현행 정관은 2005년에 제정돼 2011년과 2014년에 한 차례씩 개정됐다. 마지막으로 정관을 개정한 지 10년 이상이 지났기 때문에 현재 실정과 맞지 않는 내용이 있다. 정관이 현실과 다르면, 상인간에 다양한 해석이 뒤따를 수 있다. 이로 인해 불필요한 오해와 갈등이 생길 수 있으므로, 미리 정관을 개정할 필요가 있는 것이다.

> 지금 정관이 10년 전에 비대위에서 개정한 거야. 정관을 고치기 위해서는 총회를 거쳐야 하는데, 과반수 참석, 과반수 찬성이 필요해. 임기 동안에 상인회원들 동의를 얻어서 정관을 바꿀 계획이 있어. 정관상에 임원은 이사회에서 추대하는 것으로 되어 있어. 그런데 회장이 물러나고 공석 상태에서는 이사회가 구성되지 않으니까 관례상 새로 임명된 회장이 추천을 해. 그리고 회장은 총회에서 선출하도록 돼 있는데 실제로는 투표를 하니까 안 맞지.[19]

김상선 씨의 경우 회장 선거에 출마한 이유가 시장 활성화라는 당위적 측면 외에도 정관 개정을 통해 체계적인 상인회 운영을 도모하기 위해서였다. 2014년 비상대책위원회에서 개정한 정관을 지금까지 쓰고 있으므로, 여러 문제가 발생할 수 있다는 점을 인지하고, 임기 내에 정관을 개정할 계획이 있다. 구체적으로 정관상 임원의 선출과 관련된 내용을 살펴보도록 하겠다.

---

19 김상선(남, 1980년생)의 구술, 2024년 9월 27일 면담 조사.

<표 5> 상인회 정관상 임원 선출 관련 규정

제 29조 임원의 선출

회장은 정회원 중에서 총회에서 선출하며 당연히 이사가 된다.
수석부회장, 대외협력부회장, 부회장 2인은 이사회에서 선출한다.
감사는 상인회의 정회원 중 이사회의 추천으로 총회에서 선출한다.
점포 개설 이후 5년이 경과되지 않으면 회장 후보로 등록할 수 없다.

정관상에 회장은 총회에서 선출하도록 되어 있지만, 실제로는 투표를 통해서 뽑는다. 아울러 부회장은 이사회에서 선출하고, 감사의 경우 이사회의 추천으로 총회에서 선출하는 것으로 명시됐다. 하지만 회장의 임기가 끝남과 동시에 이사회는 해산하기 때문에 다음 회장이 임기를 시작할 때는 사실상 이사회가 구성되지 않는다. 따라서 관례상 임원은 회장이 추천하는 방식으로 이어져 왔다. 정관을 고치기 위해서는 총회를 거쳐야 하는데, 회원들의 과반수 참석, 과반수 찬성을 필요로 한다. 그러므로 정관 개정에 대한 공론화와 상인들의 관심이 필요한 시점이라고 할 수 있다.

시장의 위기 상황에서 40대의 젊은 상인회장이 선출된 것은 나름 상인들의 파격적인 선택이었다. 여기에는 젊은 상인회장의 활동력과 아이디어를 바탕으로 시장의 활성화를 이끌어 줄 것이라는 상인들의 기대가 담겨 있다. 최근 상인회에서는 지자체와 소상공인시장진흥공단 등 여러 기관에서 시행하는 사업을 단계적으로 수행하면서, 시설물 개선과 상인 역량 강화, 다양한 행사 유치, 가격 경쟁력 향상과 청년몰 육성 등을 통해 외부로 눈을 돌린 고객들에게 적극적으로 손을 내밀었다. 이와 함께 정관 개정 등을 통해 체계적인 상인회의 운영을 모색 중이다. 그럼에도 불구하고 여전히 상인과 고객, 상인과 상인 사이에는 넓은 강이 펼쳐져 있다. 이 간극을 좁히기 위해 상인회장을 비롯한 임원들의 발길이 빨라지고 있다.

03
안동 신시장 경제의 특성과 변화

이한승
국립안동대학교 문화유산학과 강사

안동 신시장 경제의
특성과 변화

1. 신시장 경제의 특성

　안동 중앙신시장은 안동에서 가장 오래된 시장으로 알려진 구시장舊市場과 더불어 안동 지역민에게 안동의 대표적인 양대 시장으로 여겨진다. 구시장은 원도심 인근에 형성되었는데, 그 인근 하천이었던 천리천을 경계로 서쪽 편에 시가지가 조성되면서 그곳에 새롭게 안동 중앙신시장이 형성되어 1946년에 상설시장으로 승인되었다. 안동 지역민은 기존에 있던 시장과 새롭게 만들어진 시장을 구분하기 위해서 신구新舊로 구분하여 구시장과 신시장으로 부른다. 따라서 현재 공식 명칭은 안동 중앙신시장이지만, 이 글에서는 안동 지역민이 일반적으로 부르는 신시장으로 명명하고자 한다.

　신시장과 구시장은 안동의 양대 시장이면서도 차이점이 있다. 두 시장을 비교해서 봄으로써 신시장의 특징을 좀 더 구체적으로 이해하는 것이 가능하다. 구시장은 원도심과 인접한 곳에 형성되었고, 그에 따라서 구시장 경제는 원도심의 환경 변화와 밀접하게 연계되어 있었다. 원도심은 2000년대 중반까지 안동의 문화생활과 경제의 중심지였지만, 2000년대 전후로 신도시 건설과 각종 사회·문화 시설의 이전 등으로 인해서 원도심에 집중되어 있던 사회·문화적 기능은 점차 주변 신도시로 분산되었다.[1] 그 영향으로 원도심을 중심으로 형성된 구시장의 경제는 쇠퇴하게 되었다. 지금은 외지인에게 안동의 특별한 먹거리로 인식된 '안동찜닭'을 제외한 나머지 물품에 대한 소비는 이전과 비교

1　이한승, 「안동 구시장 경제의 특성과 변화」, 안동대학교 민속학연구소 편, 『로컬한 역사와 문화의 공간, 안동 구시장』, 안동시립박물관, 2023, 65쪽.

했을 때 저조한 상태이다.

　반면에 현재 신시장 상인들은 원도심의 환경 변화를 신시장 경제와 직접적으로 연계해서 인식하는 경우는 드물다. 그 이유는 안동의 시장 가운데 신시장은 구시장 다음으로 원도심과 인접해 있기는 하지만, 신시장은 원도심에서 구시장을 거쳐야 갈 수 있는 곳에 있기 때문이다. 따라서 원도심에 왔던 사람이 전통시장을 이용할 경우 처음부터 신시장에서 장을 보려는 목적을 가지지 않았다면 대부분 구시장에서 장을 보고 돌아간다. 이 때문에 원도심의 상황 변화는 일정 부분 신시장 경제에 영향을 끼쳤을 수는 있지만, 직접적인 영향을 준다고 느끼지는 않는 것이다. 신시장 상인들은 전국의 전통시장 경제에 보편적으로 영향을 미치는 사람들의 생활문화와 소비문화의 변화, 현대식 마트의 설립 등이 신시장 경제에 영향을 주는 직접적인 요인으로 인식하고 있다.

　현재 신시장은 8개의 구역으로 나누어져 있으며, 해당 구역별로 다양한 물품을 판매하고 있다. 공식적인 신시장 구역 외의 상인들이 신시장 상인회에 가입한 곳도 있지만, 여기에서는 신시장에 속한 8개의 구역별 지구를 중심으로 보고자 한다. 지구별 주요 업종 및 판매 품목은 ①포목점, 청년몰, ②수선집, 젓갈, 제유소, 의류점, 포목점, ③음식점, 제유소, 잡곡, ④음식점, 농산물, 종묘, ⑤음식점, 문어, 떡, ⑥반찬, 수산물, 육류, ⑦건어물, ⑧분식, 과일, 수산물 등으로 이루어져 있다. 이는 지구별 주요 품목을 대략적으로 나누어 본 것이며, 세부적으로는 구역별로 판매 품목이 조금씩 뒤섞여 있는 상태이다.

　이러한 판매 품목은 신시장의 특징을 보여준다. 신시장은 구시장의 안동찜닭처럼 외지인이 찾아올 정도의 특징적인 품목을 판매하고 있지는 않다. 그러나 신시장은 지역민의 일상생활에 필요한 품목을 중심으로 구시장보다 다양한 물품을 다루고 있다. 또한 신시장은 평상시 찬거리를 구매하려고 가는 곳이기도 하지만, 다른 시장과 비교했을 때 제사를 지낼 때 필요한 의례음식을 사기 위해서 주로 찾는 시장이라는 점이 특징적이다. 안동 지역민은 제사를 지낼 때 필요한 어물류·육류·떡류·나물류 등을 주로 신시장에서 구매하는 경우가 많다. 이 때문에 신시장 경제에서 중요한 부분을 차지하는 것이 안동의 의례 문화이기도 하다.

　2000년대 중반부터 이루어진 대형마트의 건립은 안동에 있는 전체 전통시장 경제를 위축시킨 요인 가운데 하나이다. 안동의 대표적인 대형마트로는 이마트와 홈플러스를 들 수 있다. 2004년에는 옥동에 이마트 안동점이 개점하였고, 2012년에는 홈플러스 안동점이 개점하였다. 그 외에도 안동지역에는 안동 농협에서 운영하는 하나로마트를 비롯해서 곳곳에 현대식 소규모 마트가 다수 만들어졌다. 신시장과 바로 인접한 곳에 신시장 마트가 운영되고 있기도 하다. 이러한 영향으로 젊은 세대는 주로 현대식 마트를 찾고 있으며, 신시장의 주요 소비자는 전통시장을 이용하는 것이 익숙한 고령층이 대다수이다. 따라서 전통시장 이용에 익숙한 고령층의 연령대가 줄어드는 것에 비례하여 신시장의 이용객도 점차 감소하고 있다.

이러한 전통시장의 위축은 안동만이 아니라 전국적인 문제였기 때문에 정부에서는 2002년 '중소기업의 구조개선과 재래시장활성화를 위한 특별조치법'을 제정하여 전통시장의 활성화를 위한 지원을 하기 시작하였다. 이러한 지원을 통해서 전통시장의 환경 개선이 이루어졌고, 청년 세대 상인의 유입과 육성을 위한 청년몰 사업도 진행되었다. 신시장은 2017년에 청년몰 지원 사업에 선정되었고, 2018년에 해당 사업이 완료되었다. 결과적으로 현재 청년몰 사업의 경제적 효과는 신시장 전체로 본다면 그리 크지 않은 것으로 보인다.

근래 신시장의 큰 변화 가운데 하나는 장날 들어서는 노점 구역의 변화이다. 신시장에는 닷새마다 한 번씩 오일장이 들어서며, 이때 많은 노점 상인들이 안동을 비롯하여 인근 각지에서 찾아온다. 신시장은 2, 7일 주기로 오일장이 선다. 즉 신시장의 오일장은 2일, 7일, 12일, 17일, 22일, 27일로 한 달에 6번 서는 것이다. 이러한 오일장은 구시장과 달리 신시장에만 선다는 점에서 특징적인 부분이라고 할 수 있다. 기존에는 장날이 되면 신시장 노점이 주차장 인근과 자동차가 많이 다니는 대로변에 들어섰는데, 2024년부터 교통 혼잡과 사고 위험 방지 등을 이유로 장날 노점이 서는 위치에 변화를 주었다.

2. 지역민을 통해 본 신시장 경제의 특성

신시장을 주로 찾는 소비자는 안동과 그 인근의 지역민이다. 예전에는 구시장도 마찬가지였으나, 지금은 안동찜닭을 먹고 가려는 외부 관광객의 수가 증가하면서 두 시장 간에 차이가 발생했다. 신시장에도 안동지역의 전통시장을 보기 위해서 외지인이 찾는 경우도 있지만, 그 비중은 높지 않다. 현대식 마트가 다수 생겨난 지금도 장날이 되면 이전보다는 그 수가 감소하였지만, 여전히 안동과 그 인근 지역민이 장을 보기 위해서 신시장을 찾는다. 여기에서는 안동 지역민을 통해서 신시장의 경제적 특성을 살펴보고자 한다.

> A-1. 성인 되고는 우리는 구시장을 가지. 구시장 그쪽에는 우리가 먹거리 같은 거 닭집, 치킨집 같은 거 막 먹고. 지금 말하자면 안동 찜닭집이 거기 있었어. 찜닭이 지금 바뀌었는데, 원래 그렇지 않거든. 거기를 많이 갔지, 아가씨 때는. 거기 가면 뭐 신발 같은 거 이런 거 양화점 같은 거 있잖아. 그런 게 구시장에 많아서 그쪽으로 갔고, 이쪽(신시장)에는 아줌마들이 그냥 찬거리 사는 시장. 주로 구시장은 이렇게 목성교에서 내려가는 그 길만 찬거리 시장이고, 저 안쪽으로 떡볶이 골목, 우리 아가씨 때는 막 먹자 거리 있잖아. 그거였어. 지금 그게 없어졌지만. 뭐 악세사리 팔고 그런 거리고 막 구시장은 그런 거였지. 근데 신시장은 아줌마들 찬거리고, 건어물이고 그 골목골목 포목점이고 이런 거니까 젊은 사람들이 가는 시장은 아니지. 그래서 나누어졌어. 그러니까는 신시장은 장날 되면 복닥복닥했지. 주로 농민들이 와서 난전도 하고 이런 시장이고, 구시장은 말하자면 명동 거리처럼 아가씨들이나 청년들 그런 거리인데, 지금 옥동이나 이쪽으로 다 분산돼 있지만. 거기는 카페 같은 거 레스토랑 같은 그런 거 주로 있고 젊은 청년층이 많이 가는 거리였지. 30년 전에는.[2]

> A-2. 신시장은 채소류, 과일류 먹는 식품에 대해 많이 그거 사지. 옷도 산다 해도 저렴한 거 사면 신시장 가고, 조금 메이커 산다 괜찮은 데 외출복 산다 하면 구시장 쪽으로 가고. 그게 차이점이 또 있고. …(중략)… 옛날부터 그거는 구시장이 안동서 시내 제일 발전이 먼저 했기 때문에 이 신시장은 늦게 해가지고 신시장 별로 안 그랬는데, 요새 많이 이제 해주고 나니까 발전이 좀 됐고 그래요.[3]

위의 사례에서는 안동의 지역민이 신시장과 구시장을 비교해서 설명하고 있다. 신시장과 구시장은 안동의 대표적인 양대 시장이며, 두 시장을 비교해서 볼 때 그 특징이 더욱 잘 드러난다.

A-1사례에서는 이〇숙 씨가 20대이던 젊은 시절에 신시장에 거의 가지 않고, 원도심

---

2   이〇숙(여, 1962년생, 안동 출신 지역민)의 구술(2024년 10월 1일).
3   신시장 인근 마을에 거주하는 70대 여성A의 구술(2024년 10월 16일).

과 더불어 그와 가까운 구시장에 주로 갔다는 것을 설명하고 있다. 이는 이○숙 씨뿐만 아니라 2000년대 들어서 옥동과 같은 신도시가 생기기 전까지 안동의 일반적인 상황이었다. 신도시가 활성화되기 전까지 안동지역에서는 원도심 이외에 문화생활과 소비생활을 할 수 있는 곳이 없었다. 젊은 층은 문화생활과 소비생활을 즐길 수 있는 원도심을 주로 찾았고, 그와 더불어 원도심과 가까운 구시장을 이용하기도 했다. 반면에 신시장은 젊은 층이 찾는 시장은 아니었다. 신시장에는 찬거리나 청과물, 어물 등을 주로 판매했기 때문에 가족의 끼니를 책임지는 여성 주부가 주로 찾았다.

A-2사례에서는 신시장과 구시장에서 다루는 품목의 가격 차이에 대해서 언급하고 있다. 구시장은 안동에서 가장 중심가였던 원도심을 중심으로 형성되었기 때문에 좀 더 높은 가격의 품목을 취급하였고, 그에 비해서 신시장은 저렴한 상품을 취급하였다는 것이다. 구매력이 높은 계층이 주로 원도심을 중심으로 문화생활과 소비생활을 했기 때문에 발생한 차이라고 볼 수 있다. 이러한 차이는 원도심이 활성화되어 있던 2000년대 중반까지는 어느 정도 유지된 것으로 보이며, 신도시로 인해서 원도심이 쇠퇴한 이후에는 그 차이가 이전보다는 줄어든 것으로 보인다.

B-1. 건어물이나 가끔 생선 사고 이럴 때 뭐 간고등어 살 때. 또 내가 가는 단골 정육점이 거기 있고. 그리고 다른 거는 거의 거기서 잡화 같은 거 산 적이 없어. 그리고 이제 거기 보면 식자재 마트 있는데, 이제 부녀회 장 볼 때는 식자재 마트를 가지 신시장 노점 시장은 안 가지. 딴 데는 거의 안 가. 가다가 난전이 거기 ○○식품인가 거기 건어물 사고, 야채가게도 농사를 지으니까 거기서 살 일이 없잖아. 그래서 그 제법 괜찮은 식자재, 야채가게 집이 있어. 거기서 특이한 거 있잖아. 시골에 잘 없는 야채들 그 집에서 다 구비하고 있거든. (농촌에) 식자재 없는 게 그 집에 있는 게 있어. 더 싱싱하고. 그래서 그렇게는 이용을 하지. 건어물이나 해산물 살 때 이제 뭐 문어 같은 거 이런 거 제물 같은 거 살 때는 거기 가지, 신시장은. …(중략)… 제수용품 집이 신시장에 쫙 있잖아. 그 골목 안에 쭉 몰려 있으니까 거기 가고. 뭐 행사 때 문어 같은 거 사오고 이럴 때 가지. 해산물하고 제수용품 그런 거야. (제사 때는) 주로 문어 사고, 상어 돔배기 같은 거 그런 거 사지. 고기 저기 꼬지고기 같은 거 이런 거 그리고 과일. 과일을 낱개로 파니까. 마트도 과일을 낱개로 팔기도 하는데, 아무래도 시장에서 파는 것보다 덜 싱싱하지. 아무래도 마트는 유통 단계를 한 단계 더 거치잖아. 시장은 상인이 직접 도매상에 가서 가져오지만 마트는 한 단계 거쳐 갖고 또 거쳐서

가져오잖아. 그러니까 지역 상품 싱싱한 거 사려면은 시장 가면 더 싱싱한 걸 사지.[4]

B-2. 나이가 든 사람은 야시장에 가면 저기 재래시장 가면은 마음대로 끌고 댕기기 힘들어도 좀 싼 것도 살 수 있고, 촌에서 싱싱한 게 나오는 것 같아. 이런 마트나 이런 데는 가면은 그 물건이 다 저거(포장) 돼 있는 거래 가지고 갖다 놔도 좀 단가가 비싸고, 물건은 깨끗하고 좋다고 해도. 그렇기 때문에 우리들은 가면은 조금 싸고 양이 많은 이런 걸 선택하기 때문에 재래시장을 가게 되고 그래. …(중략)… 단골이 많지. 가는 집에 야채도 사게 되고, 가는 집에 생선도 말하자면 이 피복도 다 그렇게 가던 집에 잘 가지. 두 번 세 번 가고, 한 번 가고 안 가는 게 아니고. …(중략)… 젊은 사람들은 이것저것 많이 사니까 더 가는 데가 많고, 우리 같은 경우에는 이제는 잘 안 사고 안 가가지고 가는 것도 어리숙해. 물건도 잘 모르겠고. 눈도 침침하고 사는 것도 잘 모르고. 돌아다니다 필요한 것만 집에서 생각해 몇 가지 산다. 오늘 양파, 마늘이 필요하다 하면 그거 산다 하면 그런 데만 가서 구입을 해갖고 그냥 돌아보고 이러지. 젊은 사람들이 마트에 가서 그렇게 차 대놓고 하듯이 그렇게 사지를 못해. 구르마 가져가 막 실어 가지고 계산해 오잖아요. 그래 장보는 거하고 틀려. 나이가 많은 사람하고 차이점이 있어요.[5]

B-3. 직접 가져와서 파니까 싸고. 직접 농사지은 거 가져와. 마트보다 한참 저렴하지. 뭐 필요하면 평소에 나오기도 하지만 장날 나와야 싼 게 있으니까 장날 주로 나온다.[6]

위의 사례는 현대식 마트가 있음에도 전통시장인 신시장을 찾는 소비자들에게 그 이유를 물어본 것이다. 이를 통해서 신시장을 찾는 이유를 몇 가지로 정리해 볼 수 있다.

첫째, 현대식 마트보다 저렴한 가격에 신선한 물품을 구입할 수 있다는 점이다. 현대식 마트는 포장이 잘 되어 있고, 상대적으로 깨끗하게 관리된 상태로 상품을 판매한다. 이러한 관리 상태를 유지하기 위해서는 더 많은 인력이 소요되고, 그에 따른 비용 상승이 이루어질 수밖에 없다. 전통시장은 포장 비용이나 유통 단계를 줄임으로써 상대적으로

---

4 이○숙(여, 1962년생, 안동 출신 지역민)의 구술(2024년 10월 1일).
5 신시장 인근 마을에 거주하는 70대 여성A의 구술(2024년 10월 16일).
6 노점에서 장을 보던 70대 여성B의 구술(2024년 10월 22일).

저렴한 비용에 신선한 물품을 소비자에게 판매한다. 특히 장날 들어서는 노점에는 직접 농사를 짓는 사람들이 자신의 농산물을 판매하려고 나오는 경우도 있는데, 이러한 곳에서 사면 더 저렴한 비용에 신선한 농산물을 구입할 수 있다. 이는 B-3사례에서 저렴한 것을 구입하려고 장날 주로 나온다는 여성B를 통해서도 확인된다.

둘째, 현대식 마트에는 없는 단골 관계가 형성되어 있다는 점이다. B-2사례에서 나오듯이 오랜 시간 전통시장을 이용하게 되면 손님과 상인 간에 단골 관계가 자연스럽게 형성된다. 매번 새로운 가게를 찾기보다는 몇 번의 물품 거래를 통해서 물품의 품질이 좋고, 해당 상인이 믿을 만하다고 판단되면 지속해서 특정한 가게만 찾게 되는 것이다. B-1사례의 이○숙 씨도 단골 관계가 한 번 형성되면 다른 가게에는 잘 가지 않고, 어쩌다가 서운한 일이 일시적으로 발생해도 평소 잘 해오던 가게라면 쉽게 단골 관계를 깨지 않는다고 한다.[7] 이러한 단골 관계 형성은 상인이 지나가던 손님과 인사와 대화를 나누거나, 음식을 서로 나누어 먹는 등 일상적인 모습을 통해서 포착된다.

셋째, 현대식 마트보다는 전통시장을 이용하는 것이 더 익숙하며, 편리함을 느낀다는 점이다. 신시장은 현대식 마트보다 더 복잡한 형태로 되어 있지만, 이미 오랜 시간 신시장을 이용했던 사람들에게는 익숙한 장소이다. 따라서 이들은 전통시장에서 장을 볼 때 어디에 가서 무엇을 구입하면 될 것인가를 머릿속에 구상해서 갈 수 있고, 이미 본인이 자주 찾는 단골 가게가 있기도 하다. 그러나 현대식 마트에 가면 이들은 평소 전통시장에서 물품 구매를 하던 것과 다른 환경에 놓이게 된다. 손님들이 편하게 찾을 수 있도록 현대식 마트에 진열된 상품 구성은 전통시장 이용에 익숙한 이들에게 낯설게 느껴지며, 그동안 전통시장에서 쌓은 거래 경험과 지식이 소용없어진다. 현대식 마트에서는 전통시장의 상인에게 물어보듯 물건의 품질을 알아볼 수 없고, 자신이 원하는 대로 낱개로 물건을 구매하기도 어렵다. 전통시장에서는 손님과 상인이 대화를 통해서 어느 정도 거래의 조정이 가능하지만, 현대식 마트에서는 손님이 정해 놓은 규격에 따른 물품 선택 여부만 있을 뿐이다.

---

[7] "가보면 상인들이 다 친절하지는 않거든. 근데 내가 가는 집들은 그래 한 번 갔을 때는 뭐 그냥 일단 자기 거 팔아주니까 친절하게 웃었잖아. 그 다음에도 가도 항상 똑같에. 그래 해주고 그러면 이제 그 집에서 잘못해도 이제는 단골이 되면 '이 집이 원래 안 그런 집인데 뭐가 불편한 게 있나 보다.' 하고 내가 참아주게 된단 말이지. 그래서 그러면 그 사람도 내가 또 기다려주고 참아주면 고마우니까 그 다음 또 더 잘해주고 그래서 단골이 된 것 같아." 이○숙(여, 1962년생, 안동 출신 지역민)의 구술(2024년 10월 1일).

<사진 1> 장날 밀차에 물품을 싣고 장을 보는 모습
(2024.10.22. 촬영)

<사진 2> 장날 밀차에 물품을 싣고 장을 보는 모습
(2024.10.22. 촬영)

넷째, 현대식 마트에서 제공되지 않는 물품 구매나 서비스를 전통시장에서 충족시킬 수도 있다는 점이다. 우선은 현대식 마트에서 판매되지 않는 물품을 신시장에서 구매할 수도 있다. 현대식 마트처럼 규격화되어 있지 않은 신시장에서는 다양한 물품이 판매된다. 따라서 현대식 마트에서 구할 수 없는 물품을 신시장에서 구매할 수도 있다. 또한

신시장에서는 현대식 마트와 다른 방식의 서비스가 제공되기도 한다. 예를 들면 손님이 살아 있는 문어를 직접 골라서 그 자리에서 삶아서 조리하는 것은 전통시장인 신시장에서만 가능한 방식이다.[8] 현대식 마트에서는 이미 조리된 것을 판매하기 때문에 신선도가 상대적으로 떨어질 수밖에 없다고 한다.

그 외에도 제 값어치 외에 물품을 더 얹어주는 덤 문화가 존재한다는 것도 사람들이 전통시장을 찾는 이유 가운데 하나가 될 수 있다. 항상 덤을 주는 것은 아니지만, 상인과 손님의 관계나 상황에 따라서 유동적으로 덤이 오간다. 예를 들면, 2024년 10월 19일에 신시장에서 찬거리에 쓸 농산물을 판매하는 상인에게 고령의 여성 손님이 3,000원을 주고 야채를 구입했을 때 청양고추를 한 움큼 덤으로 주는 모습을 관찰할 수 있었다. 상인에게 덤으로 주는 이유를 물어보니, 이미 해당 청양고추를 구입한 가격만큼은 수익을 낼 정도로 판매했기 때문에 남은 청양고추를 덤으로 주기도 하는 것이라고 했다. 2024년 10월 22일에는 노점에서 빵을 판매하는 상인이 빵을 여러 개 구입하면 덤으로 빵을 하나씩 더 주는 모습도 관찰할 수 있었다. 해당 빵은 제과점에서 판매하는 빵인데, 가게에서 팔 때와 달리 노점에서 판매하면 사람들이 어느 정도 덤을 기대하는 경향이 있다고 했다. 이와 반대로 때로는 손님이 덤을 요구하거나 가격을 조금 깎으려고 흥정을 하다가 상인에게 거절을 당하는 모습이 관찰되기도 하였다.

3. 신시장 상점의 업종별 경제 상황

신시장에는 다양한 물품이 판매되고 있으며, 그에 따른 업종별로 경제 상황에 차이가

8　"(신시장의 문어는) 싱싱하고 좋지. 내가 가는 집은 수족관에 관리를 잘하는 것 같아. 더 신선해. 그냥 마트에 거 농협 하나로마트도 있잖아. 그것보다도 이제 직접 거기서 삶은 게 아니고, 그 자리에서 이렇게 내가 고른 걸 삶아줘서 그대로 내가 볼 때 삶아주니까. 내가 삶는 걸 다 보고. 막 그걸 관리를 내가 가는 가게는 정말 잘해. 담그자마자 얼음 한 다라이 부어 끓여버려. 얼른 막 식혀 가지고 이게 그러면 이게 막 끓으면 이게 쫀득쫀득해지거든. 마트는 삶아놓고 포장을 해서 팔고, 신시장에서는 여기 살아 있는 거를 살 수가 있어. 사람들이 급하니까 전부 다라이 삶아 놓은 걸 사는데, 우리는 가면 수족관에 거 골라서 삶아 오거든. 그러니까 엄청 탱글탱글한 게 맛있어. 그래서 그런 신선함을 맛보기 위해서 가는 거지 마트에서는 그걸 할 수가 없거든. 직접 내가 고른 걸 그 자리에서 조리해 올 수 있으니까." 이○숙(여, 1962년생, 안동 출신 지역민)의 구술(2024년 10월 1일).

나타난다. 여기에서 신시장의 모든 업종을 다룰 수는 없으므로, 현지에서 조사된 내용을 바탕으로 대략적인 신시장의 업종별 경제 상황을 정리하고자 한다. 또한 신시장의 노점에 대한 내용은 다음 장에서 다루고, 이 장에서는 상점의 경제 상황만 다룰 것이다.

현재 청과물을 판매하는 C씨는 코로나19 팬데믹 직전부터 신시장에서 장사를 시작했다. 면담조사를 진행하는 동안 C씨의 가게에는 많은 손님이 찾아와서 과일을 사가는 것을 관찰할 수 있었다. C씨는 부인과 함께 청과물을 판매하고 있었는데, 본인 스스로도 장사가 어느 정도 되는 편이라고 했다. 장사가 잘 되기 위해서는 사람들이 많이 다니는 곳에 상점이 있어야 하는데, C씨의 청과물 상점은 사람과 차량의 이동이 많은 대로변에 있다는 점에서 해당 요건을 충족하는 것으로 보였다.

> C. 전국에서요. 서울, 안동, 대구, 인천. 주요 거래처만 얘기하는 거지. (과일이) 괜찮기도 해야 되고, 가격도 이렇게 맞춰야 되고 무지하게 힘들어. 안동에서만 해갖고는 안동 사람들 수준을 못 맞춰.[9]

〈사진 3〉 청과물 판매 모습(2024.10.25. 촬영)

---

9   청과물 판매상 C씨(남, 50대 중반)의 구술(2024년 10월 25일).

C씨는 안동 지역민의 경제적 수준이 예전보다 높아졌기 때문에 단순히 저렴한 품목만 취급해서 안 된다고 하였다. 지금은 조금 비싸더라도 품질 좋은 과일을 갖추어 두어야만 상품 경쟁력을 가질 수 있다는 것이다. 따라서 C사례에서 언급하듯이, C씨는 품질이 좋으면서도 가격도 적당한 과일을 찾기 위해서 안동뿐만 아니라 서울이나 대구, 인천 등 여러 지역을 다니면서 과일을 구매하고 있다고 한다. 이는 전반적으로 한국의 경제 수준이 상승한 만큼 지역의 전통시장에서도 일정 수준의 품질 좋은 상품을 갖추어야만 상품 경쟁력을 갖출 수 있다는 점을 보여준다.

한편 그는 업종 구분 없이 신시장 전체로 본다면, 현재 제대로 된 수익을 내면서 상점을 운영하는 곳은 4분의 1 정도일 것이라고 한다. 이러한 개인의 의견이 신시장 경제의 전체 상황을 정확하게 나타낸다고 볼 수는 없다. 그러나 C씨 이외에도 신시장 상인에게서 예전에 비해서 손님이 많이 줄었다는 말을 쉽게 들을 수 있다는 점에서, 현재 신시장의 경제 상황이 과거보다는 쇠퇴했다는 것을 짐작할 수 있다.

현재 신시장에서 판매가 저조한 업종 가운데 하나는 포목점이다. 신시장의 포목점에서는 주로 한복과 침구를 함께 판매하는 경우가 많다. 그 이유는 예전에 혼인을 할 때 기본적으로 한복을 갖추어 입고, 혼수품으로 침구도 함께 준비하는 경우가 많았기 때문이다. 그러나 지금은 아래와 같이 판매 부진으로 어려움을 겪는 상태라고 한다.

> D. 한국의 한복이요. 그게 멋있고 좋고 아름답잖아요. 근데 그게 다 떨어지고 없어. 그게 요새 입지를 않으니까. 우리 건 우리가 즐겨 입어야 되는데 입기 불편하니까요. 전부 개량식으로 이제 전부 신식 쪽으로 가다 보니까 한복의 인기가 다 땅에 떨어졌다고 봐야 돼. 얼마나 몇십 년 흘러가면 또 새로 살아날지 모르는데, 요새 직계 가족 아니면은요. 한복도 결혼식에도 안 입어요. …(중략)… 이제는 나이 많아가지고 한 개라도 빨리 없애가지고 빨리 점빵도 팔고, 세를 놓든동 하는 게 (좋은데) 지금 나이를 봐서 한참 늦었어요. 한 5년 전에 코로나 나오기 전에 원래 내놓고 세일 붙여가지고 할 텐데, 나도 나이 좀 있고 용기도 없고 하다 보니 2~3년 코로나 걸리고 2~3년 지나서 사람 늙고 시기를 늦춰서. 한 5년 전에 나 같은 사람은 치워야 됐어.[10]

---

10 포목점을 운영하는 D씨(여, 80대)의 구술(2024년 10월 16일).

<사진 4> 한복과 침구를 판매하는 포목점 전경

<사진 5> 2지구의 빈 상가 모습

　D사례에서는 신시장에서 50년 정도 포목점을 운영했다는 D씨가 요즘 한복을 찾는 사람들이 줄어들고, 결혼식 때도 한복을 잘 찾지 않는 상황을 언급하고 있다. D씨는 1980년대까지는 한복이나 침구 등의 판매가 잘 되었지만, 1997년 IMF 외환 위기 발생 이후 한복과 침구에 대한 수요가 점차 감소되었다고 한다. 현재 한국에서 한복은 일상복으로서 기능을 거의 못하고 있다. 따라서 결혼식과 같은 특별한 날에 한 번 입기 위해서 한복을 구매하는 것보다는 대여하는 문화가 점차 확산된 것으로 보인다. D씨도 소비자들이 원해서 15년 정도 전부터 한복을 소규모로 대여한 경우도 있다고 한다. 그러나 D씨는 한복 대여를 전문으로 하는 곳이 아니었기 때문에 번거롭기만 하고, 경제성이 떨어져서 한복 대여를 적극적으로 하지는 않았다.

　현재 D씨가 운영하는 포목점의 상태는 한복이나 침구에 대한 수요가 크게 감소되어 운영이 어려운 상태이다. 본인 소유의 가게이기 때문에 소일거리 삼아서 나오기는 하지만, 판매는 잘 이루어지지 않고 있다. D씨는 코로나19 팬데믹 이전에 포목점을 다른 사람에게 넘겼어야 하는데, 이미 그 시기를 놓쳐서 가게 정리도 쉽지 않은 상태라고 한다. 이것은 D씨에게만 해당되는 상황은 아니다. 신시장의 1, 2지구에는 한복과 침구를 판매하는 포목점이 집중되어 있는데, D씨와 유사한 상황으로 인해서 문을 닫고 폐점한 상점이 여럿 보인다. 이는 안동만의 문제는 아니며, 혼례 문화와 의생활 등의 변화에 따른

한국의 전반적인 현상이라고 보아야 할 것이다.[11]

폐점하는 곳이 늘어나던 1, 2지구를 중심으로 신시장에서는 청년몰 조성사업이 진행되었다. 신시장의 청년몰 조성사업은 2016년에 신청하여 2017년에 선정되었다. 2017~2018년까지 신시장 1, 2지구 20개 점포에 사업비 15억 원이 투입되었고, 상인들의 세대교체 및 젊은 층 고객 유입을 통해 전통시장의 활력을 제고하고 미래 전통시장을 이끌 청년상인 육성 등을 목표로 신시장의 청년몰 조성사업이 진행되었다.[12] 총 20개의 점포가 선정되어 2019년 1월 기준으로 입점을 완료하였는데, 음식 관련 업종이 18개로 다수를 차지하였다.[13] 청년 상인들이 원활하게 신시장에 정착할 수 있도록 초기 인테리어 비용과 월세, 홍보 등에 대한 지원이 이루어졌으며, 초기 정착 자금을 절감할 수 있다는 점에서 청년 상인에게 어느 정도 도움이 되었다고 한다.

> E. 정해진 게 없는 게 구역을 딱 정해서 이게 청년몰이다. 여기 입점해라 이런 게 아니고 그냥 이렇게 뜨문뜨문 여기가 다 포목점 상가였어요. 옛날에는 활성화 돼 가지고 엄청 장사가 잘 됐었는데, 요즘에는 이제 거의 그런 데서 뭘 안 사잖아요, 사람들이. 그래서 다 거의 이제 사양산업 되고 가게 빼시는 분들도 많고 하니까. …(중략)… 그런 데를 살려 가지고 이제 청년들을 들어오게 해서 이제 활성화 시키자 그런 취지였는데. 여기 장사하는 포목점도 있어요. 그래서 여기 청년 몰에 드문드문 포목점이 들어가 있거든요. 그래서 이게 굉장히 애매해요. 그리고 저 뒤편에 또 빈 점포가 있으니까 저기도 매장이 있고. 그렇다고 저희가 한꺼번에 다 이렇게 모여 있는 건 아니에요.[14]

---

11 『경향신문』 1991년 11월 1일 기사에는 〈유명브랜드 침투로 "몸살" 東大門 종합시장〉이라는 제목으로 "동대문종합시장은 70년 현재 종로 5가에 자리잡고 있는 옛 육의전 광장시장의 후광을 업고 주단·포목·혼수감의 신상권 시대를 열었다. 그러나 지금까지 광장시장과 함께 주단·포목상가의 양대산맥을 이루어 온 이 동대문종합시장이 지난해부터 심한 몸살을 앓고 있다. 최근들어 대기업체들의 유명브랜드 상품(기성복)이 범람하면서 한복·이불감 등의 수요가 급격히 줄어들기 때문."이라고 나온다. 이 기사와 안동지역의 사례를 통해 혼수품과 관련된 변화가 한 지역만의 문제가 아니며, 1990년대 초부터 점차 변화되었다는 것을 알 수 있다.
12 권은영, 「안동중앙신시장 청년 몰 활성화 방안 연구」, 안동대학교 한국문화산업전문대학원 석사학위논문, 2019, 50쪽.
13 위의 글, 51쪽.
14 청년몰 지원 사업 때 신시장에 정착하여 음식점을 운영 중인 E씨(여, 1985년생)의 구술(2024년 10월 21일).

〈사진 6〉 오고가게 청년몰 간판

　청년몰 조성사업으로 들어온 젊은 세대의 상인들은 주로 포목점이 집중되어 있던 1, 2지구에서 창업했다. 한 구역 전체를 일률적으로 청년몰로 조성한 것이 아니기 때문에 기존에 있던 상점과 청년몰 조성사업으로 들어온 이들의 상점이 뒤섞이는 형태가 되었다. 그리고 '오고가게 청년몰'이라는 명칭으로 신시장 청년몰이 운영되었다.

　초기에는 청년몰이 생기는 것에 대해서 사람들의 관심도 있었고, 어느 정도 장사도 되었다고 한다. 그러나 청년몰 조성사업에 대한 지원이 끝나고, 청년몰에 대한 사람들의 관심도 식으면서 폐점하는 곳이 늘어났다. 결국 장사라는 것은 자체 경쟁력을 갖추어야 하는 것인데, 초기 창업 지원에만 너무 의존했던 가게는 견디지 못하고 폐점했던 것이다. 청년 세대 상인들이 자립하여 경쟁력을 가지기 전에 지원이 단기적으로 끝난 것을 문제의 요인으로 들기도 한다.[15] 청년몰 지원 사업 초기에 신시장에 정착하여 음식점을 운영 중인 E씨는 신시장과 청년몰을 직접 찾는 손님들이 줄어들자, 그에 대한 대책으로 배달 위주의 운영을 하고 있다.

　그 수가 많지는 않지만, 젊은 세대의 상인이 가업 계승을 통해서 신시장에서 활동하는 경우도 있다. 현재 부모님이 운영하던 떡집을 이어받아서 하고 있는 F씨가 신시장에서 가업 계승을 하는 젊은 세대 상인 가운데 하나이다.[16] 그는 요리사로서 다른 직장에서

15　2024년 6월 21일 안동 MBC 뉴스데스크 〈"청년 떠나는 청년몰"..반토막 난 안동 신시장 청년몰〉 방송 뉴스 참고.
16　F씨(남, 40대 초반)의 구술(2024년 10월 25일).

일했으나, 그보다는 가업 계승을 하는 것이 더 나을 것 같아서 18년 전부터 시작했다. 가업을 계승하여 초기에 시작했을 때는 많은 수익을 올릴 수 있었으며, 특히 차례를 지내는 명절 때는 대목으로 상당한 수익을 올릴 수 있었다고 한다. 지금도 명절이 대목인 것은 여전하지만, F씨는 예전보다 사람들이 명절 음식을 찾지 않으면서 떡에 대한 수요가 많이 감소하였다는 것을 체감하고 있다. 그리고 여러 제사를 한 번에 몰아서 지내거나, 아예 제사를 지내지 않게 되는 등 제사 문화의 변화로 인해서 떡의 소비가 줄어든 것도 있다고 한다. F씨가 초기에 시작할 때보다 매출은 50~70% 정도의 수준이지만, 그래도 직장에서 일하는 것보다는 낫다는 입장이다.

신시장에서 본인이 운영하고 있는 가게를 자녀에게 물려주려는 경우도 있다. 70대인 G씨는 신시장에서 1980년대 초반 무렵에 한복이나 침구를 판매하는 포목점으로 장사를 시작했으며, 1980년대까지는 장사가 잘 되는 편이었다고 한다. 1990년대 중반에는 브랜드가 있는 침구를 판매하기 위해서 구시장에서 세를 들어서 7년간 장사를 했다. 2000년대 들어서 구시장 경기가 이전보다 침체된다고 느껴서 신시장으로 다시 와서 여성복을 판매하였다. 신시장은 자신의 가게이기 때문에 임대료가 들지 않는다는 점도 작용했다. G씨는 본인의 장점을 어느 한 업종만 하기보다는 변화하는 상황에 맞춰서 업종 변경도 하면서 대응하는 것이라고 한다.

> F. (좋은 옷을 확보하기 위해서) 우리는 뭐 온 빌딩을 다 치니까(다니니까). 12시에 문 여는 데도 있고, 밤 12시에. 우리 가는 데는 밤 10시에 문 여는 데 있고, 밤 9시에 문 여는 데 있고 다 틀리거든요. 그래가지고 좀 세련되고 젊은 사람이 (좋아하는) 이런 옷을 찾으려고 그마(그러면) 12시에 열어, 밤 12시에. 그러니까 밤 꼬박 새고 아침까지 해도 바쁘지. 그래도 바빠. 너무 많이 댕기니까(다니니까). 그러니까 너무 힘들어. 물건 파는 게 아니고, 사는 게 (힘들어). 그래야 손님들 싹싹싹싹 빠져가 물건이 싹싹 빠지거든(잘 팔리거든).[17]

위와 같이 G씨는 옷을 판매하는 것보다도 좋은 옷을 확보하는 것이 더 어렵다고 한다.

---

17 G씨(여, 70대 초반)의 구술(2024년 10월 19일).

세련되고 품질 좋은 옷만 확보하면 판매는 잘 되는 편이기 때문이다. G씨는 좋은 옷을 구하기 위해서 서울에도 가는데, 밤부터 새벽까지 여러 도매상을 찾아다니며 옷을 구한다고 한다. 이제는 예전처럼 다니며 옷을 구하는 것이 체력적으로 힘들어서 딸에게 물려줄 계획을 가지고 있다. 단순히 가게만 물려주는 것이 아니라, G씨는 신시장에서 오랜 시간 장사를 하며 맺은 단골 관계도 함께 딸에게 물려주려고 한다.

한편 신시장의 3, 4지구에는 음식점이 밀집되어 있다. 이 지구에는 1960년대에서 1980년대 초까지 고추를 취급하는 상점도 많이 들어서 있었다. 고추를 취급하는 상점과 거래하기 위해서 많은 농민들이 찾아왔는데, 이들은 곧 음식점의 손님이 되어서 이 시기에는 음식점 장사가 잘되는 편이었다. 그러나 1980년대 중반부터 고추 상점을 다른 곳으로 이동시키면서 고추를 판매하려고 찾아오는 농민들이 줄어들었고, 이는 음식점 매출에 어느 정도 영향을 미쳤다. 그럼에도 불구하고 음식점은 고추 상점 이전 후에도 지속적으로 신시장을 찾는 사람들을 상대로 음식을 판매하며, 매출을 올릴 수 있었다. 그러나 근래에는 손님이 많이 줄어서 음식점 운영에 어려움을 겪는 곳이 늘고 있다.

> G. 첫째는 인구가 줄어가지고 사람이 안 다녀. 그리고 또 젊은 사람들이 이 골목에 들어오지를 안 하고. 젊은 사람들이 많이 들어와야 장사가 그런대로 되고 하는데, 젊은 사람들이 안 들어오니까. 나이 많은 사람들이 이제는 뭐 그때 옛날에 젊은 사람이 요새는 전부 다 70~80대 다 돼가지고. …(중략)… 작년도 손님이 없다 했는데, 코로나 오고부터 세상을 싹 바꿔놨잖아요. 세상을 싹 바꿔 나브랬어요. 코로나 와 가지고. 그래 지금 이래 손님이 없는 게 한 3~4년 정도. 그런데 작년 비하면 올해가 더하고.[18]

G사례의 H씨는 시어머니가 하던 것을 물려받아 신시장에서 50년 정도 음식점 장사를 했다. 오랜 시간 한 자리에서 음식점을 운영했는데, 코로나19 팬데믹 이후 최근 3~4년은 찾아오는 손님의 감소로 음식점 운영에 어려움을 겪고 있다. 신시장은 젊은 사람들이 거의 찾지 않는다. 이곳의 음식점을 찾는 손님들은 예전부터 신시장을 이용했던 사람들이 대부분인데, 이들 손님은 점차 나이가 들며 그 숫자가 감소되고 있는 상태이다. 특히

---

18 신시장에서 음식점을 운영 중인 H씨(여, 70대 초)의 구술(2024년 10월 26일).

코로나19 팬데믹 때 그 수가 감소된 것으로 보인다. 따라서 젊은 세대가 찾아오도록 만들 방안을 찾지 못한다면, 앞으로 신시장에 있는 음식점의 경제적 어려움은 더욱 커질 것이다. 젊은 세대의 수요층을 확보하는 문제는 음식점뿐만 아니라 신시장 전체 상권의 존립과 연관된 문제라고 할 수 있다.

신시장에 있는 음식점 가운데는 보신탕을 판매하는 가게도 있다. 2024년 개식용종식법이 통과되어 유예기간인 2027년 2월이 지나면 식용 목적으로 개를 도살할 경우 처벌을 받게 된다. 따라서 신시장에 있는 보신탕 가게도 유예기간 전까지 업종을 변경하거나 다른 방안을 찾아야 하는 상황이다.

한편 신시장 안에서도 구역에 따라서 장사가 어느 정도 되는 곳과 그렇지 않은 곳이 나누어지는 측면이 있다. 그에 대해서 현재 상인회장을 맡고 있는 김상선 씨의 설명을 들어보면 다음과 같다.

> H. 지금 여기에 저희가 이렇게 있으면 저쪽 도로변 위쪽부터 1지구, 2지구, 3지구, 요 옆에 4지구. 그다음에 저쪽에 장 잘 되는 쪽이 5, 6, 7, 8지구 이런 식으로 돼 있는데. 저쪽은 일반적인 우리가 간고등어, 문어, 과일, 야채, 전, 떡 이런 거 해서 사람들이 사실상 물건을 사러 가는데, 1, 2, 3, 4지구에는 옛날부터 하던 포목점, 그다음에 뭐 하여튼 잡화 이런 것들이 있다 보니까 상권이 다 죽었어요. 사람들이 장을 보러 오면 5, 6, 7, 8지구 남문 쪽으로 해서 주차장 들어와서 절로 들어가지 이쪽으로 올 일이 없어.[19]

상인회장 김상선 씨의 설명에 따르면 다루고 있는 품목별 차이로 인해서 1~4지구는 판매 부진을 겪고 있으며, 상대적으로 5~8지구는 소비자들이 찾는 품목들을 취급해 판매가 어느 정도 되는 편이라고 한다. 이는 실제로 구역별 신시장 거리의 풍경을 통해서도 확인할 수 있다.

---

19 김상선(남, 1980년생, 현 상인회장)의 구술(2024년 10월 16일).

〈사진 7〉 장날 5~8지구를 가로지르는 중앙통로의 모습 (2024.10.17. 촬영)

〈사진 8〉 장날임에도 한적한 2~3지구 사이 통로의 모습 (2024.10.17. 촬영)

〈사진 7〉과 〈사진 8〉은 10월 17일 장날에 촬영한 사진이다. 〈사진 7〉은 5~8지구를 가로지르는 중앙통로의 모습을 촬영한 것인데, 사진과 같이 꽤 많은 인파가 몰려서 장을 보는 모습을 확인할 수 있었다. 이 통로에서는 장날이 아닌 평상시에도 낮에 손님들이 항상 어느 정도 있는 모습이 확인되었다. 그러나 〈사진 8〉과 같이 장날임에도 불구하고 사진에 나온 곳뿐만 아니라 1~4지구 쪽은 상대적으로 한적한 모습이었다.

I씨는 7년 전부터 신시장의 중앙통로에서 주로 채소류를 판매하고 있다. 지금의 가게를 맡게 된 것은 I씨가 이곳에서 임시로 일을 돕다가 기존 주인이 사정상 일을 못하게 되면서 임대료를 내고 직접 채소류를 판매하게 되었다. 다른 상인과 마찬가지로 I씨도 7년 전에 처음으로 시작할 때는 장사가 잘 되었으나, 코로나19 팬데믹 이후 손님이 많이 감소했다고 한다.

> I. 장날이 낫고. 장날 사람이 많이 나오잖아. 여기 우리 것만 사러 오는 게 아니고 저 농산물 지어가지고 저쪽에 장터 막 해놨는데, 그거 이제 막 싱싱한 거 사러 막 사람들이 많이 나오지. 그러니까 우리는 상회 거 받아가 하고(판매하고), 그 사람들(노점상)은 직접 농사 지어가지고 저기 갖다 놓고. 싼 거 그거 사러 많이 나오잖아.[20]

<사진 9> I씨가 신시장 중앙통로에서 판매 중인 채소류
(2024년 10월 19일 촬영)

<사진 10> I씨가 신시장 중앙통로에서 판매 중인 채소류
(2024년 10월 19일 촬영)

---

20 신시장 중앙통로에서 채소류를 판매하는 I씨(여, 70대 중반)의 구술(2024년 10월 19일).

그럼에도 불구하고 신시장의 중앙통로는 다른 곳보다 임대료는 높지만, 그나마 사람들이 많이 다니기 때문에 수익을 내며 장사를 하고 있다고 한다. 특히 장날에는 상점뿐만 아니라 노점에서 판매하는 저렴한 물품을 사기 위해서 손님들이 신시장을 많이 찾는다는 것이다. I씨는 채소류를 상회에서 구입한 후 그대로 팔거나 데치거나 다듬어서 판매하고 있다. 장날 노점에서는 직접 농사지은 농산물을 판매해서 더 저렴한 것들이 있는데, 장날 소비자들이 저렴한 농산물을 사기 위해서 여전히 신시장을 찾고 있다고 한다.

반면에 중앙통로에서 조금 떨어진 곳에서 어물을 판매하고 있는 J씨는 요즘 판매 부진으로 경제적 어려움을 느끼고 있다. 중앙통로와 10~20m 정도 떨어졌을 뿐이지만, 사람들이 주로 신시장의 중앙통로로만 다니며 안쪽 길로는 잘 들어오지 않기 때문이다.

> J. 비싸도 거기서(중앙통로에서) 여기 들어오느니 비싸도 맹 거기서 사. 요즘에는 돈에 관련을 안 해요, 사람들이. 비싸도 눈에 보이면 사버려. …(중략)… 저 앞에서 10상자 팔 동안 나는 고등어 다섯 손도 못 팔아. 그 정도의 차이라.[21]

위에서 언급하듯이 J씨는 중앙통로에 있는 상점과 판매 차이를 크게 느끼고 있었다. 그리고 J씨는 판매 부진의 이유 가운데 하나로 단골의 감소를 들었다. 단골 관계를 맺어서 지속적으로 찾아오던 손님들이 많이 돌아가시면서 점차 손님들이 감소했다는 것이다. J씨는 어물 판매 부진으로 인해서 올해부터 직접 농사를 지어서 어물과 함께 채소로 같이 판매하고 있지만, 그에 따른 판매 효과는 크지 않다고 한다.

4. 신시장 노점 경제의 특성

안동지역의 전통시장 가운데 신시장은 오일장이 열릴 때마다 많은 노점상들이 들어선다는 점이 특징적이다. 기존에는 신시장 주차장 인근에 노점이 들어섰다. 그러나 2024년 들어서 안동시에서는 도로변에 난립했던 노점을 한 곳에 집중시켜 관리한다는 명목

---

21 신시장에서 어물을 판매하고 있는 J씨(여, 50대 후반)의 구술(2024년 10월 21일).

〈사진 11〉 장날 도로를 통제하는 모습(2024.10.22. 촬영)

으로 노점이 열리는 장소를 변경하였다. 지금은 장날마다 오전 3시부터 오후 5시까지 푸른약국에서 태평양약국 사이의 도로를 통제하고 이곳에 노점이 들어서도록 관리하고 있다. 노점상들은 장날 노점 자리를 차지하기 위해서는 일찍부터 서두른다. 오전 3시부터 자리를 맡을 수 있기 때문에 그 시간에 맞춰서 오려면 더 일찍이 준비를 마쳐야 하기 때문이다.

> K. 시에서 먼저 오는 사람이 임자라 그래. 고정된 자리는 없어. 근데 우리는 항상 일찍 오니까. 나는 집에서 2시 되면 와. 새벽 2시 되면 나선다고. 여기 3시 안 돼서 도착하지. 그러니 내보다 일찍 온 사람 없기 때문에 누가 뭐라 캐도(해도) 내가 맨날 이 자리에 앉지. …(중략)… 촌에서 농사지었는 거 내가 생산한 것만 직접 가져와.[22]

> L. 오늘도 집에서 1시 반에 출발했는데, 새벽에. 여기 오면 한 2시쯤 됐지. …(중략)… 우리가 농사지은 거 파는 거예요. 학가산 밑에요.[23]

---

22 장날 노점에서 농산물을 판매하는 K씨(여, 70대)의 구술(2024년 10월 17일).
23 장날 노점에서 과일을 판매하는 L씨(남, 70대)의 구술(2024년 10월 22일).

〈사진 12〉 K씨 노점의 모습(2024.10.17. 촬영)   〈사진 13〉 L씨 노점의 모습(2024.10.22. 촬영)

    K씨와 L씨는 안동지역에서 농사를 짓고 있으며, 장날이 되면 신시장에 직접 재배한 농산물을 가지고 와서 노점에서 판매를 하고 있다. 장날 새벽 3시 이전에 도착하기 위해서 안동지역에 있으면서도 새벽 1~2시면 준비해서 집을 나선다고 한다. 조사 당시 K씨는 혼자 농산물을 판매하고 있었고, L씨는 부인과 함께 판매를 하고 있었다. 현재 신시장의 노점은 1인당 장사를 할 수 있는 공간 면적이 제한되어 있다. L씨는 부부가 함께 하기 때문에 2명에게 주어지는 공간에서 노점을 열고 장사를 했다. L씨 부부는 생강, 고구마, 감자, 당근, 양파, 땅콩 등을 판매했다. K씨는 고구마, 호박, 호박잎, 파, 무, 고추, 표고버섯, 송이버섯, 녹두, 호두, 사과 등 다양한 종류의 농산물을 소량으로 가져와서 판매하였다.
    직접 농사를 짓지 않고 전문적으로 노점상만 하는 경우도 있었다. M씨는 28년간 과일만 판매하는 노점상으로 활동하고 있다고 했다.[24] 현재 신시장 노점에는 안동 지역민으로서 직접 농사를 지어서 판매하는 사람들도 많지만, 3분의 1 정도는 외지에서 온 노점상들이라고 한다. 신시장 노점에서는 농산물의 판매 비중이 가장 높지만, 그 외에도 보쌈이나 탕수육, 빵과 같은 먹거리와 여성복이나 잡화 등도 판매되고 있었다. M씨는 노점에서

---

24 장날 노점에서 과일을 판매하는 M씨(남, 60대)의 구술(2024년 10월 22일).

다양한 종류의 물품을 취급하는 것이 사람들의 발길을 더 끌 수 있다는 점에서 긍정적이라고 하였다.

한편 제과점에서 취급하던 빵을 노점에서 판매하는 경우도 있었다. N씨는 남편이 신시장 인근에서 제과점을 운영하고 있는데, 유명브랜드 제과점과 경쟁으로 인해서 판매 부진을 겪었다고 한다. 2024년 들어서 처음으로 신시장 노점에서 제과점의 빵을 가져와서 매장보다 저렴한 가격에 판매하기 시작했다. 이윤을 적게 남기는 대신 많이 판매하는 박리다매 방식을 택한 것이다. 이러한 판매 방식은 현재까지 성공적인 편이라고 한다. 신시장의 노점을 찾는 손님들은 저렴한 물품을 찾아서 오기 때문에 N씨는 그에 맞춰서 판매를 할 필요성이 있다고 여긴다. N씨 본인은 여성복 매장을 운영하기 때문에 장날 노점에서 빵과 더불어 여성복도 함께 판매하고 있다.

한편 신시장을 지금의 위치로 옮겨서 운영하는 방식에 대한 의견은 찬반이 엇갈리고 있다. 찬성하는 측에서는 기존에 난립했던 노점을 한곳에 모아서 운영하는 것이 더 효과적이라고 여긴다. 그리고 지금의 노점 위치는 1~4지구와 인접한 곳에 마련되었기 때문에 유동인구가 적던 1~4지구에 조금이라도 사람들의 발길을 끌 수 있기를 기대하고 있다. 이에 반대하는 측에서는 지금의 위치에 노점이 생김으로써 해당 구역에 있던 상점이 큰 피해를 받고 있다고 한다. 장날 해당 구역에 사람들이 차를 대고 접근해야만 하는데, 장날 차량을 통제함으로써 해당 구역 상인들의 영업 피해가 발생하고 있다는 것이다.

04

신시장의 일상과
시장민속의 현재성

강석민
국립안동대학교 대학원 민속학과 BK21교육연구팀 박사후연구원

신시장의 일상과
시장민속의 현재성

1. 시장민속의 일상성과 교차성

전통적으로 시장은 대중들의 일상생활과 깊은 연관 속에서 그 역사를 구축해왔다. 그런 의미에서 사회적 시간과 공간 관념과 결합되어 있다고 할 수 있다. 시장은 좁은 의미에서 사람들이 상품과 화폐를 매개로 상호 필요와 이윤을 추구하기 위해 일정하게 약속된 시간 속에서 교류하는 공간을 의미한다. 하지만 좀더 구체적으로 시장은 사회적 시간 및 공간 관념과 매우 긴밀하게 결합되어 있는 장소라고 할 수 있다. 그런 만큼 시장은 정치·경제·사회·문화적으로 매우 중요한 기능을 담당하며 대중들의 일상생활의 이루어지는 중요한 시·공간 관념이 형성되는 배경[1]이 된다. 이러한 면모는 전통시장을 바라볼 때 더욱 두드러진다. 즉 전통적인 정기시장은 지역사회를 공간적·시간적으로 한 데 묶는 역할을 한다. 동시에 분열되어 있는 것처럼 보이는 개개의 촌락들을 서로 연결시켜 전체 사회와 닿게 하는 역할[2]을 해왔다.

'장場'이라고 하는 것 역시 단순히 시장 그 자체를 의미하기보다 장을 보러 가는 행위 그 자체를 의미하기도 한다. 이는 행시 혹은 간시로 지칭되기도 한다. 지방의 장시들은 크게 대시장과 소시장으로 구분되었다. 대시장은 지역 내에서 이루어지는 근거리 혹은 원격지 유통을 담당하며, 도매 기능을 통하여 소시장에서 나온 산물을 집하하고 외부

---

1 정호기, 「일상생활의 시·공간적 조직화와 전통시장」, 『현대사회과학연구』 8, 전남대학교 사회과학연구소, 1997, 226~227쪽.
2 정승모, 『시장의 사회사』, 웅진출판, 1992, 18쪽.

지방의 상품을 소시장에 배급함으로써 중심 유통권을 형성하기도 했다. 소시장은 대시장의 하부에서 농민들이 하루 내에 장을 볼 수 있는 지역적 범위를 한계로 하는 기본적인 소단위 시장[3]이라고 할 수 있다. 다만, 이러한 전통적인 형태의 시장은 일정하게 정기성을 띤 것이었다. 분산되어 열렸던 여러 소시장들은 서로 다른 개시일을 이용하여 판로를 확보하고 물품을 공급·확보했다. 시장이 단순히 물품 거래만 이루어지는 곳이 아닌, 인적·물적 상호 소통과 교류의 연망이 될 수 있었던 이유도 바로 지근거리에서 정기성을 띠며 열렸던 시·공간적 특성에 따른 것이라고 할 만하다.

　이 책에서 주목하고 있는 '안동 중앙신시장'(이하 신시장)의 경우, 현재의 시점에서는 2일과 7일 열리는 오일장의 정기시장의 특성을 여전히 간직하고 있는 상설시장의 형태를 보이고 있다. 공식적으로도 그것은 1933년에 이르러 준공식이 열렸으며, 1946년에는 경상북도로부터 상설시장으로서 허가를 받아 운영되었다. 즉 인근 주민들의 필요에 따라 그 형태와 내용을 달리하며 복합성 내지는 교차성을 띠고 있다는 점이 신시장의 특징이라고 할 수 있다. 시장민속의 전통성과 현대성을 그 안에 포함시키며 존속해오고 있기 때문이다. 이는 물리적인 공간 재편의 변화에서도 엿볼 수 있다. 이를테면 신시장은 1974년에 재건축을 감행했으며, 1980년대 중반에는 현대식 건물로 증축하여 현재의 모습과 유사한 공간 구조와 점포의 배치를 구축하게 되었다. 이러한 토대 위에 환경개선사업 및 아케이드 공사가 감행된 것은 2000년대의 일이다. 시장 활성화 관련 제도와 정책의 개발 내지는 시행과 맞물려 신시장은 그 자신의 모습을 달리해왔고, 시장 상인들과 인근 주민들의 삶과 일상을 담은 이른바 '신시장 민속' 역시 그에 조응하며 상이한 필요와 의지를 담지해왔다.

　그런 점에서 신시장은 전통시장의 외관을 띠고 있는 것으로 보이지만, 그 형태와 내용 면에서 상당 부분 근대적이거나 혼종적인 방향으로 성격화되어 왔다고 할 수 있다. 제수용품에서 시작하여 포목, 의류, 음식, 자재, 병·의원 등에 이르기까지 인근 주민들의 물적 필요를 책임지는 다종다양한 점포들이 자리를 잡아왔다. 하지만 시장의 발자취가 이른바 '시장 활성화'와 관련된 제도와 정책의 시행과 맞물려 있다는 점은, 그 자신의 자족적 생존이 불투명한 현실을 반증하는 것이기도 하다. 이를테면 2017년에 선정되어

3　정승모, 『한국의 전통 사회 시장』, 이화여자대학교 출판부, 2006, 19쪽.

이듬해 수행되었던 청년몰 조성사업은 포목과 같은 종전에 자리를 잡아 왔던 품목의 쇠퇴와 변화의 필요성이 반영된 사례라고 할 수 있다. 정리하자면, 신시장은 전통과 현대, 지속과 변화, 존속과 혁신 사이에 놓여 있는 여러 선택지 앞에서 고유한 일상성을 구축하고 있는 것으로 규정될 만하다. 이 글은 이러한 점에 주목하여 신시장의 역사를 상인들의 구술을 통해 재구하는 작업을 기본적으로 수행하면서, 이를 기반으로 '신시장 민속'의 일상성과 현재적 의미 혹은 전망을 짚어보고자 한다.

이를 위해 이 글은 크게 두 축을 중심으로 신시장의 세시풍속을 가능한 만큼 정리하고자 한다. 그 한 가지는 이전 시대에 존속했었던 품목별 결사체가 어떻게 구성되고 운영되었는지 상인들의 기억을 통해 정리하고자 한다. 즉 1980년대에서 2019년 코로나 팬데믹이 있기 전까지 신시장 상인들이 자율적으로 운영하였던 '친목회', '협회', '부' 등을 '품목별 결사체'로서 정리·분류하고 이것이 상인들의 생활 주기를 정기적으로 구성함으로써 어떠한 일상적 실천으로 구조화되었는지 짚어보고자 한다. 다른 한 가지는 '안동 중앙신시장상인회'(이하 상인회)를 중심으로 한 연중행사의 총보를 정리하면서 그것이 함축하고 있는 시장 환경의 변화를 읽어내고자 한다. 신시장에서 상인회의 출범과 운영은 전적으로 시장 활성화 관련 제도 및 정책의 시행과 맞물려 있다. 그런 의미에서 상인회의 주요 활동과 연중행사는 한국 사회의 구조적 재편과 조응하며 변화하고 있다는 특징을 지닌다. 또한 최근 두드러지고 있는 상인회의 부상은 신시장이 그 내부에서 제기되고 있는 한계 지점에서 이루어지고 있다. 그러면서도 그 한계 앞에서 새롭게 구상하고 있는 전망과 관련되어 있다는 점에서 주목된다. 그리하여 이 글은 이 두 가지의 신시장 민속의 일상적 실천을 정리하고 그것이 지닌 현재적 의미와 전망을 갈무리하고자 한다.

2. 품목별 결사체의 사회적 구성과 운영

시간은 애초부터 존재한다기보다 특정한 조건 속에서만 존재한다. 즉 일상적 삶에서 작동하는 상이한 시간관념은 자연이나 환경과 리듬적으로 동조해야 한다는 생존의 요구가 만들어낸다는 의미에서 신체적 요소들의 리듬적 종합의 산물[4]이라고 할 수 있다. 한국 사회에서 사회적 시간의 근대화와 생활 양식의 변화는 개인 생활로부터 민족국가, 나아가 전지구적 커뮤니케이션을 결정한다. 이를 반영하는 '시간체제'는 시간에 대한 관념과 행동의 시간적 실천의 복합이자 인간의 생애와 행동의 좌표를 나타내는 가장 기초적인 사회적 요소로서, 특정 시기의 인간과 사회에 대한 존재론적·인식론적 기초이면서 사회 구성원에게 자신의 위상과 삶의 의미를 부여한다.[5]

시장 내 상인들의 사회는 다양한 층위에서 형성되고 운영되어 왔다. 신시장의 경우, 두드러지는 상인들의 조직과 모임은 주로 품목에 따라 구성되었다. 이들의 생활 주기 역시 그러한 조직과 모임과의 연동 속에서 운영되었다. 현재의 시점에서 파악할 수 있는 신시장 내 주요 판매 품목은 점포와 상인의 수 만큼이나 수적으로 다양한 양상을 보인다. 즉 포목점 및 의류와 수선집, 젓갈과 반찬, 제유소와 방앗간, 음식점, 수산물과 건어물, 청과 및 농산물, 정육점, 농자재와 종묘사 등 신시장은 인근 주민들의 필요를 반영하면서 다양한 업종과 품목을 형성해오고 있다. 신시장은 품목에 따라 공간 역시 구분하고 있다. 16,600㎡에 이르는 면적에 총 9개 지구로 구성되어 있다. 1지구는 포목점과 청년몰, 2지구는 수선집과 젓갈·제유소·의류점·포목점, 3지구는 음식점·제유소·잡곡, 4지구는 농산물·음식점·병원·종묘사, 5지구는 음식점·문어·방앗간, 6지구는 반찬·수산물·정육점, 7지구는 건어물, 8지구는 분식·과일·수산물, 마지막으로 9지구는 시장 외에 점포가 들어서 있다.

여타 공설시장과는 달리 신시장은 사설시장이라는 특징을 지니고 있다. 현재와 같은 공간 구조와 점포의 배치는 인위적인 것이라기보다는 자연적인 것이었다. 대체로 1970년대부터 이루어져 1980년대 중반 정도에 지금의 모습으로 안착되었다. 해당 시기에 이르러 점포의 개설과 축조가 본격화되었으며, 시간이 지남에 따라 그렇게 조성된 물리적 공간에 품목에 따라 무리지어 점포가 들어설 수 있었다. 그리하여 비슷한 품목을 취급하는 개별 점포들이 모여 일종의 '전廛'이나 '부部'를 형성하기도 했으며, 이는 현재 8개의 지구로 구획화되고 있다. 이 글의 관점에서 다른 무엇보다 주목되는 장면은 신시장 전체 인원들을 포괄하는 조직이 밀도 있게 운영되기보다 인근에 위치한 점포들 간의 결사체가 끈끈하게 활성화되었다는 점이다. 즉 생업을 기반으로 삼은 품목별 결사체가 신시장 내의 상인사회를 지탱하는 주요 동력으로 운영되었으며, 개별 점포와 상인들 또한 판매

---

4 이진경, 「리듬적 종합으로서의 시간 개념」, 『마르크스주의 연구』 13(3), 경상대학교 사회과학연구소, 2016, 112~115쪽.
5 정근식, 「한국의 근대적 시간 체제의 형성과 일상 생활의 변화」, 『사회와 역사』 58, 한국사회사학회, 2000, 161~162쪽.

와 같은 생업 활동 외에도 자신이 속한 결사체에 직간접적으로 참여함으로써 고유한 일상생활의 주기를 형성해왔다. 유사하거나 동일한 생업을 기반으로 한 노동과 여가의 집단적 구성과 향유는 이들의 일상생활이 시장 바깥 체계와의 조응 속에서도 고유하면서도 나름의 방식으로 운영되었다는 점을 뒷받침하는 지점이기도 하다.

> 가게 문 닫는 게, 노는 날 정한 거를 하기 위해서 그거를 했어. 내가 인제 회의를 해놓고는 놀러도 가고. 일단은 이걸 정해야, 협회가 있으면은 몇일날 노자 그러면은 놀드라. 안 그러면 안 놀아. (문 닫을 때도) 다 같이 닫아야 돼…저 집에 문 닫고는 여러 군데 다 팔아부는데. 이 사람은 열고 난 닫아부면 손님이 일로 다 가는데. 그이께네 같이 닫아야 되지…(예전에는) 안 쉬. 계속 장사했어. 그때만 해도 있잖아. 돈이라 그러면, 돈 벌라꼬. 그키 쉬는 시간이 없으니까. 우린 젊었으이 놀고 싶잖아. 그래서 했지. 옛날 어른들은 뭐 그런 거 있나.[6]

> 협회가 만들어진 거는 똑같이 문 닫고 똑같이 여는. 그 목적이었고. 회비 받아가지고 1년에 한 번씩 봄맞이 가는 거는 4월 15일날이지. 한번씩 가면은 서로 화합을 위해서 한 거고. 관광버스 맞차가지고. 그 담에 또 거래처 있잖아. 거래처 있으면 거 가가 찬조받고. 그 돈으로 이제 같이 모아가지고 관광 가고 했는 거야. 1년에 한 번씩…이 집단적으로 있는 데가 전국으로 봐도 안동 뿐이래 사실. 건어물 이래 집단적으로 있는 데가. 그라고 또 이래 주변에 댕겨볼 때는 건어물만 파는 게 아니고. 뭐 배추도 파고(팔고) 대추도 파고 밤 파고 이래. 집단적으로 건어물만 파는 데가 밸로 없어…젓갈은 가을부터 팔리고. 우리 건어물은 겨울에는 놀다가 인자 봄부터 추석이. 추석 지내면은 안 돼.[7]

품목별 결사체가 처음으로 결성되었던 구체적인 계기와 그 조건을 위의 구술을 통해 읽어볼 수 있다. 주목되는 점은 이와 같은 결사체가 상인사회가 스스로 마주한 필요에 의해 결성되었으며, 비록 소박하더라도 자치의 방식 속에서 운영되었다는 것이다. '쉬는 날'과 '노는 날'은 신시장의 성격이 상설시장으로 전환되고 품목에 따라 점포들이 입점한

---

6   조순자(여, 70세)의 구술(2024년 10월 19일, 해창상회).
7   김치구(남, 72세)의 구술(2024년 10월 19일, 덕성상회).

이후 장사 행위가 대부분을 차지한 상인들의 일상에 휴식과 놀이의 시간 마디를 자체적으로 정한 예라고 할 수 있다. 구술에서도 살펴볼 수 있는 것처럼, 상인들은 '쉬는 날'을 먼저 정했는데, 장사 행위에 종속되어 쉼 없이 굴러가는 자신들의 일상을, 공통의 주기를 정해 멈춰세우기 시작했던 것이다. 이때 중요한 것은 동일한 품목을 취급하는 상인들의 경우 모두 같이 쉬는 것이었다. 단골 장사의 특성상, 어느 한 점포가 쉬는 날을 어기게 될 경우 또다른 점포는 단골 손님을 잃을 수도 있기 때문이다. 취급하는 품목마다 날을 정하여 모두가 쉬는 상인들의 관행은 '협회', '친목회', '전', '부' 등 다양한 명칭으로 불리는 결사체 내지는 상인조직이 조성되고 자율적으로 운영되는 주된 계기가 되었다.

신시장의 경우, 이러한 결사체의 결성은 대략 1980년대 중반 즈음을 전후하여 이루어졌다. '쉬는 날'을 정함으로써 품목별 소통과 교류가 점차 활성화되었고 이것이 결사체로 발전했다. 이와 같은 결사체들은 봄과 가을 등 철이 되면 함께 '노는 날'을 향유하는 것으로 이어지기도 했다. 각각의 결사체들은 화합과 친목을 다지기 위해 점포별로 회비를 거두어 관광 여행을 정기적으로 다니기 시작했다. 물론 상인사회의 조직적 특성상 생업 기반이라는 맥락도 중첩되어 있었다. 그 한 가지 예가 거래처가 참여했던 사실이다. 즉 이와 같은 품목별 결사체들은 단순히 신시장에서 생업을 이어가고 있는 상인들뿐 아니라, 인근 상인 및 상인들과 거래하고 있는 인근의 중개업자와 운송업자 등도 함께 참여하기도 했다. 품목별 결사체에서 발견되는 생업적 특성은 그것이 장사 행위에 필요한 자원과 정보가 공유되거나 소통되는 장이 되기도 했다는 점에서 더욱 강조될 수 있다. 뿐만 아니라 '쉬는 날'과 '노는 날'의 주기 역시 기본적으로 품목별로 이미 구조화되어 있는 '대목', 즉 생업적 주기와 맞물려 작동해왔다. 다시 말해, 한창 바쁜 '대목'은 품목에 따라 다르게 구조화되어 있었기 때문에, 결사체의 회합과 여가는 '대목'과 같은 생업적 주기를 공유하고 있는 품목의 특성을 반영하여 이루어졌던 것이다.

〈표 1〉 품목별 결사체의 현황과 내용

품목	명칭	주기	존속 여부
건어물	신시장건해산물상공친목회	매월 15일 → 매월 첫째주 · 셋째주 일요일 → 매주 일요일 휴무	△
문어	문어협회	자율 휴무	○

방앗간(제유·떡)	방앗간협회	매월 15일, 말일 → 자율 휴무	○
수산(어물도가)	-	매월 셋째주 일요일 휴무	×
식육(축산)	식육협회	동쪽 점포: 매월 둘째주 일요일 휴무	○
		북쪽 점포: 매월 넷째주 일요일 휴무	
의류(고무·신발)	의류협회	매월 15일, 말일 → 자율 휴무	△
젓갈	-	매월 15일, 말일 → 매주 일요일 휴무	×
천막	천막협회	매월 15일, 말일 → 매주 일요일 휴무	△
철물	철우회(鐵友會)	매월 1일, 15일 → 매월 첫째주, 셋째주 일요일 → 매주 일요일 휴무	△
포목(수예·이불)	포목부	매월 15일 → 매월 첫째주, 셋째주 일요일 휴무	△
...			

※ 품목별 결사체의 존속 여부의 경우, 존속은 '○', 존속했으나 현재 단절은 '△', 없음은 '×'로 표기함.

위의 〈표 1〉은 조사 당시 수집 가능한 구술과 면담 자료를 토대로 구성한 품목별 결사체의 현황과 내용을 정리한 것이다. 필자가 수집한 상인들의 구술에 따르면, 신시장에서 결사체가 가장 먼저 형성될 수 있었던 품목은 건어물이었던 것으로 전한다. 당시 건어물을 취급하던 점포들은 1980년대 중반 즈음하여 '신시장건해산물상공친목회'라는 이름의 결사체를 조직했다. 그 계기는 장사 행위로만 구성되었던 당시 상인들의 일상에 문제를 느끼고 쉼의 마디를 배치함으로써 이루어졌다. 쉬는 날은 매월 15일로 정했다. 이는 당시 민방위 훈련에 따른 것이었다. 상인들은 민방위 훈련이 있을 때면 장사가 잘 되지 않았기 때문에 이 날을 쉬는 날로 정하여 점포 문을 닫고 휴식을 취했다. 당시만 해도 상인들이 각자의 이윤을 앞다투어 취하곤 했었다. 쉬는 날을

〈사진 1〉 시장 내 공휴일 알림(포목)

정하는 것을 계기로 일상의 재조정과 더불어 품목에 따라 친목을 나누는 모임의 결성으로 이어졌다. 상인들의 구술에 따르면, 이를 시작으로 하여 다른 품목 역시 대체로 대동소이한 과정을 겪었던 것으로 보인다. 즉 점포들이 함께 쉬는 날을 맞추는 것을 계기로 결사체가 결성되는 과정이 동반되었던 것이다.

> 이거 40년 넘었어…옛날에는 문화가 별로 없어가지고. 관광지가 어디 섰나 그면 온천탕. 부곡온천 뭐 백암온천 이런 데 다녔다고 옛날에는. 요즘에는 가지도 않지…그때는 문화가 다 그랬어…옛날 민방위 훈련이 15일날 있었거든. 그거 뭐 사이렌 소리나면 숨어야 되고 해야 되니까. 15일날 정했지…그러이 일요일날 놀자. 15일만 놀아가 뭐하나. 일요일날 남 놀 때 놀자. 그래서 일요일날 놀기 시작한 거야.[8]

> 상인회말고 협회. 기름방, 떡집 뭐 이렇게 같이 하거든요. 같은 협회래. 거기에 거의 다 들어가 있는데. 한두 집은 빠진 거 같애 그래도. 굉장히 많아요. 여기부터 풍산 쪽하고 이렇게 다 하는 거 같은데. 엄청 많아. 신시장만 모일 때도 있고. 전에는 놀러 가거나 야유회가거나 이럴 때는 풍산쪽도 이렇게 같이 갔어. 풍산 쪽이나 일직 쪽이나 그래 막 갔었는데. 요즘은 코로나 지나고는 많이 그게 없어졌고 그냥 총회만 하는데. 전에는 1년에 한 번씩도 놀러가고 했었어…서로 인제 같은 공동체라서 나름대로 그런 거 있잖아요. 한 집 닫으면 다 닫아야 된다. 이런 거에 같이 합의하에 이렇게 하면은 또 안 하면은 그 날 왜 그렇게 문을 열었냐. 이렇게 서로 그렇게 했었는데. 그게 좀 불편한 게 있더라고. 그래가지고 언제부턴가 그냥 각자 자율에 맡기자.[9]

확인한 바에 의하면, 건어물 이외에도 문어, 방앗간(제유소·떡집), 수산(어물도가), 식육(축산), 의류(고무·신발), 젓갈, 천막, 철물, 포목(수예·이불) 등의 품목을 취급하는 상인들이 자체적인 결사체가 결성하여 운영하거나, 그렇지 않을 경우 휴무일을 맞춰 쉬었던 경험을 가지고 있다. 이외에도 반찬, 청과, 채소 등의 상회 역시 다소간의 차이는 지니지만 이와 비슷한 양상이었던 것으로 확인된다. 비록 축소된 형태라 할지라도 현재까지

---

8   김중동(남, 74세)의 구술(2024년 10월 19일, 해창상회).
9   조정남(여, 58세)의 구술(2024년 10월 19일, 일직제유소).

결사체를 운영하는 품목은 문어, 방앗간, 식육이다. 건어물, 천막, 철물, 포목 등은 이전까지는 존속했지만 현재는 운영하지 않고 있다. 이전에도 결사체를 운영하지 않은 품목으로는 수산, 젓갈 등이 있다. 존속 여부를 결정하는 요소는 여러 가지가 있다. 이 중 하나는 모임이 절대적으로 어려웠던 코로나 시기이고, 다른 하나는 현재에도 소비가 활성화되고 있는지의 여부이다. 전자의 경우, 특히 건어물과 포목 등의 품목은 결사체의 운영이 비교적 활발하게 이루어졌으나 코로나 팬데믹 시기를 전후하여 결사체가 해체되어 온 것으로 보인다. 이는 물론 후자와도 관련된다. 즉 더 이상 인근 지역에서 소비가 진작되지 않는 품목의 경우 절대적인 상인 및 점포의 수가 줄어드는 추세에 있기 때문에 종전과 같은 모습으로 결사체가 운영되지 않는 양상을 보이기 때문이다.

품목의 생산과 소비의 특성을 반영하여 이와 같은 결사체가 결성되지 않았던 경우도 물론 존재한다. 뿐만 아니라 자체적인 결집의 필요에 따라 상인들이 자체적으로 형성한 것이기에, 인적 구성 면에서 용이한지에 따라 그 존속 여부에서 차이가 두드러지기도 한다. 이를테면 제수용품을 취급하는 상인 집단의 경우, 쉬는 날의 주기를 공통으로 정하기 어려워 개별 점포들이 유연하게 휴무일을 정했다. 결사체의 결성 여부도 이러한 특성을 반영한다. 휴무일이 제각각임에 따라 결사체의 결성도 이루어지지 않기 때문이다. 그럼에도 쉬는 날을 맞추는 것과는 관계없이 품목의 구입과 관리, 판매와 소비를 용이하는 데 있어 공통의 이해관계가 필요한 경우에는 결사체의 결성이 이루어지기도 했다. 한 가지 예로, 〈사진 2〉와 같은 '신시장건해산물상공친목회'를 들 수 있다. 여기에 따르면 해당 결사체에는 34명 이상의 인원이 참여하고 있었다. 이 중 점포를 운영하는 상인들만 한정하더라도 여기에 참여하는 인원은 24명에 해당한다. 앞서 언급한 것처럼, 해당 결사체에는 상인 이외에도 장사 행위와 관계되는 중개업자 및 운송업자도 함께 포함되기도 했다.

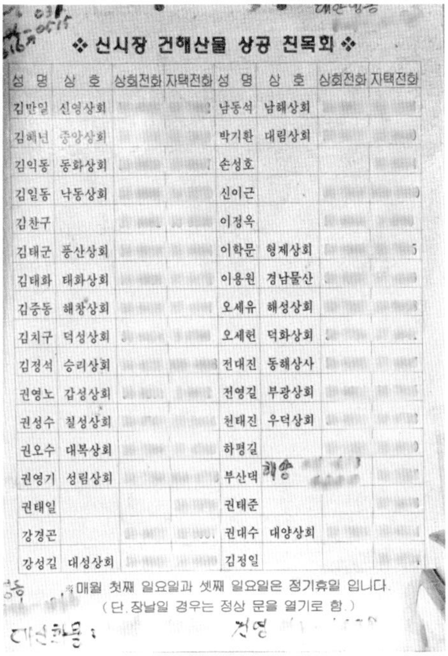
❖ 신시장 건해산물 상공 친목회 ❖

성 명	상 호	상회전화	자택전화	성 명	상 호	상회전화	자택전화
김만일	신영상회			남동석	남해상회		
김혜넌	중앙상회			박기환	대림상회		
김익동	동화상회			손성호			
김일동	낙동상회			신이근			
김찬구				이정옥			
김태군	풍산상회			이학문	형제상회		
김태화	태화상회			이용원	경남물산		
김중동	해창상회			오세유	해성상회		
김치구	덕성상회			오세헌	덕화상회		
김정석	승리상회			전대진	동해상사		
권영노	갑성상회			전영길	부광상회		
권성수	칠성상회			천태진	우덕상회		
권오수	대복상회			하평길			
권영기	성림상회			부산댁			
권태일				권태준			
강경곤				권대수	대양상회		
강성길	대성상회			김정일			

※매월 첫째 일요일과 셋째 일요일은 정기휴일 입니다.
(단. 장날일 경우는 정상 문을 열기로 함.)

〈사진 2〉 신시장건해산물상공친목회(건어물) 명단

문어협회라는 건 공동체의식을 좀 가지고. 원래 인제 원칙적으로는 공매 같은 거도 해볼라 그랬는데 쉽지 않고. 일단은 뭐 여기에 문어 자체를 좀 명품화 만들고 안동에 대표 브랜드로 만들고자 하는 그런 취지에서 하기는 했죠…(쉬는 날 맞추는 것) 우리는 그렇게 못 해요. 왜냐면 이게 문어 같은 경우에는 지금 뭐 다른 데도 고등어도 마찬가지겠지만, 생각하기 나름이겠지만은, 안동에서는 이게 제수용으로 많이 나가잖아요. 그래갖고 한꺼번에 다 쉬어버리면은 그 사람들 제사 어떻게 지냅니까. 그래서 그거는 이제 조율하다가 그렇게 못 했어요.[10]

가끔씩 기름을 가지고 이제 1년에 한번씩 품질 검사를 하거든요. 그러면 그거를 개별로 가면은 힘들잖아. 방앗간마다 다 모아가지고 그래가지고 한 사람이 갖다준단 말이야. 그런 거라던가 여러 가지 가격 문제라던가. 편하지 공동으로 하면은…병 구입 같은 것도 같이 해가지고는 좀 싸게도 살 수 있고…다 알고 지내고 뭐 그러면은 서로 도움도 되지. 기계같은 거 살 때도. 뭐 어떠냐 어떤 게 좋으냐. 뭐 얘기하면 이야기해주고. 자기 만의 노하우 같은 거도 있겠지만은 공유할 거는 공유를 하고.[11]

위의 구술을 통해서는 해당 품목별 결사체가 단순히 휴식과 여가를 보내기 위한 모임에 머물지 않고, 판매 행위와 관련된 상호 간 정보의 공유와 소통, 그리고 집단적 생업 전개의 맥락과 결부되어 있음을 살펴볼 수 있다. 이를테면 판매 물품을 공동으로 매입하는 것이나 특정 물품을 하나의 브랜드로 주조하고자 하는 취지가 내포되어 있음을 확인할 수 있다. 나아가서는, 개별적으로 하기 어려운 품질 검사와 같은 정기적인 업무도 공동의 것으로 가져와 수행함으로써 생업적 관계망에 따라 서로 도움을 주고받는 관계로서 이와 같은 결사체가 기능하고 있다는 점도 확인할 수 있다. 이를테면 방앗간의 경우, 기름병을 함께 구입하는 등의 관행이 그것이다. 서로 간의 궁금한 점이나 노하우, 조언 등도 이러한 맥락에서 이루어지고 있다고 할 수 있다. 좋은 장비에 대한 입소문을 취하고 도움을 받는 것 등이 여기에 해당한다. 품목별로 유용한 정보가 소통되고 공유된다는 결사체의 기능에 따라 새로 개업한 상인들도 여기에 참여하는 경우가 두드러지기

---

10 익명(남, 문어협회 부회장)의 구술(2024년 10월 28일, 동해문어).
11 조정남(여, 58세)의 구술(2024년 10월 19일, 일직제유소).

도 한다. 일례로 관련 업종의 일을 새롭게 배워 개업할 경우 협회와 같은 결사체의 가입을 통해 정보의 공유 등 실질적인 도움을 조직적 차원에서 주고받는 것이다. 즉 지역 시장에서 장사를 새롭게 이어갈 경우 이러한 결사체에 가입하는 것이 실제적인 차원에서 용이한 것으로 관행화되고 있다고 할 만하다.

하마 옛날에는 포목부 수가 많으이께네. 그게 진행이 하기는 했는데, 하다가 도중에. 예를 들어가 30 중에 같은 업을 하면 경쟁업이잖애. 그럼 다른 사람 문을 닫았는데, 한 사람이 열어부래, 그러마 깨져부잖애. 내 집이 예를 들어서 고정 손님이 우리가 문을 닫으면 그 집에 가부잖애. 그람 그 집에서 손님을 뺏긴다고. 그러다가 중간에 하다가, 인제 그 분위기가 협동심이 약해가 깨지는 수가 있고. 그 차례를 한 두세 번 시행착오를 겪었어… 쉬는 날을 딱 정해놨는데, 정해노면 고 날은 말로는 뭐 벌금한다 뭐 한다고 그래도. 사람 이래 딱 정해놨는데. 인제 고마 또 문 여는 이가 있단 말이라 욕심이…날을 받아가 해야 되는데, 문 열랜 집이 있다. 그르이 있으먼은 이제 그 집에 가가 하기 마련이야. 그 날 날을 받아가 뭘 아 참 마구 인제 오늘 혼수하러 가자 그랬는데. 그래부머 맹 도꾸이는 문이 닫겠다 이 집에는. 그르이 딴 집에 가가 할 수밖에 없그든. 그르이 인제 이 집에 우리가 여는데 왜 우리가 여는지 이게 또 깨져부랬지.[12]

서로 유의가 잘 돼야 되거든. 꿔기도 하고. 빌려오고…내 집에 단골 손님이 왔는데 뭐 빌려다고 카고. 다음에 주께 카고 오면 주께 카고. 빌리고 해야지. 장사라 그러는 건 서로 유기적으로 소통을 해야지…놀러 가야 되지. 관혼상제 있으면 서로 연락하고 청첩장도 갖다주고. 서로 오고가고…대목은 피하지. 장사 잘 되는데 놀러갈 순 없잖아…가을에는 추수철이니까 마대철이거든. 마대 천막 다 나가잖아. 촌에 쓰는 농자재. 여기는 농촌을 주로 상거래해서 장사를 하잖아…여기는 농촌 상대야.[13]

다만, 앞의 사례들을 통해 품목의 생산 및 소비 주기 내지는 그 빈도에 따라 다소 간의 차이 역시 발견할 수 있다. 즉 결사체의 존속 여부가 해당 품목의 소비가 여전히 활성화되

---

12 이년우(남)의 구술(2024년 10월 21일, 승리포목).
13 익명(남)의 구술(2024년 10월 23일, 현대천막).

어 있고 그에 따라 세대 간 이전이 별다른 문제 없이 이루어질 경우, 결사체의 존속 역시 가능해지고 있는 것이다. 대표적으로 문어, 방앗간, 식육을 들 수 있는데, 이러한 품목은 현재에도 신시장에서 판매와 소비가 여전히 활발하게 이루어지고 있고 이는 다른 품목에 비해 결사체의 존속이 가능해지는 또 하나의 조건으로 작용하고 있다. 그런 반면, 위의 구술과 같이 이전에는 활성화되었던 결사체가 현재의 시점에 이르러 단절되는 경우도 적지 않다. 포목은 이전 시대까지 신시장에서 상당 부분의 비중을 차지할 정도로 활발한 상권을 형성했던 품목이라고 할 수 있으며, 이는 '포목전'이라는 말로도 남아 있다. 가장 왕성할 때 포목부의 점포는 약 서른 집에 달했으나 결혼 시장의 변화, 이를테면 대형웨딩홀의 등장과 상품계약식 결혼 절차가 지배적인 것이 되면서 점차 줄어드는 추세를 보인다. 청년몰의 도입과 개시는 사양길로 들어선 포목업의 추세를 결과적으로 반영하고 있다. 신시장에서는 포목업을 하던 구역을 청년몰로 재구성했기 때문이다.

  물론 결사체가 중도에 깨지는 경우를 관련 산업의 축소라는 요인으로 단정하기는 어렵다. 앞서 설명한 것처럼, 결사체는 소속되어 있는 사람들의 구성에 따라 원활하게 운영되기도 하고, 규칙이 지켜지지 않아 해체되기도 하기 때문이다. 주목되는 것은, 그것이 정기적으로 다가오는 휴무일을 잘 지키는 것으로부터 시작된다는 점이다. 즉 모두가 쉴 수 있도록 공동으로 정해둔 공휴일을 어느 한 점포가 지키지 않을 경우, 단골 손님을 뺏기는 등 다른 점포에 대한 직접적인 피해로 이어지기 때문에 결사체 내에서 정교한 의사결정과 중재가 요구된다. 이와 같은 결사체 내부의 크고 작은 분쟁은 그것의 존속과 단절을 결정하는 주된 요인이 되기도 한다. 상인들이 구성하는 시장의 시공간은 그 자체로 생활을 공유하는 공간이기도 하면서 상인 개인들의 생업 및 생존을 결정하는 경쟁 공간이기도 하기 때문이다. 주기적으로 돌아오는 공휴일을 지키는지의 여부는 이러한 공간을 때로는 협동적인 곳으로 때로는 경쟁적인 곳으로 여기도록 하는 지표로 기능한다고 할 것이다.

  신시장 내 점포들이 대체적으로 매월 15일에서 매월 첫째주·셋째주 일요일, 그리고 매주 일요일에 쉬는 것으로 변화되어 왔다는 점도 강조될 필요가 있다. 즉 상인들이 자체적으로 정한 공동의 휴일이 보름이라는 주기에서 격주 일요일로 그리고 매주 일요일로 변화해온 양상은 농업 기반의 시간 운영이 점차 산업적으로 재편되는 양상과 연결되어 있다. 이전까지 농촌의 시간과 상인의 시간이 그 구분 속에서도 서로 연결되어 운영되었다고 한다면, 이와 같은 공휴일의 변화를 통해 둘의 구분이 더욱 뚜렷해진 모습을 읽어내볼 수 있는 것이다. 물론 상인들의 구술에 의하면, 그것은 단지 '손님이 없어서' 그런 것이라고 이해되고 있다. 그러나 이는 일상 생활의 주기가 대중의 차원에서 변화되어 온 현실과의 관련 속에서 이루어진 결과라고 이해할 수 있다.

> 옛날에는 천막이 없었고. 새끼가지고 짚가지고 저게 방석을 만들어가 썼다고 다…그 담에 가마니도 볏짚 가지고 짜가지고 가마니. 거기다가 막 곡물을 넣고 그랬다고. 그래 넣어 쓰다가, 광목이 또 나오게 됐어 광목. 포목점 은 데서 파는 광목 하얀 거. 광목이 면 그게 나오니까 그걸 자루를 광목을 떠가지고 집에서 집어가지고 그거 자루로 사용했단 말이라. 그다가 보니까 우리나라 중화학이 박정희 시절에 화학 공업이, 중화학 공업이 발전이 되니까…그러니까 그 원료가 나오니까 비니루(비닐)를 맨드고 마대를 막 맨드는 거야…옛날에는 전부 마당에다 걍 널고 멍석 맨들어가지고는 거 멍석 위에다가 널고 이랬는데. 이래 나오니까 얼매나 편리해…그때는 첨에 나오고는 잘 됐어…근데 점점 갈수록 못해지는 거야. 그때는 우선 농촌이 발전이 마이(많이) 돼 있었어. 농촌에 농사를 짓는 사람들이 많앴어…지금은 이 마대가 안 나가.[14]

이는 농업의 규모화와 맞물려 점차 규모화되는 지역의 농업 경제와도 연관되어 있다. 철물이나 천막 등의 품목은 소농들에게 적합한 농자재를 공급하는 역할을 담당해온 소상인들이라고 할 수 있다. 농촌의 고령화 및 농업이 규모화되고 대농화되는 추세에 따라 농자재 역시 규모의 경제와 맞물려 양적·질적으로 대형화된다. 현재 시장의 점포들은 이른바 '농자재 마트'에 비해 주변화된 처지에 놓여 있다. 이전 세대에서 활성화되었던 품목이 다음 세대로 이어지지 않는 데다 시장 내 상인들이 점차 고령화되고 있는 문제는 이와 같은 농업의 대형화와 깊은 연관 속에서 이루어지고 있다. 물론 공휴일의 개별 자율화와 결사체의 해체 역시 이러한 맥락 속에서 이해될 수 있다. 오일장의 자취가 남아 있다고 하더라도, 기본적으로 상설시장으로서 그 기능이 틀지워져 있는 신시장의 역사는 필연적으로 한국사회의 산업적 전환 내지는 발전주의적 근대가 마련한 길을 걸어왔다. 현재는 품목의 성격과 작은 규모, 그리고 상대적으로 고령이라는 세대적 취향에 따라

---

14 익명(남)의 구술(2024년 10월 23일, 현대천막).

구시대적이고 잔여적인 것으로 머물러 있다. 그럼에도 품목별 결사체의 양상과 그 기억을 통해 그것만으로는 읽히지 않는 상인들의 협동적·공동체적 일상 역시 공존해오고 있다.

3. 시장 환경의 변화와 관계 구성의 재편

오늘날 활성화되고 있는 전통시장은 단순히 지역적 맥락을 반영하는 수준에서 머물지 않는다. 즉 경제적인 영역뿐만 아니라, 여기에 국한되지 않는 사회와 정치, 예술과 문화 등의 층위들이, 세계적이고 현대적인 것과의 연관 속에서, 그리고 지역이 지닌 역사성과 장소성 안에서 나름의 독자적인 체계를 이루며 자율적이고 생성적인 주체의 형상들을 새롭게 조건짓고 있다. 오늘날 두드러지는 문화 현상으로서 전통시장은 상품 혹은 자본의 흐름이 점차 전지구적인 양태를 띠고 있는 오늘의 현실에 조응하면서 전통적인 습속 혹은 지역의 문화와 역사의 위상과 경계를 구성하고 있는 것으로 규정될 만하다. 특히 '전통시장'이라 함은 시장의 환경과 그 성격의 변화를 반영하고 있는데, 종전의 시장의 시공간이 물자의 교환 내지는 정보와 소식의 교류의 생업적 터전이자 오락과 유희, 축제와 의례의 공간이었다고 한다면, 오늘날 전통시장은 변화된 사회문화적 조건과 그에 조응하며 색다른 모습을 나타내고 있다. 다시 말해, 산업 구조의 근대적 재편과 직접적으로 맞물리면서 인근의 생산자와 상인, 그리고 소비자들의 생업적 터전이자 동시에 사회적 교류, 문화적 향유와 정치적 욕망을 충족시킬 수 있는 시간과 공간에서 다층화된 소비자들의 소비문화적 욕구를 충족시키기 위한 곳으로 재편되고 있다.[15]

이와 같은 시장 환경의 변화 흐름 속에서 주목되는 것은, 그러한 변화에 따라 상인들의 관계 구성 역시 재편되고 있다는 점이다. 신시장의 경우, 대체로 상인회의 구성 내지는 재구성과 관련하여 그 내부의 관계 구성이 재편되고 있다는 점이 특징적이다. 상인회가 하나의 조직으로서 그 윤곽을 드러내기 시작한 것은 대략 2005년 즈음이다. 즉 2005년 9월 제1대 회장이 2012년 1월까지 역임했던 것을 시작으로, 약 1~3년을 주기로 상인회의

---

15 강석민, 「교차하는 시간성과 로컬적인 것의 재현」, 『인문학연구』 58, 경희대학교 인문학연구원, 2024, 101~103쪽.

임원 및 집행부의 조직적 변동이 이루어지고 있다. 2024년 현재 제6대 상인회가 운영되고 있으며, 상인회 조직 내지는 그 사업의 부침浮沈 속에서도 시장의 내·외부적 활로를 다양하게 전개하고 있다. 상인회의 결성은 인근 시장을 통합하는 과정 속에서 이루어질 수 있었다. 즉 현재 1~4지구에 해당하는 중앙시장과 5~8지구에 해당하는 신시장이 이른바 '중앙신시장'으로 통합되어 하나의 시장으로 인정되면서 상인회 역시 출범될 수 있었다. 물론 이전에도 시장의 준공과 증축, 그리고 환경개선과 현대화가 이루어지지 않은 것은 아니지만, 상인회의 결성을 기점으로 하여 시장 전체의 통합적 흐름이 조성되었던 것이다.

상인들의 구술에 따르면, 상인회의 결성은 내부적인 요인보다는 외부적인 계기에 의해 이루어졌다. 앞서 살펴본 바와 같이, 신시장에 입점하여 점포를 운영하고 있던 상인들은 협회, 친목회 등과 같은 품목별 결사체를 중심으로 하여 내부의 결속을 자체적으로 다져오고 있었다. 그로 인해, 신시장 전체의 의견을 모으고 구성원들을 결집시키기 위한 의사 결정 구조가 반드시 필요한 것은 아니었지만, '전통시장' 내지는 '시장 활성화'를 내세운 제도와 정책이 실행되기 시작하면서 이러한 흐름에 동조할 뿐 아니라 소통 주체로서 시장 내의 조직이 따로 마련될 필요가 제기되었던 것이다. 신시장의 연혁을 통해서도 이와 같은 상인회의 역할은 시장의 이후 행보와의 관련 속에서 더욱 강화되고 있는 추세라는 점을 살펴볼 수 있다. 이를테면 2000년대라는 시기에 중점적으로 시행되었던 시장 환경개선사업, 그리고 시장 관련 정책이 2010년대 중반을 기점으로 역점을 두었던 문화·관광·청년을 결합한 사업을 담당하는 시행 주체로서 상인회의 역할이 그 자리를 매기기도 했다. 현재와 같은 2020년대에는 전통시장의 맥락에서 벗어나 점차 '골목상권'과 같은 지표가 지역에 소재한 시장에 요구됨에 따라 인근 상권과 통합하고, 경제적인 영역에서 벗어나 지역의 문화·예술·관광·청년 등의 역할과 기능들을 융합하는 방향으로 전개되고 있다.

약 20여 년 동안 제5대에 이르는 상인회의 조직 구성의 변화를 거쳐 2024년 현재 제6대 상인회는 시장 상인들의 요구와 국가 혹은 지자체의 제도 및 정책이 교차하는 가운데, 그 내부의 관계를 재구성하고 새롭게 진행되는 다양한 사업을 주재하고 있다. 상인회의 구성은 회장 1인, 부회장 3인, 지구별 운영위원 8인, 감사 2인, 고문 2인, 사무장 1인과 매니저 2인으로 이루어져 있으며, 임원진의 임기는 3년으로 정해져 있다. 다만 이와 같은 규칙은 조직의 내부 사정에 따라 유동적으로 운영되고 있으며 그런 만큼 일정한 틀 안에서 효율적인 의사 결정과 사업 진행이 진척되어 오고 있다. 대표적으로 청년몰 조성사업에 선정되어 현재 1지구에 청년몰 권역이 조성되어 운영되고 있으며, 인근의 안동 구시장, 남서상점가, 음식의거리 등과 함께 상권르네상스 사업에 동참하고 있다. 상인회라는 통합적 조직의 운영과 여기에서 주도하는 다양한 사업의 동참 및 전개에서 주목되는 것은 시장 자체 혹은 시장 상인들의 일상 역시 존속과 변화의 기로 가운데에서 새롭게 구성되고 있다. 그런 점에서 상인회를 통해 조직적 차원에서 전개되고 있는 여러 활동의 양상들은 신시장 상인들의 일상을 직접적으로 또 간접적으로 구성하고 있는 중요한 한 축을 담당한다고 할 수 있다.

〈표 2〉 상인회의 연중행사 및 활동 내용(2023)

월	일	행사명	장소
3	6	상인회장 취임식	신시장 회의실
4	30	선진시장 견학	서울 광장시장
5	4	재경안동향우회 안동 농특산물 홍보 둘레길 걷기 및 장보기 행사	신시장 일원
	11	아케이드 사업 사전조사 방문	신시장 일원
	12	소방차 진입 훈련	신시장 일원
	18	상인 간담회(안동시청·상권활성화사업단·상인회)	신시장 회의실
	22	서구동주민자치회 스탬프사업 설명회	상인회 사무실
	30	서구동 상생 발전을 위한 MOU 협약식	서구동행정복지센터
6	7	TBC TV 〈생방송 굿데이 '가는날이 장날' 안동 중앙신시장 편〉 촬영	신시장 일원
	13	남문인도정비사업 간담회	신시장 회의실
	15	안동세무서장 방문	상인회 사무실
7	10	조형물 관련 회의	신시장 회의실
		천일염 판매 관련 간담회	신시장 회의실
	11	서구동주민자치회 스탬프사업 회의	상인회 사무실
	17	전통시장 화재안전점검 소화기교육 (화재보험협회)	신시장 일원
	18	정부비축 천일염 판매	신시장통신

	8	재경대구경북시도민여성회 고향사랑 지역경제살리기 시장투어 행사	신시장 일원
8	23	호우피해 주민을 위한 기부금 전달	안동시청
	29	상인회장 보이는라디오 촬영	풍류스튜디오
9	7	온누리상품권 홍보부스 운영	신시장 카페 퍼플민트
	19	카카오 우리동네 단골시장 발대식	카카오 판교 아지트
10	13	제15회 경상북도 우수시장 상품전시회 참가	영천강변공원
11	15	소상공인과 전통시장 활성화를 위한 업무 협약식 (경북신용보증재단 북부지점)	신시장 회의실
12		정기총회	

위의 〈표 2〉는 2023년을 기준으로 한 해 동안 상인회가 주축이 되어 진행했던 연중행사 및 활동 내용들을 가능한 만큼 파악하여 요약 정리한 것이다.[16] 여기에서도 알 수 있듯이, 상인회를 중심으로 진행되고 있는 상인들의 활동들은 다양한 프로젝트와 행사뿐만 아니라, 현재의 맥락에서 전통시장의 운영과 발전이라는 지향을 가지고 전개되고 있다. 각 활동들은 개별적으로도 그 목적과 효과, 운영 방식에 따라 중요한 성과를 나타내고 있다. 이를 종합적으로 기획하고 추진하고 있는 상인회 활동이라는 측면에서 보아도 이는 시장 상인들을 둘러싸고 있는 관계들을 변화·유지시키도록 해주고, 그 관계를 기반으로 하여 상인들의 일상을 한켠에서 구조화하고 있다고 할 만하다. 주요 골자를 바탕으로 삼아 이를 정리하자면 다음과 같다.

먼저 상인회의 운영과 직접적으로 관련된 정기총회와 상인회장 이·취임식을 들 수 있다. 상인회의 정기총회는 그간의 상인회 운영 상황을 상인들에게 보고하고 임원진의 재편을 통해 상인사회를 조직적으로 안정화하는 목적 하에 치러지고 있다. 이를 통해

---

16 해당 〈표 2〉의 내용은, 본문에서도 적시되어 있는 것처럼 2023년 한 해 동안의 활동들을 목록화하고 있다. 그런 점에서 이 목록은 해마다 정기적으로 이루어지고 있는 활동들이 아니라는 점에서 한계적이라고 할 수 있다. 그럼에도 현재의 시점에서 확인할 수 있는 상인회 활동 목록을 최대한 정리하고 있다는 점이 더욱 중요하게 이해되었으면 한다. 이를 위해 상인회가 그동안 걸어온 부침의 역사적 맥락을 고려할 필요가 있다. 현재에도 시장은 약 300개 이상의 점포가 해당 시공간을 이루고 있는 만큼 복잡한 이해 관계가 얽혀 있고, 그에 따라 상인회의 활동도 단절과 갱신이 주기적으로 반복되고 있는 양상을 보이기 때문이다. 자료 취합에 있어 이와 같은 현실적인 한계가 상존한다는 점, 그리고 표를 통해 제시된 상인회의 활동 목록은 이번 상인회가 제공한 사진 자료를 그 원전으로 삼고 있음을 밝혀두고자 한다.

상인회에서는 상인 간의 신뢰를 다지고 조직을 활성화하면서도 시장 전체의 종합적인 목표를 확립해오고 있다. 전년도의 사업 성과와 함께 회계 결산 및 감사 보고가 상인들을 대상으로 이루어지고 있고, 임원진이 교체되는 경우에는 신임 회장단을 발표하고 이·취임식이 치러지기도 한다. 의사 결정에 참여하는 임원진이라 함은 기본적으로 상인회장과 운영위원, 감사 등이지만, 이밖에도 의견을 내고 싶은 상인들의 참석도 이루어져 비교적 열린 형태를 보이고 있다. 대의원 제도와 같은 형태의 의사 결정 구조를 아직 보이고 있지 않지만, 회장 및 운영위원 중심의 논의를 바탕으로 하여 상인회의 사업과 운영 방향을 현재까지 수립·진행해오고 있다.

이와 아울러, 시장 상인들이 비교적 전체적으로 참여하는 행사로서 선진시장 견학이나 방문 투어 행사를 들 수 있다. 이는 시장 밖의 상인사회, 이를테면 인근이나 원거리에 있는 타 시장과의 교류 내지는 발전 방향을 모색하기 위한 견학의 형태로 운영되어 오고 있다. 주목되는 점은, 해당 행사의 기본적인 기능 외에도 종전에 이루어졌던 관광의 성격이 중첩되고 있다는 점이다. 즉 그 명시적인 목적은 성공적인 것으로 평가받는 타 시장의 사례를 학습하고 상인들의 역량을 강화하기 위한 것으로 설정되어 있다. 그러면서도 봄과 가을이 되면 상인들의 자체적인 친목을 도모하고 한 철 휴/여가를 보내던 관행이 상인회 중심의 통합적인 조직적 운영 흐름 속에서 변주되어 나타나고 있다. 이는 상인들이 공동으로 여가를 향유한다는 일상적 의미를 도출할 수 있는 지점이다. 이는 동시에 시장을 운영하는 데 있어 관련된 아이디어를 습득하고 공유하는 효과를 거두고 있으며, 이를 위해 매니저를 포함한 회장단이 시장의 선정이나 방문 일정의 조율, 그리고 참가자 인솔 등 운영과 진행의 수고를 전담하고 있다.

현재의 시점에서 주목되는 특징은 시장이 정책 내지는 사업적 맥락에서 다시금 재편되고 있다는 점이다. 이를 반영하고 있는 것이 사업의 기획이나 진행을 위한 사전조사와 간담회 등이다. 즉 새롭게 진행되는 사업을 도입하기 위해 타당성을 검토하거나 구체적인 시장 환경을 조사·분석함으로써 효과적인 사업 계획을 수립하고 실패할 만한 위험을 최소화하고자 하는 목적에서 운영되고 있다. 이를 위해 상인회는 자체적인 설문조사를 진행하거나 지자체·사업단·상인 등 여러 주체들을 한 데 모아 간담회를 개최하고 관련 사업 신청서나 보고서를 작성하는 등의 업무를 진행하고 있다. 특히 주목되는 것은 간담회인데, 실제적인 필요와 사업 방향 등 반드시 존재할 수밖에 없는 간극을 메우는 역할을 담당하기 때문이다. 즉 행정기관과 상인 간의 소통과 협력을 도모하고 구체적인 사업의 방향을 설정하는 일정이 정례화되고 있으며, 실무적인 차원에서 협의안을 도출함으로써 효율성을 확보해가고 있다. 계획과 협의, 지원과 실행, 성과와 보고의 순서로 구조화된 일련의 사업적 흐름 속에서 소통과 협력의 필요성이 강조되고 있다. 주목되는 것은 시장의 경계 지점에서 이와 같은 활동들이 나타나고 있다는 점이다. 신시장이 속한 서구동주민자치회와의 연계 사업 설명회 및 협약식 등이 여기에 포함된다. 지역 공동체와의 긴밀한 협력 역시 시장 활성화와 직접적으로 연관되어 있다는 공통의 인식을 바탕으로, 지역 주민의 참여를 확대하고 상생할 수 있는 모델과 연계 사업을 구축·추진해가고 있는 것이다.

　이처럼 시장은 다른 주체들과 관계를 맺으며 새로운 시장의 환경을 구축해가고 있다. 특히 지역사회와의 관계는 시장의 입장에서 매우 중요하다고 할 수 있다. 각자가 처한 위기의 시간을 긴밀한 관계 기반을 통해 극복해가는 활동 사례 역시 정기적이지 않지만 어느 정도 고정적으로 운영되고 있다. 일례로 정부 비축 천일염 판매 및 간담회를 들 수 있다. 후쿠시마 오염수 방류라는 사건을 맞이하여 시장은 정부에서 비축해둔 천일염을 상인들에게 배분·판매하는 역할을 담당하기도 했다. 신시장의 경우, 수산·어물전의 비중이 상대적으로 높다고 할 수 있는데, 이러한 활동을 통해 상인들이 처한 위기를 공동으로 극복하는 계기를 마련하고 상인 자체적인 네트워크를 강화하는 효과를 거두기도 했다. 또 한 가지 예로, 호우피해 기부금 모금 및 전달을 들 수 있다. 이는 지역사회가 처한 위기에 대해 상인 또는 상인회가 사회적 책임을 실천한 사례로 거론될 수 있다. 이를 통해 시장은 지역사회에서 공익적 역할을 하는 하나의 일원이자 주체로서 자리매김되고 있는 것이다. 한편, 비정기적으로 소방 훈련 및 교육이 실시되고 있기도 하다. 즉 시장 내 화재 사고를 예방·대비함으로써 안전에 대한 의식을 고취하고 긴급 상황에 대해 대처할 수 있는 능력을 자체적으로 향상시키고 있다. 이 역시 지역 소방서와의 긴밀한 협조 속에서 이루어지고 있어, 시장이 맺고 있는 관계의 양상이 매우 교차적이고 복합적임을 보여주는 사례라고 할 수 있을 것이다.

　이러한 교차성·복합성에도 불구하고 물자의 이동과 소비, 그리고 여기에 참여하고 있는 상인들의 생업은 시장이 지닌 본연의 기능이자 중요한 역할이라고 할 수 있다. 즉 지역경제 순환에 있어 시장은 핵심적인 위상을 지닌다. 이러한 문제의식 하에서 상인회는 지역상품권 홍보, 온라인 시장 플랫폼 구축, 우수시장 상품전시회 참가 등과 같은 활동을 이어가고 있기도 하다. 온누리상품권으로 대표되는 지역상품권의 홍보를 통해 상인회는 지역 내의 소비를 활성화하고 시장 매출을 증가시키고자 하는 목적 하에 상품권 사용을 독려하는 캠페인을 진행하고 사용자에게 주어지는 혜택에 대해 홍보하는 행사를 진행하고 있다. 또한 플랫폼 기업이 주도하고 있는 전통시장 플랫폼 구축 사업에 참여함으로써 시장을 디지털화하고 특산품 판매 채널의 다각화를 도모하고 있다. 이를 통해 시장이 지닌 경쟁력을 강화하고자 하며, 고령의 소비층에서 벗어나 젊은 소비자가 유입될 수 있는 기틀 마련에 노력을 기울이고 있다. 아울러 상인회는 정기적으로 개최되는 전국 혹은 경북 우수시장 상품전시회에 참가함으로써 시장의 대표 상품을 홍보하고 그 판로를 확대하는 활동 역시 지속하고 있다. 이를 통해 신규 고객들을 확보하고 상인들로 하여금 판매 물품에 대한 자부심을 고취시키도록 하며, 주요 임원진의 참여를 통해 상인회의 운영 효율성을 확보하고 있다. 요컨대 이들은 기본적으로 시장을 활성화하고 상인들의 역량을 강화하며 지역사회 내지는 여타 기관과의 협력 증진을 목표로 하여 상인회가 주도하고 있는 활동들의 목록이라고 할 수 있을 것이다.

이밖에도 신시장은 지역의 특색을 반영하면서 그 규모와 구조, 그리고 현대화의 노력 여하에 따라 고유한 문화적 요소를 개발·시행하고 있다. 대표적으로 신시장은 5일장과 지역 특산물이라는 두 가지 특색을 문화원형으로 삼고, 관련된 축제 내지는 관광 자원화를 시도하고 있다. 신시장은 매달 2일과 7일을 기점으로 하는 5일장의 특징을 지니고 있으며, 이러한 주기를 기반으로 하여 인근 주민·농민들이 재배한 농산물과 이를 위해 필요한 농자재 및 생활물자를 공급해온 특징이 있다. 그만큼 신시장은 과거에도 마찬가지이지만 현재까지도 안동을 비롯한 경북 북부 지역의 중요한 경제적 역할을 담당해왔으며, 생활과 밀접한 관계망을 표상해왔다. 이와 아울러 신시장은 안동소주와 안동한우, 안동문어가 유통·판매되는 중요한 거점지가 되어왔다는 특징도 거론될 수 있다. 이들은 현재에 이르러 안동 지역을 대표하는 특산물로 자리매김되고 있으며, 그런 만큼 신시장은 그러한 특산물이 지금까지 명맥을 유지할 수 있도록 한 핵심 역할을 담당해왔다고 할 수 있다.

이와 같은 문화원형을 복원하고 이를 기반으로 삼아 시장 활성화를 도모하기 위해 신시장은 상인회를 중심으로 '왔니껴오일장'이나 '소·소·문 축제'와 같은 문화행사들을 기획 및 진행해오고 있다. 이들은 전통과 현대의 조화 내지는 문화와 축제의 결합이라는 현 시대 취향을 반영하고 있다는 점에서 적지 않은 의미를 지닌다고 할 수 있다. '왔니껴오일장'은 앞서 설명한 것처럼, 2일과 7일에 걸쳐 열리는 5일장으로서 신시장 문화의

〈사진 3〉 신시장 직거래장터(왔니껴오일장) 개설 안내장(2024)

〈사진 4〉 신시장 소소문축제 포스터 (2023)

역사적·전통적 특징을 반영할 뿐 아니라, 이를 현재의 경관에 맞게 재구성한 사례에 해당한다고 할 수 있다. 잘 알려져 있는 것처럼, 안동 사투리인 '왔니껴?'는 '오셨어요?'를 의미하는 것으로, 시장에 방문한 이들로 하여금 반가운 마음에 하는 인사말이자 지역의 토착어를 살려 문화행사의 명칭으로 반영한 사례이다. 〈사진 3〉에서 알 수 있듯 오일장은 직거래장터로서 특징을 지니며, 이전에 자연적으로 마련되었던 장터 자리를 좀더 교통이 용이하고 안전한 구역으로 이전하여 진행된다. 이러한 문화행사를 계기로 해당 구역의 정비와 더불어 시장민속과 관련된 안동의 정취와 전통이 체험되기도 한다.

'소·소·문 축제'라는 명칭에 반영된 '소·소·문'은 안동의 특산물인 소주·소고기·문어를 뜻한다. 이 축제를 통해 세 가지의 음식과 관련 체험 프로그램이 진행된다. 방문객들은 이러한 축제 문화행사와 프로그램을 계기로 신시장 특유의 시장민속을 경험한다. 이 축제의 문화적 의미는 전통과 현대의 조화 혹은 공존이라는 측면에서 더욱 두드러진다고 할 수 있다. 즉 세 가지 특산물은 안동의 고유한 지역성을 내포하고 있는 문화 자원이라고 할 수 있으며, 그런 점에서 해당 축제는 특산물을 통해 지역민속 혹은 시장민속을 재현·복원하는 의미를 갖는다. 뿐만 아니라, 먹거리의 판매와 제공을 통해 방문객들로 하여금 지역문화의 형태와 가치를 전달하고 확산시키면서도 연중행사의 하나로 자리잡으면서 상인과 방문객이 만나는 장을 주기적으로 개최해오고 있기도 하다. 이는 고스란히 이 축제가 지닌 현대적 의미와도 연결된다. 즉 외부 관광객을 방문하도록 함으로써 지역 관광 자원의 하나로서 신시장의 위상을 차지하게 할 뿐 아니라, 지역이 처한 현재적 사정에 맞는 문화적·경제적 공간으로 재편하고 발전시키는 계기이기도 하기 때문이다. '소·소·문 축제'는 현재까지 2회에 걸쳐 진행되었으며, 2023년에는 10월 7~8일 그리고 2024년에는 10월 3~5일에 개최되었다.

마지막으로, '안동원도심 상권르네상스' 사업의 일환으로 진행되고 있는 각종 프로그램을 언급해둘 필요가 있다. 그 한 축에는 인근 지역 주민들과 함께 진행되는 '문화체험 프로그램'이 있고, 다른 한 축에는 상인들이 주축이 되어 수강하는 '상인동아리 프로그램'이 있다. 이러한 프로그램들은 매년 1, 2학기로 구분되어 진행되는데, 2024년 2학기의 경우, 10월 중순경 접수 기간을 거쳐 10월 하순에서 11월 하순까지 약 한 달 간 진행된다. 프로그램은 요일별로 수업이 개설되어 매주 정기적으로 운영된다. 문화체험 프로그램의 경우, 전통디저트 만들기, 전통음식 만들기, 캠핑푸드 만들기, 한식디저트 만들기, 반찬 만들기를 비롯하여 중국어 교실이 개설·운영되고 있다. 상인동아리 프로그램의 경우, 트로트교실과 색소폰클래스, 라인댄스, 요가 등의 수업이 개설·운영되고 있다. 여기에 참여하는 상인들의 만족도는 비교적 높은 편인 것으로 나타난다. 이를테면 "우리는 맨날 이래 일만 하고 있었는데. 아니 이런 취미 생활이 있구나. 우리하곤 정말 거리가 먼 그거라고 생각했는데, 아 딱 발을 담가보니까. 아 우리도 할 수 있는 거였구나. 그거가 좋더라고. 안 그면 그런 게 없었으면 내가 몰랐지"[17]와 같은 구술처럼, 취미 생활이라고는 알지 못했던 상인들이 이와 같은 프로그램을 계기로 새로운 취미를 가지게 되고, 이때 수강했던 강사의 학원에 직접 찾아가 취미 생활을 지속적으로 이어가기도 한다. 이처럼 바쁘게 굴러가는 상인들의 삶에 취미 형성을 계기로 휴식과 여가의 주기가 마련되는 한편, 비슷한 취미를 지닌 이들끼리 자유롭게 교류하고 소통하는 친목 모임이 만들어지고 있기도 하다.

---

17 조정남(여, 58세)의 구술(2024년 10월 19일, 일직제유소).

〈사진 5〉 2024년 2학기 안동원도심 문화체험 프로그램 포스터

〈사진 6〉 2024년 2학기 안동원도심 상인동아리 프로그램 포스터

4. 연중행사로 본 신시장 민속의 현재적 의미

　신시장은 1933년 준공식 이래 증축과 개선사업을 거듭하며 현재와 같은 모습을 갖추어 왔다. 현재 신시장은 과거의 역사적 흔적을 켜켜이 간직하고 있을 뿐 아니라, 그런 만큼 상인들의 상행위에 머물지 않는 삶의 질곡과 부침이 낳은 역사문화적 의미를 함축하고 있다. 물론 이것이 상인 주체에 한정되는 것은 아니다. 신시장은 인근에 살고 있는 주민들을 비롯하여, 2000년대 전후로 신시가지가 개발되기 이전까지 안동 전체의 제수와 공산품 등 생활물자를 책임지는 생업경제적 기능도 겸해왔기 때문이다. 실제로 신시장은 오일장이라는 정기시장의 형태를 띠고 있으면서 물자의 이동과 순환을 토대로 한 인근 지역과의 관계 속에서 안동 지역으로 하여금 의례·행사·축제의 역할을 담당했고, 일정한 주기성을 띠며 많은 사람들이 모이는 소통의 장이자 화폐 거래가 압축적인

시간 안에서 집중된 장으로 자리매김되었다.

안동 지역의 생업경제적 상황을 반영하고, 거기에 안긴 채로 나름의 주기적이고 순환적인 시간을 구성하고 있는 신시장의 시간성은 단순히 신시장 자체만의 독자적인 것으로 여겨질 수 없다. 그런 점에서 신시장이 구축해온 시간성의 특성은 결국 농업 중심의 사회에서 산업 사회로의 재편과 산업 사회에서 소비 사회로, 또 정보화 사회로의 이동 등 한국 사회 전반의 자본주의적 재편 과정과 함께, 안동이라는 지역성이 함축하고 있는 문화적 취향 혹은 그 작동 문법이 복합적으로 결부되어 효과화된 하나의 과정이라고 규정할 수 있다.

문제는, 상인들의 구술을 따를 때 신시장이 과거의 영광에 비해 위축된 모습으로 그려진다는 점이다. 즉 상인들은 대체로 지금의 시간과 대비하여 자신의 과거를 '명절이 지나면 방 한 가득 쌓아놓은 돈 더미를 세던 기억'으로 표상하곤 한다. 이 역시 상인들이 신시장을 구성해온 시간성을 인식하는 방식이라는 점에서 주목되는데, 왜냐하면 그러한 현재에 비해 과거를 뚜렷한 기억으로 분류하면서, 오히려 현재를 희미하게 만드는 기억의 역전 구도가 다소 통상적인 것으로 발견되기 때문이다. 흥미로운 점은 중앙 정부와 중소기업/상인회의 시장 활성화를 위한 정책적 흐름에 의해 유입된 '청년'의 경우, 이러한 고령의 상인들과는 판이한 생활 양식 내지는 그 시공간에 대한 인식을 보이고 있다는 점이다. 이러한 점은 지금의 신시장과 그 시간성이라고 하는 것이 한국 사회의 전반적인 흐름과 따로 떨어져 있지 않은 데다, 다양한 시간성이 교차하거나 역동하는 한 가지 결절점이 되고 있다는 점을 말해준다.

이 보고서는 최종적으로 신시장의 현황과 일상, 그리고 연중행사에 대한 관심을 토대로 하여 이와 같은 양상과 면모를 담아내고자 했다. 그러기 위해 다른 집필 과제와의 관심사의 구별을 두면서, 첫째 신시장의 역사와 개관을 간단하게 살폈고, 둘째 신시장이 처한 변화의 국면들과 시장의 대응을 살펴보았다. 그리고 셋째 현재의 시점에서 재구할 수 있는 신시장의 연중행사 목록을 총보로 정리하고 거기에서 살펴볼 수 있는 특징을 검토했으며, 넷째 이와 같은 신시장의 연중행사를 통해 시장민속이 지닌 재현성과 현재성을 짚어볼 수 있는 계기를 마련하고자 했다.

궁극적으로 이 글의 관심사라고 할 수 있는 시장민속의 일상적 실천과 현재적 의미를 신시장의 사례를 통해 검토해본 결과 다음과 같은 참조점을 얻을 수 있었다고 정리해볼 만하다. 우선 시장은 단순히 상품 거래를 위한 공간으로 남겨져 있지 않고, 사회적이고 문화적인 의미가 동시에 중첩되고 있는 시공간이기도 하다. 이 글이 신시장의 일상, 나아가 상인사회의 운영과 일상적 실천을 통해 시장민속이 다양한 변화 속에서도 그에 적합한 역할을 수행하고 있으며, 잔여적이고 구시대적이라고 하더라도 중요한 위상을 지니고 있음을 살펴볼 수 있었다. 우선 시장은 일상적인 차원에서 사회적 소통이 이루어지는 관계 형성의 장이 된다. 상인과 상인, 시장은 상인과 소비자, 때로는 외부 관광객이나 방문객 등 다양한 주체들의 상호작용이 주기적이고 밀접하게 이루어지는 공간이라는 점에서 단순한 거래가 아닌 신뢰와 유대 관계를 찾아볼 수 있는 고유성을 지닌다.

아울러 시장은 소규모 점포를 운영하고 있는 소상인들로 이루어지고 있고, 그런 만큼 소농들에게 필요한 양과 규모의 사물 혹은 물품을 제공함으로써 공생적 경제 활동의 지역적 토대가 된다. 본문에서도 살펴본 것처럼, 물론 대형 유통업체의 등장으로 인해 그것이 위축되고 있을 뿐 아니라 대농화가 지속되는 농촌 환경의 맥락에서 그 전망이 불투명한 측면이 있다. 그럼에도 이른바 '로컬적인 것'이 새롭게 재구되고 있는 문화 환경에 발맞추기 위한 주요 요소로서 그 의미를 더욱 중요하게 바라볼 필요가 있다. 나아가 전통과 문화가 세대적으로 전승·계승되어야 할 필요성 속에서 전통시장의 일상이 지닌 역사문화적, 나아가 민속적 의의를 가늠해볼 수 있었다. 민속이라는 것이 많은 사람들의 많은 문화들을 뜻한다면, 이와 같은 시장 사례를 통해 볼 때 그것의 세대 간 전승과 계승 문제가 보다 현재적이고 유동적이어야 할 필요성이 제기될 수 있다. 이러한 면모는 지역성과 집합성으로 이어지는데, 현대의 표준화된 상업 공간과는 차별화된 시장의 정체성이 이와 같은 자치적으로 운영되는 상인사회와 그것이 자율적인 차원에서 구현하는 일상적 실천이 현재의 시점에서 중요하게 독해될 필요가 있다. 그에 따라 전통과 현대, 일상과 문화가 서로 교차하는 시공간으로서 시장의 의미와 가치가 도출되고, 이를 토대로 시장민속이 지닌 고유성과 현재성을 이해해볼 수 있을 것이다.

05
물질부터 의례까지, 종교 상품으로 읽는 신시장 이야기

안솔잎
국립안동대학교 대학원 민속학과 박사과정 수료

물질부터 의례까지,
종교 상품으로 읽는 신시장 이야기

1. 종교 상품과 신시장의 공간성

"남이 장에 가니까 거름 지고 나선다"라는 속담이 있다. 자기는 시장에 가서 사거나 팔 물건이 없는데도 남이 가니까 괜히 따라가는 모양새를 이르는 말로 자기 주관 없이 남이 하는 대로 따라간다는 부정적인 뜻으로 사용된다. 그런데 사실 시장은 물건을 사고팔기 위해서만 가는 곳은 아니다. 많은 사람이 북적북적 모이는 시장은 물자의 유통이라는 경제적 기능뿐 아니라 정보와 문화가 교류되고 사회관계가 형성되고 강화되는 복잡하고 중층적인 공간이기도 하다. 구태여 특별한 일 없이 거름을 지고 나설 만큼 시장은 지역의 문화가 집합되는 핵심 공간이었다.

전통사회에서 인간은 마을이라는 공간을 중심으로 의식주를 포함한 종교, 생업, 의례, 놀이, 세시, 예능 등 모든 생활 영역을 실천하며 지연·혈연 공동체와 관계망 속에서 삶을 꾸려왔다. 인간 생활의 기본 구성인 가족 단위의 집들이 모여 제반 사회생활을 영위하는 가장 기초적인 사회집단, 모듬살이의 한 단위로서의 마을은 인간의 의식주의 해결에 필요한 기술·경제의 하부 구조와 구성원의 사회관계 및 종교와 사유체계, 상징, 예능의 상부 구조를 모두 포함하는 총체적인 공간이었다. 필수적인 생존공간으로서 주거공간과 생업공간, 마을 구성원들의 상호소통망에서 파생된 이동공간과 경계공간, 그리고 행위에 따라 가변되고 확산되는 놀이공간과 제의공간 등, 마을은 자연환경의 영향 속에서 구성원들이 공동생산한 삶의 터전이었다.[1]

역사적으로 시장은 이러한 마을 단위들의 필요에 의해, 국가의 어떤 개입 없이 자연발생적으로 생겨난 것으로 파악된다. 공간적 의미에서 본다면 장은 민중들의 필요에 의해 기초한 거래의 공간으로 정기성·자율성을 지닌 공적 공간이었다. 15세기 중엽 전라도 지방에서 개설되기 시작한 장시는 16세기에 접어들면서 충청도와 경상도 지역에도 개설되면서 방방곡곡으로 확대되었다. 18세기에 이르면 장시는 수적으로 크게 증가하면서 한 달에 6회 열리는 오일장으로 통일되는 양상을 갖는다. 안동의 오일장, 신시장 또한 이러한 흐름 속에서 수백 년의 역사를 쌓아 현재의 형태로 굳어졌다.[2]

한편 일상생활에 필요한 물품이 교화되는 정기장 외에도 종교성이 두드러지는 특수한 장 또한 있었다. 일명 스님들이 보는 '중장'으로, 중장터는 전국에 경상도 상주와 전라도 나주 두 군데였으며, 한 달에 한 번씩 서고, 장날은 보름날이었다. 장날을 보름날로 정한 것은 먼데서 온 사람들이 밤을 새워 산길을 걸어야 했으므로 달빛이 좋은 날을 택한 것이라고 한다. 중장에서는 절에서 사용되는 옷, 종이, 붓, 차, 향, 목탁, 불경 같은 게 거래되었다. 중장터는 산골 가운데서도 험한 산골에 있었으며, 그런 깊은 산골이면서도 샛길이 이리저리 여러 갈래로 통하는 곳이어야 했다. 관청이 있는 곳을 거치지 않고 멀리 다닐 수 있는 길, 즉 험로 교통의 중심지에 장이 선 것이다. 그런 깊은 산골로 장을 옮긴 것은 관리들과 건달들의 횡포 때문이었다고 한다. 스님들이나 백정들은 옷으로 천민 신분이 그대로 드러나는 데다, 관의 보호를 받지 못했으므로 건달들이나 일반인들의 횡포가 이만저만이 아니었을 것이다.[3]

이처럼 종교가 갖는 특수한 역사성, 국가에 의해 끊임없이 중심 혹은 외부로 재배치되어 온 궤적은 그 시기가 다를 뿐 어느 한 종교에만 한정되지 않는다. 실제로 민중들의 필요에 따라 실천되었던 다양한 민속종교들은 이촌향도·도시화 등으로 표상될 수 있는 근대화에 따라 그 실천이 중단되거나 마을 밖으로 밀려난 실정이다. 그럼에도 불구하고 민속종교 행위 자체 혹은 그에 수반되는 여러 물질들, 일명 종교 상품의 유통은 지속되고 있다. 마을 밖으로 밀려난 종교들은 다양한 생존의 경로를 물색하면서 일종의 상품으로 유통되기 시작하는데, 이에 따라 삶의 조건인 자본주의의 논리를 따라 자연스럽게 시장[4]으로 편입된다. 시장은 종교의 지속과 생존을 위해 필수적인 공간이 되었다. 이제

---

1 김기덕, 「한국 전통마을의 공간구성 재론(再論)」, 『역사민속학』 57, 한국역사민속학회, 2019; 박경용, 「도시민속과 시장 공간」, 『실천민속학연구』 9, 실천민속학회, 2007, 164쪽 참조.
2 김대길, 「조선 후기 장시 발달과 사회·문화 생활 변화」, 『정신문화연구』 35(4), 한국학중앙연구원, 2012, 89~95쪽 참조.
3 송기숙, 『마을, 그 아름다운 공화국』, 화남, 2005, 20~21쪽 참조.

종교 상품들은 이전과는 다른 관계망 속에서 유통되고 거래된다.

특히 재래시장은 그 시공간이 함축하고 있는 역사성과 상징성으로 인해 마을을 벗어난 상품으로서 종교와 엮이면서 민속종교의 새로운 활로로 기능할 수 있다. 재래시장으로서 신시장은 시장이 위치한 지역의 사회문화적 흐름과 시공간적 한계 속에서 그것을 구성하는 요소들과 특징이 응결되어 진다. 민속종교가 마을 밖으로 밀려났다는 것은, 마을 밖으로 밀려나버린 사람들이 존재한다는 사실을 뜻한다. 안동지역에서 재래시장은 마을과 연관되어오면서 지역민들의 필요를 채우거나 생업을 이어갈 수 있는 공간으로 중요하게 기능해왔으며, 마을 밖으로 밀려난 사람들은 재래시장에서 새로운 관계망을 구축해왔다. 그렇게 만들어져온 신시장의 다층적인 역사를 종교성이라는 렌즈로 바라본다면 새로운 이야기들을 읽어낼 수 있을 것이다.

신시장이라는 공간에서 삶을 영위하는 주체들, 상인들이 만들어내는 관계망은 작게는 가게 안, 신시장, 지역사회, 그리고 그것들을 포괄하는 (초)국가적 경험을 함축하고 있다. 신시장의 종교 상품과 그 관계망을 읽어내는 일은 재래시장과 민속종교의 현재성을 그려보는 일임과 동시에 근대화 그리고 세계화라는 거대한 흐름을 경험하고 있는 소상공인의 실정을 새로운 관점에서 살펴보는 것이라 할 수 있겠다. 따라서 이 글에서는 신시장이라는 재래시장의 정체성을 구성하는 요소 중 하나로 종교성을 주목하면서, 신시장을 매개하여 유통되고 있는 종교 상품을 통해 그것에 얽힌 이야기들을 살펴보도록 한다.

2. 물질을 통해 맺어지는 관계의 양상

종교용품 판매점, 일명 '불교사'는 불교용품, 무속용품, 농악용품 등을 취급하는 상점으로, 법복이나 무복 같은 의복에서부터 탱화, 양초, 향, 염주, 부적, 종교서적, 농악기 등 종교와 관련된 각종 물품을 유통·판매한다. 사장둑에서부터 이어지는 신시장 북문 바깥 거리에는 종교용품을 전문적으로 취급하는 상점 몇몇이 모여 있다. 인터넷 상거래

---

4   이때의 시장은 신시장과 같은 재래시장이 아니라 자본주의 시장을 의미한다.

〈사진 1, 2〉 안동 신시장 북문 밖 거리(2024.11.16. 조사자 직접 촬영)

가 활발해짐에 따라 시장에서 종교용품을 사고파는 일이 적어지는 현실이지만, 신시장의 상인들은 저마다의 관계망을 구축하면서 장사를 이어가고 있다.

종교용품 판매점이라는 공간은 수많은 관계망들이 얽혀 종교적 필요와 편의를 채울 수 있는 일종의 플랫폼이다. 그러나 단순히 물질의 교환만이 이루어지는 것이 아니다. 복잡한 관계망들이 수많은 이야기를 만들어낸다. 태어남과 동시에 맺어지는 혈연 관계망, 성장하면서 경험하게 되는 종교적 체험, 그리고 판매되는 물품의 생산망과 유통망 등은 국가와 지역의 역사적 흐름 속에서 종교용품이라고 하는 물질을 경유해 종교용품 판매점이라는 작은 상점으로 모여지고, 확장된다. 여기에서는 안동 신시장에서 종교용품 판매점을 운영하는 두 명의 상인의 경험을 통해 종교용품이라는 물질에 얽혀 있는 다층적인 관계망과 이야기를 살펴보도록 한다.

1) B 종교용품 판매점의 사례

주변 종교용품 판매점 중 가장 오래된 'B 불교사'를 운영하고 있는 김○○ 씨는 불교

집안에서 태어나 1979년에 가게를 시작했다. 처음 개업을 한 위치는 안동시 목성동에 위치한 대원사 앞이었으며, 2014년에 현재의 위치로 이사를 왔다. 장사를 하던 대원사 앞 골목의 상권보다 신시장 주변의 상권이 더 활성화되어 있다는 판단에 가게를 옮긴 것이다.

> 나는 이게 그냥 불교가 좋아서 시작한 거지. 그래서 처음에는 하루에 손님 한 명도 안 오고 그래도 우리는 거의 이제 절 쪽으로 많이 했거든. 보살님들보다는. 그래 하다 보니까 이제, 집안도 전부 불교 집안이고 그러다 보니까.[5]

불교를 믿는 가풍 속에서 "불교가 좋아" 장사를 시작했다는 김○○ 씨는 주 소비처로 절을 두고 있으며, 불교용품을 위주로 취급하고 있다. 초기에는 불교 서점으로 시작해서 책, 양초 등 불교용품에만 한정하여 물건을 들여왔는데 도저히 장사가 되지 않아 농악용품이나 무속용품 등 차츰 품목을 늘려가기 시작했다. 식품 종류는 판매하지 않는다. 다른 지역 종교용품 판매점의 경우에는 제수용품으로 식품을 가져다두기도 하는데, 'B 불교사'의 경우 신시장 상권 내에 위치하고 있어 굳이 종교사에서 취급하지 않아도 소비자들이 제사 음식을 쉽게 구매할 수 있기 때문이다. 또한 "갖다 놓으면 몇 개 팔리지도 않은데 그런 거는 또 오래 놔둘 수 없"고 "냄새도 나"기 때문에, 즉 보관의 어려움이 있기 때문에 식품은 들여오지 않는다.

> 보살님들이 자꾸 그거 해보라 그래 갖고 처음에는 뭐 대구 가서 뭐 반야용선이라고 있거든. 반야, 반야는 지혜잖아. 용이 이래 그림이 있는 그걸 타고 이제 극락세계로 가는 배라 배. 그걸 이제 안에 꽃도 들어있고 뭐 번이라는 게 이제 그런 것도 들어 있고 막 그래. 여러 가지. 그래 그걸 대구에서 사가 와서 다 분해를 해가 내가 다 만들었어. 다 분해해보고, 다 오리고 만들고 이렇게. …… 지금은 뭐 거의 만드는 건 없고 부적 써주고. …… 처음에는 이제 보살집이나 절에만 이래 해줬는데 이제는 요즘 개인들도 해달라고.[6]

---

5 김○○(1955년생, 여성) 씨의 구술(2024.09.03., 신시장 B 불교사).
6 김○○(1955년생, 여성) 씨의 구술(2024.09.03., 신시장 B 불교사).

판매하는 물품은 대부분 전국 각지에서 도매로 구해오는데, 재료를 구해 직접 물건을 제작하기도 한다. 초창기에는 손님으로 오던 무당들이 반야용선般若龍船[7]을 팔아달라는 요청이 있어 직접 만들기도 했다. 김○○ 씨는 반야용선을 직접 제작하기 위해 대구에서 반야용선을 구매하여 분해하여 펼쳐보고 연구를 하기도 했다. 예전에는 손님의 요청에 따라 만들어 판매하기도 했지만 이제는 완성품을 받아 판매한다고 한다.

현재는 'B 불교사'에서 만드는 용품은 없지만 김○○ 씨가 직접 부적을 써주는 일은 종종 있다. 부적은 절이나 무당집에서 주로 사갔는데 최근에는 개인 손님들의 요청도 있다. 부적은 부적

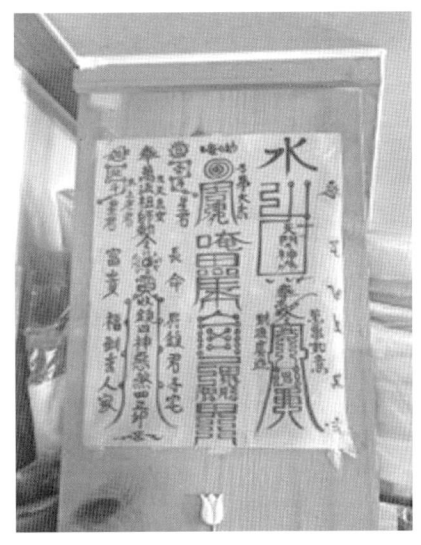

〈사진 3〉 김○○ 씨가 직접 쓴 부적
(2024.11.16. 조사자 직접 촬영)

책을 보고 공부하여 쓰기 시작했다. 인쇄된 부적도 판매하긴 하나, 직접 써주는 것이 '정성'이 담겨 더 효험이 좋다고 한다. 부적을 쓸 때는 경면주사鏡面朱砂를 이용해 만든 전통 안료를 사용한다. 경면주사는 광물성 천연안료인 주사는 시나바Cinabar라고 하는데, 진사砂, 단사丹砂, 단주丹朱라고도 한다. 이외에도 일반적으로 주사는 경명주사, 결명주사라고도 불린다. 이것은 표면이 거울과 같이 빛나고 매끄럽다 하여 붙여진 이름으로 발음이 유사하여 여러 이름으로 불리고 있다. 경면주사는 단청이나 그림 등의 안료, 부적, 인주, 약재 등에 쓰여 왔으며, 붉은 색을 띠고 있어 악귀를 쫓는 것으로 믿어져왔다.[8]

우리는 이제 스님들 많이 오시고. 우리가 옛날에 불교 신문사를 했었거든. 안동 이쪽 지역에 불교 신문사를 하고, 이제 본사가 의성의 고운사야. 본사가 고운사인데 그거 16교구

---

[7] 반야용선(般若龍船)은 불교에서는 반야용선은 사바세계에서 피안의 극락정토로 건너갈 때 타고 간다는 상상의 배인데, 무속에서는 이를 차용하여 대나무나 종이 등을 사용하여 만들어 굿에 이용한다. 별신굿이나 오구굿에서 망자가 좋은 곳으로 가기 위해 타고 간다는 배로 여겨진다. 반야용선에 대한 설명은 김형근, "반야용선(般若龍船)", 한국민속대백과사전, 〈https://folkency.nfm.go.kr/topic/detail/2141〉, 2024.10.30. 접속 참조.

[8] 경면주사에 관한 내용은 신은정·한민수·강대일, 「비석(碑石)에 칠해진 주사(朱砂)안료에 관한 연구」, 『헤리티지: 역사와 과학』 38, 국립문화유산연구원, 2005, 361~366쪽 참조.

본사거든. 거기에 따른 말사절이 의성, 안동, 영주, 영양, 봉화. 여기가 다 16교구에 따른 절이야. 그래서 거기가 한 지금은 조금 더 많아졌을 수도 있는데 50 한 6개 절 정도가 조계종 절이었거든. 다른 종파도 많지만은 그래도 이제 대표적으로 이제 조계종이 많으니까.[9]

'B 불교사'는 1979년에 개업을 할 당시 경북북부권의 유일한 종교용품 판매점이었다고 한다. 당시에는 대구지역에도 종교용품 판매점이 많지 않았으며, 'B 불교사'가 개업한 뒤 몇 년 뒤에 영주지역부터 다른 지역에도 하나둘씩 종교용품 판매점이 생기기 시작했다고 한다. 때문에 'B 불교사'는 상품의 유통을 넘어 경북북부권의 불자들을 연결해주는 연결망으로 기능하기도 했다. 그 중 하나의 사례가 불교 관련 신문 안동지국을 운영했던 일이다.

대한불교조계종은 전국 사찰을 25개의 교구로 나누어 관리하고 있는데, 경북에는 제8교구 직지사, 제10교구 은해사, 제11교구 불국사, 제16교구 고운사가 있다. 제16교구 고운사는 신라 신문왕 원년(681)에 창건된 사찰로 경북 의성군 단촌면에 위치해 있으며, 의성·안동·영주·봉화·영양 5개 지역의 산재한 60여 말사를 관장하고 있다. 'B 불교사'는 개업을 한 뒤 종교용품 판매업과 함께 불교신문 안동지국으로서 매주 편집국에서 발행되는 신문을 받아 제16교구 고운사 아래 말사에 신문을 보급하는 업무를 담당하기도 했다.

> (조사자: 신문사를 하면서 알게 된 관계들이 계속 이어지고 있으세요?) 거의 뭐 이어지지 많이 이어지지. 그런데 …… 이제 지금은 그런 데 다 불교사가 있어. 영주에도 있고 의성에도 있고. 지금도 그쪽에서도 오는 분들도 있지만 …… 아직도. 이제 그 조계종은 자꾸 스님들이 바뀌잖아. 바뀌는 거야, 스님들이 바뀌는데 그래도 아직도 계시는 손님들도 있지.[10]

1979년에 'B 불교사'를 개업하고 얼마 지나지 않아 시작한 신문사 지국의 일은 약 20년 동안 해왔고, 2000년도 즈음에 정리를 하게 되었다. 신문사는 정리하게 되었지만 신문사를 병행하며 축척된 경험과 네트워크는 여전히 종교용품 판매점을 운영할 때 중요한

---

9 김○○(1955년생, 여성) 씨의 구술(2024.09.03., 신시장 B 불교사).
10 김○○(1955년생, 여성) 씨의 구술(2024.11.16., 신시장 B 불교사).

관계망으로 작용하고 있다. 현재는 각 지역에 불교사가 있어 굳이 'B 불교사'에서 물건을 구매할 필요도 없고 신문사를 할 때 관계 맺었던 조계종 절의 스님들이 지역을 떠나기도 했지만, 그럼에도 불구하고 아직까지 'B 불교사'를 이용하고 있는 손님들 중에서는 신문사를 운영하면서 만났던 사람들이 있다고 한다.

> 그리고 우리가 이제 불교도 했지만은 민속 있잖아, 민속. 안동의 민속축제 이런 거 하잖아. 그걸 처음에 우리 집에서 청사초롱 이런 걸 시에서 다. 시 문화관광과에서 우리집에다 의뢰해가지고 우리가 시에 쫙 거는 거. 요즘은 안 거는데 옛날에는 청사초롱을 쫙 걸었어. …… 안동시청의 문화관광과에서 우리 보고 청사초롱을, 좀 원래 기존에 나오는 건 조그마해. 옛날에 결혼식 하고 할 때 청사초롱 들고 가잖아. 근데 이걸 좀 크게 제작을 해달라 해가지고 축제용으로. …… 그 용품들이 우리 집에서 거의 대부분 한 80% 이상은 다 들어가 지금도 농악 용품 이런 거품들 그렇지 각 동네에 다 해가 가지.[11]

또한 'B 불교사'는 지역에서 개최되는 각종 의례와 행사에도 물건을 유통하고 있다. '민족문화 또는 향토문화의 계승, 발전' 등을 목적으로 하는 지역의 여러 축제들, 안동민속축제, 경북도민체전, 안동국제탈춤페스티벌 등 지역에서 하는 크고 작은 행사에 사용되는 물품의 많은 양을 'B 불교사'에서 취급하고 있다고 한다. 1980년대 안동지역 축제에서 길거리에 청사초롱을 줄지어 설치했던 적이 있다. 이때 'B 불교사'에서 축제용 청사초롱을 직접 제작하여 납품을 진행하기도 했다. 지역의 축제 때 사용했던 청사초롱은 기성품보다 커다랗게 만들어야 했는데, 'B 불교사'에서 직접 종이를 인쇄하고 뼈대가 되는 철사를 집에서 용접하여 만들었다. 근대화 이후 지역에서 '전통'적 형태를 강조하고 있는 축제들은 사라져 가는 지역문화, 즉 민속의 발굴과 보존을 목적으로 하고 있다. 이때 축제에서 사용되는 물품들은 축제의 정체성을 구성하는 데 매우 중요한 역할을 하는데, 'B 불교사'는 민속축제의 풍경을 만드는 다양한 민속용품을 제작·유통해온 것이다. 국가적이면서 지역적인 민속축제의 연행 안에서 종교용품과 농악기 등을 취급하는 종교용품 판매점의 역할 또한 매우 중요하다고 할 수 있겠다. 축제 기간 밤을 수놓는 청사초

---

11 김○○(1955년생, 여성) 씨의 구술(2024.11.16., 신시장 B 불교사).

롱, 각 읍면동의 풍물경연 등, 지역의 여러 축제를 만드는 수많은 노동 중에는 'B 불교사'의 손길이 있다.

2) S 종교용품 판매점의 사례

'S 불교사'를 운영하고 있는 권○○ 씨는 1956년생 여성으로 예천지역 출신이다. 젊은 시절 서울에서 직장 생활을 하던 권○○ 씨는 현재 친동생이 하던 종교용품 판매점을 이어 운영하고 있다. 2010년부터 안동과 서울을 오가며 안동지역으로 이사를 준비했는데, 처음 종교용품 판매점을 시작한 곳은 태화동의 서부시장이었다. 그런데 서부시장은 상대적으로 임대료가 저렴하다는 장점이 있지만 신시장 상권이 더 낫겠다는 판단이 들어 2012년 지금의 위치로 가게를 옮기게 되었다.

> 재미있어. 이 불교상회해도 …… 지금 15년째인데 나는 여기 하면서 너무 감사해. 내가 공부가 너무 많이 된 거야. 그냥 이론적으로만 하다가 딱 와가지고 이 하나하나 이름이 있다라는 게 우리 토속 신앙 그것도 되지만은 우리 어디 전통 그런 가지고 있는 이름 쓰임에 쓰임새 그런 것들을 내가 정확하게 알게 됐잖아.[12]

권○○ 씨는 종교용품 판매점을 운영하면서 만나게 된 다양한 손님들과의 인연, 그리고 개인적으로 갖고 있는 토속 신앙에 대한 궁금증을 해소하고, 종교용품들에 대해 공부할 수 있게 되어 매우 만족스럽다고 이야기했다. 특히 지금 가게는 "비가 새가지고 귀신 나오는 것 같은"[13] 공간을 수리해서 시작한 만큼 애정이 깊다. 권○○ 씨는 우여곡절 끝에 가게를 이사한 뒤 다른 상인들, 손님들과 인연을 맺으며 신시장에 정착하게 되었는데, 그 과정에서 경험한 여러 일화들이 있다.

> 너무 감사한 게 여기 어른들이 많잖아. 시장 안에는 이제 포목점 하시는 분들 그런 분들이 많은데 …… 여기 어른들이 우리 가게 앞에 와서 맨날 이래. 사진을 보고. 나는 왜 그런지

---

12 권○○(1956년생, 여성) 씨의 구술(2024.10.17., 신시장 S 불교사).
13 권○○(1956년생, 여성) 씨의 구술(2024.10.17., 신시장 S 불교사).

몰랐어. 근데 계속 이렇게 절을 하는 거야. …… 지금은 내가 그걸 없앴는데, 내가 요 앞에다가 그 나중에 갖다 놓을까? 여기다가 산신을 앞에다가 전시를 해놨었어. 이 불상을, 산신을 여기다 해놨는데 할매들 지나가다 들어와 갖고 이제 돈을 놓고 간다.[14]

권○○ 씨는 신시장에서 종교용품 판매점을 처음 시작했을 때 가게 곳곳에 사진을 걸어두었다. 잡지사에서 기자로 일을 한 적이 있어 직접 찍은 사진을 전시해 둔 것인데, 특히 가게 입구의 유리문에서 보이도록 커다란 미륵불 사진을 전시를 해두었다고 한다. 그런데 어느 날부터 신시장 1·2지구에 모여 있는 포목점의 상인들이 가게를 향해 두 손을 모아 절을 했다고 한다. 권○○ 씨는 처음에 그 이유를 몰라 당황했는데, 알고 보니 가게에 전시된 미륵불 사진을 보고 인사를 올리고 간 것이라고 하였다. 사진을 없앤 이후에는 커다란 산신 불상을 문 앞에 전시해두었다. 그런데 "할매들", 신시장에 장을 보러 오가는 사람들이나 나이가 있는 상인들이 들어와 산신 불상 앞에 돈을 놓고 가는 일이 종종 있었다고 한다.

가게에 전시된 소품을 보고 오가는 사람들이 종교적 행위를 하는 "재미있"는 경험과 함께 종교용품 판매점만이 경험할 수 있는 일화를 소개하기도 하였다. 손님들의 경우에는 안동지역과 그 주변의 경북북부지역의 손님들이 주로 많이 방문하지만, 지역을 넘어 S 종교용품 판매점을 찾아오는 손님들도 종종 있다고 한다.

내가 재밌는 거 하나 얘기해 줄까? 어느 날 원주엔가 제천, 강원도 쪽에서 누가, 강원도 쪽일 거야. 어떤 젊은 엄마가 아들을 앞세워 갖고 왔더라고. 그래서 내가 어쩐 일이세요? 그러니까 여기 불상 가지러 왔는데 할머니를 모시려고 왔다는 거야. 그래요? 근데 처음 보는 사람이라 그래 어디서 오셨어요? 그러니까 강원도 어디서 왔대. 근데 그 먼데도 불교상회가 있을 낀데 왜 이렇게 먼 데까지 오셨어요? 그러니까 자기는 할머니가 여기 가자 그래서 앞에 세워갖고 왔대. 신기하지 않아요? 그러면서 나보고 2층으로 올라가자 그러더라고. 할머니가 2층에 가라 그랬대. 할머니가 여기까지 데려다 줬대. 그 할머니가 이 집으로 들어갔대, 할머니가. 그러면서 2층으로 올라갔다는 거야. 그러더니만 딱 집어. 저

---

[14] 권○○(1956년생, 여성) 씨의 구술(2024.10.17., 신시장 S 불교사).

런 불상 하얀 요렇게 쪽진 할머니 이렇게 있는, 할머니였었어. 저 할머니 달라고 했어. 어머! 내가 얼마나 놀랐는지 몰라.[15]

어느 날 처음 본 손님이 아들과 함께 S 종교용품 판매점을 찾아왔다. 강원도에서 온 손님이었는데, 강원도 종교용품 판매점에 안가고 안동까지 어떻게 찾아왔느냐 물었더니 손님은 "할머니가 여기까지 데려다 줬"다고 대답했다. 무당이 굿을 하거나 점을 칠 때 무당에게 영력을 준다고 믿어지는 신격인 몸주가 있는데, 강원도에서 온 손님의 몸주 할머니가 S 종교용품 판매점까지 앞장 서 왔다는 것이다. 그리고는 2층에 올라가 쪽 머리를 하고 하얀 옷을 입은 할머니 불상을 구매해갔다고 한다.

이 일화처럼 전문적으로 종교용품을 취급하다보면 상권이나 이동 거리처럼 시장을 방문하거나 관계를 맺을 때 일반적으로 고려되는 요소들 외에도 지역을 넘어서는 종교적 경험을 할 수 있게 하며 그로 인해 단골이 생기기도 한다. 이렇게 쌓인 관계들은 권○○ 씨가 갖는 일종의 사회적 자본이다. 이 관계망을 활용해 권○○ 씨는 아직 무업이 익숙하지 않은 손님들에게 경력이 있는 무당 손님을 소개해 기도터를 공유하거나 따라가 배울 수 있도록 연결해주기도 한다.

우리가 그 자료들을 이렇게 보면서, 책 같은 게 많아요. 그 문양이라든지 그런 것들 봐가지고 거기에 맞는 걸로 이렇게 해주는 거지. 무속인들 입는 옷 연구하는 사람들 있어요. 옛날부터. 그런 데서 하지만, 이제 거기에서 일부는 나오는데 일부 또 안 나오는 경우가 있어. 그럼 그걸 활용해 가지고 그냥 그때 디자인한 거지. 그게 뭐가 어디에 나왔었냐 하면, 그때 어디였더라. 드라마에 한 번 나왔었어요. 드라마에 나왔는데 근데 성인복으로 나온 게 아니라 유아복으로 나왔었어 그게. 근데 그거를 저기 성인복으로 디자인을 했지. …… 맞춤으로 해달라고 하면 힘들어요. 그게 그래갖고 막 전국에 수배를 다 내려. 해줄 사람. 그러고 난 너무 힘들어가지고 돈은 비싸고 너무 힘들어서 안 하는 거야.[16]

---

15 권○○(1956년생, 여성) 씨의 구술(2024.10.17., 신시장 S 불교사).
16 권○○(1956년생, 여성) 씨의 구술(2024.11.17., 전화 인터뷰).

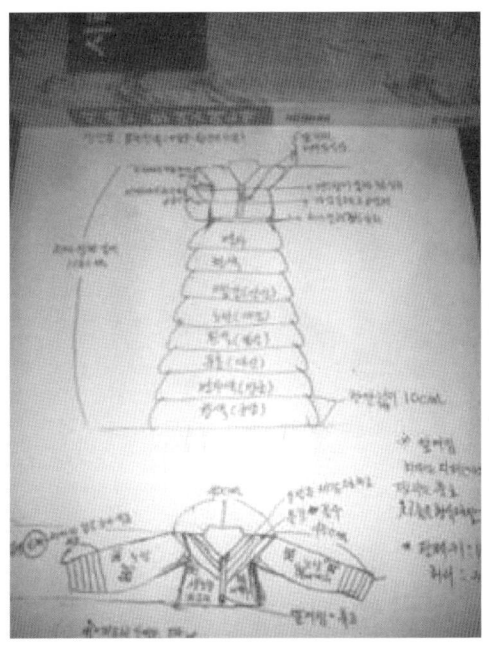 

〈사진 4〉 꽃대신복 옷본
(권○○ 씨 블로그 포스팅 참조.
"꽃대신 복 본을 그리다", 2013.03.01., 네이버 블로그,
https://blog.naver.com/minary5/90166367578)

〈사진 5〉 제작된 맞춤 꽃대신복
(권○○ 씨 블로그 포스팅 참조.
"꽃대신복이 오다", 2013.03.29., 네이버 블로그,
https://blog.naver.com/minary5/90169819721)

    이렇게 정성스럽게 맺은 관계들은 권○○ 씨에게 이전에는 해본 적 없던 새로운 일을 요청하기도 한다. 바로 무복을 맞춤옷으로 제작해보는 일이다. 맞춤복을 만드는 것이 너무 힘들어서 최근에는 일을 받고 있지 않지만, 꽃대신복 외에도 모자나 신발, 무구 가방 등을 디자인해 맞춤으로 제작해준 적이 있다. 주문하는 이의 요청과 연구된 자료나 책, 사진, 드라마 등의 자료를 참고하여 모양이나 색, 문양 등을 디자인한다. 맞춤으로 디자인을 한 후에는 제작해줄 수 있는 곳을 전국적으로 찾는다. 권○○ 씨는 사진을 찍는 특기를 살려 맞춤 꽃대신복을 입은 무당의 굿을 직접 촬영하여 앨범과 동영상을 제작해 주기도 하였다.
    한편 판매되는 물품이 생산·유통되는 과정의 변화도 포착할 수 있었다. 권○○ 씨는 가게의 물품을 국산품으로 신경 써서 취급해왔는데 더이상 국내에서 종교물품이 잘 생산되지 않는다는 이야기를 하기도 했다.

▲〈사진 7〉 국내에서 생산된 성냥
(권○○ 씨 블로그 포스팅 참조, "보물", 2023.02.02., 네이버 블로그, https://blog.naver.com/minary5/223002793400)
◀〈사진 6〉 동자·동녀 옷
(2024.10.17. 조사자 직접 촬영)

이제 이런 건(동자·동녀 옷) 국산으로 안나오지. 대구에 회사가 있는데 중국도 이젠 인건비가 올라서 사장님이 공장을 베트남으로 옮겼대. …… 이 성냥. 이것도 이제 국산으로 안나온다. 다 외국에서 갖고 오는 거야. 이건 우리집에 남은 마지막 국산 성냥.[17]

권○○ 씨는 해외에서 생산된 물품보다 국산에서 생산된 물품이 훨씬 품질이 뛰어나다고 평가한다. 현재 판매되고 있는 물건 중에 대부분의 물건이 해외에서 생산되어 들어온다. 회사는 국내에 있어도 공장이 해외에 있는 것이 부지기수다. 국산으로 제작되는 생고무신 공장은 사라진지 오래되었고, 스테인리스 용품과 양초는 어려운 상황이지만 아직까지는 국내에서 생산되고 있다고 한다. 특히 판매하고 있는 물품 중 마지막으로 남은 국산 곽성냥은 기념용으로 보관하고 싶어 가게 깊숙한 곳에 숨겨두었다.

모든 과정이 아닐지라도 꽃대신복처럼 그 필요와 쓸모에 따라 어느 정도 권○○ 씨가 직접 제작하는 물품이 있는 한편, 공산품의 경우 대부분 전 세계의 산발적인 노동이 조합되어 만들어진다. 이처럼 안동 신시장의 종교물품 판매점에서 거래되는 모든 물품들에

---

17 권○○(1956년생, 여성) 씨의 구술(2024.10.17., 신시장 S 불교사).

는 글로벌 자본주의 시스템이 파편적으로 머물러있다. 안동 신시장이라는 공간, 그것을 경유하는 모든 종교적 실천 또한 마찬가지다.

3. 의례를 통해 맺어지는 관계의 양상

1) 베전골목 C 무당의 사례

안동 신시장, 구체적으로는 구시장에서 신시장으로 진입하는 길목의 사장둑[18]과 베전골목[19] 근방에는 무속인들의 신당이 밀집된 구간이 있다.[20] 무속인들이 모여 있는 이유는 명확히 밝히기 어려우나, 신시장 상인들은 저마다 그 이유를 추론하고 있다.

> 베전, 베전. 옛날에 삼베 뭐 이런 거 팔고 장의사, 거기에 이제 보살들이 많아. 근데 지금 그쪽으로 이제 길들이 많이 났거든. 소방도로 막 이런 게 나니까. 이제 한옥들이 많이 없어졌지. 그래도 아직은 여쪽이가 많아. …… 위치적으로 사람들이 오기가 좋으니까. 시장 오고 그래서. 시장이 그래도 안동에서는 구시장, 신시장이 크잖아.[21]

> 경제적으로 어렵다 보니까 이 집들을 좀 가격이 좀 이렇게 비싸지 않고 부담 없는 데를 자꾸 찾다 보니까 베전골목으로 자꾸 몰리게 되는가 보다.[22]

---

18 사장둑은 안막골에서 명륜동, 목성동을 지나 안동시내 중앙을 관통해 낙동강으로 연결되는 천리천 제방으로, 이 사장둑을 중심으로 시가지가 조성되고 번화가가 형성됐다고 한다(김복영, 「그때 그 풍경-사장둑, 1989년 겨울」, (사)경북기록문화연구원, 2022.05.03., ⟨https://buly.kr/6MqSnZ3⟩, 2024.10.31. 접속). 1989년 도시개발사업으로 천리천 복개공사가 시작되면서 제방의 모습은 사라지고, 현재 사장둑은 구시장과 신시장의 경계의 언덕진 곳으로 인식되곤 한다.
19 안동 베전골목은 안동포를 비롯하여 안동 지역에서 생산된 삼베를 취급하던 여러 상가가 있던 골목이다. 배영동, "안동 베전골목", 한국민속대백과사전, ⟨https://folkency.nfm.go.kr/topic/detail/10073⟩, 2024.10.31. 접속.
20 안동민속박물관, 『안동의 무속』, 안동민속박물관, 2005(비매품) 참조.
21 김○○(1955년생, 여성) 씨의 구술(2024.09.03., 신시장 B 종교용품 판매점).
22 권○○(1956년생, 여성) 씨의 구술(2024.10.17., 신시장 S 종교용품 판매점).

베전골목 시작 좀 성해지기 전에는 여기 저기 술집이 많았어. 방술집이 많았다고 그런데 지금은 뭐 시대가 변해서 방술집 같은 것도 없어지고. 여기 땅값도 많이 떨어졌잖아요. 아무것도 할 게 없고 이러니까 집이 싸니까 빈 방들이 많으니까 아마 그래서 아마 들어왔을 거야. …… 장례만 문제가 아니고 장례 지내고 나면 그다음에 뭐 제사 지내야 되잖아. 그러면 제사 지내고 하면 또 산소도 가야 되고, 향도 피어야 되고 등등 위패도 세우고 뭐 등등 이런 게 있잖아. 그게 있으니까 불교도 아마 그런 게 있을 거고. 그런 게 한두 개 있었겠지. 그러면 저 무당들이라는 사람, 그런 무속인들은 전부 부처들하고 연관돼 있잖아. 보살하고. 그래 돼 있으니까 그런 물건도 사기 쉽고 집값도 싸고 하니까 아마 열로 온 게. 아마 한 집 생기고 나니 또 생기고. 저 사람들이 유대 관계가 대단하다. 엄마 무당 밑에 이렇게 딸 무당 이렇게. 친딸의 관계가 아니래도 그 밑에 배우면 제자면은 가족처럼 딸이야. 그래가지고 이제 큰 행사 할 때는 무당들이 여럿이 하잖아. …… 그래 아마 한 집 생기면 연간 연각이 돼가 아마 그래 생겼을 거야.[23]

사장둑부터 베전골목까지 거리에 무속인들이 모여 살고 있다는 것은 많은 신시장 상인들이 인식하고 있다. 그 이유에 대해서는 여러 추측과 분석이 있는데 정리해보면 다음과 같다. 첫째 안동 구시장과 신시장의 경계라는 지리적 조건, 즉 안동에서 큰 상권이 형성된 공간에 속하기 때문에 사람들이 많이 찾아올 수 있다는 것이다. 둘째 베전골목과 그 부근의 부동산 가격이 상대적으로 저렴한 편이라고 한다. 셋째 베전골목은 안동 지역에서 생산된 삼베가 모이는 곳인 만큼 삼베수의를 같이 취급하면서 장의업을 같이 겸하기도 하였는데, 죽음의례에 무당들이 역할을 하는 경우가 있을 수 있다. 넷째 시장에서 의례 물품을 구입하기에도 용이하다는 장점이 있다. 마지막으로 무당들이 무업을 하기 위해서는 도제식 교육으로 배우는 일이 주되기 때문에 관계망이 매우 중요해 자연스럽게 모여 살게 되었을 것이라는 추측이 있다.

보살집 많애. 거기에는 보살들이 거기 막 동개동개 다 있다. 거기에 음기가 그 보살들이 살, 음기적으로 좀 괜찮으니까 신들이 거기를 선택한 거지. (조사자: 음기?) 아니 음기 그

---

[23] 이○○(1951년생, 남성) 씨의 구술(2024.09.03. 신시장 베전골목 A상회).

것보다가 그곳이 신들이 좋아하는 그 땅인지. 어쨌든 내가 봤을 때는 신들이 싫어하면은 그게 안 된다. 그러면 못 가거든 보살들이. 신이 여기서 살아라, 여기 얻어라 카면 얻어고 이래 하잖아. 그 신들이 그 터전이, 신들이 그래도 뭐 그 머물러 계시는 자리가 좋은가봐. 내 생각에 그래. 내 생각에. 내가 생각할 때는 아무래도 신 할배들이 그런 터전이 할배들이 머물러 있을 만한 자리가 괜찮으니까 그렇게 선택하시겠지? 아니면 절대로 못 있지. …… 그쪽 방향이, 그쪽 터전이 할배들하고 이게 신들이 모여 사는 데가 좀 괜찮은 게 자기네가 느끼겠다. 그렇게 많이 보살님들 쌓였지.[24]

옛날에는 저기에 뚝, 위에 뚝 이름이 사장둑이거든. 사장둑이라는, 사장둑은 알지? 사람 이거 하는 데잖아. 아니 묻는 게 아니고 죄지은 사형수들 머리 날리는 곳이다 이 말이야.[25]

여기가 전부 보살 골목이었어요. 저는 저쪽, 저쪽 골목에 살다가 이쪽 왔는데 나는 이 보살 이 천왕기가 나는 일본 사람들 긴 줄 알았어요. 여기가 보살들이 모여 사는 곳인 줄 모르고 근데 내가 이제 얘기를 들어서고 보니까 여기가 보살들에 살던 골목이더라고. 근데 여기가 여기가 하천이었어요. 위에. 거기가 메어지면서 이제 보살들이 많이 분산이 됐죠. 여기가 쉽게 말하면 건너 요 둑, 사장둑 건너가 옛날에 화장터였던 거죠. 화장터 거기 가면 많은 사람들이 이제 탈을 본 곳이죠. 그러다 보니까 무당들이 많이 몰리는 것 같아요. 그러니까 아마 연예인들은 인간의 기생이고 우리 무당들은 귀신의 기생이에요.[26]

"보살골목"이라고 불리면서 베전골목 부근에 무속인들이 모여 사는 이유에 대해서는, 상권이나 부동산 가격, 무속인들의 네트워크 같은 합리적인 추론 외에도 종교적·문화적인 추론을 하는 경우도 더러 있었다. 이유는 정확히 알 수 없지만 신들이 좋아하는 자리라는 것이다. 사장둑이 갖고 있는 역사성이 언급되기도 했다. 사장둑이라는 명칭[27]은 구한말 관가에서 관리들이 궁술弓術을 연마하는 넓은 늪이 있었는데 그 자리에 제방을

---

24 김○○(1964년생, 여성) 씨의 구술(2024.09.10. 신시장 B 가게).
25 이○○(1951년생, 남성) 씨의 구술(2024.09.03. 신시장 베전골목 A상회).
26 최○○(1958년생, 여성) 씨의 구술(2024.10.16. 신시장 베전골목 부근 신당).
27 사장둑 명칭에 대한 설명은 다음 글을 참조했다. "잊혀져가는 우리 동네 정겨운 옛이름(27)", 안동인터넷뉴스, 〈https://buly.kr/FhMe0lU〉, 2009.04.18., 2024.10.31. 접속.

막았기에 사장둑 혹은 사장射場이라 말한다. 조선조 말엽 낙동강 제방을 쌓은 이후에는 강이 범람하여도 물이 고이지 않게 되었다. 그 이전에는 낙동강이 자주 넘쳤고 서문둑 또는 사장이라 하여 여기저기에 둑이 있었다. 사장둑도 이러한 것의 하나다. 한편 죄인을 사형하는 사장死場이 있던 곳이라서 붙여진 명칭이라는 이야기도 전해진다. 사장둑의 서쪽으로 가면 죄인을 가두어 두는 옥이 있었고, 그 곳을 지나면 인가가 드물었다고 한다. 죄인을 가두는 감옥, 사형수들의 목을 치는 곳, 화장터 주변이라는 "탈"이 나는 삶과 죽음의 경계적 공간. 그 공간적 특성이 무당들을 모이게 했다는 것이다. 여기에서는 베전 골목과 사장둑 사이 골목에 위치한 신당에서 무업을 하고 있는 최○○ 씨의 사례를 살펴보고자 한다.

> 우리가 어릴 때 내가 어렸을 때 그러니까 뭐 이런 길을 가는 사람들은 굉장히 고난이 많아요. 고통이 심하고 그러니까 뭐 어쩔 수 없어서 이제 가는 길밖에 없으니까 뭐 나는 뭐 그랬는 것 같아요. 어려서부터 아팠으니까 아주 어려서부터 아팠어요. 아주 어려서부터는 아파서 병원에 가면 이제 병명이 안 나오죠. 그렇죠. 영양실조다 그러고 정신적인 안정이 필요하다 그러고 그거죠. 그러다 보니까 결혼도 했는데 결혼 생활도 안 좋고 파탄이 나고 그러니까 그러다가 아프니까 이제는 뭐 이제는 이제 마지막 길이 왔다라고.[28]

최○○ 씨는 충북 제천에서 태어났다. 어렸을 적부터 무병을 앓아 학교도 제대로 다니지 못했으며 가정도 평안하지 못했다. 어렸을 적부터 아프고 헛것을 많이 봤는데, 부산에 살 때 남묘호랭교를 다니기도 했다. 남묘호랭교를 다니면서 눈에 보이는 것은 없어졌지만 아픈 몸이 낫지는 않았다. 그 후로도 인생의 여러 고난을 겪고 34살에 신내림을 받게 되었다. 따로 내림굿을 하지는 않았고, 계속 몸이 아팠던 최○○ 씨가 죽기 전 마지막으로 기도를 하고 싶다는 생각에 찾아간 영월의 한 절에서 무불통신[29]을 하게 된 것이다. 이후 안동에 신당을 차리고 서울에서 무업을 배우고 활동도 했는데, 거리상의 문제로 안동의 "노보살"들에게 무업을 배웠다. 젊었을 적에는 서울의 굿판에서 춤을 추기도 했지만, 나이를 먹으면서 자연스럽게 굿판의 일을 놓고 기도하며 비는 일을 주로 하고 있다

---

28 최○○(1958년생, 여성) 씨의 구술(2024.10.16. 신시장 베전골목 부근 신당).
29 내림굿을 하지 않았는데도 자연적으로 말이 트이고 신과 소통하게 된 것을 뜻한다.

고 한다. 안동에 오랜 기간 터를 잡고 무업을 하며 최○○ 씨와 교류했던 "노보살"들, 베전골목의 역사를 잘 기억하고 있던 무당들은 대부분 타계하였으며, 현재 베전골목에는 젊은 무당들이 많이 들어와 있다고 한다. 최○○ 씨는 베전골목의 다른 무당들과 특별히 교류하고 있지는 않다.

최○○ 씨는 어릴 적 다른 지역으로 이사를 많이 다니면서 살았는데, 14살에 안동 신시장 부근에서 살았던 적이 있다. 청소년기에 신시장 부근에서 거주했을 때도 최○○ 씨는 "□□네 언니"라는 별명으로 불리며 신시장 상인들 사이에서 유명했다고 한다. 특히 신시장의 포목점을 운영하는 사장님들 사이에서 유명했는데, "□□네 언니를 보면은 신이 있다는 거를 믿을 수 있다"는 말을 할 정도였다고 한다.

> 여기 시장 안에 비단점에 가면은, 포목점이지. 옛날에 하시던 분은 □□네 언니라 그러면 모르는 사람이 없어. 근데 그 어른들이 지금 다 아무도 안 계시더라고. 굉장히 내가 유별났으니까. □□ 언니지. …… 그때는 좀 그 시장 바닥에 좀 들썩했으니까. 아줌마들이 그때는 나는 어렸고 거기는 포목점 할머니들이잖아요. …… 다른 거는 몰라도 □□네 언니 보면 정말로 신이 없는 게 아니다. 이제 이렇게 보면 가끔 한 번씩 여기서 안 사시고, 다 이사도 가시고, 자제분들 따라가시고 이런 분 어쩌다 보면 시장 가면 한 번씩 만날 때 □□네 언니가 아직 살아있네. 정말 신기한 일이다라는 말. 나를 보면은 □□네 언니 보면은 신이 있다는 거를 믿을 수 있다라는 걸 많이 하시죠.[30]

그때의 상인들은 대부분 돌아가시거나 객지에 살지만 시장에서 마주쳤을 때에는 ""□□네 언니가 아직 살아있다"며 놀라워한다고 한다. 최○○ 씨가 워낙 몸이 아팠던 탓이다. 무병을 앓던 최○○ 씨가 하는 말을 "미친 소리"라고 얘기하는 사람이 많았지만, 최○○ 씨의 말을 믿는 사람도 많았다. 한 일화로, 포목점 할머니의 등이 계속 아팠는데, 어린 최○○ 씨의 눈에 할머니 등에 업힌 아기가 보였다고 한다. 최○○ 씨가 "할머니 아기가 자꾸 꼬집어 아픈 거예요" 말하니 할머니가 "어떻게 해야 하냐" 물었고 자신도 모르게 "옷을 한 개 벗어서 갖다 태워버려라. 그러고 집에 뭐를 하나 갖고 가서 갖다 버려라"

---

[30] 최○○(1958년생, 여성) 씨의 구술(2024.10.16. 신시장 베전골목 부근 신당).

같은 공수를 내렸다고 한다. 포목점 할머니가 최○○ 씨의 말대로 했더니 아픈 곳이 나았다고 한다. 그때는 돈을 받고 전문적으로 하지 않았는데 소문이 나 최○○ 씨를 찾아오는 이들이 있었다고 한다.

> 이제 손님들 시장 사람들도 오고, 또 촌에 시골 계시는 분들 그래 오시죠. 할머니들 오시면 할머니들 무슨 돈이 있나 좀 어떻게 해줘라 알았어요. 그리고 해드리고 그렇죠. 내가 할 수 있는 일은 해드려야지 내 팔자인데. 주로 웬만하면 이제 주로 보면 시장 사람들은 장사가 안 되니까. 요즘 시대가 이런데 그거를 돈 받고 구한다고 장사 잘될 것 같아? 다 하지. 그러니까 그거는 마음을 내려놓고 지금 때가 이러니까 기다려라 그러지. 시장분들도 이제 장사가 요즘 다 불경기잖아. 또 이제 젊은 학생들이 또 좀 많이 오죠. 취직 같은 거 내 사주에는 뭐가 맞을까. 그러면은 사주가 보이는 사람들이 있잖아요. 펜을 자꾸 먹고 살 사람들은 공부를 열심히 해라. 그리고 기능으로 보이는 사람들이 내가 꼭 필요로 한 재주를 거기다 힘을 부어라 그러고. …… 나는 이제 거의 전화 손님이 많아요. 전화로 손님들이 전화 이제 한 사람이 보고. 그 사람 연결로 이제 전화로 손님이 많이 굉장히 많죠.

지금 찾아오는 손님은 신시장 상인부터 진로를 고민하는 학생들까지 아주 다양하다. 또 지역을 넘어서 얼굴도 모르는 채 전화로 만나는 손님도 매우 많다. 전화로 만난 손님이 단골이 되어 다른 손님을 소개하는 방식으로 점차 손님이 많아졌다고 한다. 근대화 이전 무속은 마을이라는 지역공동체의 맥락에서 존재했지만, 현재 무당을 찾는 손님들도, 단골관계도 반드시 일정한 지역을 전제로 하지 않는다. 대면하여 마주하지 않고 전화로만 소통하는 손님들도 아주 많다. 이는 전국의 모든 무당들에게도 공통적이다. 최○○ 씨의 단골들의 사례도 그러하다.

그러나 안동의 신시장이라는 상권에 속해 있는 최○○ 씨는 지역적·공간적 맥락 속에서도 관계를 맺는다. 시장과 신당이 가까우니 신시장의 사정에 영향을 받을 수밖에 없다. 신시장이 오일장이 활성화되어 있다보니 시내와 동떨어진 마을에서 오일장에 장을 보러 나오는 할머니들 중에서도 최○○ 씨를 찾는 경우가 있다. "촌에 시골 계시는 할머니들"의 일은 웬만하면 거절하지 않고 할 수 있는 일은 하고 있다. 오일장이라는 주기성을 지닌 시간은 안동지역의 깊숙한 곳까지 침투해있다. 오일장에 시내에 나와 시장을 찾는 마을 사람들, 그들이 시장을 나오는 이유는 단순히 물건을 사거나 파는 것에만 그치지 않고 종교적 필요를 채우기 위해서도 있다. 과거처럼 마을 안에서 서로의 생활을 살피며 맺는 단골관계가 아닐지라도, 여전히 신시장의 무속은 지역 공동체의 맥락과 떼어놓을 수 없다.

    시장 상인들은 대부분 장사가 잘 되기를 바라는 마음에 찾아온다고 한다. 최○○ 씨가 기도를 가거나 초를 킬 때 올릴 수 있도록 과일이나 떡 등 음식을 갖고 와 정성을 올리는 이들도 있다. 재래시장이라는 공간에서 생계를 이어가고 있는 상인들은 거주하는 집보다 일을 하는 상점에서 오랜 시간을 보내며 상권은 자연스럽게 생활권이 된다. 생활권 내에 무당들이 모여 사니 필요한 사람들은 자연스럽게 무당을 찾는다. 재래시장의 위기와 함께 불경기가 이어져 신시장 상인들이 경제 상황이 어려워지니 무당들을 찾아 상담하기도 하고, 무당들은 상인들의 생계를 위한다. 베전골목 인근의 무당들과 시장의 상인들은 같은 상권을 공유하고 있다는 단순하고 물리적인 이유뿐 아니라 복잡한 초국가적 자본주의 사회에서 신시장이라는 플랫폼을 통해 긴밀하게 서로의 생계가 연동되어 있다는 점에서 일종의 경제적·종교적 공동체로도 이해할 수 있을 것이다.

2) B 가게의 사례

    김○○ 씨는 안동 신시장 서3문 밖 골목의 한 칸 방에서 '결혼상담'을 해주고 '소개팅'을 주선해주는 중매를 해주고 있다. 과거에는 중매를 업으로 삼는 이를 흔히 매파媒婆[31]라고 했는데, 중매쟁이, 중신아비, 중파 등 지역에 따라 다른 명칭으로 부르기도 했다. 그러나 전통사회에서 혼인은 당사자 보다 집안 대 집안 형태로 이루어졌기 때문에 중매인은 양가의 부모와 소통을 해왔다. 현대사회의 중매는 부모가 요청하기도 하지만 중매를 원하는 당사자가 적극적으로 중매인을 찾기도 한다. 결혼정보회사나 커플매니저, 결혼상담원 등과 같은 전문적인 산업의 형태로 보편화되어 있다.

    처녀, 총각. 할매, 할배 섞이고. 한 7년, 7년 정도. (조사자: 어쩌다 시작하게 되신 거예요?)

---

31 매파는 혼인을 성사시키기 위하여 중간에서 다리 놓는 일을 하는 여자를 뜻하며, 대체로 중년 이후의 노파들이었으므로 파(婆)·온(媼)이라는 자가 붙었다. 혼인적령기의 자녀를 둔 집을 연줄관계로 찾아다니면서 직업적으로 중매하였다. 김용숙, "매파(媒婆)", 한국민족문화대백과사전, 〈https://encykorea.aks.ac.kr/Article/E0018004#cm_reference〉, 2024.11.01. 접속.

사람들이 계속 내보고 중매 달라고 그래가지고. 그러다 보니까 중매하게 됐지. …… (바람 따는 일은) 전에도 다니다가 아픈 사람들 생기면 해주고. (조사자: 신시장에서?) 아니 다니다가 보면은 우연히 또 그런 거 만날 때가 있어. 사람들.

2017년부터 신시장에서 중매일을 하고 있는 김○○ 씨는 산업화된 형태로 일을 하는 것은 아니다. 노트에 중매를 맡긴 사람들의 이름, 전화번호, 특징 등을 적어 기록하고 그들 중 마땅한 사람을 판단해 연결해준다. 중매를 설 때 중요하게 여기는 점은 성격이나 학력, 취향, 취미 등을 고려해 비슷한 사람을 연결해주는 것이다. 김○○ 씨가 중매만 하는 것도 아니다. 김○○ 씨의 가게 문에는 '전통 바람 땁니다'라는 문구가 적혀있다. 김○○ 씨가 "딴다"고 표현하는

〈사진 8〉 김○○ 씨가 사용하는 의료 도구
(2024.11.16. 조사자 직접 촬영)

'전통 바람'은 비제도권의 전통의료, 민중의술의 일종이다.

민중의술의 종류는 침이나 부항 등의 시술도구를 사용하는 것부터 동물·식물·광물의 약용 재료를 사용하는 것, 그리고 종교적 행위를 통해 치병을 도모하는 것까지 폭넓은 범주를 갖고 있다. 김○○ 씨가 '바람'을 따는 행위는 침술을 이용한 치료 행위로, 일종의 치병 의례로도 이해할 수 있겠다. 일상생활을 하다가 우연히 아픈 사람들을 마주치고 치료해줬던 경험이 있는 김○○ 씨는 가게를 차리면서 중매와 함께 '바람'을 따주는 일도 하기 시작했다. '바람'을 따는 치료는 한 번에 만 원이다.

옛날에 전통 바람, 거진 병원에 안 가고 이런 시절에 우리 같은 사람들이 따고 해서 고친 그게 많지.[32]

민중의술은 가족을 포함한 공동체의 생활실천을 통해 전승되어온 민중들의 질병 치

---

[32] 김○○(1964년생, 여성) 씨의 구술(2024.09.10. B 가게).

료체계로, 근대적 의학 발달과 더불어 상당 부분 멸실되었으며, 지금도 변화와 지속의 과정에 있다.[33] 국가적 공인에 의해 제도화되지 못한 상태에서 의사가 아닌 일반 민에 의해 관련 지식과 기능이 전승·활용되어왔기 때문에 그것의 지식과 기능의 습득 및 전승은 도제식의 학습, 독학, 직접적인 체험, 임상경험, 전문인 사사 등을 통해 이루어져 왔다.[34] 김○○ 씨는 수지침 자격증이 있기도 하지만, '전통 바람'을 따는 방법은 도제식 전승방식, 혈연관계에 의한 '대물림 승계' 혹은 '어깨너머 식'으로 지식과 기능을 습득했다고 볼 수 있다.

> 우리 아버지께서 이 사람 고치는 거를. 동네에 이렇게 아프다 하면은, 우리 아버지께서 이렇게 막 쓰러져 있고 하면은, 따고 이렇게. 사람 고치고 살리고. 우연히 나도 이래 하면은 사람, 머리에 생각에 저래 하면 고치는데. 어떻게 하면 살려내는데. 이 생각이 들어서. …… 마을에 아버지가 했지 아버지가 할 사람이 없어서 옛날에 약이 없었잖아.[35]

김○○ 씨는 1974년 안동댐 건설에 의해 수몰된 월곡면에서 태어났다. 의료시설이 부족했던 과거에 김○○ 씨의 아버지는 마을에서 아픈 사람을 치료해주는 역할을 해왔다. 김○○ 씨는 마을에서 사람이 위급한 상황일 때 아버지가 '바람'을 따서 사람을 살리는 걸 옆에서 지켜보며 성장했다. 그 뒤로 아픈 사람을 볼 때 "이래 하면", "저래 하면" 고칠 수 있겠다는 생각이 들어서 직접 '바람'을 따기 시작했다.

> 뭐 보면 알아. 이런 데 보면 만지고 보면은. 손 따고 머리하고 뒷꿈치 따고. 하여튼 이거는 내가 하는 거는 한의학하고는 조금 다른 것 같아. 내가 생각할 때 옛날 전통, 옛날 방식. 한의사 그거하고는 아닌 것 같아. 따는 자체가 다른데. 이래 보면은 사람이 이래 오면은 눈동자가 이렇게 조금 거꾸로 이렇게 배기깨나, 사람이 좀 이상해. 그러면 저 사람 어떻게 하면, 따면은… 그거 따면은 피가 나와야 되는데 막 흰 물이 이런 게 막 튀 나와. 그거 빼내야 돼. …… 나도 이렇게 내 머리에서 그냥 저 사람 저래 하면 살릴 수 있는데 이 생각이

---

33 박경용, 「생애사적 맥락을 통해 본 전통지식으로서의 민간요법」, 『역사민속학』 38, 한국역사민속학회, 2012, 225쪽.
34 박경용, 「민중의술의 존재양상과 대중화 운동」, 『민족문화논총』 34, 영남대학교 민족문화연구소, 2006.
35 김○○(1964년생, 여성) 씨의 구술(2024.09.10. 신시장).

떠올라가지고. 그냥 이렇게 딱 오는 예감이 있지. 그러 어떻게 하면 된다는 거 이거 딱딱 보이니까 하는 거지, 안 그러면은 못하지. 우야 하노. 절대로 못 한다 이거. 그 사람들은 따면 피가 나오는데 어떻게 흰 물이 나오게 할 수 있어요? 내보고 하거든. 나는 그거 보면은 그 자리 보면은 어른거려 하얀 게 뭐가 들었는데 보여, 보여. 그러니까 이거 찔르면은 거기 막 물이 싹 쏟아오르고 그것도 빼내야 돼.[36]

'전통 바람'을 '따는' 행위의 원리는 정확히 알 수 없지만, 김○○ 씨는 아픈 사람을 "만지고 보면은" 어디를 따야 치료가 될지 알 수 있다고 한다. 아픈 사람을 보면 "딱 오는 예감"이 있고, '바람'을 따야할 자리에 하얀 물이 들어있는 것이 보인다는 것이다. "전통 옛날 방식"의 '바람' 따기는 한의학의 침 치료와는 다르다고 한다. 손, 머리, 발 등의 신체 부위를 따면 피가 나오는 것이 아니라 흰 물이 나오는 경우가 있는데 그것을 빼내야 한다고 설명했다. 일반적으로 알려진 체했을 때 손을 따는 행위와 같이 아픈 부위의 피를 빼는 치료법과 원리나 현상이 다르다. 특히 경기를 일으킨 사람들이 '바람'을 많이 땄다고 한다. 안동시 명륜동에 위치한 북문시장에 김○○ 씨와 비슷하게 민간의술을 통해 사람들을 치료하던 할머니가 계셨는데 지금은 돌아가시고, 현재 지역에서 전통적인 방식으로 '바람'을 따는 행위를 하는 사람은 김○○ 씨가 유일한 것으로 추측하고 있다. '전통 바람'을 알고 효험을 본 사람들이 있다보니, 소문이 나 다른 지역에서 김○○ 씨를 찾아오는 경우도 종종 있다.

어떤 데는 이래 있다 보면 아줌마요~ 50살 이런 아줌마, 나는 이제 이 세상 못 살 거예요. 나는 못 살아요. 아파가지고 이쿠 아픈 데도 많은데 어떻게 살 수가 있어요. 어디가 그렇고 아프노 내가 이 카면은, 아이고 안 아픈 데가 없어요. 못 살아요. 그러면 뭐 내한테 몇 번 또 이 해보니 좋은지 오대? 와가지고 또 고쳐가 가뿌래. 이제 다 나았어요. 그럼 신랑까지 데려 오대? 막 신랑이 여 발이 뜨거워 가지고 막 뜨거워가 막 이불을 못 덮는단다 겨울에도. 발바닥이 뜨거워가 이런 데가. 그래갖고 내인데 데리고 와가지고 밑에 이래 만져보면 여기 요래 똥글똥글한 거 뭐 들었거든. 막 염증 들어서 빼내고 이래 하면은 염증 막

---

36 김○○(1964년생, 여성) 씨의 구술(2024.09.10. 신시장).

지렁이 같은 거 다 이렇게 들었어 빼내면 나.³⁷

사람들이 영덕서도 오고 뭐 포항에서도 오고 거제도서도 오고 더러 오더라고. …… 사람들이 지나가다가 여기 따라 왔다가 눈이 뜨이더란다. 거 갔다 눈이 뜨이더라고. 그래서 포항에서 찾아왔대. 막 내를 찾으려고 이쪽저쪽 다 디뎠단다. 하고 그 사람인데 그때 따로 갔다가 눈이 번쩍 띠더라면서. 그 사람을 만나야 했는데 만나야 되는데 거기서 계속 그랬단다.³⁸

김○○ 씨는 '바람'을 따면서 "들어올 때 기 들어오고 갈 때 걸어가"는 "신비한 일"을 경험했다.³⁹ 아파서 오래 못 살 거라던 아줌마를 치료해줬더니 남편도 데려와 부부를 같이 치료 해줬던 경험, '바람'을 따니 눈이 번쩍 뜨였다는 말을 듣고 김○○ 씨를 찾아 신시장을 이쪽저쪽 찾아 헤맸다는 포항의 손님까지. '전통 바람'을 따는 민중의술을 찾는 사람은 안동이라는 지역에만 한정되지 않는다. 이제는 수몰되어 사라진 마을의 민중의술은 치료라는 의례적 행위로 신시장에서 이루어지고 있다. 마을이라는 공간 안에서만 이루어지던 민중의술이 안동 신시장이라는 보다 개방적이고 접근성이 높은 지역의 재래시장에서 유통되기 시작하면서 지역을 넘어 찾아오는 손님들이 생긴 것이다.

너무 적게 받지? 원래 2만 원은 받아야 되는데 내가 사람 공덕 좀 하려고 조금 덜 받는... 좀 덜 받지? 만 원 너무 적지? 조금 더 받아도 돼, 그지? 또 막 이래 그지, 다 죽어가 오는데 많이 받기도 마음도 아프고.⁴⁰

만 원이라는 값으로 치료를 하고 있는 김○○ 씨는 절을 다니는데, 아픈 사람을 보면 마음이 아파 돈을 "덜 받"고 있다. 김○○ 씨는 "사람 공덕"을 위해 돈을 적게 받는다고 했다. 공덕功德은 불교용어로, 자비심으로 다른 사람을 이롭게 하는 행위를 하거나 괴로움을 이기고 지혜를 닦아가는 모든 행위에는 뛰어난 결과를 가져오는 힘이 갖추어져 있

---

37 김○○(1964년생, 여성) 씨의 구술(2024.09.10. 신시장).
38 김○○(1964년생, 여성) 씨의 구술(2024.09.10. 신시장).
39 김○○(1964년생, 여성) 씨의 구술(2024.09.10. 신시장).
40 김○○(1964년생, 여성) 씨의 구술(2024.09.10. 신시장).

다는 것을 뜻한다.[41] 김○○ 씨의 '전통 바람'을 따는 행위는 국가 정책으로 인해 사라진 수몰된 마을에서 나와 신시장에서 "사람 공덕"의 목적과 함께 상품으로 유통되면서 제도권 밖 '틈새의료'로서의 기능을 하고 있다고 볼 수 있겠다.

4. 신시장을 매개하는 종교적 관계들과 그 의미

이 글에서는 신시장의 종교성을 포착할 수 있는 사례들을 통해 신시장이라는 공간과 연결된 다양한 종교적 관계들 그리고 그것에 엮인 이야기들을 살펴보았다. 물질과 의례라는 두 형태에 얽힌 그 관계들은 직접적으로 드러나기도 하지만 우리가 쉽사리 인식할 수 없게 숨겨져 있기도 했다. 재래시장이라는 공간은 근대화 이후 전국적으로 비슷한 길을 걷는다. 대형 자본에 밀려 활기를 잃어가고 있는 공간, 그럼에도 불구하고 지역의 역사성과 정체성을 간직하고 있어 특색있는 공간으로 기대되어 지역민들뿐 아니라 관광객들이 많이 찾는 장소이기도 하다. 그런 현실 속에서 시장의 종교성은 크게 눈에 띄지 않지만, 그것을 확대해보면 신시장의 여러 이야기를 엮고 있는 중요한 노드다.

앞에서 살펴본 이야기들과 그 이야기들이 만들어진 상점 공간은 신시장, 안동시, 경북 북부권과 같은 지역적 맥락 속에서 존재하면서도 지역을 넘어서는 만남을 만든다. 그리고 더 나아가 국가와 세계가 보이지 않게 연결되고 만나는 지점들이기도 하다. 그 지점에서 타고 올라가 만난 이야기들은 종교라는 영역 안에서 엮인 수많은 관계들의 양상을 보여준다. 그리고 그 관계들은 재래시장이라는 공간과 만나 '전통', '민속'과 같은 정체성을 갖고 신시장의 풍경을 만든다.

'전통', '민속'과 같은 향수 혹은 레트로retro적인 단어들로 설명되는, 어찌 되었든 간에 과거지향적인 표상들을 지닌 재래시장 신시장이라는 공간은 그곳을 찾는 이들의 목적에 따라 생활공간으로, 생계를 꾸리는 일터, 안동이라는 지역을 만나는 관광지로 경험된다. 그곳에서 가장 많은 시간을 보내는 이들은 그 공간을 지키고 있는 상인들이다. 재래시장으로서 신시장과 상인들의 생존은 자본주의 사회의 약육강식 논리로 설명되지 않

---

41 "[불교용어해설] 공덕, 성불", 불광미디어, ⟨http://www.bulkwang.co.kr/news/articleView.html?idxno=13222⟩, 2009.04.04., 2024.11.16. 접속.

는다. 신시장 상권의 종교적 관계들을 살폈을 때 더욱 그렇다. 재래시장이 갖는 관계망은 단순히 판매자와 소비자의 성격을 띠지 않고 얽히고 설켜 있다. 업종에 구애받지 않고 전혀 예상치 못한 곳에서 엮이기도 한다. 결국에는 다른 이가 잘되어야 나도 잘될 수 있다. 전통사회의 무당과 단골의 관계가 그러했듯, 지역공동체의 맥락에서 서로가 서로의 필요가 되어주는 것이다.

정성을 담아, 마음을 비우고 보람 있게, 인간성을 먼저 갖추고, 공덕을 쌓는다는 마음으로. 이번 글을 작성하기 위해 상인들과 인터뷰하며 나눴던 이야기 중, 상인들이 강조한 말에는 어떤 공통적인 지향점이 있다. 자본주의 사회에서 도구화·상품화·물화되고 소외된 관계가 아니라, 사람 대 사람의 관계를 맺어야 한다는 것이다. 물론 신시장의 모든 관계가 아름답기만 한 것은 결코 아니다. 생존의 위기 앞에 선 사람들은 절박하고 팍팍해지기 마련이다. 그럼에도 불구하고 안동 신시장이라는 공간의 종교적 관계들을 통해 엿볼 수 있는 이 관계성은, 이제는 잊어버린 그러나 새로운 관계의 가능성이라고도 할 수 있겠다.

06
번화가에서 구도심으로,
신시장 여가문화의 두 풍경

김정현
국립안동대학교 대학원 민속학과 박사과정 수료

번화가에서 구도심으로, 신시장 여가문화의 두 풍경

1. 신시장 여가문화를 바라보는 관점

　한국의 전통/재래시장은 지역의 중심적인 상업 공간으로서, 하나의 장 각각이 중심으로 자리하는 연결망을 구성해왔으며, 그 시공간 속에서 사람과 사람, 사람과 물자, 그리고 사회·문화·정치적인 영역들이 마주하고 유통되며 또 매듭지어지는 공간이었다. 그러나 거대 유통자본의 출현·고도화, 전자상거래 활성화의 영향 속에서 중심적인 상업 공간으로서의 기능이 약화되기 시작하고, 동시에 지역소멸과 인구유출 그리고 고령화가 가속화되면서 잠재적·현재적 수요자가 급감함에 따라, 지역의 전통/재래시장은 그 다층적인 위상과 관계성을 점차 상실하고 있다.

　이와 같은 시장의 상황과 위기를 묘사하기 위해 사용되는 주된 어구는, '호황에서 불황으로'이다. 이는 현실에 대한 적실한 묘사 중 하나일 수 있지만, 시장이라는 공간과 그 역사 속에 접혀있는 수많은 것들을 보이지 않게 하는 효과를 가진다. 즉 경제와 상업이라는 외피와 함께 시장이라는 공간을 구성하고 있는 제 영역들을 간과하게 한다. 실제 전통/재래시장은, 자본주의라는 지배체제 그리고 그와 조응하며 전개되는 한국 지역사회의 정치·사회·문화구조의 변동 속에서, 그 장소적 특이성을 존재의 조건으로 하며 다양한 양태로서 자리하고 있다.

　이 글에서 주목하고 있는 안동 중앙신시장(이하 신시장)이 걸어온 근현대적 경로는, 한국의 전통/재래시장이 마주한 일반적인 경로와 크게 다르지 않다. 안동과 경북 북부지역의 중심 상권으로서 물자와 자본이 융성했으며, 그 물자와 자본이 유통되는 경로와 속도에 발맞춰 성장해왔다. 그러나 2000년대 초반 이후, 안동지역에 신시가지가 구획되고 대형마트가 들어서기 시작하면서 상권이 이전되고 축소됨에 따라 활력을 잃기 시작했고, 현재는 문화적 관성과 제도적 지원을 마지막 동력으로 하여 종장의 끝자락을 연장해가고 있다.

'호황에서 불황으로'라는 주제 속에서 접근한 신시장의 이야기는 이미 종장을 향해가고 있다. 그러나 신시장이라는 공간은 수십 년의 역사 속에서 쌓인 두터운 문화적 지층이 자리한 곳이다. 그 문화적 지층을 단초로 하여 새로운 주제와 관점 속에서 접근한다면, 외견상 대동소이해 보일지라도 그간 인식하지 못했던 모습과 내용을 가진 신시장을 마주할 수 있을 것이다.

이 글에서는 그 단초를 신시장 여가문화에서 찾는다. 여가는, 자본주의의 출현 속에서 재편된 생활세계의 영역과 리듬을, 노동과 함께 변주되며 구획해오고 있는데, 그 성격상 사람과 물자가 모이는 중심지에서 상업화되며 구체적인 형태를 갖게 된다. 안동 시내 중심권에 위치한 전통/재래시장인 신시장은, 실제 글로벌과 중앙에서 생성된 여가문화가 지역의 차원으로 이전되는 입구였으며, 동시에 자신의 장소적 특성에 기반한 그만의 문화적 특이성이 생성되어온 곳이었다. 이러한 지점에서, 여가문화는 신시장이라는 공간 내지는 장소의 문화사와 그 특성을 읽어낼 수 있는 입구로서 효과화될 수 있을 것이다.

신시장은 비근대적 문화전통과 근대적 문화현상이 만나 혼종적인 양태를 이루어내는 곳이었고, 또 글로벌한 문화자본과 상업화된 매체문화 그리고 그 이데올로기들이 안동지역에 발 내딛는 입구 중 하나였다. 안동과 경북 북부지역의 사람들은 신시장에서 그러한 것들을 만나 향유하였으며, 자신들의 사회·문화적 경험과 감성으로서 그것을 매듭지었다. 아울러 신시장은, 당대 한국사회의 구조 속에서 안동으로 모여든 젊은이들이 그들의 청춘과 열정을 손짓과 몸짓으로 또 두 눈과 귀를 통해서 한껏 발산하는 곳이기도 했다. 이러한 학생/청소년문화는 신시장 여가문화의 주요한 지층을 이룬다. 한편 이후 상권의 쇠퇴하면서 신시장의 여가문화는 표층에서 자취를 감추고 주민들의 기억 속에서만 그 생명력을 이어가게 된다. 현재는 상권활성화라는 목적 아래 창출된 제도화된 여가문화들이 만들어지며, 신시장 여가문화의 새로운 이정표를 만들어나가고 있는 상황이다.

여가문화를 키워드로 하여 다시 살펴볼 신시장의 이야기는, '번화가에서 구도심으로'라는 주제로서 정리될 수 있을 것이다. 이는 신시장 여가문화의 역사적 변화상과 그 양상을 보여주는 것이면서, 동시에 '호황에서 불황으로'라는 기존의 표제에서 상상해볼 수 없었던 재생의 가능성을 상정해볼 수 있는 사회·문화적인 이정표로서 기능할 수 있을 것으로 생각된다. 이를 확인해볼 수 있는 신시장 여가문화의 주요한 양상들은, 지역 주민들의 구술기억과 필자의 참여관찰 경험을 바탕으로 재구성되어 제시될 것이다. 이후 재구성한 여가문화의 내용과 양상을 종합적으로 정리한 후, 이를 바탕으로 신시장과 그 여가문화의 재생 가능성을 가늠해볼 것이다.

2. 신시장 여가문화의 전개와 특징

이 장에서는 신시장 여가문화의 전개와 특징에 대해서 살펴본다. 전통/재래시장의 특성상, 신시장의 과거 모습을 확인할 문서·사진자료는 많지 않다. 또한 그러한 것들이 확인된다 하더라도, 해당 자료의 성격상 당시의 시대상을 입체적으로 재구성하기는 어렵다. 따라서 신시장 여가문화와 흐름과 양상은, 신시장 일대에서 나고 자랐거나 혹은 그곳을 삶의 터전으로 삼았던 지역 주민들의 구술기억을 통해서 재구성될 수 있을 것이다. 비록 '그때, 옛날, 과거'와 같은 표현 속에서 시기적으로 뒤섞이고, '아마, 그랬을 거야'라는 말에서 드러나듯 어쩌면 불완전하고 불충분한 회상 속에서 혼탁한 양상으로서 기억되는 것일지라도, 필자와의 면담 과정 속에서 다시금 활성화된 기억들은 신시장과 그 여가문화의 흐름과 양상을 살펴볼 수 있는 가장 유용한 자원일 것이다.

아래에서 살펴볼 신시장 여가문화의 흐름과 양상은, 60년대에서부터 90년대 초·중반까지의 내용이 주를 이루고 있다. 해당 시기가 현재적 시점에서 구술기억으로써 접근 가능한 시기들이면서, 동시에 신시장 여가문화의 태동과 성장을 확인해볼 수 있는 시기들이기 때문이다. 한편 각 시기의 여가문화들은, 당대 한국사회와 안동지역의 정치·사회·경제적 구조와의 상호 영향 속에서 전개되고 있는데, 주민들의 여가행위를 묘사하는 과정에서 그 양상들을 확인해볼 수 있을 것이다.

1) 장터의 풍경과 구경거리, 그리고 놀이문화

신시장 거리의 경관은 크게 두 번의 변곡점을 거치며 지금의 구조와 형태를 갖추게 되었다. 하나는 70년대 중반~80년대를 지나며 신시장의 상가들이 목조 건물에서 철근콘크리트 건물로 재건축되거나 신설되면서 현대식 상가 건물이 들어선 것이고, 다른 하나는 2000년대 초반에 이루어진 환경개선사업을 통해 아케이드 지붕이 설치된 것이다. 또한 그 과정에서 신시장은 골목골목까지 흙바닥에서 포장길로 바뀌어 나가기도 했다. 즉 반대급부로 60~70년대의 신시장의 풍경은, 이른바 정돈되지 않은 그 시절 지역 장터의 모습을 가지고 있었던 것이다.

> 그때는 이런 건물이 없고 나무로 짓는 집이 많았어. 나무집이 많았어. 젊을 때는 나이 초등 때는 여기 허허벌판이랬어. 허허벌판. 마구 파 심고. 이 건물이 별로 없었어. 건너 가지고 당북아파트 그쪽에는 농림학교가 들어섰거든 그 논이 쭉 있고 농림학교, 학교가 거 있었고. 그리고 이 동네 건너면 시장에 나오는 그 정구지 같은 거 특수작물을 많이 심었지. 우리 쪼매날 때는 이 통로에 파출소가 있었어. 옆에 보면 술도가가 있었고. 그런 건물 본 거 외에는 건물이 다 나지막했어.[1]

> 여기 판자촌이 판자촌 건물이 이거 하고 옆에 동네가 판자로 지은 저기 가게 모습보다 약간 다른. 저와 비슷한 가게였어. 판자촌으로 돼 있었고 지금은 그 뭐야 벽돌로만 쌓았지. 그래 위에 슬레이트 펴놨을 뿐이지 옛날에는 판자를 만들었어.[2]

제보자 A와 B는, 70대 남성으로 모두 신시장 인근에서 자랐고, 현재까지도 시장에서 장사를 하고 있는 토박이 주민이다. 이들이 기억하고 있는 60~70년대 신시장의 풍경은 허허벌판에 가까웠다. 신시장 중앙통로에 위치한 파출소와 술도가를 제외하고서는 큰 건물을 찾아보기 어려웠으며, 그 외에 건물들은 대부분이 목재로 건축된 나지막한 건물들뿐이었다. 그렇게 판자촌에 가까운 건물들 주변으로는, 논과 밭이 산재했다. 특히 신시장의 남서쪽에 논과 밭이 많았는데, 제보자 A는 시장의 남쪽에 위치한 지금의 당북아파트 인근의 논밭을 기억하고 있다. 농림학교 주변에는 논이 펼쳐져 있었고, 그 외에는 파, 부추와 같은 환금작물들을 심은 밭들이 펼쳐져 있었다고 한다.

---

1 제보자 A(남, 70대)의 구술(2024년 11월 8일). 이하 인용된 제보자들의 구술은, 인용의 효율성을 위해 발화의 순서를 일부 재배치하기도 했음을 밝힌다.
2 제보자 B(남, 70대)의 구술(2024년 10월 16일).

사람이 많이 끓었지. 사람들이 각자가 나갈 틈이 없었어. 지금 생각하면은 옛날에는 사람 빠져나가기는 힘들어.[3]

장날 어깨가 부딪혀가 못 할 정도로 빡빡했지. 여기 사람 못 다녔어. 부딪히고.[4]

나지막한 목조 건물과 산재한 논과 밭을 매개로 '허허벌판'으로서 기억되는 신시장이지만, 장날이 되면 신시장을 찾아온 각양 각지의 사람들로 인해 발 디딜 틈이 없는 '장터'로서 그 풍경이 전환되었다. 사람들이 얼마나 모여들었는지, 각자가 나갈 틈이 없어서 시장을 빠져나가지도 못했고, 또 그 과정에서 어깨와 어깨가 부딪혀서 지나다니지도 못할 만큼 사람들이 가득했었다. 각지에서 모인 사람들은 난전과 난전 사이를 오가며 자신들의 필요와 욕구를 충족시켰다. 장터의 구경거리들은 그 필요와 욕구 가운데 문화적인 것을 채워주었다.

동동구루무 장사 지금 말한다 그러면 우리 크림 영양크림인데, 옛날에는 동동구루무 그랬지. 동동구루무 발라 사가지고 바르라고 그랬어. 지금의 영양크림. 동동구루무 장사가 최고 막 신명나. 북을 치고 하모니카 부르고. 그래야 사람이 오지. 그러게 북도 탁탁 치고 해야 구경하러 와가지고 사고 그게 있어요. 사람 못 오니께네. 그래야 사지. 지금으로 말하자면 엿장수하고 여 품바들 오면 엿팔고 하고 그런 거지. 지금은 세련됐고.[5]

오지 그 사람들이 오고 그다음에 약장수도 원숭이 갖다 놓고 뭐 약 팔고.[6]

장날이 된 장터에는 여기저기서 악기 소리가 들리곤 했다. 그 소리의 대부분은 호객행위를 위해서 동동구루무(영양크림류의 화장품)장수, 약장수 등과 같은 사람들이 치고 부르는 악기에서 나오는 것이었다. 장터에 숱한 장수들은, 사람들을 불러 모으고 또 이목을 집중시키기 위해 북, 하모니카 등의 악기를 연주하고 또 원숭이와 같은 동물에 사람의

---

3   제보자 A(남, 70대)의 구술(2024년 11월 8일).
4   제보자 B(남, 70대)의 구술(2024년 10월 23일).
5   제보자 C(여, 70대)의 구술(2024년 10월 23일).
6   제보자 B(남, 70대)의 구술(2024년 10월 16일).

옷을 입히고 온갖 묘기를 보여주곤 했다. 사람들은 신명나는 악기 소리와 신묘한 동물의 재주에 한 번 혹하고, 묘기와 같은 장수들의 입담에 다시 또 혹하여 홀린 듯이 동동구루무와 약을 사곤 했다.

    제보자들이 기억하고 있는 동동구루무·약장수와의 만남은 유년시절의 것이다. 따라서 그들은 동동구루무와 약을 살 형편과 상황이 되지는 않았다. 그렇지만 장수들이 보여주는 연주와 묘기는, 물건을 사는 사람들만 볼 수 있는 것은 아니었다. 장터에 모인 이 누구라도 발걸음을 멈추고 보고 즐길 수 있는, 어쩌면 공중을 대상으로 하는 문화·예술공연이라고도 할 수 있었다. 서양 악기 자체를 쉽게 만나볼 수 없었던 시절이었기에 북과 하모니카 자체가 구경거리였다. 이리저리 모여든 사람들 사이로 들리는 리듬과 멜로디는 그렇게 신명이 날 수가 없었다. 제보자들은 이러한 이들을 일종의 '품바'로서 규정·기억하고 있었는데, 실력이 좋은 품바라도 오는 날에는 그 신명과 흥이 밤까지 이어지기도 했다.

> 그때는 품바가 이런 품바가 아니고 그 샌드위치맨이지. 샌드위치맨이 뭔지 모르지? 노래자랑 가면은 나오지 발로 탁치면 탁탁 치고 이 북 치고 하는 거 오지. 이제 아까 샌드위치맨 등허리에 걸어 가지고 북 달고 해가지고 따박따박치고 그다음 극장 선전하러 다니고 이랬던. 예를 들어 나훈아쇼왔으면 나훈아쇼하고 뒤에다 그거 메고 막 이런 걸로 이거 따닥따닥하면, / 그게 보면 신기하고 또 발 가지고 이렇게 탁탁 차고 하면 흥도 나고 또 옷도 또 서부영화에 나오는 모자 같은 거 그런 걸 입고 다니니까 모자가 또 서부영화에 있잖아. 그렇게 쓰고 다니니까 신기하고.[7]

    그들이 일종의 품바로서 기억하고 있는 이들은, 각종 장수들 외에도, '샌드위치맨'이라고 불리는 사람들도 있었다. 샌드위치맨이란 몸의 앞뒤에 주로 판자로 만든 전단을 매달고 거리를 오가는 사람, 요컨대 그러한 방식으로 가두광고를 하는 사람을 일컫는 말이다. 대개 극장에서 상영하는 쇼 내지는 영화를 홍보하는 경우가 많았다. 그들은 말보다는 신명나는 북소리와 색다른 복색을 무기로 사람들의 시선을 모았다. 60~70년대는

---

[7]   제보자 B(남, 70대)의 구술(2024년 10월 16일, 23일).

미국의 서부영화가 인기를 끌던 시절이었다. 그래서인지 당시 유소년기를 보냈던 제보자 B는 카우보이옷과 모자를 입고 썼던 샌드위치맨이 유달리 기억이 난다고 한다. 이렇듯 샌드위치맨들은 자신들이 홍보하는 장르에 맞춰 자신들의 복색을 달리하며, 장터의 풍경을 이국적이면서도 다채롭게 채워가는 존재이기도 했다. 비록 샌드위치맨이라는 것이 대부분 가진 것이라고는 자신의 몸뚱아리밖에 없는 이들이 생계를 위해 불가분하게 선택한 업이었지만, 어쩌면 이들은 당시 한국사회의 사회·문화구조를 온몸으로 표현하는 존재들이었고, 이를 바탕으로 장터의 여가문화를 풍성하게 만들었던 존재들이라 할 수 있을 것이다.

> 옛날에 서커스 왔지. 그냥 뭐 쟁반 돌리고 그런 거. 자주 왔었어. 저 신시장 주차장에도 서커스단이 한 번 왔고. 주차장 자리에. 공터였으니까. 많이 보러 갔지. 당북동 여 슈퍼. 하○○마트 거 서커스단이 많이 왔다고. 여 하○○마트 자리.[8]

> 여기가 옛날에는 논이었어 논. 그래서 여기 상가가 옛날에는 막 논이었어. 그래가지고 서커스있지? 서커스. 서커스가 그 앞에 했었어. 원숭이 갖다 놓고 코끼리 갖다 놓고 호랑이 갖다 놓고 이렇게. 저 공터였어. 지금은 가게에 들어 있지만 옛날에 저 공터였어. 사시사철 다 오지.[9]

한편 장터의 구경거리는 장날의 것에만 국한된 것은 아니었다. 신시장 인근에는 논과 밭을 포함하여 주변의 공터가 산재해있었는데, 그 공터들은 서커스단과 같은 공연패가 머무르면서 기예를 뽐내고 사람들과 만날 수 있게 하는 장소적 요건이 되기도 했다. 제보자들의 기억에 따르면, 서커스단이 자주 오는 장소는 지금의 하○○마트와 공영주차장 자리였다. 당시 이곳은 인적이 드물어 으슥한 느낌을 주는 곳이었는데, 서커스단이 방문하면 공연을 보러 오는 사람들로 인산인해를 이루었다고 한다. 서커스단은 한 번 방문했을 때, 대개 보름에서 한 달간 상주하였고, 인기가 식을 때쯤 철수하여 다른 곳으로 옮겼다가 적당한 시점에 다시 돌아와 공연을 이어나갔다고 한다. 이러한 방식으로 60년대의

---

8 제보자 A(남, 70대)의 구술(2024년 11월 8일).
9 제보자 B(남, 70대)의 구술(2024년 10월 16일).

신시장에는 서커스단 공연이 주기적으로 펼쳐졌었다.

서커스단이 보여주는 기예와 재주는, 그야말로 별천지의 것이었다. 주로 줄타기, 그네타기, 접시돌리기, 물구나무서기 등이 선보여졌고, 조련된 원숭이와 코끼리가 보여주는 신기한 재주들이 그를 뒤따랐다. 사실 일종의 품바들이 장터에서 보여주는 기예·묘기와 그 성격이 크게 다른 것은 아니었지만, 상대적으로 스케일이 큰 무대·장치에서 펼쳐지는 전문화된 기예는 사람들의 이목을 단숨에 사로잡았다. 주민들은 형편이 허락하는 대로 한 푼 두 푼 입장료를 모아 삼삼오오 모여 서커스를 관람하였다. 물론 아주 정돈된 형태로 그것이 진행되지는 않았다. 새치기가 비일비재했고, 입장료를 내지 않고 몰래 관람하는 경우도 적지 않았다. 주최 측에서는 이에 대비하기 위해 길가를 장애물로 둘러 막고 또 사람을 통해 감시를 하기도 했지만, 모든 것을 통제할 수는 없었다. 이러한 모습은 무질서한 공연 관람의 행태일 수도 있다. 하지만 이는 당대의 공연 관람의 관행이기도 했다. 그렇기에 당대 대중들이 가진 공연·연희예술에 대한 문화적 수요와 갈망을 가늠해볼 수 있는 장면으로서 이해될 수도 있을 것이다.

동동구루무·약장수, 샌드위치맨의 신명나는 악기 소리와 독특한 복색이 불러일으키는 시청각적 흥취는, 그 시절 장터에서 경험할 수 있는 구경거리의 한 자락이다. 그리고 사시사철 방문하는 서커스단이 선보이는 전문화된 기예는, 장터의 공연·연희전통을 잇는 또 하나의 형태이기도 했다. 이러한 구경거리와 더불어 60년대 신시장의 여가문화 또 한 축을 이루고 있는 것은, 골목과 운동장 그리고 논밭과 강변 등지에서 이루어지는 민속적 놀이문화였다.

> 내가 어릴 때는 낙동강 다리 그 다리 밑에 보면 그네 매가지고 저 단오 때 그네뛰기 했지. 그게 놀이문화야. 옛날엔 그랬어. 아니 지금 놀이하고 그때 놀이가 다르지. 그때 놀이문화가 사실 없었잖아. / 골목에서 놀지. 마때, 그런 게 있어. 마때 지금 말하면 그거 뭐야. 표준어가 뭐지? 머리 탁 치가지고 자치기. 그래가지고 우리 어릴 때는 막 때렸어. 마때. 골목길에서 학교 운동장에서 학교 가까이 있는 애들은 운동장에서 거의 골목길에서 놀고 그랬지. 그다음에 저기 뭐야 가을쯤 되면 그 논밭 있지 물이 말라 있잖아. 그런 데서 놀고 그랬지 놀 곳이 마땅하지 않았어. 우리 때는 요즘처럼 이렇지 않아. 여학생들은 고무줄놀이하고, 그다음에 일본말로 그걸 뭐라노. 그림 그려놓고 돌 가지고 그런 것들.[10]

자치기는 우리 쪼매날 때 마구. 친구들 짤짤이 많이 했어. 아침부터 하면 저녁까지 하면 손이 시퍼러. 그이 못하게 하니까 골목에 저 들어 앉아가지고 짤짤이하고. 골목에. 암만 해도 안 돼. 마 귀신들이래 귀신. 우리는 돈은 많지. 돈의 개념은 없으니까. 10번 하면 10번 다 잃어.[11]

제보자들은, '그 시절에는 놀 게 없었어.'라는 표현 속에서, 현재의 상업화된 여가문화와 당대의 놀이문화를 비교하며, 당대 놀이·여가의 사회적 상황이 지금과는 다르다는 점을 강조하기도 한다. 앞서 살펴본 놀이·여가문화와 더불어 장터에는 여기저기서 모인 사람들이 간단하고 값싼 안주와 더불어 막걸리를 먹으며 벌였던 술판, 그리고 함께 멍석을 깔아 벌인 윷놀이판, 묘수풀이와 내기 등이 결합된 바둑, 장기판이 펼쳐지기도 했다. 이러한 놀이·여가문화를 지금의 온·오프라인에서 향유할 수 있는 놀이·여가문화의 가짓수와 단순 비교해볼 때, 놀 것이 없었다는 제보자들의 말은 경향상으로 틀리지 않은 말일 수 있다. 하지만 제보자들의 기억 속에는 소년시절 향유했던 다양한 놀이문화의 편린이 남아있다. 도리어 그러한 놀이문화들이 일상의 층위에서 주민들의 삶의 놀이적 욕구를 충족시켜주는 주요한 문화적 장치이기도 했다.

당시 신시장과 그 인근의 골목에는 놀이를 즐기는 아이들로 가득했다. 이들은 아침부터 해가 질 때까지 놀이를 통해서 자신들의 여가시간을 채워나갔다. 제보자들이 기억하고 있는 민속적 놀이들은, 마때라고 불리던 자치기, 사방치기, 고무줄놀이 그리고 짤짤이 등과 같은 것이다. 이러한 놀이를 즐기는 것에는 별다른 준비가 필요하지 않았다. 놀이도구의 경우는, 짤짤이에 필요한 동전을 제외하면 대개 나무와 돌과 같이 주변에서 쉽게 구할 수 있는 것들이면 충분했다. 놀이장소는 마음껏 뛰놀 수 있는 골목과 길거리 그리고 학교 운동장이면 충분했다. 그러다가 가을이 되면 물이 마른 인근의 논과 밭들이 운동장보다 더 넓은 놀이장소를 제공해주기도 했다. 아울러 세시라는 자연·문화적 주기에 조응하여 인근의 자연들로 놀이장소가 확장되기도 했다. 특히 낙동강변은, 단오의 그네뛰기로서 형상화되는 전통적 놀이문화의 기억의 장소이기도 하다.

60년대를 중심으로 한, 신시장의 여가문화는 크게 장터의 구경거리와 일상적 놀이문

---

10 제보자 B(남, 70대)의 구술(2024년 10월 16일, 23일).
11 제보자 A(남, 70대)의 구술(2024년 11월 8일).

화를 두 축으로서 구성되었다고 이해할 수 있다. 전자의 경우 장터의 공연·연희 전통이 근대적인 요소들과 만나 생성된 신명과 흥취로서 전개되었고, 후자의 경우에는 민속적인 놀이의 전통이 신시장과 그 인근의 자연·문화적 환경과 조응하면서 놀이의 즐거움과 신명으로 전개되었다. 이러한 양상은 60년대의 한국 여가문화의 전형적 양상임과 동시에 시장에서 펼쳐질 수 있는 놀이문화의 특이성을 살펴볼 수 있는 것이겠다.

2) 극장의 출현과 공연·영상문화의 향유

60년대의 신시장은, 장터의 구경거리와 일상의 놀이문화가 함께 어우러지는 여가의 공간이었다. 그러면서 시내권에 위치한 장터라는 장소적 특성상, 상업화된 여가문화가 안동 내 다른 지역에 비해서 빠르게 태동하는 곳이기도 했다. 실제 신시장 중앙통로를 기점으로, 그 인근에는 만화방과 같은 상업적 여가공간들이 들어서기 시작했고, 장터 내에 자리하기 시작한 분식집과 중국집도 먹거리로써 여가적인 시간을 제공해주기 시작했다. 이러한 상황 속에서 1966년에 개관한 것으로 기록되어있는 대안극장은,[12] 신시장 여가문화의 활황을 이끎과 동시에 상업화된 여가문화의 본격적인 시작을 알렸던 장소로서 주목된다.

> 1963년도 선친이신 남자 춘자 섭자 분하고 임자 영자 영식이라는 분이 두 분이 동업으로, 동업으로 이제 극장을 건축 설립을 했어요. 이거는 그럴 때는 이제 사업 중에 이제 좋은 사업이, 이제 주유소 유업. 그다음에 극장. 그다음에 잘 뜨는 게 이제 버스 같은 운수업. 그다음에 이제 정부미 도정공장. 그게 이제 사업 순위로서 1순위로 됐거든.[13]

제보자 D는, 대안극장의 초대 운영자 중 한 명이었던 남춘섭 씨의 아들이다. 그의 부친은 당시 도정공장을 운영하던 임영식 씨와 공동 투자하여, 1963년 신시장 부근에 극장을 짓기 시작했다고 한다. 한국의 극장·영화산업은 일제강점기에 경성 등의 대도시를 중심으로 형성되었고, 악극과 국극 그리고 연극 등을 비롯한 대중문화 장르 그리고 근대의

---

12 이민호·이미홍·주영욱, 『서구동의 어제와 오늘』, 안동문화원, 2022, 163~165쪽 참조.
13 제보자 D(남, 70대)의 구술(2024년 10월 18일).

교양과 문화의 총아로서 간주되었던 영화를 상영하며, 60년대까지도 한국사회에서 거의 유일한 오락이자 여가문화로서 그 위상을 유지하고 있었다.[14] 그러나 그 위상과는 별개로 당시 대부분의 극장이 서울・대구・부산 등의 대도시에 국한되어 있어서, 지역의 주민들은 그 문화적 수요를 충족시키기 어려웠다. 이와 유사하게 안동에는, 시내 중심권에 안동극장, 문화극장 등의 극장들이 있었지만, 그 규모와 크기상 지역 주민들의 공연・영화에 대한 문화적 수요를 충당하기에는 다소 부족함이 있었다. 이러한 측면에서 당시 안동에 극장을 신설한다는 것은, 끊임없이 부를 축적할 수 있는 이른바 황금알을 낳는 거위를 갖는 것과 같았다.

그 장소가 없어 장소가 없고 또 이것도 좋은 게 임영식 씨라는 분이 터를 했거든. 자기 터였단 말이야. 그러니까 할 때는 반을 사가지고 있는 거지. 다른 데는 뭐 터가 이만한 터가 여기는. 이게 지금 한 한 400평이 넘었는데 도시계획 들어가 보고 이제 330평 남았거든 남았는데 그래 그러니까 건물 면적이 지금 현재 330평에서 20평일 거예요. 1,000평까지는 안 되고 위에서 조금 줄어들고 한 700평 정도.[15]

위와 같은 배경 속에서, 남춘섭 씨와 임영식 씨는 신시장에 극장을 만들게 된다. 당시 구시장권 즉 시내 중심권에는 극장이 이미 들어서 있었고 또 마땅한 터가 없었던 터라, 두 사람은 적절한 규모의 토지를 활용・매입할 수 있었던 신시장권을 극장 개설 장소로서 택하게 된다. 이후 약 3년간의 공사기간을 거쳐, 1966년 극장 건물이 준공된다. 총 3층 건물로서 1층은 약 400평 정도 되었고 연면적은 700~800평 정도 되는 규모였다. 단관이었지만, 평시에는 1,200명까지 관람이 가능하였으며, 입석까지 포함하면 2,000명이 동시에 관람이 가능했다고 한다. 즉 당시 안동지역에서 사실상 가장 큰 대형극장이 신시장에 들어서게 된 것이다.

대안극장이 규모가 크고, 처음에는 문화극장, 안동극장 극장이 3개가 있었어. 우리 학교 다닐 때만 해도. 문화극장은 규모가 작고 안동극장은 좀 더 크고. 대안극장은 더 늦게 지

---

14 유선영, 「영화의 사회문화사」, 『한국의 미디어 사회문화사』, 한국언론재단, 2007, 229~303쪽 참조.
15 제보자 D(남, 70대)의 구술(2024년 10월 18일).

었기 때문에 더 커.[16]

극장은 대안극장이 최고랬어. 대안극장이 제일 잘 됐어. 여 마 좀 괜찮은 것 왔다 하면, 북부지역에서 구경하러 온다고 많이 왔어요.[17]

실제 지역주민들도 대안극장을 안동지역의 최고의 극장으로 기억하고 있다. 여기서 최고라는 의미는, 극장의 규모와 크기 그리고 시설의 우수성 등을 뜻한다. 실제 비슷한 시기에, 시내 중심권에 위치했던 안동극장, 문화극장과 비교했을 때 관람객 수로는 배가 훨씬 넘게 수용할 수 있었다. 시설과 운용의 측면에서도 별도의 매점과 같은 편의시설이 구비되어있으며, 10명이 넘는 직원이 극장 관리·운용에 동원되는 등 전반적인 서비스의 품질이 우수했다고 한다.

쇼는 그때 이제 나훈아, 이미자. 하루에 한 1만 명 가까이 들어왔을걸? 여기서부터 저기까지 줄 설 데도 없고 5번 넘겨야죠. 아침 10시에 시작하면 마치는 시간 밤 12시에 마치는 거죠. 쇼단은 이제 한 3개. 1년에 한 큰 쇼단은 1년에 가장 큰 거는 2번이고. 보통 커도 2번. 1년에 한 6번인데 그럴 때 쇼할 때 남성남이 남철이라든가. 그다음에 요새 하는 뭐야 태진아라든가 송대관 그런 사람들은 심부름꾼 역할이라. 이제 막간에 이제 노래 부르고. 그러니께네 고마 마 밥도 제대로 못 얻어먹었어. 그 시절에. 그리고 적은 쇼단은 오면 흥행이 안 돼가지고, 그때는 여관이 없고 여인숙인데 가면. 저기 큰 쇼단 아니면 극장주가 7 먹고 저기 쇼단이 3 가고 수입이 안 올라가가지고. 악기 같은 거 다 맡겨놓고 또 다른 데 찾으러 오고 그랬어요. 그렇고 저런 거 나훈아나 이미자나 대스타 오면 도로 바뀌어지는 거예요. 그 사람들이 8이나 7 먹고 극장에서 20%~30% 먹는 거예요. 그럴 때는 쇼 같은 거 하면 돈을 못 세아려 가지고 아주 자루 갖다 놓고 그냥 입구에서 받아가 받아가지고, 12시에 끝나면 새벽 6시까지 돈 세아려야 돼.[18]

---

16 제보자 B(남, 70대)의 구술(2024년 10월 16일).
17 제보자 C(여, 70대)의 구술(2024년 10월 16일).
18 제보자 D(남, 70대)의 구술(2024년 10월 18일).

뭐 탤런트가 최무룡이가 온다 그러면은 웬만해서 들어가지도 못해. 사람이 하도 인산인해래. 예를 들어 남진이가 왔다. 웬만해서 들어가지도 못해. 전부 다 사람이 이 사태가 나버려요.[19]

옛날에 쇼단들이 많이 왔어. 70년. 최무룡이는 70년대가 아니고 그거는 60년대에 왔지. 70년대는 이제 뭐 남진, 나훈아 지금 말하면 태진아 왔지. 이미자는 왔지. 태진아가 완전 신인 때 안동 대안극장에서 쇼한다고 왔지.[20]

이렇듯 안동 최대 규모를 자랑했던 대안극장에서는 영화를 비롯하여 각종 공연·문화예술이 선보여졌다. 특히 60~70년대에는 쇼단이 방문하여 공연을 하는 경우가 많았다. 당시 쇼단의 공연은 TV나 라디오를 통해서만 볼 수 있었던 인기 탤런트와 가수를 직접 만날 수 있는 거의 유일무이한 통로였다. 인기나 규모가 큰 쇼단의 경우 1년에 2번 정도 방문하는 것이 일반적이었고, 그 외에 중소 쇼단 경우까지 합하면 1년에 6번 정도 쇼단의 공연이 이루어졌다. 대안극장을 통해 안동에 방문한 미디어스타들은 당대 최고의 인기를 자랑했던 이들이었다. 코미디 듀오인 남철과 남성남, 배우 최무룡, 가수 이미자, 남진, 나훈아. 이들은 인근의 여인숙에 자리를 잡고 하루에 아침 10시부터 밤 12시까지 최대 5번 정도의 공연을 이어갔다. 대안극장의 경우 입석을 포함하면 1회 최대 2,000명이 관람이 가능했기에, 하루에 최소 10,000명에 가까운 사람들이 쇼를 구경했다고 한다. 당시 정비되지 않은 신시장의 거리에 하루 10,000명에 가까운 사람들은, 그야말로 인산인해라는 말 외에는 표현할 길이 없었다. 쇼와 스타들을 기다리는 사람들, 표를 구하지 못해 극장 주변을 맴도는 사람들, 그리고 쇼단의 관계자와 극장의 직원들로 극장과 그 주변이 가득찼다고 한다. 이렇게 쇼단의 공연이 성황을 이룬 덕에, 극장에는 그야말로 돈벼락이 떨어졌다. 공연마다 일일이 입장료를 셀 수가 없어서 자루에다가 돈을 모아 받았고, 공연이 마치는 밤 12시가 되어서야 정산을 할 수 있었다. 그렇게 자루에 담긴 돈을 세고 정산하는 데에만 꼬박 6시간이 걸렸다.

쇼단의 공연과 흥행은, 대안극장의 전성기를 상징하는 하나의 사건이기도 하지만,

---

19 제보자 C(여, 70대)의 구술(2024년 10월 16일).
20 제보자 B(남, 70대)의 구술(2024년 10월 16일).

동시에 60~70년대에 이르러 본격적으로 성장하기 시작한 대중문화와 그를 유통시킨 매스미디어의 위력과 영향력을 확인할 수 있는 사건이기도 하다. 실제 60년대 신시장권에서 성황을 이루었던 서커스단의 공연이 즉 장터의 공연·연희전통을 잇고 있던 문화적 양식이, 70년대 흑백TV의 등장으로 인해 경쟁력을 잃고 공연예술의 장에서 밀려났던 것에 비해, 그 태동부터 대중문화와 함께 성장해온 극장은 당대에도 대중문화와 영합하여 기록적인 상업적 성과를 이루어내고 있던 것이다. 이는 당대 대중문화와 여가양식이 어떠한 방향으로서 변곡되고 있었는지를 가늠해볼 수 있게 한다. 한편으로는, 60~70년대는 각각이 시기적으로 지역에서 라디오와 흑백TV의 보급이 보편화되지 않은 시기였기에, 지역극장이라는 매체가 매스미디어와는 다른 측면에서 대중문화의 보급과 확산에 미친 영향이 어떠했는지를 알 수 있는 장면이기도 하다.

> 전보하잖아요. 그 근방에 대해서 포스터를 다 붙이잖아. 다 도는 거 여기서 영주고 뭐고 이런 것도 다 붙이고. 그래 되면 뭐 예천에 이 인근에 전부 다 오는 거죠. 뭐 남북으로 다 오고. 이제 나훈아 이미자나 조용필 그런 사람 안 가. 안 가기 때문에 보러 오고. 맹 매한가지잖아. 안동간다 그러면. 그다음에 일본말로 이제 선전하는 차를 마쓰바리라고 군 지프 같은 게 이제 그런 지프차가 있는데, 그 뒤에다 간판을 하고 마이크 달아가지고 막 시내고 막 돌잖아. 몇 월 며칠. 돌지 돌고 삐라가지고 뿌리고 좋은 거 왔다고. 아니 홍보를 해야 오지 그러니까 이 인근에 가가지고 포스터도 붙이고 또 그다음에 이제 마쓰바리라 그래 일본말로. 마이크 가지고 '몇 월 며칠 누구 쇼 온다.' 그리고 보면 또 삐라도 이렇게 뿌리고 그러니까 모았지 관객을.[21]

실제 쇼단 공연의 흥행은 단순히 전파상으로 유통되는 미디어의 힘에서만 기인한 것은 아니었다. 극장은 쇼단의 공연이 확정되면, 온갖 장치와 도구를 사용하여 지역으로 농촌으로 홍보에 나섰다. 대안극장의 경우, 영주와 예천과 같은 인근 지역까지 '마쓰바리'라고 불렸던 지프차를 타고 곳곳으로 홍보를 떠났다. '삐라'를 뿌리고 포스터를 붙였고, 차량 자체에 간판을 붙이기도 했다. 그러한 홍보물이 차량을 통해 흩뿌려지는 동안

---

21 제보자 D(남, 70대)의 구술(2024년 10월 18일).

마이크도 쉬지 않았다. '몇 월 며칠 아무개의 쇼가 안동 대안극장에 온다.'라는 식의 홍보 문구를 끊임없이 외쳤다고 한다. 이러한 홍보는, 쇼단 공연의 관객을 불러 모으는 가장 효과적이고 효율적인 방법이었으며, 극장이 대중문화의 보급과 확장에 역할하는 방법 가운데 하나였다.

> 글쎄 그다음에 이제 극장은 〈벤허〉 같은 거 하면 보통 한 프로가 오면 3일 내지 4일이에요. 벤허나 같은 대작이 오면 그게 보통 보면 열흘 내지 보름, 20일 하는데 그런 거 보면 또 그래 되는 거예요. 그게 하루에 한 편 가지고 4번, 5번 하는 거지. 예를 들어 11시부터 하면 1시에 마쳐. 반시간 쉬어가. 1시 반부터 3시 반, 4시 반에서 해가지고. 5~6시 반. 그다음에 저녁 시간 1시간 두고 밤에는 한 타임. 극장 대목은 좋은 프로 왔을 때 좋은 프로가 왔을 때가 추석, 단오, 구정, 신정. 그럴 때는 이제 필름 좋은 거 잡으려고 머리 터지지.[22]

영화 상영은 쇼단과 같은 공연예술과 더불어 또는 그보다 중요한 극장의 주요 사업이었다. 당시 유행하던 영화는 이른바 '외화'로 불리는 서구권의 영화였다. 제보자 D는, 그 가운데 1962년에 국내에 첫 개봉하여 선풍적인 인기를 끌었던 〈벤허〉를 기억하고 있다. 보통 영화 하나를 상연하면 3일 내지는 4일을 상연하는데, 〈벤허〉의 경우에는 열흘 많게는 20일 가까이 스크린에 올랐다. 그럼에도 불구하고 매회 매진을 기록할 정도로 〈벤허〉의 인기는 어마어마했다. 한편 극장의 대목은, 좋은 영화의 필름을 구했을 때라고 한다. 대개 추석, 단오, 신정, 구정과 같은 세시·명절에 맞춰서 필름을 구하곤 했는데, 공급이 수요를 따라가지 못해서 웃돈을 주고 구해야할 정도였다. 세시·명절이 극장의 대목이 되었다는 것은, '극장가기'라는 근대적인 문화적 실천이자 도시적 삶의 관행[23]이 이미 60년대에 안동지역의 사회·문화적 주기 속에서 이루어지고 있었고, 동시에 당대 대중의 여가문화에 있어서 주요한 부면으로서 위치하고 있었다는 점을 시사한다. 지역 극장으로서 대안극장은, 이러한 문화적 흐름을 매개하는 중심적 위치에 서 있었다.

> 다 있지 뭐, 서부영화도 있고, 우리 학교 다닐 때는 다 그랬지 다 있어. 그때 영화들이 많은

---

22 제보자 D(남, 70대)의 구술(2024년 10월 18일).
23 유선영, 앞의 글, 250쪽.

것들이 뭐가 많아 우리 학교 다닐 때는 반공영화가 많았어. 반공영화지. 초등학교 중고등학교 때도 반공영화가 많이 나왔어. 그냥 개인이 들어가면 우리 학교 될 때는 정학을 맞아. 못 들어가게 하지 못 들게 하고, 반공영화는 봐도 돼. 학교에서 단체로 가. 북한하고 싸우는 거 그다음에 간첩 잡는 거 뭐 이런 것들이지. 반공영화는 박정희가 국민들을 길들이기 위해서 만든 거잖아. 007 시리즈 있지. 그게 많이 했고 처음에는 서부영화가 했고 늦게는 홍콩영화가 들어왔고. 액션이니까 남자들이 좋아하는 스타일이잖아. 건맨들 총들고 하는 거 보면은 멋스럽잖아.[24]

극장가기라는 문화적 실천과 관행은, 국가체제와 문화자본의 이데올로기가 영화를 통해서 관객들의 몸과 마음에 침윤되는 과정과 결과이기도 했다. 일제와 미군정 그리고 독재정권에 이르기까지 극장과 영화는 끊임없이 계도와 통제, 그리고 검열의 칼날 위에서 운영되고 상영되었다. 이는 학생들의 입장에서도 마찬가지였는데, 극장이 일종의 '우범'지대로서 인식되기도 하면서, 당시 학교에서는 학생들의 극장 출입을 단속하였다. 그러나 학생들이 자유롭게 극장을 출입할 수 있었던 때가 있었는데, 그것은 반공영화를 보러 갈 때였다. 오히려 학교에서 단체관람을 가는 경우도 있었다. 당시의 반공영화는 박정희 정권이 장려하던 국책영화의 핵심 가운데 하나였다. 당국은 1966년 제5차 헌법개정안 18조 2항, "공중도덕과 사회윤리를 위해서는 영화나 연예에 대해 검열할 수 있다."를 근거로 대대적이고 '합법'적인 영화검열을 실시하였다. 학생들은 반강제로 반공영화를 시청하며, 남한 체제의 우월성과 북한 체제의 극악무도함을 체화하도록 요구받았다. 당시의 극장은 권위주의 정권의 이데올로기 국가장치로서 기능하였으며, 대안극장을 비롯한 안동지역의 극장들도 여기에서 자유로울 수 없었다.

한편 당시의 학생들은 반공영화와 더불어 서부영화를 주로 관람하였는데, 반강제로 시청했던 반공영화와 달리 서부영화는 그들이 자발적으로 관람하던 것이었다. 그들이 보기에 볼품없었던 당시의 한국 액션영화와 달리, 이른바 서부극으로 불리던 영화에서 선보이는 화려한 건액션은, 수많은 남학생들의 마음을 사로잡았다. 그 결과 수많은 '할리우드 키드'가 양산되기도 했다. 사회 전반적으로 서구문화를 추종하고 그것에 굶주려

---

24 제보자 B(남, 70대)의 구술(2024년 10월 23일).

있던 시기에 극장에 상영되었던 서부영화들은, 서구체제와 그 문화자본의 이데올로기를 당대 대중과 학생들의 관람 경험 속에서 효율적으로 확장되고 재생산하는 기제였다.

60~70년대의 대중들의 삶은 비교적 단조로웠다. 전쟁의 상흔과 절대적인 경제적 궁핍은 그들의 삶을 결정하는 사실상의 최종 심급으로서 작용했다. 경제성장과 노동의 이데올로기 아래 수많은 '일벌레'가 양산되었고, 그 일벌레들은 산업의 역군으로서 찬미되며, 사회의 밑바닥에서 경제성장을 주도하도록 호명받았다. 당대 대중들에게 있어 여가는 쉼과 휴식의 차원에 국한되었다고 과언이 아니다.[25] 이러한 상황 속에서 1966년에 개관한 안동극장은, 안동 시내권에서 가장 규모가 큰 대형관으로서 신시장 여가문화를, 당대 대중 여가문화의 태동과 활황을 이끈 선두주자였다. 대안극장을 통해 선보인 각종 공연·영상문화는, 그 이전의 여가문화와는 다른 차원과 측면에서 주민들의 새로운 경험과 감성의 원천으로서 작용했다. 그것은 그 자체가 대중문화이기도 했고, 매스미디어를 통해 유통되는 대중문화와의 영합 속에서 창출된 극장만의 특수한 문화로서, 신시장과 주민들의 여가문화의 문화적 지층을 구성해나갔다.

> 컬러TV 나오고 5년 후지 그다음부터 안 되니까, 이제 대기업에서 여러 관하는 걸 그래 들어왔죠. 그래 되고 하니까 안 되지. 여기는 오면 저쪽에 냉난방이 안 돼. 여름에 덥고 하기는 해도 겨울도 춥고 냉난방 다 해보면 하루 수입 가지고 냉난방에 다 그거예요.[26]

한편 72년 당시 한국사회를 강타했던 TV드라마 〈여로〉의 등장에도 그 위세의 흔들림이 없었던 대안극장이었지만, 1980년대에 컬러TV가 출현한 이후로는 지속적으로 내리막을 걷게 된다. 제보자 D는 컬러TV가 출현·보급화되고 약 5년 정도가 지났을 때 대안극장이 위기에 직면했음을 절감했다고 한다. 종일 영업을 해도 하루 냉·난방비도 나오지 않을 정도였고, 폐관 직전에는 하루 4~5명의 관객만이 있었던 적도 있었다고 한다. 물론 이러한 상황에 다가오기까지, 80년대 홍콩영화의 인기 속에서 찾아온 수많은 관객들이 있었고 또 관내 학교들을 대상으로 운영한 '문화교실'을 통해 방문한 수천 명의 학생들이 대안극장을 오가기도 했다. 그러나 경향상으로는 80년대 출현한 컬러TV와의 경쟁

---

25 김문겸·이일래·인태정, 「한국 여가문화의 변곡점」, 『여가의 시대』, 도서출판 호밀밭, 2021, 71~86쪽 참조.
26 제보자 D(남, 70대)의 구술(2024년 10월 18일).

에서 뒤처지며, 서서히 뒤안길을 향해간 것은 분명하겠다.

3) 롤러장의 등장과 학생/청소년문화의 부상

1980년대는, 한국 여가문화사에 있어서 '대중여가'의 시대로서 간주된다. 경제적으로는 3저 호황을 발판으로 60~70년대의 절대적인 경제적 궁핍에서 벗어난 시기였으며, 아울러 그러한 경제적 성장을 바탕으로 소비자본주의의 본격적인 서막이 열리던 시기였다. 당대 대중들은 이러한 경제적 토대 속에서 발산되는 놀이·여가적 욕구를 상업화된 여가문화를 통해 분출했으며, 또 상업화된 여가문화는 대중들의 그러한 욕구를 포섭함으로써 폭발적으로 성장했다. 또한 태생부터 존재의 조건이 부정되었던 80년대 신군부 정권은 정권 유지를 위해 3S 정책으로 대표되는 각종 문화적 유화책을 펼쳤는데, 이 또한 대중여가의 시대가 열리게 된 주요한 요인이었다. 이전의 시기에 비해 다소 경제적으로 풍족하고 문화적으로 여유로워진 80년대에는, 그간 여가산업의 주변부에 위치했던 10대 학생/청소년들이 주요한 소비자 집단으로서 부상하였는데, 신시장 여가문화의 경우에도 그 새로운 주인공으로서 10대 학생/청소년들이 출현하기 시작했다.

> 옛날에는 하숙생들이 많거든. 안동 시내 왜 옛날에 우리 학교 다닐 때는 애들이 전부 진짜 유학와서 하는 애들이 예천, 영양, 의성, 청송 이쪽 애들이 다 여기 와서 학교를 다녔었으니까 그 자취생들이 많잖아. / 그때 당시에 중학생, 고등학생들의 놀이터는 여기에요. 거기는 없었지. 롤러장이고 이런 거. 거기는 빵집 이런 거밖에 없었으니까. 빵집은 미팅. 미팅하는 정도. 오락실도 있잖아. 롤라장 옆에는 항상. 여기서 다 놀았지.[27]

우리 학교 다닐 때는 진짜 솔직하게 내 시장 주변이 다 놀 때야. 롤러장이나 이런 데 안 가더라도 시장이. 갈 데가 없잖아. 그리고 또 영호초라는 요 주위에 이제 학부모들이 거의 다 시장에서 장사하는 이제 연관성이 많단 말이에요. 시장하고 가깝다 보니까 우리 엄마부터 해가지고 친구들 엄마들이 다 거의 뭐 여기 시장에 관여해서 요 주위에 있는 사람들

---

27 제보자 E(여, 50대)의 구술(2024년 10월 17일, 18일).

이고 하다 보니까 노는 장터가 그냥 놀이터야. 여 시장이 쭉. 고무줄해도 이 동네에서 하고 제기차기해도 이 동네에서 하고 그게 다 일상이었던 거지. 놀이터가 여기 시장이었던 거지. 그러다가 이제 뭐 좀 특별한 데 가고 싶으면 극장 가고 그 친구하고 모여서 우리 롤러장 가고 싶으면 그때 이제 롤러장 가고 주 독무대는 시장이었으니까 골목골목이.[28]

신시장이 당대 학생/청소년들의 놀이터가 된 것은, 위와 같은 당대 한국사회의 사회·문화적 상황을 그 배경으로 한다. 하지만 이와 더불어 신시장이 시내 중심권에 위치해 있다는 점도 주요한 요인으로서 작용했다. 당시 신시장 인근에는 십수 개의 초·중·고등학교가 밀집해있었다. 자연히 학생들은 하교 시간이 되면 신시장으로 몰려들었는데, 그 방대한 학생들이 즐기고 놀 수 있는 여가공간이 신시장에 들어서기 시작했던 것은 자연스러운 일이었다.

신시장에는 놀거리뿐만 아니라 함께 놀 동무들도 많았다. 신시장 바로 인근에 위치했던 영호초에 다니는 학생들의 보호자 대부분은 신시장에 연고를 둔 사람들이었다. 우리 엄마, 친구 엄마, 그리고 이모, 삼촌들이 있는 신시장으로 자연히 학생들이 몰려들었다. 이들은 시장의 골목골목마다 자리하며 딱지치기, 구슬치기, 말뚝박기, 짤짤이, 고무줄놀이 등을 즐겼고, 때로는 문구점과 오락실에 방문하여 갤러그, 1945, 보글보글, 스트리트파이터 등의 오락게임을 즐기기도 했다. 어린아이들은 동무들이 떠나가는 버스 막차 시간까지 쉴 틈 없이 놀기 바빴다.

이러한 모습은 초등학생에만 국한되지 않았다. 오히려 신시장 여가문화의 새로운 주인공들은 중·고등학생들이라고 할 수 있었다. 실제 신시장권과 함께 시내 중심권을 구성하고 있는 구시장권의 경우, 당시 나이트클럽, 디스코텍 등을 매개로 하는 성인 중심의 소비/유흥문화가 주류를 이뤘던 반에, 신시장권은 비교적 학생친화적인 여가문화가 주를 이뤘다. 즉 오락실, 만화방, 레코드가게, 롤러장들이 신시장 곳곳에 산재했으며, 이러한 공간에서 즐겼던 각종의 전자오락과 하이틴·무협소설 그리고 유행가와 팝송들은 중·고교생의 주요한 여가활동이 되었다. 이러한 측면과 더불어 신시장에는 고등학교를 다니기 위해 예천, 영양, 청송, 의성 등지에서 모여든 자취생들이 많았는데, 자취생

---

28 제보자 F(여, 50대)의 구술(2024년 10월 23일).

들 그리고 그들의 자취방은, 신시장 여가문화의 수요자들을 끊임없이 생산하고 재생산하는 생활적 요건이었다.

> 84년도 그때부터 롤러장에 있기 시작해가지고. 제가 활성화가 되는 데가 87년도 6년도 89년도가 이제 이제. 그때부터 이제 89년도에서부터 이제 롤러장이 이제 내리막길. 그때 당시에 신시장 하는 자체가 상권이 이쪽으로도 많이 쏠려 있어요. 구시장보다는 학교 자체가 전부 다 신시장 쪽으로 해가지고 여고 쪽으로 해가지고 올라가는 길목이니까.[29]

80년대 학생/청소년들에게 있어 최고의 놀이·여가공간은 롤러장이었다. 이미 서울·부산 등지에서는 80년대 초반부터 유행을 하기 시작했으며, 콘도 마사히코近藤真彦의 〈긴기라기니 사리케나쿠(ギンギラギンにさりげなく, 화려하지만 자연스럽게)〉를 필두로 당대의 유행가들이 롤러장에서 울려 퍼지고 있었다. 하지만 제보자들의 기억에 따르면, 안동의 롤러장에서는 '긴기라기니 사리케나쿠'가 없었다. 즉 안동에서 롤러장은 80년대 중·후반부터 들어오고 활성화되기 시작한 것이다. 중앙의 유행이 지역으로 이전되는 시차가 있었지만, 롤러장은 안동의 학생/청소년들의 눈과 귀를 빠르게 사로잡기 시작했다. 그리고 유행의 중심에는 학생/청소년들의 왕래가 잦은 신시장이 있었다.

> 대안롤러장, 하늘롤러장, 안동롤러장인가. 안동 그건 잠깐 하다 치웠으니까. 최고 많이 된 거는 대안롤러장이 최고 많이 됐지. 그때 이제 그 안에 놀이 시설이 돼 있는 게 오락실이 있으면서 그 안쪽에 롤러장이 있었으니까 여기는 그냥 롤러만 타는 데였고 이제 애들이 이제 오락하러 왔다가 음악이 신나게 하니까 이제 구경하면서 타고 이래 많이 했으니까.[30]

제보자 G는 고등학교 진학을 위해 안동으로 유학을 온 학생이었다. 그는 재학시절에 대안롤러장에서 DJ 생활을 했었기에, 당시 롤러장의 위치와 분위기에 대해서 비교적 상세히 기억하고 있었다. 당시 신시장권에는 3개의 롤러장이 있었는데 각각 대안, 하늘, 안동롤러장이라고 불렸다. 3개의 롤러장은 각각이 특색이 달랐는데, 대안롤러장은 오

---

29 제보자 G(남, 50대)의 구술(2024년 10월 25일).
30 제보자 G(남, 50대)의 구술(2024년 10월 25일).

락실을 겸비한 큰 롤러장이었고, 학생들이 가장 많이 모이는 중심적인 곳이었다. 그에 비해 하늘롤러장은 이른바 '놈띠'들이 비교적 많이 가는 어쩌면 물이 좋고 어쩌면 다소 험악한 분위기의 롤러장이었다. 두 롤러장에 비해 운영기간이 짧은 안동롤러장은, 두 롤러장에 기세 좋게 자리 잡은 고등학생 선배들을 피해 모인 중학생들이 자주 가는 곳이었다.

> 그거는 양가에 사람들이 앉아서 쉴 공간도 있고 중간 공간도 있고 어차피 신발을 갈아신기 위해 갖고 앉아 있는 그 공간이 있으니까. DJ 부스는 어차피 들어가자마자 이 라인에 여기에 있어야만이 이 전체를 돌면서 야들이 보면서 롤러를 타. 롤러장 카면은 이 테두리도는 데에다가 요 안에 놀 수 있는 공간이 또 있어. 그 안에서 그 음악을 틀면 춤 잘 추는. 롤라 타면서 그 안에서 춤을 춘다고. 안 그러면 그 춤 잘 추는 애들이 롤라를 안 신고 그 안에서 춤을 춘다고.[31]

대안롤러장에서 DJ 생활을 하였던 제보자 G의 기억에 따르면, 입구에 있는 오락실을 지나면 롤러장이 크게 펼쳐져 있었는데, 첫 공간은 롤러스케이트를 대여하고 갈아신을 수 있는 공간이었다. 그 뒤로 음악을 틀고 멘트를 하며 롤러장판을 주도했던 DJ의 부스가 있고, 학생들이 롤러를 탈 수 있는 큰 공터가 있었다고 한다. 공터는 롤러장의 분위기에 맞게 자율적으로 구성된 인적·물적 경계에 맞게 세세히 나뉘어졌다. 양가에는 잠시 쉴 수 있는 공간이 구성되었고, 그 안으로 원형으로 롤러를 탈 수 있는 공간으로 배치되었다. 롤러를 타는 경계 안에는 일종의 무대와 같은 공간이 있었는데, 그곳은 롤러를 좀 타는, 춤을 좀 출 줄 아는 학생들이 자신들의 실력을 뽐내는 공간이었다.

> 몇 명이라. 거의 꽉 찼으면 못 하지 달리지를 못하니까. 100명에서 한 최소 한 80명 정도. 평상시 평일에는 그렇게 안 많고 평일에는 한 50명에 40~50명 그다음에 토요일, 일요일 날 최고 많고, 진짜 많이 했는 거는 소풍 갔다 오는 날 보면 롤라 못하고. 신발도 없고. 시험 끝나고도 많이 왔지. 그리고 학교에서 뭐 하여튼 개교기념일이나 그때 스승의 날

---

31 제보자 G(남, 50대)의 구술(2024년 10월 25일).

같은 경우는 일찍이 마치고 오는 날은 무조건 롤러장에 사람들이 다 들렸으니까.³²

롤러장에는 매일매일 학생들로 가득했다. 평소에도 40~50명 정도의 학생들이 롤러장을 지키고 있었으며, 주말의 경우에는 그보다 많은 학생들이 롤러장에 자리했다. 주말보다 더 많은 사람들이 모이는 롤러장의 대목은, 그 주인공들인 학생들이 일찍 하교하는 날이었다. 시험기간, 개교기념일, 스승의 날과 같은 날에는 롤러장으로 모여든 학생들로 인산인해를 이루었다. 특히 소풍날이 백미였다. 소풍을 맞아 이쁘고 멋지게 꾸민 복장으로, 아직 소풍을 통해서 미처 해소하지 못한 끼와 설렘을 풀어내는 곳이 롤러장이었다. 선생님의 공식적인 해산 소리에 소풍은 끝났지만, 학생들은 선생님의 눈을 피해 이곳저곳에 숨어 있다가 삼삼오오 약속이라도 한 듯 롤러장을 모여들었다.

원래 1시간씩 이렇게 타는데 시간제한 거의 없이 그냥 그 돈만 500원 내고 계속. 단지 이제 오락실에서 우리 오락실이랑 같이 롤러장에서 오락실까지는 왔다 갔다 할 수는 있는데 거기서 신발 벗고 나와버리면 끝. 8시 돼가지고 열어가지고 거의 12시까지 하루 종일 거기서 놀았어 아들이. 통금 풀리고 이제 늦게 사람들이 많았으니. 안동카는 게 안동 지방 여기 있는 사람만 있는 게 아니라 영양, 청송, 의성 애들이 타지역 애들 자취하는 애들이 많아 그 자취방 학교 다니려고 고등학교 다니기 위해서 자취를 많이 하니까 그때 이제 애들이 이제 간섭 없이 많이 오는 거.³³

당시 롤러장은 시간제로 운영했다. 300원에서 500원가량을 지불하면 1시간 정도 탈 수 있었다. 하지만 1시간만 타고 롤러장을 떠나는 학생은 흔치 않았다. 롤러장 바깥만 벗어나지 않으면 사실상 무제한으로 탈 수 있었기 때문에, 학생들은 자신들의 시간이 허락하는 만큼 최대한 롤러장에 머물렀다. 공식적이고 제도적인 야간통금은 1982년 해제되었기 때문에, 그들을 막을 수 있었던 것은 가정과 부모의 자체적인 통금뿐이었다. 옷이 땀에 흠뻑 젖고 무릎에 멍이 들어 집에 돌아간 학생들은, 집에서 그야말로 죽도록 혼이 났다. 그러나 그 시간만 지나면 되는 일이었다. 또 하나의 문제였던 선생님들의

32　제보자 G(남, 50대)의 구술(2024년 10월 25일).
33　제보자 G(남, 50대)의 구술(2024년 10월 25일).

단속은, 1983년 이래 교복이 자율화되면서 '사복'을 입게 된 그들에게 구멍이 송송 뚫린 그물을 빠져나가는 것보다 쉬운 일이었다. 물론 유학을 위해 자취를 하고 있던 학생들은 그마저의 제약도 없었다.

> 그때가 이제 최고 롤러장이 왕성하게 그때도 하필이면 팝송이라든가 이런 게 신나는 댄스들이 많이 했으니까 우리나라 음악도 그렇고 그때 이제 한참 유행할 적에. 느낌이 음향 자체가 쾅쾅 울리니까 신나게끔 애들이 이제 쉽게 따라 부를 수 있고 그걸 빠르게 지금처럼 랩처럼 빠르게 가는 음악이 아니기 때문에 그때 당시에는 우리가 그냥 영어를 못하지만, 터치 바이 터치 이런 식으로 그냥 하는 게. 그때 최고 유행이랬지 그때가. 롤러장에서는 팝송이 많았지. 우리가 쉽게 얘기하면 터치 바이 터치 터터터터 이제 음향을 주는 거지. 우리가 그냥 음 떨게끔 쉽게 이야기하면은 우리가 이야기한다 그러면은 이제 "마이 네임 이즈 ○○○" 이러면서 이제 같이 음악을 들으면서 이제 나도 노래 부르면서 중간에 "빨간 티셔츠 입은 아 잘 탑니다."하고 이런 식으로 이제 멘트를 이제 같이 내주는 거지. 그러니까 지 불러주면 좋아가 앉아가 막 이래가 막 한번 불러주고 하면은 "너 누구니." 타지도 못해가 넘어지고 "아이고 궁디 다 깨졌다."하고 막 이래 음악을 딱 줄여놓고는 "이제 궁디 다 깨졌다." 하면서 이제 그 음량을 같이 조절해가면서 어차피 멘트는 하마 우리는 DJ 볼 줄은 모르고 이것만 조정만 하면 그거 다 돼. 가지고 노는 거지 그냥 말 그대로 디스크 팡팡하고 거의 비슷하지.[34]

당시 학생들이 롤러장에 열광했던 이유는, 이성을 포함한 또래집단들끼리 롤러를 타고 춤을 추며 발짓과 몸짓으로 섞이고 엮일 수 있었던 점, 그리고 당시 유행하던 팝송과 가요를 함께 부르면서 유행과 함께 민감히 형성되었던 사춘기의 또래감성을 풀어낼 수 있었던 점에 있었던 것 같다. 한편 롤러장에서 DJ의 한마디 한마디는 좌중을 뒤흔들어 놓았다. DJ가 나를 지목해주는 순간에는 세상 부러울 것이 없었다. 머리에 젤을 바르고 재치있는 멘트로 롤러장판을 수놓는 DJ는 그야말로 롤러장 최고의 인기스타였다. 대부분이 전문적으로 DJ를 볼지 모르는 속칭 '야매' DJ였지만, 정지와 재생을 반복하고 음향

---

[34] 제보자 G(남, 50대)의 구술(2024년 10월 25일).

을 줄였다가 키우는 방식으로도 분위기를 고조시키에는 충분했다.

이렇게 DJ들은 부스에서 판의 분위기를 주도하기도 하였지만, 직접 스테이지로 나가 다른 '고수'들과 함께 멋진 롤러 묘기를 선보이며 그 흥을 고취시키도 했다. 옆으로 또 앞으로 롤러를 타는 묘기, 일자로 타고 나가면서 순식간에 여학생을 낚아채고 원안에 가둬버리는 기술, 학생들을 엮고 엮으며 일렬의 행진을 만들어 내는 '기차놀이'는, 모두를 열광케 했다. 또한 롤러장에서 비일비재했던 시비를 조율하는 것도 DJ의 역할 중 하나였다. 롤러장 내의 분위기가 좋지 않게 흘러가고 있으면, 다음 시간을 위해 대기하고 있던 DJ들이 출동했다. 기차놀이 한 바퀴 돌아버리면 어느새 시비는 없던 일이 되곤 했다.

> 저는 롤러장도 몇 번은 가봤어요. 그 롤러 배우고 또 DJ들 있잖아요. 오빠야들, 오빠야들. 잘생긴 오빠야들 보고 박수 쳐주고. 빠졌다가 좋아했다가 이제 그런 느낌. 그리고 친구들 하고 손잡고 뒤로 타는 것도 배우고. 그래 그 DJ한테 빠져가 잘 간다. 사춘기이었을 때니까 오빠들, DJ 오빠야들한테 관심이 되게 남자들한테 관심이 더 많았을 때니까. DJ 오빠들은 세련되고 잘 생겼지. 세련됐고 세련되고 말 멘트 하나도 이제 뭐 빵빵빵 이렇게 그 귀담아들어줄 정도로 잘했고. 오빠들은 까까머리 아니야. 그냥 보통 이제 남학생들은 평범한 학생처럼 보이는데 그 오빠들은 연예인 같았다니까.[35]

위와 같이 판의 분위기를 주도하고 형성했던 DJ들은, 그 시절 여학생들에게 연예인과 같은 사람들이었다. 'DJ 오빠야들'의 수려한 외모와 세련된 멘트는 뭇 여학생들의 마음을 뒤흔들어 놓았다. 그렇지 않아도 밀폐된 공간인 롤러장에서 사춘기 남학생과 한자리에 있는 것만으로도 설레었던 마음은, DJ 오빠야들에 대한 관심과 사랑으로 변환되어 더욱이 증폭되었다. 부스를 열고 저기 시장에 가서 분식 좀 사오라는 오빠야들의 말은, 당시 소녀들에게 거부할 수 없는 명령이자 유혹이었다.

> 일단은 롤러장이라 카면은, 이꼴 팝송, DJ. 세 가지. 롤러장은 그 세 가지만 기억하면 돼. 팝송, DJ 그리고 반짝반짝. 노래가 아주 중요한 역할을 하지 그게 노래는 노래가 없으면

---

[35] 제보자 F(여, 50대)의 구술(2024년 10월 23일).

롤러장이 롤러장이었을까 할 정도로 그 노래 팝송이나 이런 거 유행하는 노래 틀어주고 그거 들으러도 불러 가기도 하고. 불만 반짝반짝거리면 뭐 해. 주위에 흘러나오는 음악이 없으면은 그게 또 매치가 안 되잖아. 조건은 빠른 거지.[36]

제보자 F는 고등학생 시절 몇 차례 롤러장을 방문해본 경험이 있었다. 그가 말하는 롤러장의 삼위일체는 팝송, DJ, 그리고 반짝반짝한 조명이었다. 무엇 하나 빠지면 롤러장이 롤러장이 아니고 그 신명나는 분위기가 살아나지 않는다고 한다. 물론 당대에 유행하는 최신 인기가요들도 롤러장의 주요한 선곡 가운데 하나였지만, 비교적 빠른 템포의 댄스곡으로 구성된 팝송이 주는 분위기를 따라 오는 것은 없었다. 대표적인 인기곡으로는, JOY의 〈Touch By Touch〉, London Boys의 〈Harlem Desire〉, New Kids On The Block의 〈Step by Step〉과 같은 것들이 있었는데, 학교에서 배우는 영어는 좀처럼 관심이 안 갔지만 팝송을 한 구절 두 구절씩 따라 부를 때는, 마치 원어민이 된 것만 같았다. 반짝반짝하는 조명 아래 스피커를 통해 울려 퍼지는 팝송은 롤러장만의 분위기를 자아냈다. DJ는 팝송을 제창하는 학생들의 목소리가 커지면, 분위기 속에서 음향을 줄이고 목소리만으로 분위기를 이끌기도 했다.

노는 곳이 딱 거기였어. 그런데 롤러장은 이제 뭐 누구나 다 이렇게 한 번쯤은 가보고 싶은 곳이지만 자주는 못 가는 곳이지. 왜냐하면 롤러장 가면 농띠라는 소리를 많이 들었어. 이제 거기 가면 항상 이제 좀 노는 애들이 항상 여기 매일 가서 이제 뭐 놀고 있는 데인데 아주 우리같이 순한 애들은 그런 데 가면 이제 그 언니들 있고 뭐 이러면 좀 이게 저게 있으니까 그 롤러장은 좀 가보고 싶은 동경 그런데 자주는 못 가요. 한 번 가면 이제 또 막 주구장창 하루 종일 나오지 않으려고. 한 2~3시간은 있었던. 가보지 않았던 낯선 세계 그거였던 거든 신세계 해보니까 너무 좋다. 너무 좋고 빠져들겠다. 가보니까 처음에 발 들이기 전에는 그런 세계였는데 가보니까 너무너무 좋은 거야. 그런 공간 다채로운 거 나한테는 그랬어. 내한테는 큰 부분이었던 부분이죠.

---

36 제보자 F(여, 50대)의 구술(2024년 10월 23일).

대중여가의 시대가 열리고 여가산업이 활성화되며 놀거리가 늘어나기 시작한 80년대였지만, 당대의 학생/청소년들에게 롤러장만큼의 놀거리는 없었다. 그러나 롤러장은 내가 가고 싶다고 갈 수 있는 그런 성격의 공간만은 아니었다. 어른들에게 롤러장은 농띠 들이나 가는 곳이었기 때문에, 학생들의 출입을 탐탁지 않게 생각했다. 실제 롤러장에서는 탈선 행위가 자주 일어나기도 했었다. 그러나 다소 유화된 사회·문화적 분위기 속에서 소비/여가문화의 주체로서 태동하고 있었던 당대 학생/청소년들에게 어른들의 시선은 중요하지 않았다. 롤러장은 언젠간 한 번쯤은 꼭 가고 싶은 동경의 장소였다. 롤러장에 한 번 다녀오는 날에는 친구들의 부러움에 휩싸였다. 그런 재미, 그리고 롤러장에서의 신명나는 시간은 그야말로 당시 학생/청소년들에게 신세계에 가까웠다.

80년대 중반부터 90년대 초반까지의 학생/청소년문화를 중심에서 이끌었던 신시장의 롤러장은, 90년대 중반을 지나면서 점차 그 인기가 사그라들게 된다. 부산에서 시작된 노래방 열풍이 안동과 신시장에도 불기 시작했기 때문이다. 이제 롤러장에서 롤러를 함께 타며 철 지난 팝송을 떼로 부르는 일은 구식의 유행이 되어버렸다. '서태지 현상'과 함께 대중문화, 가요의 트랜드가 바뀌어버린 것이다. 아울러 동시대에 유행했던 놀이문화, 즉 강변 등지에서 대형 녹음기에 홈 테이핑한 공테이프 내지는 레코드점이나 리어카 판매점 등에서 구매·복제한 테이프를 틀며 함께 춤추고 노래를 부르던 놀이문화도, 노래방과 마이마이의 유행과 함께 자취를 감추어 가기 시작했다. 이 모든 것이 한순간에 사그라든 것은 아니지만, 적어도 현상적인 차원에서는, 90년대를 지남에 따라 함께 춤추고 노래 부르는 방식의 집단적 놀이·여가문화 양식이 노래방과 마이마이의 유행이 상징하듯 점차 개인·소집단 차원의 것으로 대체되어갔다고 할 수 있겠다.

4) 신시장 여가문화의 지층들

지금까지 지역 주민들의 구술기억을 바탕으로 하여, 60년대부터 90년대 초·중반까지의 신시장 여가문화의 전개와 그 특징에 대해서 살펴보았다. 신시장 여가문화는 한국 사회에서 여가문화의 일반적인 전개와 그 양상을 내포하면서도, 신시장의 장소적 요건 속에서 그만의 문화적 특이성을 가지며 형성·변화해옴을 확인할 수 있었다.

이 장을 통해서 살펴본 신시장 여가문화의 첫 단락은, 장터의 구경거리들이었다. 60년대 당시 신시장의 물리적인 풍경은 허허벌판에 가까웠지만, 장터의 문화적 풍경은 다채로웠다. 동동구루무·약장수의 공연은 그 시절 흔하게 보기 어려웠던 서양악기를 만나보는 신비로움이 있었다. 비록 서양의 악기였지만 그들이 들려주는 리듬과 멜로디는, 구경꾼의 흥취와 신명을 이끌어내기에 부족함이 없었다. 아울러 샌드위치맨들의 주던 즐거움도 있었다. 독특한 복색과 함께 신명나는 북소리로 가두광고를 했던 그들은, 이국적이면서도 복합적인 장터의 풍경을 만들어 냈다. 신시장은 이러한 장터의 구경거리 이외에도, 사시사철 찾아오는 서커스단의 공연이 있었으며, 골목골목 그리고 인근의 논밭과 같은 공터에서 이루어졌던 일상의 놀이문화로 가득한 공간이기도 했다.

　이러한 신시장 여가문화의 흐름은, 1966년 설립된 대안극장을 매개로 상업화되고 동시에 활황기에 접어들게 된다. 대안극장은 당시 안동 시내권에서 가장 큰 규모를 자랑하던 대형극장이었다. 그러한 규모만큼 다양한 공연·영상문화들이 대안극장을 매개로 신시장에 펼쳐졌다. 당대의 미디어스타들을 실제로 만나볼 수 있는 쇼단의 공연이 있었고, 서부영화와 반공영화 등 다양한 장르의 영화의 상연이 있었다. 인기스타의 공연이나 인기영화의 상연이 있는 날에는, 안동을 넘어 경북 북부지역에서 수많은 사람들이 대안극장으로 모여들었다. 이는 매스미디어와 대중문화의 막대한 영향력을 확인할 수 있는 상징하는 사건들이기도 했으며, 국가체제와 글로벌 문화자본의 이데올로기가 주민들의 몸과 마음에 체화되는 장면이기도 했다. 즉 극장은 그 자체가 대중문화이기도 했고, 또 대중문화와의 영합 속에서 여러 이데올로기가 심층에서 펼쳐지는 장소였던 것이다.

　상업화된 신시장 여가문화의 흐름은, 80년대 대중여가의 시대와 함께 그 전성기를 맞이하게 된다. 80년대는 3저 호황으로 표상되는 경제 성장, 그리고 신군부 정권의 문화 유화책을 바탕으로 여가산업의 성장이 폭발적으로 이루어지던 시기였다. 한편 신시장은 관내의 학교가 밀집되어있는 곳으로서 학생의 유동이 많은 곳이었다. 따라서 신시장은 학생친화적인 여가산업이 주로 성장하였는데, 오락실, 만화방, 레코드점, 롤러장 등의 형태로 그것이 표현되었다. 이 가운데 롤러장은 신시장만의 특수한 여가문화 즉 학생/청소년 중심의 여가문화가 꽃피우는 주요한 장소였다. 여가산업의 주요한 소비자로 성장한 당대의 학생/청소년은 롤러장에서 그들의 놀이·여가적 욕구를 힘껏 발산해나갔다. 반짝반짝한 조명이 가득한 롤러장에서 몸과 몸이 부딪히고, 거대한 스피커에서 울려 퍼지는 팝송을 함께 부르는 모습은, 당대의 학생들이 꿈꾸고 즐겨왔던 여가문화의 형상을 가늠케한다. 또한 이성과의 교제가 부자연스러웠던 시절, 또래 이성 친구들 그리고 DJ들과의 만남은 그 자체가 또 하나의 설렘이었다.

개략적으로 정리해본 위 세 가지 장면은 번화가로서 신시장과 그 여가문화의 지층들을 상징하는 대표적인 사건으로 간주될 수 있을 것이다. 즉 90년대까지의 신시장은 지역의 상업적 중심지로서 자본의 유통과 회전이 빠르게 이루어지던 곳이었고, 이러한 양상에 맞춰 여가문화의 흐름도 발이 빠르게 변모했던 곳이었던 것이다. 이러한 현상 자체가 긍정적인 측면만을 가지고 있는 것은 아니지만, 상권활성화라는 구호 자체가 낡은 것이 되어버린 현시점에서, 이러한 장면들로 쌓여 올려진 신시장 여가문화의 지층들은 신시장의 또 다른 모습을 상상해볼 수 있는 문화적 원천으로서 의미화될 수 있을 것이다.

3. 신시장 여가문화의 쇠퇴와 제도화

신시장이 개설된 이후, 항상 그리고 다양한 양상으로 전개·변화되어왔던 신시장의 여가문화는, 2000년대 이르러 그 동력을 잃고 더 이상 새로운 힘을 생성하지 못하고 있다. 신시장의 본래적 기능인 경제·상업적 기능이 위축되면서 그와 긴밀히 연동된 제 영역들도 그 작동을 멈추고 있는 것이다. 주지하다시피, 신시가지의 구획 그리고 거대 유통자본와 전자상거래의 출현·활성화는 신시장 상권의 축소에 결정적인 영향을 주었던 사건들이다.

이미 2000년대 초반부터 신시장은 문화적 관성에 의해 유지되며 그것이 힘을 잃을 경우 자연스럽게 쇠퇴할 곳으로 지적된 바 있다.[37] 실제 현재의 신시장은 그 문화적 관성에 의해서 유지되고 있으며, 주 수요층인 노년층이 점차 줄어듦에 따라 상권의 축소가 가속화되고 있다. 관에서는 이러한 신시장의 위기를 타개하기 위해 즉 상권활성화를 촉진하기 위한 여러 정책과 사업을 내놓고 있다. 시장과 관련한 관광·문화상품도 그 일환으로서 개발·수행되고 있다. 이러한 전략 자체는 안동시 차원으로 국한하여도 이미 2000년대 초반에 기획·구상된 것이지만,[38] 그것의 실제적인 수행은 2010년대 중·후반에 들어서서 본격적으로 이루어지고 있는 상황이다. 이 장에서는 그 가운데 가장 최근에 기획·수행되고 있는 관광·문화상품인 '왔니껴 투어'와 '동아리 프로그램'을

---

37 설병수, 「안동권의 장시(場市)에 대한 연구」, 『영남학』 4, 경북대학교 영남문화연구원, 2003, 195~233쪽.
38 위의 글, 218~220쪽 참조.

대상으로 그 현황을 살펴보고자 한다. 두 대상은 제도적 차원 속에서 관광·문화상품으로서 그 속성이 변화하고 있는 신시장 여가문화의 현재적 양상과 특징을 효과적으로 살펴볼 수 있는 사례로서 생각된다.

1) '왔니껴 투어', 신시장 여가문화의 관광상품화

'왔니껴 투어'는, 안동의 대표적 관광지와 전통시장을 함께 볼 수 있는 제도적 관광상품이다. 2023년에 시작된 왔니껴 투어는, 안동시 일자리경제과에서 기획하였으며,[39] 투어 운영 및 실무는 안동시 상권활성화사업추진단에서 맡고 있다.[40] 관광프로그램으로써 시장의 수요자들 창출하고 그들의 소비를 통해 시장 상권과 지역경제를 활성화하고자 하는 목적 속에서 개발된 것이다. 현재 왔니껴 투어는 연간 만여 명이 넘는 관광객을 신시장을 비롯한 전통시장으로 유치하고 있는 등 양적인 성과로서는 성공적인 모습을 보여주고 있다. 아래에서 투어의 운영방식과 내용, 그리고 시장 내외의 평가는 어떠한지를 살펴봄으로써 그 현황과 특징을 개략적으로 짚어보고자 한다.[41]

왔니껴 투어 프로그램은, 관광상품으로써 시장 수요를 창출하기 위해 기획·수행된 것이다. 골자는 하회마을, 도산서원과 같은 안동의 대표 관광지와 구시장, 신시장과 같은 전통시장을 한 데 묶어 체류관광시키는데 있다. 그래서 투어 중 2시간은 전통시장에 체류하여 식사와 장보기를 하도록 되어있다. 프로그램은 구시장 코스와 신시장 코스로 나뉘어 있는데, 여기서는 신시장 코스/투어의 경우에 한하여 살펴본다.

투어의 진행은 단체 관광을 기본으로 하고 있다. 일반버스와 우등버스를 기준으로 각각 25명, 20명 이상이 신청하면 투어에 참여할 수 있다. 1인당 신청액은 약 30,000원 내외이고, 버스 임대료 35만 원와 참여자 1인당 안동사랑상품권 10,000원 권이 지원되며, 그 외에 기념품과 투어 전담 해설사의 안내와 해설이 제공된다. 대개 주말과 신시장의 장날인 2일과 7일을 중심으로 진행되나, 안동에서 전통시장과 관련한 각종 행사가

---

39 문경의 한 전통시장의 성공 사례를 롤모델로 삼아서 기획되었다고 한다.
40 상권르네상스 사업에 참여하고 있는 5개 상인회에서도 여러 측면에서 협조하였다고 한다.
41 아래에서 제시되는 왔니껴 투어와 관련한 정보는, 투어 실무자를 맡고 있는 제보자 H(남, 50대)와의 면담조사 내용(2024년 11월 8일), 그리고 함께 열람한 2023년도 사업 결과보고서의 내용을 바탕으로 한 것이다. 한편 진행 중인 사업에 관한 것이기 때문에, 그 내용이 현재와 다소 다를 수 있음을 알린다.

진행될 경우 그에 맞춰 탄력적으로 운영되기도 한다. 수도권 관광객을 유치하겠다는 안동시 관계자의 매체 인터뷰[42]처럼, 참여자의 90% 정도가 서울·경기·인천권 주민으로 구성되어있다. 해당 지역의 주민들이 가지는 전통시장에 대한 이미지와 향수를 겨냥한 것으로 이해되는데, 실제 투어의 참가자 중 가장 많은 비율을 차지고 있는 것은 60대 이상의 장·노년층이다.

투어 참여자들에게는 안동의 주요 관광지와 전통시장을 비교적 저렴한 값에 해설사를 동반하여 돌아볼 수 있다는 점이 중요한 부분이겠지만, 상권활성화라는 목적 속에서 투어를 기획하고 실무를 수행하는 단위에서의 중점사항은, 그들이 신시장에서 체류하면서 실제 소비활동을 진행하는가이다. 물론 프로그램의 구성상 그것이 필수적으로 수행되기는 하지만, 강제할 수는 없기 때문이다. 추진단에서 진행한 설문조사 결과에 따르면, 참여자들은 1인당 대개 중식비용을 포함하여 50,000원가량의 소비를 진행한다고 한다. 주로 소비하는 품목은 신시장 특산품인 문어, 간고등어와 같은 해산물 그리고 떡과 과일이다.

이렇듯 지표상으로는 1인당 약 50,000원가량의 소비가 신시장에서 발생하고 있지만, 속사정은 지표와는 다른 모습을 보여주고 있다. 투어를 진행하면서 시장의 기초 시설 문제를 제외하고서 가장 많이 발생했던 불만은, 바로 시장의 먹거리에 대한 것이었다. 신시장은 주요 업종의 특성상 그 규모에 비해 먹거리나 식사를 제공하는 식당이 많지 않은 편인데, 여기서 참여자들의 불만이 제기되곤 한다는 것이다.

> 그래서 저희가 이제 합치기도 했죠. 두 군데 다 가시는 손님도 있어요. 신시장에 와서 찜닭을 먹고, 기대했던 건가 봐요. 안동하면 찜닭이니까 근데 여행사에서 원래 상품은 그게 신시장인데 그분들은 이제 신시장이 찜닭파는지 안 파는지 모르니까 잘.[43]

참여자들이 기대하는 것은, 투어 간에 시장의 간식거리를 사 먹는 것이나, 문어, 간고등어, 찜닭 등의 안동지역의 특산물로써 식사를 진행하는 것이다. 그러나 투어의 성격상 다른 곳에서의 식사는 사실상 불가능했다. 즉 사업 초기에 해당하는 2023년도에는 구시

---

42 김오현, 「안동시, 전통시장 장보기와 관광을 함께 '왔니껴 투어' 본격 실시」, 『NSP통신』, 2023 참조.
43 제보자 H(남, 50대)의 구술(2024년 11월 8일).

장 코스를 선택한 이들은 구시장에서만, 신시장 코스를 선택한 이들은 신시장에서만 식사가 가능했던 것이다. 그러나 식사와 관련된 불만이 자주 접수되자, 궁여지책으로 신시장 코스를 선택한 이들도 구시장에서의 식사가 가능하도록 제한을 풀 수밖에 없었다고 한다. 안동의 전통시장 투어에 참여한 이들은, 으레 문어, 간고등어, 찜닭 같은 먹거리를 기대하고 온다. 참여자들은 구시장권에서 위치한 떡볶이골목, 찜닭골목 등지에서 이러한 문화적 욕구를 해결하고 있는 상황이다.

> 그거 해도 그거 왔니껴 해가지고 사람을 불러 놔도 다 드가가지고. 얼른 먹을 거 그거 있어야지. 그거 오면은 그 사람들이 윙 왔다 가버려 이 먹을 게 없으니까. 가가 어디로 가나 그러면 그러면 찜닭 소문나는 찜닭집에 다 가버려. 저 넘어 가뿌래. 그리고 신시장 돌아다니면 신시장 뭐 먹을 게 있어요? 이거 먹고 하는 거 그게 돼 있어요?[44]

> 해설사 그분들도 이제 뭐 저거 하더라만은. 그분이 다니면서 간단하게 이제 여기는 무슨 골목 여기 안쪽에 있는 문어가 유명한 뭐 이런 것도 설명도 해주고 그분들이 이걸로 해서 이 소개하고 이러더라. 이제 구매율로 이제 좀 이어져야 되는데. 우리 시장이 그런 먹을거리가 없긴 해. 고등어가 유명하니까 이제 간고등어 정식 같은 거 하는 집이 없냐고 물어. 평소 그분들 아니어도 물어보는 사람들은 많아요. 한결같이 말하지. 이 시장에는 없어요. 이 시장에는 없고 저 기차역 앞에. 똑같이 대답하는 열 사람이 다 똑같이 그러니까 기차역 앞에 가면 어디 어디 식당이 있다 거기 가면 드실 수 있고 또 어떤 분들이 여기가 이제 구시장인 줄 알고 찜닭 드시러 오신 분들이 또 의외로 또 있어. 찜닭 없어요? 이제 이러면 아이고 시장 잘못 오셨네요. 찜닭은 저기 구시장 넘어가셔야 여기서부터 저기까지가 다 찜닭이에요.[45]

이러한 먹거리와 관련된 수요자들의 불만은, 상인들도 인식하고 있는 부분이며 그것이 왔니껴 투어에 대한 상인들의 불만으로 이어지고 있기도 하다. 제보자들은, 왔니껴 투어를 통해 신시장에 소비자들이 많아지고 파생소비가 이어진다는 것은 확실하지만,

---

44 제보자 I(여, 80대)의 구술(2024년 10월 23일).
45 제보자 F(여, 50대)의 구술(2024년 10월 23일).

정작 사람들이 주로 돈을 쓰러 가는 곳은 구시장이라는 점을 지적하고 있다. 물론 비단 왔니껴 투어에서만 발생하는 특수한 상황은 아니다. 평시에도 신시장과 구시장을 혼동하여 신시장에서 간고등어와 찜닭을 찾는 이들을 쉽게 찾아볼 수 있다고 한다. 하지만 그렇다고 해도 신시장 상권활성화를 위해 고안된 프로그램에서의 소비가 구시장에서 이루어진다는 점은 문제적이라고 생각하고 있다는 것이다.

> 뭐 어떻게 해줬으면 하지만은 그 해줬으면 하는 상대자가 우리가 해야 되는 거잖아. 상인이 해야되는 거잖아. 해야 되는 거잖아요. 이렇게 이렇게 뭐 이렇게 하자 이랬을 때 예를 들어 고등어집 차리고 싶어 그럼 시에서 니 해라 이게 안 되잖아요. 팔 사람이 일단은 있어야 되고 뭐 진취적이 이라든가 이런 걸 같이 시하고 협조하고 이런 게 있어야 되는데 그거까지는 생각을 안 해봤네.[46]

물론 시장의 상인들도 그것이 투어 프로그램이나 관에서 해결할 수 없는 부분이라는 것을 인식하고 있기도 하다. 시장과 관련한 지원 사업이라는 것이 대개 관 내지는 그와 관련된 단위에서 수행되는 것이기는 하지만, 실제 시장과 관련한 문제가 발생하였을 때 그것을 해결해나가야 하는 주체는 상인들이라는 점을 주지하고 있다. 먹거리나 식당이 부족하면 신시장 상인들이 나서야 하는 부분이라는 것이다. 그러나 신시장의 현실상, 해당 문제는 쉽사리 접근·해결하기는 어려워 보인다. 신시장을 찾는 소비자들이 고령화된만큼, 신시장 상인들도 고령화되어있다. 더러 2·3세대에게 업을 물려준 이들도 있지만, 대부분의 경우 1세대 상인들이 아직까지고 그 자리를 지키고 있다. 이들은 쇠퇴해가는 신시장의 현실 속에서 큰 변화를 원하기보다는, 자신들이 해왔던 업을 지키고 그것을 잘 마무리하는 것을 상인으로서 여생의 마지막 목표로 삼고 있는 경우가 대부분이다. 다시 말해 신시장과 그 지원 사업은 이러한 현실적인 부분에 있어 이러지도 저러지도 못하는 상황에 봉착해 있는 것이다. 이러한 현실은 비단 왔니껴 투어에 한하는 것이 아니라, 신시장의 현실과 난제 그리고 시장/상권활성화 사업의 문제점과 난관을 대유하고 있는 것으로 생각된다.

---

46 제보자 F(여, 50대)의 구술(2024년 10월 23일).

현재로서 왔니껴 투어는 양적인 지표상으로는 성공적인 사업으로 간주된다. 관도 참여자들의 의견을 바탕으로 시설 보수·수리와 같은 부분에서 즉각적인 대응을 하는 등 상당 수준의 공력과 지원을 아끼지 않고 있다. 상인회의 차원에서도 기획 단계에서부터 함께 참여함으로써 사업의 수행과 성공에 힘을 보태고 있다. 그러나 앞서 언급된 문제와 더불어, 왔니껴 투어를 통해 직접적으로 수혜를 보는 업종의 상인과 그렇지 않은 업종의 상인 간의 형평성 문제와 투어를 넘어서 시장 지원 사업의 방향과 성격에 대해서 동의하지 않은 상인들과의 협력·조율 문제 등이 왔니껴 투어를 둘러싸고 있다. 원론적인 해결책은, 모두의 의견을 청취하고 적절한 합의점을 찾는 것이겠지만, 시장의 현실상 그러한 과정에 이르는 길이 순탄치 않을 것으로 생각된다.

또한 왔니껴 투어는 기본적으로 외지 도시인을 관광객화하여 그들의 소비를 통해 시장/상권을 활성화하고자는 목적 속에서 수행되고 있는 것이다. 이와 같은 방식이 안동시를 비롯한 여러 지자체에서 채택되고 있는 것은 그것이 단기적으로 상권활성화에 가시적으로 도움을 줄 수 있는 방식이기 때문일 것이다. 하지만 그 과정에서 지역 주민들이 소외되고 있는 점을 상기해볼 필요가 있을 것이다. 장기적인 관점에서의 신시장 활성화를 위해서는 지역 주민들과의 협력이 필수적일 수밖에 없다. 그렇지만 현재 신시장 여가문화의 대표격이라 할 수 있는 왔니껴 투어에 지역 주민들이 참여할 수 있는 경로와 방법은, 사실상 해설사로서 참여하는 방법 외에는 요원한 것이 현실이다. 이러한 측면은, 많은 사람들이 발길이 끊긴 신시장과 그 여가문화의 현주소를 가늠해볼 수 지점이 되겠다.

2) '동아리 프로그램', 신시장 여가문화의 문화상품화

왔니껴 투어가 신시장 여가문화의 관광상품화 과정과 그 양상을 보여주는 사례라면, '동아리 프로그램'은 신시장 여가문화가 문화상품화되는 과정과 양상을 보여주는 사례로서 주목된다. 신시장의 동아리 프로그램은 상인동아리 프로그램과 시민문화체험 프로그램으로 구성되어있는데, 전자는 상인 역량 강화 및 복지의 차원에서 후자는 상권활성화와 시민 복지 차원에서 실시되고 있다. 해당 사업은 상권르네상스 사업의 일환으로서 수행되고 있고, 전문업체를 통한 위탁 운영의 형태로 진행되고 있다. 왔니껴 투어와 마찬가지로 구시장권과 신시장에서 나뉘어 수행되고 있으며, 여기에서는 신시장의 사례에 한하여 그 내용을 살핀다. 상인동아리 프로그램과 시민문화체험 프로그램 순으로,

현황을 중심으로 그 내용과 양상 그리고 특징에 관해서 간략하게 살펴보도록 하겠다.[47]

먼저 상인동아리 프로그램[48]의 경우이다. 상인동아리 프로그램의 경우 2학기제로 운영되고 있다. 2024년도를 기준으로, 1학기는 8월에서 9월까지 이루어졌고, 2학기는 10월에서 11월까지 이루어졌다. 한 학기당 6주에서 8주가량 소요되고, 1회당 1시간 30분에서 2시간가량 진행되고 있다. 시작 시간은 상인들이 장사를 마치는 저녁 6시 30분 이후이다. 프로그램 구성은 매 학기 강의 사정이나 상인회의 요구로 변경될 수 있으나, 기본적으로 〈요가〉, 〈트로트〉, 〈라인댄스〉 수업으로 구성되어있다. 신시장 상인회에 소속된 상인이라면 무료로 해당 프로그램들을 수강할 수 있다.

상인동아리 프로그램은, 신시장 중앙통로에 위치한 공유주방에서 진행된다. 공유주방은 그 명칭에서 드러나듯 고객과 상인 누구나 이용할 수 있는 시장의 주방 그리고 쉼터로서 설치되었는데, 현재는 각종 행사 장소 및 동아리 프로그램 장소로써 주로 활용되고 있다. 상인동아리 프로그램의 정원은 15~20명가량인데, 실제 출석부상으로는 그에 준하는 인원이 등록되어있으나, 실제로는 그 편차가 상당한 편이다.

출석부상의 인원과 실제 활동 인원이 차이가 나는 표면상의 사유는 대개 다음과 같은 것이다. 무료로 진행되는 프로그램이기 때문에 등록 이후에 적성과 흥미에 맞지 않거나 개인사유가 발생하면서 불참하는 경우, 주로 노년층으로 구성된 신시장 상인들의 특성상 건강과 몸이 따라주지 않아서 부득이 불참하는 경우가 그것이다. 하지만 조금 더 심층적인 차원에서 그 이유를 생각해보면, 상권르네상스 사업에 대한 상인들의 불만이 반영된 결과일 수 있다. 물론 상권르네상스 사업에 대한 불만이 있는 경우 애당초 등록을 하지 않는 경우가 대부분이겠지만, 이러한 시장 상인들의 분위기는 상인동아리 프로그램의 운영에 실질적인 영향을 끼치고 있는 것으로 생각된다. 실제 반대급부로 상인동아리 프로그램의 유지와 활성화를 위해서 일종의 의무감을 가지고 참여하고 있다는 상인들이 있기도 하다.

---

47 필자는 2024년도에 이루어진 동아리 프로그램에 총 3회 실무자로서 참여하면서, 그 실제적인 내용과 진행을 관찰하였다. 아래의 내용은 기본적으로 참여관찰 당시의 상황과 결과를 바탕으로 기술된 것이다.
48 김정현, 「구시장 여가문화의 풍경들」, 안동대학교 민속학연구소 편, 『로컬한 역사와 문화의 공간, 안동 구시장』, 민속원, 2023, 162~164쪽 참조. 상권르네상스 사업 속에서 수행되는 상인동아리 프로그램은, 구시장권에서 기수행하던 여타의 상권 지원 사업의 성과를 바탕으로 하며 그 연장선상에서 기획된 것이다.

> 일단 구시장은 젊으신 분이 계신 게 맞는 것 같고 그다음에 동아리가 형성이 되어있어요. 형성이 되어있으니까 회장님께서 그 동아리 위주의 수업을 진행하자고 얘기를 하시니까 그러니까 참여율이 높은 거예요. 이미 형성돼 있는 동아리를 끌고 오고 들어올 수 있으니까 근데 반대로 신시장은 동아리 자체가 없어요. 나이가 연세가 많으시고 이 동아리 할 필요 없다는 얘기가 많으셔서 그리고 뭐 단결력이 상대적으로 좀 부족한 게 신시장이에요. 반대로 구시장은 높은데, 그래서 참여율이 저조하거든요.[49]

관련하여 상인동아리 프로그램을 운영하고 있는 실무자의 의견도 주목된다. 구시장권의 경우 기활성화된 상인동아리 속에서 구축된 관계망이 바탕이 되기 때문에 참여인원의 측면에서 상당히 안정적으로 운영되지만, 신시장은 이러한 문화적 토대가 부재하기 때문에, 운영이 안정적이지 않다는 것이다. 이른바 단결력의 측면에서 신시장 상인들이 상대적으로 구시장 상인들보다 약하다는 것이다. 결국 상인동아리 프로그램의 불안정성은 신시장의 현재적인 전반적 분위기와 상황을 드러내는 하나의 지표인 것이며, 문화상품으로서 제도적으로 창출된 여가문화의 현재적 주소일 수 있다.

하지만 이러한 분위기와 상황이 곧 상인동아리 프로그램의 실패로 귀결되고 있는 것은 아니다. 상인동아리 프로그램은 신시장 상인들의 새로운 여가생활과 생활세계의 창출에 있어 긍정적인 동인으로써 작동하고 있기도 하다. 신시장 상인들은 대부분 새벽부터 장사를 시작한다. 상인동아리 프로그램이 시작되는 저녁 6시 30분은 그들에게 있어서는 늦은 밤과 같은 시간이다. 그럼에도 불구하고 많은 상인들이 오랜 장사로 피곤한 몸이지만, 자신들의 즐거움과 재미를 위해 자발적으로 늦은 저녁 공유주방으로 발길을 하고 있다. 강사의 지도 아래 요가, 트로트, 라인댄스를 배우는 그 자체의 재미도 있지만, 친분이 있는 상인들끼리 삼삼오오 모여 여가활동을 즐기는 것 자체가 즐거운 일이라고 한다.

> 해보니까 괜찮긴 하더라고요. 시장 상인들 간에 상호 저거도 되고 모르는 분들도 인사도 하고 시장 이전까지 있으면서 이런 사장님도 있었나 나는 그때 다니면서 괜찮았던 것 같아.[50]

---

49 제보자 J(남, 30대)의 구술(2024년 10월 22일).
50 제보자 F(여, 50대)의 구술(2024년 10월 23일).

또한 기존에 알고 지내던 상인들 간의 관계뿐 아니라, 그간 친숙하지 않았던 다른 상인들과 관계를 형성하는 계기가 되어주기도 한다. 실제 상인들은 상인동아리 프로그램이 시작하기 전후로, 오늘의 장사와 건강은 어떠했는지를 물으며 서로의 일상을 나누기도 하고, 수강하는 프로그램과 관련하여 조언을 해주기도 한다. 즉 상인들의 생활세계가 상인동아리 프로그램이라는 계기 속에서 이루어지는 대면 소통을 기반으로 조금씩 확장되고 있는 것이다. 비록 상인동아리 프로그램을 둘러싼 신시장의 사회·문화적 배경 속에서 불안정성이 배태되고 있기는 하지만, 그것을 수행하는 과정과 관계의 확장 속에서 느끼는 재미와 즐거움은, 분명히 신시장 여가문화의 현재적인 한 부면을 형성해나가는 기제로서 작동하고 있다.

다음으로 시민문화체험 프로그램의 경우이다. 프로그램의 구성은, 시간대가 주로 오후 일과시간에 배치되어있다는 점과 소정의 재료비를 지불해야 한다는 측면을 제외하고서는 상인동아리 프로그램과 대동소이하다. 프로그램의 주제는, 공유주방이 위치한 신시장의 특성을 살려 대개 요리와 관련된 것으로 이루어져 있다. 2024년 2학기를 기준으로, 대표적인 것으로는 〈한식디저트 만들기〉, 〈반찬 만들기〉 등이 있다.

신시장 상인들을 대상으로 하는 상인동아리 프로그램 달리 문화체험 프로그램은 안동시민을 대상으로 운영되고 있다. 여타의 대도시에 비해 시민문화 프로그램이 상대적으로 부족한 안동지역의 특성상, 예비번호가 부여될 정도로 성황리에 운영되고 있다. 이처럼 운영적인 측면에서 시민문화체험 프로그램은 안정성을 가지고 있으나, 그것이 신시장 여가문화로서 갖는 기능과 효과의 측면에 대해서는 현재로서 미지수인 부분이 적지 않다.

2024년을 기준으로 당초 기획의도는 요리 프로그램에 필요한 재료를 신시장에서 구매하도록 함으로써, 참여자들과 신시장과의 관계를 형성시키고 동시에 실질적인 소비까지 이루어지게 하는 것이었다. 그러나 운영상의 난점이 있어서 기획 의도는 실현되지 못했고 현재는 강사가 임의로 재료를 구매하고 해당 재료를 통해 프로그램을 운영하는 방식으로 진행되고 있다. 이러한 상황과 조건에서만 기안한 것은 아닐지라도, 실제 참여자들은 문화체험 프로그램 참여를 위해 신시장에 방문한 것일 뿐, 실질적으로 프로그램을 통해서 신시장과의 어떠한 관계를 형성하고 있지는 않은 것으로 보인다.

문화체험 프로그램은, 제도화된 신시장 여가문화 속에서 지역 주민이 소외되고 있는 현실을 현상적으로는 보완하고 있다. 하지만 참여자들에게 있어 문화체험 프로그램은,

안동시에서 제공하는 또 하나의 문화복지, 시민복지 프로그램의 차원 그 이상은 아닌 것으로 파악된다. 신시장의 문화체험 프로그램으로서 요리 프로그램이 구성된 것은 공유주방의 존재 때문이었는데, 장보기와 같은 구성적 연결고리가 부재하게 되면서, 사실상 신시장은 문화체험 프로그램의 장소 제공처 그 이상 그 이하도 아니게 된 것이다. 물론 문화체험 프로그램이 지속적으로 이어지게 되거나 구성의 측면에서 변화가 이루어진다면, 그것은 신시장과 그 여가문화의 활성화에 있어 긍정적인 동인으로써 작동할 여지는 있다. 하지만 문화체험 프로그램의 재정적·행정적 지원의 요체가 되는 상권르네상스 사업은 2026년을 마지막으로 종료가 될 예정이다. 따라서 현실적으로 보았을 때 문화체험 프로그램은 현상유지가 된다는 전제 하에 사업의 종료와 함께 한때의 것으로서 사라질 것으로 전망된다.

3) 신시장 여가문화의 현재적 표층

2024년의 신시장을 이끄는 가장 큰 힘은, 그간 신시장을 이용해왔던 주민들의 애정과 관심 그리고 문화적 관성이다. 하지만 코로나19 팬데믹을 기점으로, 그 정서와 문화적 관성을 이끌어 오던 노년층들이 상당수 줄어들게 되면서, 외환위기에도 큰 불황을 겪지 않았던 신시장에 경험해보지 못한 부침과 침체가 찾아오게 되었다. 아울러 2000년대 이후로 지속되는 젊은 수요자들의 부재도 신시장 침체의 주요한 동인으로 작용하고 있다. 주민들의 말마따나 신시장은 '낡고 후미진 곳', '어른들이나 가는 곳', '우리가 갈 이유가 없는 곳'이 되어버린지 오래다.

이러한 현실 속에서, 신시장 여가문화는 이전의 활력을 잃고 어쩌면 재생 불가능한 지점까지 다다른 것으로 생각된다. 그러나 역설적으로 시장의 위기는 보다 큰 제도적 지원을 가져왔고, 이를 기반으로 제도적인 차원에서 새로운 여가문화가 창출되면서 그 나름대로의 새로운 활력을 신시장에 불어 일으키고 있다. 특히 관광상품으로서 창출된 왔니껴 투어와 문화상품으로서 창출된 동아리 프로그램이 그 주요한 사례들로 생각된다.

왔니껴 투어는, 전통시장에 대한 도시민들의 호기심과 향수 자극하며 연간 만여 명이 넘는 새로운 수요자를 신시장에 불러 모으고 있다. 새롭게 등장한 고객들은 신시장에서 각종 상품을 구매하는 방식으로, 시장/상권활성화의 일익을 담당하고 있다. 상인동아리·시민문화체험 프로그램으로 구성된 동아리 프로그램은, 각각 상인들과 시민들을 대상으로 운영되면서 그들이 신시장과 관계하는 새로운 계기로서 작용하고 있다.

하지만 제도화된 여가문화의 특성상, 신시장 여가문화의 주체로시 지역 주민과 상인 그리고 신시장이 소외되는 측면들이 포착되기도 한다. 다만 여기에서는, 이러한 것에 대한 가치판단보다는, 이것이 신시장 여가문화의 새로운 표층으로서 형성되고 있다는 측면에 주목해볼 필요가 있다고 생각한다. 즉 현상의 좋고 나쁨의 차원을 판단하기보다는, 우선적으로 이 새로운 표층들이 지난 여가문화의 문화적 지층과 어떻게 결합될 수 있는지, 또 그 결합이 신시장과 그 여가문화의 활성화라는 시장의 당면한 목적과 어떻게 연결될 수 있는지를 고민하는 것이 신시장의 미래를 염려하는 사람들이 마주해야할 과제라고 하겠다.

4. 여가문화로 다시 읽는 신시장

지금까지 주민들의 구술기억과 필자의 참여관찰 경험을 바탕으로, 60년대부터 현재까지의 신시장 여가문화에 대해서 살펴보았다. 필자는 서두에서 그것을, 신시장을 읽는 기존의 문법인 '호황에서 불황으로'를 대체하는 새로운 문법을 만들어낼 수 있는 가능성을 가진 자원으로서 간주하겠다고 했다. 경제·상업적인 측면이 강조되는 '호황에서 불황으로'가 끝없고 반복되는 불황으로 매듭지어지는 이야기라면, 문화적인 측면이 강조되는 '번화가에서 구도심으로'는 '그리고'라는 접속사가 이어질 수 있는 가능성을 내재한 이야기로서 의미화될 수 있을 것으로 생각된다.

'번화가에서 구도심으로', 이는 신시장 여가문화의 두 풍경을 실제적으로 드러내는 표제이다. 시내 중심권에 위치한 전통/재래시장인 신시장은, 오랜 기간 안동시민들의 여가문화사와 함께해온 존재이다. 한국 여가문화의 흐름 속에서 신시장 여가문화는 형성·변화되어왔고, 또 그 장소적 특성을 매개로 그만의 문화적 특이성을 갖추어 오기도 했다. 상업화된 여가문화가 본격적으로 태동하기 이전의 신시장은, 정겨운 장터의 풍경 속에서 펼쳐지는 구경거리들을 간직한 곳이었다. 동동구루무·약장수 그리고 샌드위치맨은 그 다채로운 구경거리를 구성하는 편린들이다. 장터 이곳저곳에서 펼쳐진 술판과 각종 놀이판도 빼놓을 수 없다. 또한 골목골목마다 펼쳐진 아이들의 놀이판은 적어도 90년대까지 신시장 속에서 펼쳐지며, 일상의 층위에서 신시장의 놀이·여가문화를 구성해나갔다.

상업화된 여가문화가 본격적으로 신시장에 펼쳐진 이후에는, 극장과 롤러장이 그 활황과 전성기를 이끌었다. 대안극장은 안동 시내권에서 가장 규모가 큰 극장으로서, 다양한 공연·영상문화가 주민들과 만나는 계기와 통로가 되어주었다. 그 통로 속에서 펼쳐지는 미디어스타들의 쇼단 공연과 다양한 장르의 영화는 당대 대중들의 문화적 경험과 감성을 새롭게 수놓았다. 80년 중·후반 등장한 롤러장은, 한국사회와 신시장 여가문화의 새로운 주인공으로서 등장한 학생/청소년들이 자신들만의 감성을 집단적으로 표출·발산하는 장이 되어주었다. 롤러장에 모인 또래집단들은 함께 롤러를 타며 몸을 비비고, 또 팝송을 함께 부르며 하나의 하위집단으로서 변모해나갔다. 신시장과 그 여가문화에는, 이러한 편린들로써 켜켜이 쌓인 문화적 지층들이 있다.

2000년대 이후 진행된 상권 쇠퇴는, 신시장 여가문화의 현재성을 앗아가고 그를 지속시킨 사건으로서 지목된다. 그러나 동시에 상권 쇠퇴라는 사건은 신시장에 대한 제도적 지원이라는 새로운 계기를 출몰시킨 조건이기도 하다. 안동시와 추진단의 제도적 지원 속에서, 왔니껴 투어와 동아리 프로그램이라는 관광상품·문화상품 형태의 여가문화가 등장하였고, 그것 속에서 신시장 여가문화의 현재적 표층이 생성되고 있는 것이다. 그 표층의 불완정성을 차치한다면, 제도적 지원이라는 측면은, 신시장과 그 여가문화 활성화에 있어서 현실적으로 수급가능한 물적 토대라는 점에서 주목된다.

지금과는 다른 미래를 상상하기 위해서는 두 가지 조건이 필요하다고 생각한다. 우선 상상은, 기존에 없는 것을 꿈꾸고 형상화하는 것이기 때문에, 그 부재를 현존으로 전화시킬 수 있는 원천으로서 작용할 문화적인 지층을 필요로 한다. 다음으로 상상은, 원천으로서 작용할 문화적인 지층이 현실과의 만남 속에서 펼쳐질 수 있게 하는 조건으로서 물적 토대를 필요로 한다. 필자는 앞서 신시장 여가문화를 살펴보는 가운데, 그 문화적 지층과 물적 토대로서 기능할 수 있는 가능성들을 직간접적으로 제시한 바 있다. 이 두 가지 가능성이 신시장과 그 여가문화의 활성화라는 목적 속에서 화학적으로 결합할 때, 비로소 신시장의 재생 가능성이 가시화될 것이다. 하지만 이는, 아직까지는 사유의 차원에 머물러 있다. 사유의 차원에서 머물 때 '번화가에서 구도심으로'라는 상상의 이정표는, '호황에서 불황으로'라는 기존 이야기가 가진 다른 이름의 껍데기에 불과할 것이다. 하지만 그것이 실천의 차원으로 전화된다면, '번화가에서 구도심으로'는 상상의 이정표가 아닌 '그리고'라는 접속사를 배태할 현실의 이정표로서 자리하게 될 것이다.

07
안동 신시장 의례음식의 생산과 소비전통

박선미
국립안동대학교 문화유산학과 강사

안동 신시장 의례음식의
생산과 소비전통

1. 안동 신시장과 의례음식 문화

안동 중앙신시장(이하 '신시장')은 1946년에 상설시장으로 승인된 이후부터 현재까지 안동지역 의례음식 문화의 전통을 압축적으로 보여주는 대표 재래시장이다. 안동지역은 종가를 중심으로 한 봉제사 접빈객의 유교문화가 현재까지 중요하게 실천되는 곳이다. 특히 혼례·상례·제례를 비롯한 명절과 시사時祀 등의 의례 전통이 최근까지도 활발하게 수행되고 있으며, 이러한 의례 전통과 함께 의례음식 문화도 비교적 잘 전승되고 있다. 안동 사람들은 오래전부터 경북 북부권에서 가장 큰 재래시장인 신시장에서 의례에 필요한 어물류·육류·떡류·나물류 등을 조달해 왔다. 따라서 안동 신시장의 음식문화가 안동지역 의례음식 문화의 전통을 잘 보여준다고도 할 수 있다.

안동 신시장은 어물도가를 중심으로 어물 소매점이 잘 형성되어 있고, 문어 전문점, 건어물점, 떡집, 전집, 통닭집(제수용), 청과물점, 정육점, 채소상회 등 의례음식과 관련된 상점들이 활성화되어 있다. 지금은 많이 축소되었지만 몇 해 전까지만 해도 제수용 음식이나 이바지음식 등을 전문으로 하는 가게들이 있었다. 의례문화가 점차 간소화되고 약화되면서 의례음식 전문점이 줄어들었고 의례음식을 품목별로 장만하는 것으로 변화되었다. 가령, 혼례 이바지떡, 제례 제물떡은 떡집에서 개별로 구매하고, 전, 과일, 나물 등도 별도로 구매하는 방식이다. 이마저도 의례음식의 종류나 수량 면에서 보면 계속해서 줄어들고 있다.

의례음식의 여러 품목 가운데서도 안동간고등어와 안동문어는 안동 신시장에서 생산되어 전국으로 유통된다는 점에서 의미 있다. 이 글에서는 안동 신시장을 통해 안동지역

의례음식이 어떻게 생산·유통되는지 살펴보고자 하며, 이를 통해 오늘날 안동지역 의례음식 문화의 소비전통과 그 변화를 고찰하고자 한다. 먼저 어물도가의 역사와 안동간고등어의 생산·유통 방식을 주요하게 살펴본다. 다음으로 문어골목의 형성 과정과 안동문어의 소비전통을 조사 분석하고자 한다. 또한 의례의 변화 속에서 떡류와 전류의 생산과 소비가 어떻게 이루어지고 있는지도 알아보고자 한다.

한편 안동 신시장은 보신탕, 국밥 등의 음식문화도 특징적이다. 보신탕 식용문화는 1960년대부터 추정이 가능하며 1980년대까지 고추상회의 부흥과 함께 활성화되었다. 그런데 최근 개식용종식법의 시행으로 소비전통이 단절 위기에 놓여 있으므로 이를 조사·기록할 필요가 있다고 생각한다. 또한 보신탕 골목을 따라 형성된 순대국밥, 돼지국밥, 선지국밥 등의 국밥집은 시장 상인과 시장을 방문한 사람들이 즐겨 찾는 곳으로 시장 음식문화를 이해할 수 있어 주목된다.

2. 안동간고등어의 생산과 소비전통

전국의 고등어 중에서 크고 맛있는 고등어는 모두 안동으로 온다고 이야기할 정도로 안동의 고등어 소비량과 소비문화를 짐작할 수 있다. 오래전부터 안동에서는 고등어를 염장한 간고등어를 특별하게 생각해 왔다. 여기에는 여러 가지 배경과 요인이 있는데, 내륙이라는 지리적 조건, 각종 의례에서 간고등어가 사용된 점, 접빈객을 위한 반찬다운 반찬이었다는 점, 다른 생선에 비해서 고등어는 저렴하면서 장기간 보관해 두고 먹을 수 있는 실용적인 식품이라는 점이다.[1] 현재까지도 상례·제례를 비롯한 여러 의례에 간고등어가 사용되고 있고, 1999년 간고등어가 상품화되면서는 전국적으로 인기 있는 향토음식이 되었다.

안동의 간고등어는 대부분 안동 신시장의 어물도가에서 유통된다고 할 수 있다. 신시장에서 어물을 도매로 유통하는 곳은 모두 4곳이었다가 최근에 1곳은 소매만 하고 있다. 안동에서 신시장 '어물도가'라고 하면 공영주차장 옆의 3곳을 말하는데, 1970년대 중반

---

1 배영동, 「안동지역 간고등어의 소비전통과 문화상품화 과정」, 『비교민속학』 31, 비교민속학회, 2006, 99~102쪽 참고.

부터 지금의 자리에서 어물을 도매로 취급해 오면서 안동 사람들에게 어물도가로 통한다. 현재 어물도가 건물은 1970년대 중반에 지은 것이라고 한다.[2] 신시장은 '1974년 1월에 상설시장을 폐지하고 1976년까지 3년간 재건축을 한 것'[3]으로 알려져 있는데, 이 시기에 지금의 어물도가 건물을 짓고 몇몇 어물도가가 이곳으로 옮겨온 것으로 보인다. 어물도가 3곳은 매월 셋째 주 일요일에 함께 쉰다.

현재 어물도가 3곳의 운영자들이 건축 당시부터 어물도가를 운영한 것은 아니다. A어물도가 운영자(여, 1967년생)는 2012년에 전 운영자로부터 인수하였다. 평소에는 혼자 어물도가를 운영하며, 장날에는 친언니가 도와주기도 하고 명절처럼 바쁜 때에는 보조 인력을 활용하기도 한다. B어물도가 운영자(남, 1967년생)는 1999년부터 어물도가를 운영하고 있으며 4년 전부터 직원을 한 명 채용했다. C어물도가 운영자(남, 1990년생)는 1972년에 백부가 전 운영자로부터 인수하여 조부와 함께 어물도가를 운영하였고, 이후 아버지도 어물도가 운영에 참여하게 되면서 C운영자는 자연스럽게 어렸을 때부터 어물도가에서 심부름하며 일을 익혔다. 성인이 되어서는 부모님을 도와 가업을 잇고 있으며 혼인 후에는 부부가 함께 어물도가에서 일하고 있다. 지금은 어물 손질뿐만 아니라 염장, 관리 등의 작업을 직접하고 있다. A어물도가의 역사는 정확하게 알 수 없었다. B어물도가는 신시장에서, C어물도가는 구시장에서 어물도가를 운영하다가 1970년대 중반 신시장 어물도가 건물이 완공되면서 이주해 왔으며 이전의 상호를 지금까지 사용하고 있다.

어물도가에서는 어물 가운데 고등어를 가장 많이 취급한다. 고등어 중에서도 통고등어보다 간고등어의 판매 비중이 압도적으로 높다. A어물도가에서는 간혹 고등어가 들어오는 날 손님이 통고등어를 요청하면 판매하지만, 그 외에는 간고등어만 판매한다. B어물도가에서는 통고등어를 요청하는 소매상에게는 통고등어를 납품하지만 대체로 간고등어를 유통한다. C어물도가에서도 통고등어와 간고등어의 취급 비율이 1: 9 정도로 간고등어 판매율이 월등히 높다. A와 B 어물도가에서는 주로 고등어만 취급하는 반면에 C어물도가에서는 고등어 외에도 상어·가자미·조기·갈치·꽁치 등 시장의 어물 소매점에서 취급하는 생선 대부분을 유통·판매하고 있다.

현재 A어물도가는 어물을 소매로 유통하고, 다른 두 어물도가는 대부분 도매로 유통

---

2 B어물도가 운영자의 제보(2024년 10월 17일).
3 이민호·이미홍·주영욱, 『서구동의 어제와 오늘』, 안동문화원, 2022, 105쪽 참고.

하고 있다. 신시장의 소매상인들뿐만 아니라 안동의 여러 시장의 소매상인들이 B와 C 어물도가를 통해 간고등어를 구매하고 있다. 물론 신시장 내에 있는 D어물 도매상에서도 시장의 소매상인들에게 간고등어를 유통하고 있다. 한편 B어물도가에서는 구시장 상인들에게도 간고등어를 도매하는데, 매일 아침 9시에 일정 물량을 구시장 상인에게 가져다주고 오후 6시에 판매되지 않은 간고등어를 다시 어물도가로 가져와 냉장보관해 두는 시스템으로 운영하고 있다. 신시장 내 D어물 도매상에서도 구시장 상인들에게 어물을 납품한다.

현재 신시장 어물도가에 들어오는 고등어는 대부분 부산공동어시장을 통해 유통되는 것이다. 과거 안동에 유통되는 간고등어는 영덕을 비롯한 동해안에서 운반되었다. 하지만 교통망과 운반 수단이 좋아짐에 따라 간고등어 주공급지는 영덕에서 부산공동어시장으로 옮겨졌으며, 1980년대 후반부터는 부산에서 고등어에 소금을 치지 않고 냉동저장하여 안동까지 가져왔다.[4] 현재는 부산공동어시장에서 통고등어를 냉동 또는 냉장으로 가져오고 있으며 염장은 어물도가에서 직접한다. 어물도가별로 부산공동어시장의 거래하는 곳이 다르며, 일주일에 4회 정도 납품받는 곳도 있고 한 달에 5~6회 정도 납품받는 어물도가도 있다. 소매만 하는 A어물도가는 B어물도가로부터 고등어를 구매해서 염장하여 판매한다.

고등어는 4월부터 6월까지 금어기이고 부산에서는 매월 음력 보름부터 일주일 정도 조업을 하지 않는다. 그래서 고등어가 많이 나지 않을 때는 미리 잡아 냉동해 둔 고등어를 납품받기도 한다. C어물도가의 경우에는 여러 종류의 어물이 1회에 5톤 트럭의 양으로 납품되는데 고등어의 경우 냉동으로 오는 것과 생물로 오는 것으로 나뉜다. 냉동 고등어는 필요할 때마다 해동한 다음 손질해서 염장하고, 생물 고등어는 얼음에 담겨 오는데 당일 손질하고 염장한다. 생물 고등어만 납품될 때는 한 번에 1톤 트럭에 100박스 정도 운송되기도 한다.

---

4   배영동, 앞의 글, 106쪽 참고.

〈사진 1〉 부산공동어시장에서 배송된 고등어1(B어물도가)　　〈사진 2〉 부산공동어시장에서 배송된 고등어2(B어물도가)

고등어는 스티로폼으로 된 상자에 14마리부터 26마리까지 크기별로 담아 얼음을 채워 운송된다. 한 상자에 담긴 고등어 마릿수가 적을수록 크기가 크고 좋은 고등어다. 어물도가에서는 올해 추석 명절에 큰 고등어가 귀해서 구하지 못하고 판매하지도 못했다고 한다.[5] 작은 크기의 고등어조차도 값이 비싸서 많이 사지 못했을 정도이다. 이처럼 추석 명절에 어물도가에서 좋은 고등어를 구하지 못한 것은 일본 수출 물량이 많아졌기 때문이라고 한다.

일본 오염수 (방류) 이후로 좋은 고등어, 큰 고등어를 일본에 수출하게 되었다. 올해는 추석 지나자마자 큰 고등어는 사지 못하게 됐다. 추석 지나서 일본 수출이 시작됐다고 한다. 특히 16~18마리 짜리는 못 산다. 명절에는 미리미리 사서 준비해 놔서 썼는데 추석 때는 (고등어를) 바로 살 수가 없더라.[6]

명절에는 제물로 쓸 고등어가 많이 판매되므로 유독 크기가 크고 좋은 고등어가 많이 유통된다. 한 상자에 16마리 정도 고등어면 좋은 고등어라고 여기는데 올해 추석 때는 일본 수출 물량이 많아지면서 어물도가에서도 큰 고등어를 구하지 못했다. 큰 고등어가 있더라도 값이 기존보다 4배 정도 올라 구매하지 못한 것이다.

5　A어물도가 운영자의 제보(2024년 10월 17일).
6　B어물도가 운영자의 제보(2024년 10월 17일).

〈사진 3〉 고등어 내장 손질하기(B어물도가)

〈사진 4〉 고등어 내장 손질하기(A어물도가)

〈사진 5〉 고등어 핏물 빼기(B어물도가)

〈사진 6〉 고등어 염장하기(B어물도가)

〈사진 7〉 고등어 염장하기(A어물도가)

〈사진 8〉 고등어 염장하기(B어물도가)

어물도가별 고등어 손질 방법은 비슷하면서도 염장 기술에는 차이가 있다. 먼저 고등어 배를 가른 다음 아가미 밑에서부터 내장을 떼어 내고 흐르는 물에 핏물을 씻는다. 손질이 완료된 고등어는 물이 흐르는 통 안에 넣어 한동안 핏물을 뺀다. 핏물을 잘 빼야 염장해도 비린내가 나지 않는다고 한다.[7] 소금은 천일염을 사용하는데 고등어 배 안에도 소금을 치지만 염장한 고등어를 상자에 넣은 다음에도 한 번 더 소금을 친다. A어물도가 운영자는 이를 두고 고등어 등에 소금을 치는 것이라고 했는데 이렇게 하면 고등어가 마르지 않으면서 푸른색을 유지할 수 있다고 한다.

모든 어물도가에서는 염장할 때 필요한 소금의 양을 일정한 기준으로 말하기 어렵다고 한다. 이는 염장하는 사람의 오랜 기간 숙달된 경험에서 나오는 것이므로 소금의 양을 계량화하지 않기 때문이다. 다만 고등어의 크기에 따라 소금의 양이 달라지는데 여기에서 고등어 맛의 차이가 생긴다. 그리고 염장한 고등어는 냉동과 냉장한 것으로 구분되는데 냉장한 것부터 판매한다.

A어물도가 운영자는 보통 여름철에는 아침에 고등어를 염장하면 저녁에 냉장하고 겨울철에는 이튿날 아침에 냉장하여 숙성한다고 한다. B와 C 어물도가 운영자는 8시간 이후 또는 반나절 정도 지나서 냉동한다고도 한다. 이처럼 염장한 고등어를 곧바로 냉동이나 냉장을 하지 않는 것은 고등어에 남아 있는 물이나 핏물이 빠지면서 소금 간이 잘 배도록 하기 위해서다. C어물도가 운영자는 "염장한 다음 하루 정도 뒤에 먹으면 고등어가 가장 맛있는데 그 전에 먹으면 소금 간이 덜 배어져 있다."라고 한다. 한편 A와 B 어물도가 운영자는 고등어 손질과 염장 방법을 전 운영자로부터 배웠다고 한다. 반면에 C어물도가 운영자는 가족들이 어물도가를 운영해 오면서 자연스럽게 익히게 되었다.

어물도가에서 소매로 판매하는 간고등어는 포장되지 않은 것과 진공포장된 것으로 나뉜다. 소비자들은 반찬으로 먹거나 제물로 쓰는 것은 포장되지 않은 간고등어를 많이 사는 반면에 선물용이거나 장시간 이동해야 할 경우에는 진공포장된 간고등어를 많이 구매한다. 반찬용 간고등어는 요청에 따라 토막을 내어 주기도 하며 비닐봉지에 담아 준다. 진공포장된 간고등어는 별도의 선물용 상자와 포장 가방에 넣어준다. 간고등어의 가격은 부산공동어시장의 경매가격에 영향을 받기는 하지만 무게에 따라 한 손 기준 1만 원부터 3만 원까지 가격이 책정된다.

---

[7] B어물도가 운영자의 제보(2024년 10월 28일).

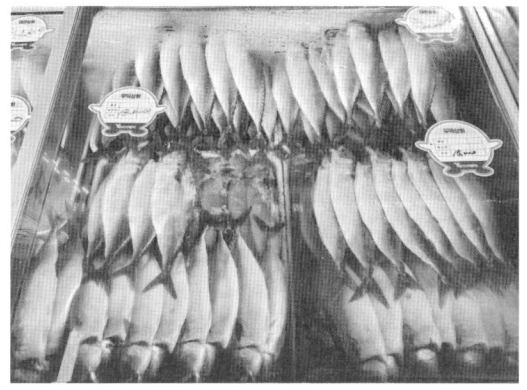

〈사진 9〉 소매로 판매되는 간고등어(C어물도가)

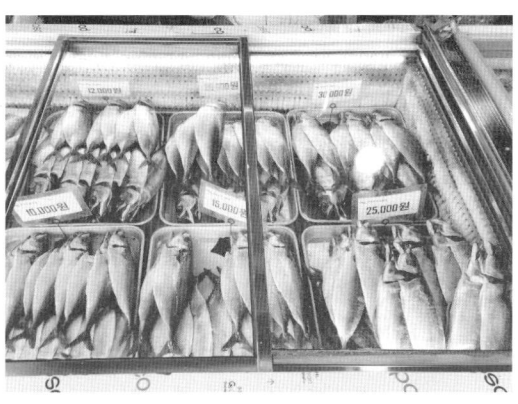

〈사진 10〉 소매로 판매되는 간고등어(A어물도가)

〈사진 11〉 고등어 진공포장 기계(B어물도가)

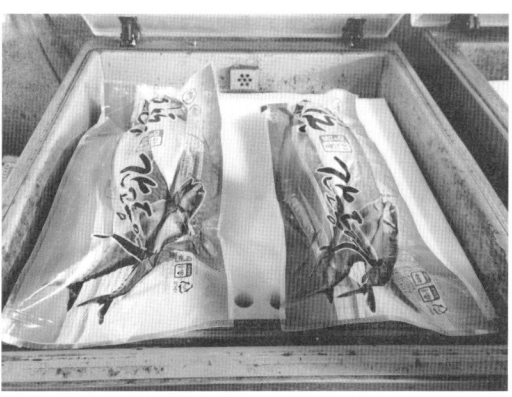

〈사진 12〉 진공포장된 간고등어(B어물도가)

〈사진 13〉 간고등어 진공포장하기1(A어물도가)

〈사진 14〉 간고등어 진공포장하기2(A어물도가)

간고등어가 가장 많이 판매되는 시기는 설, 추석 명절과 시사 때이다. 평소에는 장날에 소비자들이 많이 찾는 편이다. 그리고 직접 구매하러 오는 소비자도 있지만 택배 주문도 많다. 요즘에는 지역 사람들도 택배로 주문하는 경우가 많다고 한다. 특히 명절에는 단체 주문이 많은데, 회사에서 직원과 거래처 선물용으로 대량 주문을 하기 때문이다. 소매를 많이 하는 A어물도가는 오후 2시부터는 택배 포장 작업을 해서 5시 정도에는 택배를 보낸다.

반찬으로 먹거나 제사에 쓸 거는 냉장으로 많이 사 간다. 선물하거나 장시간 이동해야 할 때는 포장용을 사서 간다. 제주도, 울릉도에서도 택배한다. 안동 사람들이 사서 택배로 보내주는 경우도 많다.[8]

요즘은 직접 사러 오는 사람보다 택배로 주문하는 사람이 더 많은 거 같다. 부산에서도 부산 고등어 맛이 없다고 주문하기도 한다. 부산에서도 고등어가 나지만 대부분 좋은 고등어는 안동에 많이 올라오기 때문이다.[9]

어물도가에서 간고등어만 택배 배송하고 있다. 재밌는 사실은 제주도, 울릉도, 부산 등 해안지역에서도 안동간고등어를 택배로 구매한다는 점이다. 그중에서도 부산은 고등어를 직접 잡아 유통하는 지역이고, 안동의 고등어 역시 모두 부산에서 운송되는 것인데도 불구하고 부산 사람 중에는 간고등어를 안동에서 주문해 먹는 사람들이 있다. 그만큼 안동간고등어가 지역 특산품으로 알려졌을 뿐만 아니라 간고등어의 맛도 우수하다는 것을 의미한다.

신시장 내 어물 소매점에서도 간고등어 택배 배송을 한다. 어물 소매점에서는 간고등어·갈치·오징어·상어·가오리·조기 등 다양한 종류의 생선을 취급한다. 간혹 생선과 문어를 함께 판매하는 소매점도 있으나 문어만 전문적으로 취급하는 문어집이 있다. 신시장의 어물 소매점은 신시장 어물도가에서 생선을 떼어 오기도 하지만 대구, 부산, 제주도 등 다른 지역의 생선도 택배로 받아서 판매한다. 소매점 역시 냉동 고등어를

---

8 B어물도가 운영자의 제보(2024년 10월 17일).
9 C어물도가 운영자의 제보(2024년 10월 18일).

미리 구매해 뒀다가 금어기 때 판매한다.

   소매점 가운데는 어물도가에서 염장한 고등어를 사시 팔기도 하고 통고등어를 가져와서 직접 염장하고 진공포장해서 판매하기도 한다. 신시장의 E소매점에서는 고등어를 염장해서 당일 판매하지 않는 것은 곧바로 냉동한다고 한다. 그리고 제사용으로 사용할 생선을 꼬지(꼬치)에 꿰어도 주는데 미리 주문하면 쪄서 주기도 한다. 간고등어·상어·조기 등 제물용 생선은 쪄서 주기도 하며, 간혹 소고기도 정육점에서 구매하여 생선과 함께 쪄 주기도 한다.

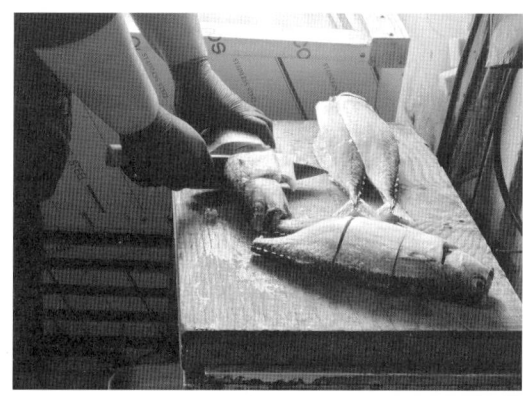

<사진 15> 간고등어 토막내기(B어물도가)　　　　　<사진 16> 손질한 조기 꼬지(E어물 소매점)

   부산공동어시장으로부터 공급받는 고등어는 신시장의 어물도가에서 간고등어로 생산하여 안동지역뿐만 아니라 전국으로 유통하고 있다. 오래전부터 안동 사람들이 즐겨 먹어온 간고등어가 1990년대 후반 상품화된 이후 안동지역을 벗어나 전 국민으로부터 관심받는 향토음식으로 자리매김한 것이다. 이는 전국의 내륙지역뿐만 아니라 제주도, 울릉도, 부산 등의 해안지역에서도 택배 주문이 많다는 사실을 통해서도 잘 알 수 있다. 안동 사람들도 여전히 반찬으로 즐겨 먹고 제례 제물용으로 간고등어를 구매할 뿐만 아니라 선물용으로도 구매하고 택배로도 보낸다. 신시장 어물도가에서는 간고등어를 신시장의 어물 소매점을 비롯한 구시장, 북문시장 등 안동의 여러 전통시장 어물 소매점에 도매하고 있다. 즉 안동간고등어는 신시장 어물도가를 중심으로 안동지역은 물론이고 전국 유통망을 형성하고 있다.

3. 안동문어의 생산과 소비전통

안동지역에서 문어는 명절을 비롯한 혼례·상례·제례의 필수적인 의례음식이다. "전국에서 문어 소비량의 30% 이상이 안동에서 소비된다"[10]고 할 정도로 안동에서는 문어를 의례음식으로 중요하게 생각한다. 물론 내륙지역인 안동에서는 평상시에도 값비싼 문어를 먹기 쉽지 않았다. 오늘날에도 안동에서는 당일 삶은 문어를 혼례·상례·제례에 꼭 사용할 정도로 의례음식에서 중요하게 쓰인다. 안동 신시장에는 문어골목이 형성되어 있을 만큼 문어 소비가 많다.

현재 신시장 내에서 문어를 취급하는 곳은 12곳 정도 된다. 신시장 6지구에는 문어만 전문으로 유통·판매하는 문어집이 몇 집 모여있다. 1980년대 초까지만 해도 현재 문어 전문집이 모여 있는 곳은 경북 북부지역에서 큰 고추상회가 밀집되어 있는 곳으로 더 유명했다. 신시장에서 2대째 문어집을 운영하는 F문어는 현재 문어집 중에서도 초기에 문어 판매를 시작한 곳으로 1대 운영자(남, 1935년생)를 통해 당시 상황에 대해 들을 수 있었다.

> 처음에는 쌀장사하다가 (참)기름장사도 하다가 고추상회 열어서 OO고추장사하다가 그 다음에 도라지도 하고. 중국산이 안 나올 때는 도라지 장사가 귀했는데 조금 이따 보니 중국산이 들어오고 (장사가) 그만 안 되더라고. 그다음에 영해 아주머니가 장날에 문어 삶아 방티(바구니)에 담아 버스 타고 와서 파는데 퍼뜩 팔리더라. 내가 가만히 있다가 이거 되겠다 싶어서 바다에 갔잖아. 동해 처음 가 봤지. 바다에서 경매하는 사람 알아서 주문했는데 삶아도 잘 안되고 손해도 많이 봤어. 처음이라고 나쁜 물건도 많이 주고. 처음 하는 사람 잘 모른다고 (문어) 죽은 것도 주고 안 좋은 것도 주고 했지. 죽은 거 가져오면 삶으면 질기다. OO문어가 두 번째로 배워서 한 집이고 우리집이 처음 한 집이다.[11]

F문어 1대 운영자에 의하면, 1980년대 초중반 무렵까지는 장날 영해에서 문어를 삶아 와서 파는 사람들이 있었다고 한다. 당시 영해에서 삶아 가져온 문어를 난전에 두고 판매하는 사람들이 4~5명 정도 되었는데 문어가 항상 잘 팔렸다고 한다. 이를 유심히 지켜본

---

10 배영동, 「유교문화적 취향이 구현된 안동지역 음식」, 『향토문화』 20, (사)대구향토문화연구소, 2005 참고.
11 F문어 1대 운영자의 제보(2024년 9월 19일).

F문어 1대 운영자는 1980년대 중반에 고추상회 전체를 외곽으로 이전하게 되자 운영하던 고추상회를 그만두고 그 자리에서 문어 장사를 시작하였다. 이때까지만 해도 안동 사람이 직접 문어를 유통하거나 판매하는 경우는 없었던 것으로 보인다. 의례음식으로 문어를 중요하게 생각했던 안동 사람들에게 신시장 장날에만 판매하는 문어는 인기리에 판매되었다.

F문어 1대 운영자는 문어를 조달하기 위해 초기에 직접 동해의 경매장에 가서 문어를 구입했다. 하지만 어떤 문어가 좋은 문어인지 잘 몰랐을 때는 문어 경매인들로부터 좋은 문어를 구하기가 어려웠고 죽은 문어를 납품받기도 했다. 처음에는 죽은 문어를 삶으면 질기다는 사실도 알지 못해서 경제적으로 손해도 봤다. 이후 동해에서 문어 삶는 것도 보면서 배우고 여러 차례 시행착오도 겪으면서 나름의 방식대로 문어 삶는 법을 터득했다.

〈사진 17〉 동해안에서 옮겨 온 생문어(F문어)

〈사진 18〉 삶은 문어(F문어)

문어 삶는 방법은 간단하면서도 삶을 때 소금을 넣는 것과 삶는 시간 등이 매우 중요하다. 지금 안동문어는 삶는 기술은 물론이고 맛도 좋다고 알려져 관광객들도 많이 찾는다. F문어는 1990년대 중반부터 큰아들이 2대째 운영하고 있다. 15년 전까지는 동해안에서 냉동문어를 공급받아서 삶았는데, 그 이후부터는 생문어를 공급받아 삶아 판매하면서 문어 맛이 더 좋아졌다고 한다.[12] 문어를 삶는 솥은 2개 있는데 큰 문어 1마리 기준 10분

12　F문어 2대 운영자의 제보(2024년 9월 7일).

정도 삶는다. 작은 크기의 문어는 한 솥에 5~6마리 정도 넣고, 큰 문어는 2~3마리 정도 한 번에 넣어 삶아낸다. 문어 삶는 시간이 오래 걸리지 않으므로 주문이 들어오면 바로 삶고 명절과 같이 문어 소비가 많을 때는 계속해서 삶는다. 그리고 명절처럼 문어 소비가 많을 때는 생문어를 5,000kg 정도 미리 마련해 두기 때문에 문어를 보관할 수 있는 수조를 갖추는 것도 중요하

〈사진 19〉 온마리 포장 문어(F문어)

다. F문어 2대 운영자는 동해안까지 문어를 직접 가지러 가기도 한다.

안동문어는 대개 제례 제물, 상례 접빈음식, 혼례 잔치음식과 이바지음식 등으로 많이 소비된다. 제례 때는 보통 1kg~3kg 정도 구매해 가는 편인데, 가족들이 함께 나누어 먹기 위해서는 평균적으로 3kg 정도 구매해 간다. 제물로 쓸 문어는 미리 주문하면 꼬지에 꿰어 주기도 한다. 혼례 때는 보다 많은 사람들이 나누어 먹기 위해 평균적으로 4kg 정도는 주문하는 편이다. 특히 혼례 이바지음식으로 주문하는 문어는 온마리를 보기 좋게 상자에 넣어준다.

상례 때 문어는 조문객 음식으로 많이 쓰인다. 병원에서 장례를 치르게 되면서부터 장례식장에서 문어를 주문하는 사례가 많아졌다. F문어의 경우에는 안동의 한 병원 장례식장과 계약을 해서 문어를 납품하고 있다. 주문이 들어올 때마다 문어를 삶은 다음 한입에 먹을 수 있는 크기로 썰어서 초장과 함께 병원 장례식장으로 보낸다. 장례식장에서는 간편하게 문어를 조문객 상에 내어놓을 수 있다. 예전에는 인근 시군의 병원 장례식장까지 문어를 납품하기도 했다. 이를 통해 안동을 중심으로 한 경북 북부지역에서는 지금까지도 상례 때 문어를 쓴다는 사실을 알 수 있다.

F문어는 문어 외에도 상어, 고등어도 판매한다. 상어와 고등어는 어물도가에서 가져와서 팔고 있는데 이 역시 손님이 미리 주문하면 꼬지에 꿰어 준다. 바쁘지 않을 때는 어물도가에서 통고등어를 가져와서 직접 염장하기도 하지만 바쁜 시기에는 간고등어를 떼어 오기도 하고 생선은 판매하지 않기도 한다. 이처럼 문어 전문점에서는 제수용 생선도 함께 판매하기도 하지만 생선 위주로 판매하는 소매점에서는 문어를 함께 취급하지 않기도 한다.[13] 반면에 제수용 어물류를 모두 취급하는 소매점도 있다.

안동 신시장에서 문어를 직접 삶아 유통하게 된 역사는 40년 정도이다. 동해안에서 잡은 문어를 삶아 와서 장날에만 팔던 문어를 안동에서 삶아 팔게 되면서 안동 사람들은 더 맛있고 신선한 문어를 먹을 수 있게 된 것이다. 안동문어는 여전히 안동 사람들의 설과 추석 명절을 비롯한 혼례·상례·제례 등의 의례음식으로 쓰인다. 병원 장례식장에서 상례를 치르게 된 이후부터는 장례식장에서 일괄 주문하며 조문객 접빈음식으로 쓴다. 또한 운송업이 발달하면서는 안동문어를 전국으로도 배송하고 있다. 이처럼 신시장을 통해 안동문어의 생산과 소비전통을 이해할 수 있다.

4. 떡류·전류의 생산과 소비전통

떡은 의례에 쓰이는 특별한 음식으로 의례별로 쓰이는 떡의 종류는 매우 다양하다. 의례마다 쓰이는 어물의 종류가 대동소이한 것과는 차이가 있다. 설·추석·혼례·상례·제례·시사 등 의례의 특성에 따라 의례별로 쓰이는 떡의 종류가 다르면서도 계절의 영향도 받는다. 안동지역은 의례문화의 전통이 비교적 잘 전승되고 있는 곳이다 보니 신시장 내 떡 전문점도 활성화되어 있는 편이다. 그리고 안동 마와 수리취를 주재료로 하고 팥이나 크림치즈 등을 앙금으로 넣어 단오 수리취떡을 퓨전화하여 상품화한 떡집도 있다.[14]

현재 안동 신시장에는 10여 개의 떡 전문점이 있다. 이 가운데는 20년 이상 운영 중인 떡집도 다수 있고, 50년 이상 된 떡집도 있다. 그리고 2대 이상 운영하는 곳도 있어 그 역사를 짐작할 수 있다. 1960년대 중반까지만 해도 신시장에 떡집은 1곳뿐이었는데 이 떡집은 지금도 운영하고 있다. 당시 떡집 외에 난전에서도 찰떡을 만들어 파는 아주머니가 한 명 있었는데 아들이 벙어리여서 사람들이 '벙어리찰떡'으로 불렀다고 한다.[15] 벙어리찰떡은 현재 보신탕 골목 근처에 있었고 콩고물·팥고물·깨고물을 입힌 찰떡 세 종류를 판매했다. 난전에서 찰떡을 팔다가 나중에는 조그마한 판자집을 얻어 계속 떡을

---

13 E어물 소매점 운영자(남, 1974년)의 제보(2024년 10월 18일).
14 마수리떡 홈페이지(http://www.masuritteok.com) 참고.
15 F문어 1대 운영자의 제보(2024년 9월 19일).

팔았는데 어느 순간 그만두었다고 한다.

> 처음에는 나무로 불 때어 가면서 했지. 근처 땅콩공장에서 땅콩 껍질 가져다가 때었어. 나무도 구하려면 비싸기도 하고 건너 땅콩 공장에 있는 (땅콩) 껍데기로 불 넣어 풍로 부치고 앉아가지고. 그때 어떤 사람이 방앗간 같이 해보자고 해서 처음에는 동업 조금 했지. 처음에는 쌀을 담가야 하는지 건져야 하는지도 모르고 했어. 처음에는 백편도 하고 시루떡 팥시루떡도 하고 노란(콩고물) 시루떡도 하고 찰떡도 하고, 미리지도 하고 미리지는 바람떡. 잔치 있으면 손으로 다 만들어야 해. 백편하고 시루떡은 찜기에 찌고 다른 건 손으로 만들어야 해. 그때는 파는 건 없고 쌀을 자기 집에서 담가 가지고 바가지에 이고 지고 왔지.[16]

신시장의 떡집은 대개 '되' 단위로 주문을 받아서 떡을 만들었는데 2000년대에 들어서는 소매로도 떡을 판매하고 있다. 즉 2000년대 이후부터 여러 종류의 떡을 소매로 판매하고 있다. 신시장에서 2대째 떡집을 운영하는 G떡집은 1대 운영자(여, 1942년생)가 1970년대 초에 지금의 안동교회 부근에서 방앗간을 하면서 떡을 만들었고 2000년대 초에 신시장으로 옮겨와서 2대 운영자(남, 1967년생)인 아들과 함께 떡집을 운영하고 있다. G떡집의 1대 운영자는 1970년대 초 처음 떡을 만들게 되었을 때 "쌀을 담가야 할지 건져야 할지 아는 게 없었다"고 할 정도로 떡 만드는 법을 잘 몰랐다고 하지만 지금은 신시장 떡집 가운데서도 오랜 경력을 자랑한다. 1970년대 초에는 주로 백편·팥시루떡·콩고물시루떡·미리지(바람떡)·절편·찰떡 등을 만들었다. 이 당시만 해도 떡에 들어가는 재료는 손님들이 직접 가지고 왔고 쌀도 집에서 불려서 가져왔다고 한다. 이때는 소매로 판매하는 떡이 거의 없던 시절이다. 지금도 G떡집은 소매로 판매하는 떡은 별도로 만들지 않고 주문 제작하는 떡을 만들 때 조금 여유 있게 하거나 남으면 판매하는 정도이다.

1970년대에는 북문시장의 제과점과 구시장의 제과점에서 찹쌀떡을 만들기 위해 G떡집의 1대 운영자를 찾곤 했다. 북문시장 제과점의 경우에는 찹쌀을 가루로 만들어 가서는 제과점에서 직접 찹쌀떡을 만들었고, 구시장 제과점에서는 찰떡까지 떡집에서 만들어

---

16 G떡집 1대 운영자의 제보(2024년 10월 18일).

가서 제과점에서 팥소만 넣는 작업을 하여 찹쌀떡을 완성했다. 당시 구시장 제과점에서 찹쌀가루를 가져오면 떡집의 가래떡 만드는 기계를 이용하여 찰떡을 만들었다.

그리고 G떡집은 구시장의 떡볶이골목의 떡볶이 떡도 최초로 납품했다. 떡볶이집에 가래떡을 만들어 주면 떡볶이집에서는 가래떡을 먹기 좋은 크기로 잘라 요리했다. 이후 다른 떡집에서도 가래떡을 만들어 잘라서 납품하기도 했다.

〈사진 20〉 혼례 이바지 영양떡(G떡집)

〈사진 21〉 절편 뽑아내기(G떡집)

〈사진 22〉 절편 썰기(G떡집)

신시장의 대부분 떡집에서는 폐백음식과 이바지음식으로 쓸 떡을 만든다. 그런데 예식장에서 폐백음식을 공장에 일률적으로 맡기고, 이바지음식을 잘 하지 않게 되면서 떡집에서도 혼례 떡을 많이 제작하지 않게 되었다. G떡집은 5~6년 전부터 폐백 떡을 거의 하지 않고 있다고 한다. H떡집 운영자(여, 1969년생)에 의하면, "예전에는 혼수 떡이라고 해서 긴 찰떡에 오색고물을 묻힌 떡도 하곤 했는데 이젠 이런 떡은 안 한다."[17]고 한다. 현재 신시장의 대부분 떡집에서는 이바지 떡으로 영양떡과 약밥 정도만 소량으로 주문 제작하고 먹기 좋게 낱개 포장하여 배송한다. 과거 혼례 때는 여러 종류의 떡을 만들었지만 현재 영양떡과 약밥 두 가지 정도로 간소하게 준비하는 것으로 변화되었다.

> 초상나고 제사 지낼 때 콩가루시루떡, 찰떡을 많이 만들어 갔다. 지금처럼 장례식에 손님들 대접한다고 떡을 주문하는 경우가 없어. 제사에 제물로 올리려고 여러 가지 떡을 해 가고 제를 지내고 나면 그걸 사람들하고 나눠 먹었지. 주로 콩가루시루떡 많이 하고 팥시루떡은 굿할 때나 한다. 조문객한테는 절편, 꿀떡, 깨송편 한다. 제물로 올리는 거는 시루떡부터 조약까지 있지. 본편인 콩가루시루떡 3층에 까만깨, 흰깨 떡을 올리고 그 위에 콩가루 경단하고 그 위에 대추 박아서 전 올리고 맨 위에 조약 올린다. 조약은 반달 모양으로 만들지.[18]

> 기제사 떡으로는 시루떡 3장으로 인절미 사가는 게 보통이고 10월 시사에는 작은 건 5만 원, 큰 건 20만 원짜리도 있어요. 시루떡 제일 아래에 괴고 절편, 인절미, 경단, 전, 조약 순으로 괴어가 가져가는 것에요. 떡집에서 제사를 바로 지낼 수 있도록 준비를 다 해서 줍니다. 시사에 이런 떡을 하는 건 문경에서는 거의 없었어요. 안동에만 있어요. '시사 때는 떡집 밤샌다' 그래요.[19]

상례에는 콩고물시루떡, 찰떡 등을 주로 쓴다. 이 떡은 주로 상례 제물로 쓰는 떡이고 조문객에게 대접하기 위한 떡은 장례식장에서 절편이나 꿀떡, 깨송편 등을 별도로 주문한다. 과거 전통 상례에서는 조문객을 위한 떡은 별도로 주문하지 않았고 제물로 쓴 떡을 나누어 먹었다. 그리고 기제사에는 콩고물시루떡, 인절미 등을 올리지만 상례나 시사 제물로는 여러 종류의 떡을 괴어 올리는데, 떡집에 일체 주문을 하는 경우도 많다. 주로 시루떡을 본편으로 하고 그 위로 절편·인절미·경단·전·조약 순으로 떡을 괸다. 특

---

[17] H떡집 운영자의 제보(2024년 10월 23일).
[18] G떡집 1대 운영자의 제보(2024년 10월 18일).
[19] H떡집 운영자의 제보(2024년 10월 23일).

히 10월 시사 때가 되면 신시장에서 밤을 새우지 않는 떡집이 없을 정도로 주문량이 많다. H떡집 운영자(여, 1969년생)는 '시사 때는 떡집 밤새는 날'이라고 하면서도 시사 때 괴는 떡은 안동에서만 하는 것이라고 한다. 이는 봉제사 접빈객을 중요한 가치로 생각하는 안동 사람들의 유교문화의 실천 양상으로 이해된다.

〈사진 23〉 팥송편 빚어두기(H떡집)

떡집에는 '4대 명절'이 있다고 한다. 한식날, 부처님오신날, 추석, 시사 때가 떡집이 가장 바쁜 날이다. 이때 떡 소비량이 가장 많다는 것을 의미하기도 한다. 특히 시사 때는 여러 종류의 떡을 만들어서 괴어야 해서 더욱 분주하다. 설에는 주로 떡국제사에 필요한 가래떡을 많이 만들고, 추석에는 차례에도 쓰고 성묘에도 쓰는 콩고물시루떡·절편·송편·기지떡을 많이 만드는 편이다.

떡집은 계절의 영향도 받는다고 할 수 있다. 주로 봄에는 쑥떡, 여름에는 기지떡, 가을에는 단호박떡, 영양찰떡을 만든다. 겨울에 특별히 만드는 떡은 없다. 겨울철에는 떡을 만들어서 밖에 내어두면 딱딱해지기 때문이다. H떡집에서는 평소 시간이 될 때 팥송편을 미리 만들어 냉동해 두었다가 손님이 찾으면 바로 쪄서 드린다. 그리고 찹쌀떡은 다른 곳에서 납품받고, 꿀떡·보리떡·백설기·호박떡·영양떡·절편·시루떡·인절미·송편 등은 모두 직접 만들어 판매한다.

장례식장에서는 수시로 떡을 필요로 하는데 H떡집은 7년 전부터 고정적으로 납품하는 장례식장이 없고, G떡집은 10년 넘게 병원 장례식장에 떡을 납품하고 있다. 장례식장에 떡을 납품하려면 상례가 언제 발생할지 모르기 때문에 항상 대기하고 있어야 하고 새벽에도 일찍 출근해야 해서 힘들다. G떡집은 현재 4곳 병원 장례식장에 떡을 납품하고 있고 지역의 향토음식점에도 약밥과 영양떡을 납품한다. H떡집은 10년 전부터 인근 교도소에 1년에 2회 떡을 납품하고 있는데, 여름에는 기지떡, 겨울에는 가래떡을 낱개 포장하여 보낸다.

H떡집의 운영자(남, 1960년생)는 문경에서 떡집을 6년 정도 운영하다가 23년 전부터 신시장으로 옮겨와 떡집을 하고 있다. 그리고 20년째 (사)한국떡류식품가공협회 안동시지회장을 맡고 있다. 협회에는 안동지역 떡집 20곳과 방앗간 200곳 정도가 회원으로

가입되어 있다. 협회 입회비는 5만 원이고, 회비는 월 1만 원이다. 탈퇴하면 입회비는 돌려준다. 협회는 1년에 1회 총회를 하는데 11월 말에서 12월 초 사이 시사가 끝난 이후 한가할 때 진행한다. 총회 때는 떡류요금을 결정하는데, 각 떡집에서는 이때 결정된 금액에 맞춰 가격을 책정하고 임의로 가격을 올리거나 낮출 수 없다.

협회 회원은 몇 가지 혜택이 있다. 방앗간의 경우 1년에 1회 발암물질 검사를 받아야 하는데 검사를 개인이 신청하면 검사 비용이 비싸지만 협회에서 단체로 신청하면 검사 비용이 조금 저렴하면서도 협회에서도 일부 지원하므로 개인이 부담하는 검사 비용이 적다. 협회에서 단체로 발암물질 검사를 받을 때는 대구에서 검사자를 초청해 와서 한 번에 검사를 진행한다. 떡집의 경우 정부미를 협회에서 조금 저렴한 가격으로 구매한다. 떡을 많이 하는 떡집은 1년에 20kg 기준 200포까지도 구매하는데, H떡집은 100포 정도 구매한다. 그리고 20년 전까지 떡집은 매월 1일과 16일에 함께 쉬었으나 명절, 시사 등 때에 맞춰 주문된 떡을 만들어야 하므로 고정적인 휴일을 없앴다. 방앗간은 여전히 매월 15일과 30일에 함께 쉰다.

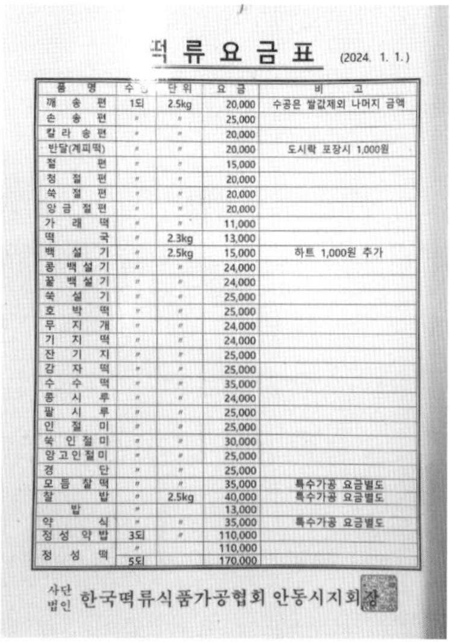

떡류요금표 (2024. 1. 1.)

품명	수량	단위	요금	비고
깨송편	1되	2.5kg	20,000	수공은 쌀값제외 나머지 금액
손송편	〃	〃	25,000	
칼라송편	〃	〃	20,000	
반달(계피떡)	〃	〃	20,000	도시락 포장시 1,000원
절편	〃	〃	15,000	
청절편	〃	〃	20,000	
쑥절편	〃	〃	20,000	
앙금절편	〃	〃	20,000	
가래떡	〃	〃	11,000	
떡국	〃	2.3kg	13,000	
백설기	〃	2.5kg	15,000	하트 1,000원 추가
콩백설기	〃	〃	24,000	
꿀백설기	〃	〃	24,000	
쑥설기	〃	〃	25,000	
호박떡	〃	〃	25,000	
무지개	〃	〃	24,000	
기지떡	〃	〃	24,000	
잔기지	〃	〃	25,000	
감자떡	〃	〃	25,000	
수수떡	〃	〃	35,000	
콩시루	〃	〃	24,000	
팥시루	〃	〃	25,000	
인절미	〃	〃	25,000	
쑥인절미	〃	〃	30,000	
앙고인절미	〃	〃	25,000	
경단	〃	〃	25,000	
모듬찰떡	〃	〃	35,000	특수가공 요금별도
찰밥	〃	2.5kg	40,000	특수가공 요금별도
밥	〃		13,000	
약식	〃	〃	35,000	특수가공 요금별도
정성약밥	3되	〃	110,000	
정성떡	〃		110,000	
	5되		170,000	

사단법인 한국떡류식품가공협회 안동시지회장

〈사진 24〉 떡류요금표

신시장 내에는 의례용 전을 만들어 파는 곳도 몇 집 있다. 현재 이바지음식에 들어가는 전 주문은 거의 없다고 할 수 있지만 여전히 제수용 전은 소비된다. 코로나19 이후 점점 제사를 지내는 집이 줄어들고 전의 종류와 양을 줄이는 추세이지만 명절을 앞두고 전집 앞은 문전성시를 이룬다.

신시장에서 25년 동안 전집을 운영 중인 I튀김은 2000년대 초반까지만 해도 주말에 이바지 음식 주문이 7~8건 정도 되었고 많이 들어 올 때는 10건 정도 들어왔다고 한다. 최근에는 이바지음식을 하지 않기도 하지만 예식장에서 음식 공장에 일괄 주문을 하면서 수요가 거의 없다. 이바지음식에 들어가는 전은 표고전 · 육전 · 인삼튀김 · 동태전 · 소고기 산적 등이다. 제수용 전은 고추가 들어간 전을 제외하고는 모두 쓰이는 데 가정마다 필요에 따라 구매해 간다. 안동에서는 제수용으로 배추전을 많이 쓰는 편이고 평소에도 배추전이 가장 많이 판매된다. 그밖에도 파전 · 다시마전 · 부추전 · 동태전 · 고추튀김 · 새우튀김 · 오징어튀김 · 고구마전 · 동그랑땡(공장제, 수제) · 육전 · 산적 ·

깻잎전 등이 소비된다. I튀김에서는 조금 한가한 시간에는 김치전도 만들어 팔지만 자주 만들지는 않는다.

<사진 25> 전류(I튀김)

<사진 26> 전류(I튀김)

I튀김은 평소 부부가 운영하지만 명절 전처럼 바쁠 때는 보조 인력을 활용한다. 부부는 재료를 미리 준비해 두고 당일 여러 명의 보조 인력이 전 굽는 일만 하도록 한다. 그리고 자녀들과 그 친구들이 와서 판매를 돕기도 한다. 전을 굽는 보조 인력은 자주 오는 사람들을 활용하는 편이다. 새로운 사람이 오면 가르쳐 주는 데만 1시간 이상 소요되고 경력자만큼 일을 잘할 수 없기 때문이다.

떡류와 전류의 생산과 소비 양상을 보면 안동지역에서는 여전히 의례음식의 소비가 많다는 사실을 알 수 있다. 의례 가운데서도 상례와 제례의 음식 소비는 점점 줄어들기는 하지만 비교적 수요가 있는 편이라고 할 수 있다. 반면에 혼례의 떡류와 전류의 소비는 감소하였는데 이는 혼례의 전통 요소를 간소화하면서 폐백음식과 이바지음식을 줄이거나 하지 않는 사회 분위기가 영향을 주고 있는 것으로 보인다.

5. 보신탕 소비전통의 단절

보신탕은 개고기를 고아 만든 국으로 여름철 보양식으로 즐겨 먹은 음식이다. 우리 민족은 전통적으로 개·돼지·소·닭·양·토끼 등의 육류를 식용해 왔다. 이 가운데서도 개고기와 닭고기는 비교적 수월하게 먹을 수 있는 육류였다. 안동 금소마을에서는 보양식으로 개장국을 종종 먹었거나, 1960년대 중반 환갑잔치에 개장국을 끓였다는 내용이 조사되었다.[20] 경북 영양의 한 마을 조사에서도 1970년대까지 회갑잔치에서 '쌀밥+개장국형'이 '쌀밥+소고기국형' 보다 접빈음식으로 더 많이 마련되었다고 한다.[21] 이러한 사실로 미루어보면 개장국으로 대표되는 보신탕은 꽤 오랫동안 한국인들이 먹어온 것으로 보인다.

현재 신시장에는 보신탕집이 3곳 남아 있다. 이 가운데 가장 오래된 K식당은 1960년대부터 시작했다. J식당은 시어머니와 며느리가 2대째 약 40년 동안 운영하고 있다. 1대 운영자인 시어머니는 며느리에게 조리법을 전수하였고, 며느리는 7년 전부터 혼자서 식당을 운영하고 있다. K식당은 장인과 사위가 2대째 운영하고 있으며 1대 운영자인 장인은 사위에게 조리법을 전수하였다. 장인은 약 20년 정도 식당을 운영하다가 1977년부터는 사위가 식당 운영을 하기 시작했다. L식당은 전 운영자가 식당을 그만두고 잠시 비워 두었는데 현재 운영자가 15년 전에 고향으로 내려와 운영하고 있다.

L식당 운영자는 고향으로 내려오기 전에 서울에서 약 5년 동안 보신탕집을 운영한 경험이 있었다. 서울에서는 개고기와 오리고기를 취급하는 고급 음식점을 운영하였고 별도로 개고기를 전문으로 삶는 직원을 두었다. 당시 처음 보신탕집을 운영하고자 했을 때 여러 식당을 다니며 직접 먹어보고 배웠다. 그리고 집에서 여러 차례 개고기를 삶아 시식해 보면서 비법을 연구했다. L식당 운영자가 다른 음식점보다 보신탕집을 선호한 이유 중 하나는 반찬에 대한 부담이 적다는 점이다. 한식은 반찬의 종류가 많은 것이 특징인데 보신탕은 반찬의 가짓수가 적은 점이 장점으로 작용했다. 그러나 안동에 와서 다시 식당을 운영하면서는 개고기를 직접 손질하고 개장국을 끓이고 판매도 직접 한다는 점에서 어려움이 있다고 했다.

> 장인어른도 최초에 (식당)하셨던 분인데 지금하고 숫자는 비슷한데 그때 4집 정도 있었고. 경○식당이라고 하나 더 있었어. 4집으로 시작했다가 가장 많았을 때는 7집 정도 있었

---

20 안동대학교 민속학연구소 편, 『전통과 조화의 큰 마을 금소』, 안동민속박물관, 2016, 371~372쪽 참고.
21 박선미, 『동성마을 잔치음식의 구성과 의미-경북 영양군 감천마을의 혼례와 회갑례 음식을 중심으로』, 안동대학교 박사학위논문, 2016, 164~170쪽 참고.

고. 왜냐하면 보신탕이 들어 왔다가 안되니까 나가고 했지. 여기 앞에 다 고추전이었거든. 그때는 좀 활성화가 되었지. 고추전이 없어지면서 좀 주춤하게 되고.[22]

K식당 1대 운영자가 식당을 할 때는 보신탕집이 4집 정도 있었다고 한다. 그리고 2000년대 초반에는 보신탕집이 가장 많았을 때인데 7집이 있었다. 현재 보신탕집들이 있는 맞은편으로는 과거 고추상회가 있었던 곳이다. 1980년대 고추상회가 외곽으로 옮겨지기 전까지 그 규모는 대단했고 지금 보신탕골목은 항상 사람들이 붐비는 곳이었다. 고추상회가 활성화될 때까지는 상회에 오고 가는 사람들이 보신탕을 많이 먹으러 왔는데 고추상회가 외곽으로 옮겨진 이후부터는 보신탕집도 손님이 줄었다. 하지만 보신탕을 전문으로 하는 세 식당이 여전히 서로 이웃하면서 보신탕골목 문화를 형성하고 있다. 그뿐만 아니라, 보신탕집 옆으로는 순대국밥, 돼지국밥, 선지국밥 등의 몇몇 국밥집들이 국밥골목을 형성하면서 상인은 물론이고 시장을 찾는 사람들의 한 끼 식사를 해결해 주고 있다.

보신탕의 메뉴는 크게 전국, 개장국, 전골, 수육으로 구분된다. 식당 3곳의 메뉴가 동일하다. 전국은 개고기를 오래 삶아 끓인 것으로 '곰국'과 비슷하다고 보면 된다.[23] 즉 전국은 보신탕의 기본이 되는 국이다. 손님에게 드릴 때는 전국 위에 파를 얹어 담백하게 제공된다. 개장국은 개고기에 우거지, 대파 등을 넣고 고춧가루 등의 양념을 풀어 얼큰하게 끓인 것이다. 전국과 함께 개장국은 미리 푹 끓여뒀다가 손님에게 내어놓는다. 전골은 개장국보다 국물이 적은 편이며 미리 끓여두지 않고 고기, 채소, 양념 등을 얹어 손님이 즉석에서 끓여 먹도록 한다.

개장국에는 개고기의 여러 부위가 들어가는데 주로 다리, 머리 등의 부위를 이용한다. 수육은 갈비 부분과 살코기 부분을 사용하는데 이는 개고기에서 가장 좋은 부위이다. 특히 배바지라고 하는 갈비 주변에 붙은 고기가 맛이 좋다고 한다. 보신탕 중에서도 주로 개장국과 전국이 많이 판매된다.

개장국 판매는 여름 복날을 전후하여 2~3개월 정도가 성수기다. 그리고 몸이 아픈 사람들이 보신을 위해 많이 찾고 병원에 있는 환자들에게도 많이 배달된다. 보신탕은 평소

---

22 K식당 2대 운영자(남, 1948년생)의 제보(2024년 10월 23일).
23 L식당 운영자(여, 1955년생)의 제보(2024년 10월 23일).

즐겨 먹는 단골이 많이 찾는 편인데, 코로나19 때에는 자녀들이 주문해서 부모의 집으로 배달 시켜주기도 했다. 택배로는 개장국, 전국, 생고기 등을 주로 배송한다.

    최근 개장국을 찾는 손님이 많이 줄면서 식당 운영에 어려움이 많다. 7~8년 전까지만 해도 젊은 사람들이 개장국을 먹기도 했으나 요즘은 젊은 사람들이 서로 눈치를 보면서 오지 않고 자주 오던 공무원들도 오지 않는다.[24] 이는 2024년 8월 7일에 '개의 식용 목적의 사육·도살 및 유통 등 종식에 관한 특별법(개식용종식법)'[25]이 시행되었기 때문이다. 그리고 2027년 2월 7일부터 개 식용이 전면 중지된다고 한다. 개식용종식법이 발표된 이후부터 손님이 많이 줄어든 것도 힘들지만 갑작스럽게 생계를 할 수 없다는 점에서 식당 운영자들의 어려움과 고민이 크다.

---

24 K식당 2대 운영자(남, 1948년생)의 제보(2024년 10월 23일).
25 국가법령정보센터(https://www.law.go.kr).

08

시장과 단골,
관계가 만들어 낸 이야기

공다해
국립안동대학교 대학원 민속학과 박사과정 수료

시장과 단골,
관계가 만들어 낸 이야기

1. 전통시장의 단골문화

전통시장의 이미지로 재현되는 정, 인심, 넉넉함, 따뜻함, 사람 냄새 등은 상품거래 중심의 시장 구조 속에서 경쟁력을 확보할 수 있는 전략으로 여겨진다. 오래된 과거의 향수鄕愁를 경험할 수 있는 공간으로 전통시장을 재현하는 것이다. 그럼으로써 전통시장을 지역의 정취와 향수를 느낄 수 있는 관광지로 내세운다.[1]

전통시장 관광화를 통해 단순히 시장에서 물건을 구매하는 것 뿐만 아니라, 수많은 문화가 생동했던 경험을 되살리고자 한다. 즉 사람들이 생필품을 구매를 넘어서서 새롭고 진기한 물건들이 넘쳐나는 풍경을 구경하기 위해, 친척이나 친지를 만나 소식을 주고받기 위해, 장터에서 펼쳐지는 오락거리와 유흥을 즐기기 위해 시장을 찾았던 것에 주목하는 것이다. 이와 더불어 시장에서 느낄 수 있는 특별한 정서로 정, 인심, 넉넉함, 따뜻함, 사람 냄새 등을 내세우며 전통시장을 홍보한다. 이러한 시장의 문화적 기능 회복을 통해 관광객들의 유입이 이루어지고, 이것이 곧 시장의 활성화뿐만 아니라 지역 활성화로 이어질 수 있을 것이라 기대하는 것이다.

---

1 정부와 지자체에서는 전통시장 활성화를 위한 사업을 다방면으로 지원하고 있다. 중소벤처기업부에서 2008년부터 전통시장과 지역의 문화관광 요소를 접목하여 문화관광형시장육성사업, 글로벌명품시장육성사업, 지역선도시장, 복합청년몰, 첫걸음시장 등 전통시장 활성화를 위한 정책을 도입 시행하고 있다. 사업명에서도 확인할 수 있듯 관광이 전통시장 활성화에 핵심이 될 것으로 본다. 즉 전통시장의 활성화라는 명분 아래 시장의 관광상품화, 관광자원화에 더 많은 관심을 두고 있는 것이다. 이렇듯 전통시장의 쇠락을 사회구조적인 문제로 인식하면서도 그 해결책을 지역이 아닌 일시적이고 집중적인 외부의 유입을 통해 풀어내고자 한다는 점은 문제적이다.

그러나 이는 시장의 공동체문화를 상품화하여 경제적 이윤 추구를 목적으로 한다는 점에서 문제적이다. 시장은 소비자 중심의 공간이 아닌 상인과 소비자의 상호 교류 속에서 생명성을 갖는 공간이기 때문이다. 정, 인심, 넉넉함, 따뜻함, 사람 냄새와 같은 정서는 일시적으로 물건을 사고파는 관계가 아니라, 오랜 세월 일상을 함께해 온 단골 관계 속에서 형성된 것이다. 그러므로 이는 시장이라는 물리적 공간에 의해 형성된 문화가 아닌, 단골 간의 관계성에서 비롯된 문화인 것이다. 나아가 단골 관계는 시장이 지속될 수 있도록 한 가장 중요한 요인이기도 하다. 따라서 시장의 문화를 형성하는 주체는 단골 관계라고 할 수 있다. 이에 이 글은 '단골'을 시장 문화를 이해하는 중요한 키워드로 보면서 그 속에 담긴 안동 중앙신시장(이하 신시장)의 삶과 이야기를 주목하고자 한다.

시장에서 단골은 어떠한 물건을 살 때 늘 가는 곳 또는 늘 찾아오는 손님을 의미한다. 이런 단골의 관계는 단순히 상인과 손님만으로 규정하기 어렵다. 이들의 만남이 단발성에 그치는 것이 아니라 수십 년의 세월 동안 이어지기 때문이다. 긴 세월 단골 관계로 만나 온 이들은 반복적으로 만나며 자신들의 생활과 일상 전반에 관한 이야기를 공유한다. 이렇듯 단골은 물건을 사고파는 것을 넘어서서 서로의 고민과 걱정을 들어주고, 집안의 대소사를 챙기며 깊은 유대관계를 형성하게 된다. 그런 이들은 함께 시장의 문화를 구성해 가는 주체가 되는 것이기에 단순한 상인과 손님 그 이상의 관계로 나아가게 되는 것이다.

또한 단골이 시장에 방문하여 상인들과 이야기를 나누는 일은 지역사회의 연결고리로 작용한다는 점에서 주목된다. 시장 안에서 오고가는 이야기들은 일상적인 이야기이기도 하지만, 이는 곧 지역사회와 관련된 뉴스를 비롯해 다양한 정보를 포함하고 있기 때문이다. 단골은 이러한 이야기를 일상적으로 공유하면서 자연스럽게 지역사회와 관련된 이야기에 참여하게 된다. 따라서 이러한 단골의 관계성은 시장의 다층적인 문화를 이해할 수 있는 중요한 키워드이다.

한편 최근 기업형슈퍼마켓(SSM), 대형마트, 오픈 마켓 등의 출현으로 다양한 상품을 빠르고 편리하게 구매할 수 있게 되면서 이를 이용하는 소비자들이 늘어나고 있다. 이러한 소비 환경에서는 어떠한 이야기도 생성되지 않는다. 수많은 상품을 비교하여 구매하는 행위만 있기 때문이다. 그럼에도 쾌적한 환경에서 물건을 직접 하나하나 비교하여 합리적인 소비를 할 수 있다고 여겨지는 까닭에 전통시장보다는 대형마트, 온라인을 이용하는 소비자들이 늘어나고 있다. 그로 인해 전통시장은 점차 침체되고 있는 것으로 평가된다. 신시장 역시 인근에 대형마트인 홈플러스가 생기고, 도시의 확장으로 인한 생활권 변화를 겪으면서 그 위세가 이전만 못하다는 평가를 받고 있다.

이에 대응하기 위해 최근 신시장에서는 새로운 단골을 확보하는 것이 어려워지자, 웹을 활용하여 시장을 홍보하면서도 단골 관계를 재현하고 있어 주목된다. 블로그, 유튜브, SNS 등을 통해 가게를 홍보하고, 오픈마켓의 댓글을 통해 감정적 교류를 새롭게 나누는 것이다. 이렇듯 웹을 통한 시장이 확장되면서 기존의 면대면 관계로만 형성되었던 단골의 관계망이 새롭게 변환되고 확장되고 있다. 이 글은 시장의 단골문화에 주목하면서 그 변화를 함께 다루고자 한다.

2. 중앙신시장의 단골문화와 공동체성

전통시장에서 장사하는 상인들에게 단골을 확보하는 일은 무엇보다 중요하다. 단골이 많을수록 가게가 오랫동안 유지될 수 있기 때문이다. 그래서 상인들은 "단골을 잡는다", "단골이 붙는다"고 표현하기도 했다. 이 표현들은 상인들이 그저 가게에 앉아 소비자가 단골이 되기를 기다리는 것이 아니라, 흘러 다니는 소비자들이 가게의 단골이 될 수 있도록 능동적으로 어떠한 행위를 수행했음을 보여주는 것이기도 하다. '단골이 붙는다'라는 표현 역시 상인의 마음 됨됨이, 상품의 품질 등의 장사 기술에 의한 결과인 것으로 이해할 수 있다. 그만큼 상인들에게 단골은 장사를 유지할 수 있게 하는 중요한 존재였다. 그렇다면, 단골이 어떻게 형성되는지 알아보자.

> 옛날에는 또 이 도꾸이(どくい, 단골)가 온다고 도꾸이가 잘 안 바꼈어(바뀌었어). 옛날에는 도꾸이가 오만은(오면은) 항상 친척이 도꾸이가 되그든. 사돈 팔촌이란 말이라. 요 집하고 걸리면 항상 요 집에만 왔어. …… 이제 그래 오만 무슨 걸림이 있어가 이 집하고 사돈 밑촌(몇촌) 간이다, 뭐 어디 걸리 있다, 외가다, 친가다 걸리면 요 집에만 이제 오게 돼 있그든. 옛날에는 사람이 그를 순수하고 좋단 말이라. 그래가 고 사람이 아무도 모르는 집에는 안 가. …… 단골 정하는 게 이제 친척이 붙어이 돼. 돈이 남이, 글때는 옛날엔 미덕이잖아. 왜 같은 값에 여기 팔려주지 남 모르는데 돈을 팔려주나, 이런 미덕이지.[2]

포목점을 운영하는 위의 제보자는 "친척", "사돈, 팔촌"과 같은 가족관계로 얽혀있는 이들이 단골로 붙는 것이라고 했다. 전혀 연고가 없는 가게에서 물건을 구매하기보다는 연고가 있는 사람에게서 물건을 구매하는 것이 "미덕"이라고 여겼기 때문이다. 이는 개업한 친척이 장사를 잘 시작할 수 있도록 돕기 위한 것이기도 했다. 그런 "미덕" 속에서 단골을 확보할 수 있었다. 단골 관계가 형성된 이들은 인근의 다른 포목점들 가운데에서도 오직 단골 가게에서만 물건을 구매했다. 이는 다른 품목을 판매하는 점포 역시 마찬가지였다.

> 내가 오래 여기 했으니까. 우리 큰아들이고 적은아들이고 영호초등학교를 나왔잖아. 그래 이제 그 엄마들이 친구 엄마들이 이제 기왕이면 친구 엄마 찾아올 거 아이라. 그래 그이께네 오래 했어. 오래 하고. 또 나는 친구 엄마가 오만, 물건을 좋은 거 팔아야 되잖아. 가져가면 나쁘면 안 되잖아. 욕 안 먹을라고 최대한 조금 비싸도 좋은 걸 잡았어. 그니까 여태껏 유지하고 있는 거지. 물건 나빠 봐. 아무도 안 와. …… 그래 먹어보니까 그 사람도 괜찮다 싶으이 여태끔 찾아준 거지. 그 덕에 이제 이래 이래 살아왔어. 여태까지.[3]

건어물을 판매하고 있는 위의 제보자는 자녀들이 학교에 입학하면서 남편이 혼자 하던 장사를 도우며 소매 장사를 시작했다. 제보자가 장사를 시작하면서 가게의 주요 고객은 자녀와 같은 학교의 학부모들이었다. 같은 학부모의 가게의 물건을 팔아주기 위한 것이었다. 완전히 새로운 이들이 아닌, 기존에 관계가 형성되어 있던 이들이 구매자가 되는 것이다. 단골이 생겨 좋기도 했지만, 한편으로는 자녀의 평판과 연결될 수 있는 것이었기에 조심스럽기도 했다. 판매하는 물건의 품질에 더욱 신경을 쓰고, 힘든 일이 있더라도 늘 웃으며 손님을 반기고자 노력했다. 이렇듯 단골은 단순히 상인에게만 좋은 것은 아니었다. 상인은 단골이 떨어지지 않도록 늘 상품의 품질을 신경 썼기 때문에 소비자 입장에서도 좋은 상품을 구매할 수 있었다. 나아가 이는 상품을 넘어서서 특별한 관계를 형성하는 것이기도 했다. 제보자는 고령을 향해가고 있음에도 불구하고 "나를 찾아준 손님이 너무 많애서" 가게를 닫지 못하고, 자식에게 물려주고자 하고 있다. 그만큼 단골

---

2 김춘자(여, 75세)의 면담자료(2024년 10월 17일, 승리포목침구사).
3 성명미상(여, 70세)의 면담자료(2024년 10월 17일, 칠성상회).

은 장사의 이윤뿐만 아니라 인간적인 관계의 의미를 가진다.

> 그냥 자기 이제 고향이라고 오고. 우리가 여기 시내에 있지만은, 거의 자기 고향이 따로 있잖아. 우리는 내 같은 경우에는 친정이 어디고, 우리는 봉정사 밑에 고 동네거든. 그러다 보면 또 그 주변에 사람들이, 동네 분들이 많이 오지. 우리 언니가 또 요쪽에 이송천에 있으면은, 또 이송천 사람들이 또 우리 언니 봐서 또 막 오는 거지. 그런 게 처음에는, 처음에 시작할 때는 그런 걸로 인해서 오다가, 이제 나중에는 이제 정말 품질을 보고 오는 거지. 이제 기름이 고소해서 온다. 기름이 깨끗해서 온다, 그거지 뭐. 그리고 대개 신임이 간다. …… '아 이 집에는 맡겨놓고 가도 된다' 그런 믿음 있잖아. 그거가 많이 좌우하고. 그리고 찌꺼기가 없다. 기름에 맑으니까 이제 온다, 뭐 그런 것도 있고. 사람을 보고 오기도 하고, 또 뭐 이런 거를 보고 오기도 하고. 뭐 그런 거지. 뭐. 나중에는 이제 그걸로 잡히는 거지.[4]

위의 제보자가 운영하고 있는 일직제유소는 중앙신시장 안쪽 골목에 위치해 있다. 그만큼 지금까지 장사를 지속할 수 있었던 것은 지나가며 들리는 손님들보단 단골 손님들이 많기 때문이었다고 말한다. 또한 가게 이름이 '일직'인 만큼 일직면이 고향인 사람들, 또는 제보자와 같은 동네에 사는 사람들, 친정 언니의 소개로 오는 사람들 등이 자주 찾는다. 이는 제보자와의 인연을 통해서만 오는 것이 아니라 동향이라는 이유로, 제보자 가족의 지인이라는 이유로 오는 것임을 알 수 있다. 이처럼 단골은 그저 좋은 품질을 판매하거나, 혹은 다른 곳 보다 물건을 값싸게 판매한다고 해서 생기는 것이 아니다. 오히려 기존에 맺고 있는 관계 속에서 출발해 물건의 품질에 따라 단골이 되는 것이다.

특히 제유소의 경우에는 직접 수확해 가져온 깨를 값싼 중국산으로 몰래 바꾸거나 섞는다는 소문이 있어 소비자는 자신의 물건이 제대로 사용되는지 확인하기 위해 자리를 떠나지 못하는 일이 생겨났다. 이 같은 상황 속에서 가게 상인의 양심과 신뢰는 단골을 확보하는 데 큰 영향을 미쳤다. '아 이 집에는 맡겨놓고 가도 된다'는 믿음이 중요한 것은 그 때문이었다. 이렇듯 단골은 물건의 품질을 넘어서서 상인과 소비자 사이의 깊은 신뢰

---

4 조정남(여, 58세)의 면담자료(2024년 10월 19일, 일직제유소).

관계를 의미하는 것이기도 했다. 가게를 열면서 관계를 맺었던 단골들 대부분이 지금까지 이어오고 있다. 친인척, 지인 등의 관계 속에서 단골이 형성되는가 하면, 우연한 계기로 단골이 되기도 했다.

> 그때 뭐 도꾸이가(단골이) 있나. 인제 시작했는데. 그래 이사를 왔으이께네, 이사 오만 찰밥 해 가주고 모두 맥이잖나(먹이잖아). 그래가주고 여 와가주고 마구 찰밥 가져왔는거, 여 와가주고는 손님이 들어오만 쩍쩍 들어붙는다고 찰밥 하잖나. 이사 나간다고 찰밥을 해가주고 여 와가주고 인사하고 절하고 채려 놓고 절하이 막 오는 사람 가는 사람 다 믹였지. 그거 나도 잊어부랬는데 누구 줬는 줄도 모으는데, 그거 얻어먹고 갔다는 고 얘기하네. 내 이 집에 대접에 술 한 그륵하고, 대포 한 그륵하고 찰밥 얻어먹었다고 그카네. 그런데 참 먹는거가 무섭고 글타. …… 그 사람들이 도꾸이 다 됐다.[5]

신발가게를 운영하는 제보자는 신시장 내에서 50여 년째 장사하고 있다. 그런 그가 장사를 시작했던 1960~70년대에는 개업고사를 하는 것이 일반적이었다. 개업고사를 위해 찰밥과 막걸리를 준비했는데, 특히 찰밥은 손님이 잘 달라붙으라는 상징적 의미를 지녔다. 그렇게 준비해 온 찰밥과 막걸리는 오가는 사람들과 함께 나누어 먹었다. 많은 양은 아니었지만 음식이 넉넉하지 않았던 시절 이는 손님들의 허기를 채워주는 것이기도 했다. 이때 찰밥과 막걸리를 얻어먹었던 이들이 단골이 되어 지금까지도 찾아오고 있다. 이렇듯 단골은 이미 맺어진 관계에만 의존하는 것이 아니었다. 위의 사례가 상부상조의 관념 속에서 단골을 형성한 것이라면, 보다 적극적인 전략을 통해 단골을 형성하기도 했다. 대표적인 경우가 포목점이었다.

> 와가 우리 딸이 있어, 아들이 있어, 좀 중매 좀 해다고, 이제 그러만 이제 그런 역할로 이제 고래 하지. 그래 고래 이제 결혼하만 또 혼수를 울 집하게 되잖나. 그 혼수하만은 이제 혼수에는 옛날에 저 차가 남자. 여자는 이제 한복. 예복이지. 한복. 옛날에 참 드레스 입고 하다라도 또 주장이 혼수 집에 이제 중매를 했으이, 한복, 양가 부모 또 이제 한복. 또 그래

---

[5] 성명미상(여, 85세)의 면담자료(2024년 10월 21일, 동양고무).

하고. 또 신랑 한복. 그래 안동에는 옷에는 간단, 뭐 해가주고 바지 저구리(저고리) 요 우에(위에), 우에(위에) 막 요래 해서 들 조구리(저고리) 한다고, 조끼, 대형 마고자라 그고, 고래 하지만, 그것도 전통을 또 안동에 더 지키만(지키면) 두루마기가(두루마기가) 있어야 되그든. 그래 또 두루막을 또 하고 신랑. 고게 이제 완전품이거든. …… 장사하기 위해서. 중매 한 이는 중매 해 놓으만 여 하게 돼 있잖나. 중매해 놓고 딴 데 못 가잖나. 그 중매를 해야 손님 잡기 위해서, 또 이 손님도 중매했는데, 다른 데 못 가잖나. 그래 이제 그런 저거지.

시장에서 이루어지는 가장 중요한 일 중 하나는 혼담婚談이었다. 부모의 결정에 따라 혼례를 치르는 것이 일반적이었던 시절, 혼기婚期가 찬 자녀를 둔 부모는 다방면으로 혼처婚處를 찾아다녔다. 이때 시장은 혼처를 찾기 좋은 곳이었다. 시장은 다양한 사람들이 오가는 공간이자, 기존 인적 관계망에서 벗어난 사람들과의 만남이 가능한 공간이었기 때문이다. 즉 같은 시장을 이용하는 다른 마을 사람들과의 만남을 통해 혼담을 나누었다. 이렇듯 혼인을 통한 농민의 인척유대姻戚紐帶는 시장 공동체를 통해 퍼져감으로써 관계망을 확장할 수 있었다.[6] 혼처를 찾는 데 중요한 역할을 했던 것이 바로 포목점이었다.

이불, 한복 등의 혼수품을 판매하는 포목점은 혼인이 성사될수록 장사 역시 성황으로 이어질 수 있었다. 그런 까닭에 포목점은 직접 중매의 역할을 담당했다. 포목점은 혼처에 관한 정보들을 많이 가지고 있었기 때문에 미혼의 자녀를 둔 이들은 이곳에서 중매를 부탁하곤 했다. 상인들 역시 혼처에 관한 정보를 손님들에게 공유하여 혼인을 성사시키는 것이 장사의 중요한 전략이었다. 포목점의 중매로 혼인이 성사되면, 각 양가에서는 중매해 준 것에 대한 보답으로 혼수와 한복을 모두 해당 포목점에서 구매했기 때문이다. 시장을 방문하는 이들 역시 포목점의 이러한 역할을 잘 알고 있어 적극적으로 활용했다.

이처럼 시장은 단순히 물품을 사고파는 공간이기만 했던 것이 아니라 능동적이고 적극적으로 삶을 구성하는 공간이기도 했다. 생활양식이 변화하면서 결혼식에서도 한복은 대여하는 방식이 보편화되었지만, 1990년대까지만 해도 한복은 구매하는 것이 일반적이었다. 특히 신랑과 신부의 한복뿐만 아니라 양가 어른들의 한복과 저고리, 마고자,

---

6   정승모, 『한국의 전통 사회 시장』, 이화여자대학교출판문화원, 2006, 83쪽.

두루마기 등을 모두 준비하는 것이 상례였다. 그런 까닭에 포목점에서 중매를 하는 것은 손님을 확보하기 위한 적극적인 전략이었던 셈이다.

 시장을 오가는 손님들은 포목점에서 으레 중매하는 것을 알고 집안에 혼기가 찬 자녀가 있음을 밝혔다. 그러면 상인은 그 자녀의 나이, 키, 출신학교, 직장, 사는 곳 등의 신상 정보를 수첩에 기록해 둔 뒤 비슷한 환경의 이들을 연결해 주었다. 이후 어느 한쪽에서 선보기를 청하면 자녀들의 만남을 주선했다. 선보기는 당시 시장 내에 있었던 대안 극장에서 주로 이루어졌다. 이후 혼인 당사자인 이들이 서로 마음에 들면 약혼을 진행하고 혼인을 치렀다. 구체적인 경험을 살펴보면 다음과 같다.

맨 처음에 이 장사하고 우리 시누를 했는데, 그게 누구랬나, 자 우리 고향에 같이 컸는 아가(애가), 우리 삼촌하고, 맹 삼촌 아들이, 삼촌 친구고, 이우제(이웃에) 뭐 동생 뻘이지 뭐 말하면. 그런데 그 집에서 이제 중매를 우리, 우리, 이제 말하자면 이름이 ○○인데 우리 이 장사를 하이께네 참 막 "축하한다", 옛날에 이 장사하만 돈 있고, 뭐 이런 이제 소리가 돼 가주고, 그러니께네 "우리 ○○이 어디 중매 좀 해다고" 그래. 내가 가만히 생각하니, 안죽(아직) 새댁 시절이다. 어디 누구 아나. 안죽(아직) 장사해도 부끄러불 형편인데, 그래 내 속으로 또 우리 어머님이 "야야 ●●어디 좋은 데 있거들랑", 이 장사를 하이, "어디 좋은 데 있거든 어디 권해봐라" 이렇게 했그든. 그랬는데 이거를 어머님인데 이 소리 듣고 있고, 또 이우제(이웃에) 내 크던데 고향에서 또 찾아와가 또 그러니까, 아 시누도 고등학교, 그때는 고등학교 나왔을 때 좋은 데 보낼 수도 있었어. 말하자만. 똑같은 학년에, 근데 이 ○○이가 또 고등학교 나왔는데, 그 집은 우리, 우리, 우리 참, 집 때문에 못 살아. 말하자만, 그래가주고 그카니께 야가 좀 똑똑하다 그이. 생각 없이 아 이제 ○○이, 참 ○○ 아부지가 와가주고 그 칸다. '아, 우리 어머님도 시누 어디 중매하라 그는데' 내 속으로, "우리 시누도 어디 보내야 되는데요" 이제 나는 옛날에 같은 고향에 삼촌끝이(삼촌같이) 한동네 컸으이(컸으니), 이제 이런 식으로 하이께네 고만에 해 달래. 시누이도 해 봐야 돼. 우리 우리가 클 때도 우리 집도 잘 살았고, 시집이 잘 산다는 얘기, 그 동네에서 "아이 누구 시집 잘간다" 그이께네, 고마 ○○아버지가 내한테 꼭 해달라 그래, 그래 빼칠 수도 없고 그러고 마는데, 이제 결정적으로 나는 아 미안해가주고 판단을 모하는데, "그러면 둘이 선보여 보시더"이래, 이제 둘인테(둘한테) 이제 달랬지(달렸지). 그래 옛날에 참, 여 대안 극장에 그 둘이 이 날짜를 맞챠(맞춰) 선을 보이, 둘이 좋데.[7]

제보자가 장사를 시작하고 처음 중매했던 사람은 시누였다. 으레 포목점에서 중매한다는 것을 알고 있던 시어머니는 제보자에게 좋은 혼처가 있으면 소개해 달라고 요청했다. 이제 막 장사를 시작해 아는 사람이 별로 없어 난처했던 차에 마침 친정 동네의 이웃 삼촌이 중매를 요청했다. 그는 마침 시누와 나이도, 학력도 비슷했다. 친정에서 시집을 잘 갔다고 소문이 났던 제보자였기에 이웃 삼촌은 매우 좋아하며, 중매를 원했다. 하지만 이웃의 집안 어른이 성정이 거칠다는 사실을 잘 알고 있던 제보자는 선뜻 이를 진행하기 어려웠다. 그런 까닭에 선보기를 통해 혼인 당사자들의 선택에 맡기기로 했다. 즉 부모들에 의해 중매가 이루어지지만, 당사자들의 선택 역시 중요하게 고려한 것이었다. 선보기를 한 두 사람은 서로의 마음이 맞아 혼례를 치렀다. 포목점을 운영하면 친인척, 지인, 오가는 손님들이 중매를 요청하는 일은 자연스러운 것이었다. 그로 인해 포목점은 다양한 혼처의 정보를 가지고 있었으며, 이를 활용하여 수많은 집안을 연결하는 핵심적인 역할을 했다. 그리고 이는 포목점의 단골을 형성하는 것과도 연결되는 것이었다. 실제로 제보자는 한 집안의 삼 남매를 중매해 혼인을 성사하기도 했다.

이 중매를 거짓을 하면 진실이 안 돼. 내가 한 집에서 삼 남매를 중매 한 집에서 했어. 그래 그 사람이 나를 그만큼 신의가 있었기 때문에 또 딸 보내주소. 또 우리 둘째 아들 보내주세. 세 번 중매 한 예가 있어. 그래 그러이, 그것도 뭐든지 비슷하게, 거짓 없이. 뭐 돈이 있다, 그 집이 없다. 이 집에 살기는 돈은 없고, 총각이 직장 좋고, 총각이 굉장히 성실하고 알뜰하다, 또 이 집은 처녀 쪽에는 이제 고래 아주 요래 고런 심리를 하거든. 부모네는 없고 아부지는 마구 술 먹고 놈팽이들도 있고, 요 딸우는 참 아가씨는 참 그래도 그 부모를 섬기고 좋아하고 참 얌전하고 좋아 이래야 되지. 막 부모 무조건 좋다 좋다 그래가, 그러이께나 이 집에 겪어보이 내 얘기 안하데, 아이고, 아부지는 막 개판이라도 참 딸은 성실을 하더라. 이우제서도(이웃에서도) 이래 알아보고. 그래 뭐든지 신의를 얻어이 돼. 얘기 들어봐 안 그래. 그러이께네 이제 자꾸 믿고, 단골 손님이 되고. 그래 되지. 아 그 집에 가봐라. 중매 잘하더라. 이제 이런 식으로 중매도 마이(많이) 했고.[8]

---

7   김춘자(여, 75세)의 면담자료(2024년 10월 17일, 승리포목침구사).
8   김춘자(여, 75세)의 면담자료(2024년 10월 17일, 승리포목침구사).

중매는 포목점의 수익을 올리는 핵심적인 전략이기도 했지만, 두 사람의 인연을 맺어주는 일이었기에 탈이 생기지 않도록 하는 것이 중요했다. 제보자는 그러기 위해서 양쪽의 가정환경을 솔직하게 밝히는 것이 중요하다고 여겼다. 즉 가정환경이 풍족하지 않더라도 미리 밝히는 것이었다. 그 대신 혼인 당사자의 성향을 긍정적인 방향으로 풀어내어 혼인을 성사시키고자 했다. 이는 상인에 대한 신뢰도와 평판과도 연결되는 것이었다. 제보자가 한 집안에서 삼 남매의 혼처를 구해주었다는 것은 그만큼 이것이 단골의 형성과도 연결되는 것임을 보여준다.

따라서 포목점에서 중매를 하는 일은 단순히 단골을 만들고, 장사 이윤을 얻는 것이 아니라 지역의 관계망이 연결되고 확장될 수 있도록 한 것이다. 포목점이 혼처의 정보를 통해 지역 관계망을 연결했던 것처럼, 다른 품목 역시도 크게 다르지 않았다. 단골은 물건을 사고파는 것을 넘어서서 다양한 정보를 교환하며 관계망을 형성하는 데 중요한 역할을 했다. 건어물 가게의 경우 상견례 때 어떤 준비를 해야하는지에 관한 정보를 나누기도 하고, 음식의 조리법을 공유하기도 했다.

> 와서 묻기도 하고. 처음 하는 사람 잘 모르잖아. 우리 결혼 시키가 알잖아. 그러니까 그 사람들 와 "뭐 뭐 보내요? 뭐 상견례 할 때 가져가야 돼요.", "결혼할 때 가져가야 돼요." 요새는 주로 많이 생략하는데, 안동지방은 명태는 꼭 보낸다. 왜 보내냐 하면 옛날에 어른들이 이 명태는 모든 나쁜 액운이 여기 감이라고(감기라고) 보내는 거야. …… 그 반대를 달라는 사람도 있어. 옛날부터 반 대는 전혀 안 팔았는데 "그럼 하지 말어. 반 대 하려면 하지 말아" 요새는 결혼해가 쪼개진 것도 많은데 맞잖아. 의미도 반 두니께 안 좋잖아. 내 기분이 그렇더라고. "하지 마라 고만" 막 이랬더니 "요새 아들 뭐 저 두드려 먹지도 모한다던데" 이렇게 얘기해. 옛날에는 없이 살았지만, 이걸 주면은 집안에 한 마리씩 놓게 먹었어. 한 마리씩 그 나쁜 액운이 크게 다치고도 노나(나눠) 버렸으이 조금 다칠 거 아니야. 그런 식으로 이게 보낸 거래. 그래서 이제 이야기를 하면, "아 그래요" 카면서, 우린 몰래가주고 안 보내도 되나 싶어가주고 물었어요. 물론 내가 보내라 소리는 안 한다. 지네가 보내고 싶으면 보내라. "나는 그렇게 처음 장사할 때 어른들인테 그래 배웠다" 이러니까 사 간 사람 사가고.[9]

시장에 판매되는 품목들은 저마다 다양한 곳에 쓰인다. 특히 건어물의 경우 평상시에는 식재료로도 사용되지만, 의례에서 중요한 역할을 하기도 한다. 명태의 경우 액운을 막아준다는 상징적 의미를 가지고 있어 차고사, 집고사뿐만 아니라 혼례를 준비하는 과정에서도 쓰였다. 이때 수행되는 문화적 절차와 과정은 어떠한 법칙으로 규정된 것이 아니라 경험으로, 입에서 입으로 공유되는 것이었다. 이때 상인들 역시 관련 경험과 지식을 공유하는 데 중요한 역할을 했다. 수십 년 동안 같은 품목을 판매해 온 상인들은 물건의 용도와 쓰임에 대한 지식과 정보를 가지고 있었기 때문이었다. 특히 혼례를 치르는 과정에서 "안동지방"은 상견례 때 "명태"를 보내는데, 이는 나쁜 액운을 명태가 가져가 집안에 화가 미치지 않도록 하기 위한 것이라는 의미를 공유한다. 이렇듯 상인들은 손님들에게 단순히 물건을 판매하는 것이 아니라 지식을 공유하고 나누는 역할을 더불어 했던 것이다. 이뿐만 아니라 판매하고 있는 식재료의 조리법도 공유했다.

> 대충. 이제 자기가 해보이 잘 안 되니까 하잖아. 그럼 난 내 방식대로 가르쳐주는 거야. 다 집집마다 자기 방식이 있을 거 아이라. 하는 방식이. "나는 이 며르치(멸치) 이래 하이까(하니까) 잘 안 되던데. 집에는 어떻게 해?" "나는 이래이래 해" 이러만, "엿물 옇어? 안옇어? 엿물을 제일 나중에 옇야 윤이 있어. 다 볶은 다음에 나중에 그걸 섞어. 뜨실(뜨거울) 때 끓어부만 윤이 덜 나" 이러면, "아 그래서 난 윤이 안 나고" 이런 식으로 대답을 하고 주고받고 그러이 이제 말이 오고 가지. 서로가 정이 깊어지는 거지.[10]

앞선 사례와 같이 의례를 준비하기 위해 건어물 가게를 찾는 경우도 있지만, 주된 손님들은 주부들이었다. 주부들은 매일 식구들의 밥상을 준비해야 했기 때문이다. 이들에게 음식을 조리하는 방법은 중요한 것이었지만, 이는 전문적이거나 과학적인 지식으로 여겨지지 않았기 때문에 서로의 경험을 공유하는 가운데에서 형성될 수밖에 없었다. 이때 시장 상인들 역시 그 경험을 공유하는 데 핵심적인 역할을 했다. 손님들은 물건을 구매하며 자연스럽게 조리법을 묻거나, 자신의 실패 경험을 이야기하며 조언을 구했기 때문이다. 특히 상인이 여성이면 이러한 정보 공유가 더욱 자연스럽게 이루어졌다. 상인이 조리법에 대해 명확하게 알지 못할 때면 식당을 운영하는 거래처에서 조언을 구하기도 했다.

---

9 성명미상(여, 70세)의 면담자료(2024년 10월 17일, 칠성상회).
10 성명미상(여, 70세)의 면담자료(2024년 10월 17일, 칠성상회).

그 조언을 듣고 조리한 음식이 맛있으면 이를 다시 손님에게 전달했다. 즉 상인은 자신의 경험, 음식점 상인에게 구한 조언을 통해 얻은 지식을 다시 손님들에게 나누었다. 그러면 이들은 음식은 성공했는지, 식구들이 맛있게 먹었는지 궁금해하기도 하고, 조언을 받고 요리에 성공한 기쁨을 나누기도 했다. 그뿐만 아니라 조리법을 공유하면서 집안의 식구들은 누가 있는지, 식구들의 입맛은 어떤지, 손님이 누가 오는지 등에 관한 이야기를 함께 나누기도 했다. 이처럼 조리법의 공유는 단순한 지식의 전달을 넘어서서 서로의 부족함을 채우고, 기쁨을 나누는 일이자 일상을 함께하는 것이었다. 그런 이들에게 시장은 단순히 물물거래의 장 그 이상의 의미를 지닌 곳이었다. 이렇게 서로의 관계가 두터워진 단골들 사이에서는 필요한 물건이 무엇인지 말을 하지 않아도 능히 알 수 있었다.

> 이제 엄마들이 아들 보고 보냈잖아. "그 집에 가, 칠성상회 가 사라" 이러면 이모가 "엄마가 이거 뭐 달라 그래요." 엄마가 뭐 가져갔는지 "뭐 달라 그래" 그러면 그면 내가 '그 엄마 뭐 가져갔다' 싶어가주고, 오랜 단골들은 알아. 뭘 가져갔는지. 그러니까 다시 멸치 달래면 다시 멸치 주고, 잔멸치 달래면 내가 아주 작은 거 달라고 그래요. 그다음 잔 거, 약간 큰 거 달라고 그래요. 이러면 손자들 주면 작은 거 하고, 엄마 아버지도 잡수려면 좀 큰 거 하고, 이런 식으로 이제 팔았지. 그면 심부름 잘하니까네 또 그다음 시키고 그 사람들이 나중에 또 단골이 되고 이런거지, 이어지는 거지. 그래 된 거야.[11]

단골의 관계는 집안에 식구가 누가 있는지, 무엇을 좋아하는지에 대한 정보가 대화를 하며 자연스럽게 터득된다. 그런 까닭에 아이들이 심부름을 오더라도, 누구네 아이인지 알기에 무엇이 필요한지도 쉽게 파악했다. 이는 단골의 관계성을 보여주는 것이기도 하다. 예컨대 '멸치'라고 할 때 그 종류가 쓰임에 따라, 크기에 따라 여러 가지로 나뉜다. 그런데 단골의 경우 주로 무엇을 구매했는지 기억하고 있기에 '멸치'를 달라는 말에도 필요한 것을 쉽게 내어줄 수 있기 때문이다. 이처럼 단골들은 물건을 구매하는 일에 있어서는 오히려 무엇이 필요한지, 얼마나 필요한지 구체적으로 설명할 필요가 없었다. 또한 단골들 역시 물건의 품질을 신뢰하기 때문에 "까다롭게" 굴지 않고, 필요한 것들을 바로

---

11 성명미상(여, 70세)의 면담자료(2024년 10월 17일, 칠성상회).

구매해간다. 이렇듯 오랜 세월 함께한 단골들은 "너는 나를 믿고, 나는 믿고 이런 식으로 물건을 주"는 사이가 된다. 신뢰는 오래된 단골들 사이를 이어주는 중요한 것이었다.

> 내 같은 경우는 어떤 분이 이제 육회거리를 원해서 이렇게 오시면 우리는 그 하는 부위가 이제 육회 할 수 있는 고 부위가 없으면은, 나는 한 달이 가도 그게 없으면 없다고 해. 그러면 이제 사람들이 믿어줘요. 내가 이게 생물이니까 어느 한 부위만 다 팔려갖고 소를 잡을 수는 없잖아요. 그러면은 이제 어느 정도 등심이나 국거리 소고기 이런거 어느 정도 이렇게 팔리고 나면 이제 소를 작업을 정리를 해가주고 가져오면 고때쯤 되면 이제 그 부위를 원하시는 부위를, 부위를 찾는 사람들한테 이제 연락을 줘. 이제 언제 소를 잡으니까 필요한 거 사러오시라. 이렇게 하고.[12]

식육점은 소를 잡아 고기를 마련하는 것이기 때문에 신선도와 위생이 가장 중요하다. 그런 까닭에 함부로 소나 돼지를 도축하지 않았다. 미처 판매되지 못한 고기들이 누적되어 신선도에도 영향을 미칠 수 있기 때문이다. 제보자는 가게의 수익을 위해 도축을 무리하게 진행하기보다는 손님들에게 상황을 공유하고, 원하는 부위가 들어오면 따로 연락을 넣어 알렸다. 상인은 손님의 필요를 잊지 않고 신선한 고기가 들어오면 이를 구매해갈 수 있도록 한 것이었다. 이는 단순한 서비스의 차원을 넘어서서 손님의 필요와 아쉬움을 헤아리고, 신선한 물건을 가져갈 수 있도록 하는 마음이기도 했다. 이렇듯 단골은 신뢰를 잃지 않기 위한 노력과 더불어 인간적인 관계를 맺었다.

> 뭐 오면은 따뜻한 커피라도 한잔 대접해 줘야 되겠다, 하는 그런 거. 그리고 뭐 멀리서 오는 사람들은 차비라도 좀 빼줘야 되지 않나. 많은 건 아니지만, 그죠. 차비 정도는 왜. 내가 덜 벌면 되는 거잖아. 뭐 그런 거. 그런 배려 같은 거. 뭐 그런 거지 뭐.[13]

위의 사례 역시 마찬가지이다. 오래된 단골의 경우 집이 어디인지, 어떻게 시장에 왔는지 등에 대한 정보를 모두 공유하고 있다. 그런 까닭에 멀리서 어렵게 찾아온 단골의

---

12 권차임(여, 67세)의 면담자료(2024년 10월 22일, 안동축우촌).
13 조정남(여, 58세)의 면담자료(2024년 10월 19일, 일직제유소).

경우에는 차비를 값에서 제하여 서로의 마음을 나누기도 했다. 자본주의적 관점에서 본다면 이는 상인이 손해를 보는 것이다. 소비자가 자신의 필요로 가게에 온 것이기 때문에 상인이 차비를 대신 하거나, 배려하지 않아도 되기 때문이다. 그러나 오랫동안 관계를 맺고 온 이들 사이에는 단순히 자본주의적 가치만이 아닌 다른 가치를 함께 추구하는 것이다. 서로의 마음을 나눔으로써 상인과 손님이 신뢰를 쌓는 것이다. 한편 상인에게 단골의 존재는 장사의 품질과 도리를 지켜야 하는 이유가 되기도 한다.

> 예를 들어서 고정 단골 같은 분들은, 예를 들어 문어를 사러 오신다? 옆집에도 있어 그러니까요. 꼭 여기 와이 돼. 뭐 눈도, 안동에서는 특히 더 해. 내 단골집에 가야지. 눈도 안 돌아봐. 진짜라니까. 그 정도로 단골이, 나 이 집의 단골이야, 이 집의 단골이야, 그 말이 진짜 무섭다니까 진짜.[14]

> 다른 데는 막 안 가고 있잖아요, 주구장창 여기만 해야 한다 이러는 사람들 있잖아요. 그리고 막 사람들한테 여기가자, 막 거의 있잖아요. 강제적으로 데리고 오는 그런, 우리가 뭐 특별히 뭐 한 거도 없는데, 그 집에 가야 된다, 이래갖고 강압적으로 데려 와가지고 또 단골 되는 경우도 있고.[15]

단골 중에서도 충성도가 높은 이들은 다른 가게를 가지 않는다. 이는 단골 간의 신뢰 관계를 견고하게 하는 것이기도 하지만, 상인 역시 양심을 지키며 양질의 상품을 판매하게 되는 동력이 되어준다. 단골은 가게의 품질을 믿고 오랫동안 고정 손님이 되어주는 이들이기 때문이다. 또한 이들은 가게의 품질이 달라지면 금방 알아차릴 수 있는 존재이기도 하다. 그런 까닭에 상인에게 충성도가 높은 단골이 많을수록 상인들은 이윤만을 추구할 수 없게 된다. 품질에 문제가 있거나, 단골을 통해 이윤을 추구하려는 욕심이 드러나게 되면 기존에 쌓아왔던 평판이 떨어지고 신용에도 문제가 생기기 때문이다. 따라서 상인들은 단골의 관계를 잘 유지하기 위해서 양심껏 물건을 판매하게 된다. 즉 단골의 관계는 소비자와 상인 모두에게 적당한 긴장관계를 형성해 시장 내의 윤리적

---

14 심재순(여, 54세)의 면담자료(2024년 10월 17일, 강구문어).
15 조정남(여, 58세)의 면담자료(2024년 10월 19일, 일직제유소).

문화를 생성한다. 이처럼 단골의 관계는 자본주의적 가치로 환원할 수 없는 비자본주의적 삶이 녹아있다.

> 앉아가주고, 밥도 같이 먹고, 안 사도 와서 커피 한 잔 먹고 가라고 부르고, 앉아서 이제 집안 얘기도 하고, 자식 얘기도 하고, 뭐 이렇게 이렇게 이제 쌓아나가요. 어 그렇게 하다 보면 시골 엄마들, 시골 아버지들 이렇게 고구마도 한 상자 주고, 무도 갖다 주고, 파도 갖다 주고, 나물도 주고, 쌀도 주고, 고추 이런 거는 사먹는 게 없어요. 얻어먹고 그러면 내가 얻어먹은 만큼 또 이제 베풀어야 되잖아요. 그런 이제 인간관계가 굉장히 중요하다고 봐요.[16]

> 나물이고 파고 때로는 기름도 짜가주고, 기름 끝은거 좋잖나. 농사 안 지도 저 오늘도 호박 갖다 주고, 갖다주고, 파고 뭐고 뭐, 이만한 것도. 호박은 인제 우리가 실제로 농사 짓그든. 저런 호박 쨌어. 그래도 "고맙다" 그카고, 예쁘이 뭐이 그카고, 커피 타주고, 이 밤 만지다 보이 밤 몇 개 주고, 달라 그래 줘, 그래 내가 예뻐가주고 또 이제 마음이 저리 이제 예뻐가주고, 자기는 주고 왔는데, 혹시 내가 손해 더 보지, 밤 더 주고, 커피 타주고, 마구 예쁘다그카고, 이래가주고 …… 내 돈 다 이천 원 주고 하이까 이제 때로는 손해보고, 그 평등하게 보고, 그런 사람 때미네 내가 돈을 벌었그든, 지금 여기 봐선 많이 손해지. 말하자만, 요 한 개로 봐서는 그렇지만 둘이둘이 …… 또 밥 먹을 때 되만, 뭐 어야노, 뭐 먹을래 그카고, 왜 이제 전에는 밥 한 그릇도 돈을 따지지만 이제는 여우(여유)가 있으이. 그래 되고. 한 사람뿐이 아니라 여러 사람이 도와줘가주고 내가 이만큼 살고 이러니께네 이제는 이 이래 이래 된다. 옛날에 그저 손해 한 개를 보면 그만큼 손해지만은, 통계를 보그든.[17]

시장에 가면 상인과 함께 앉아 이야기를 나누고 있는 사람을 쉽게 볼 수 있다. 시장에서 이런 장면은 특별한 것이 아니다. 시장에 방문한 소비자들이 단골 가게 상인과 인사하고, 이야기를 나누는 일이 흔하게 이루어지기 때문이다. 그런 이들의 관계는 단순한 상인과 손님의 관계를 넘어선다. 상거래를 통해 맺어진 관계가 깊어지면서 이웃과 다름없는

---

16 권차임(여, 67세)의 면담자료(2024년 10월 22일, 안동축우촌).
17 김춘자(여, 75세)의 면담자료(2024년 10월 17일, 승리포목침구사).

사이가 되어가는 것이다. 단골이 찾아오면 상인들은 커피를 타고, 이야기를 들어주기도 하며, 때로는 간식거리를 나누기도 했다. 이러한 행위는 자본주의적 시각에서 보면 비생산적인 것이다. 상인이 찾아온 손님에게 물건은 판매하지 않고 이야기만 하며 시간을 보내고, 심지어는 커피나 간식을 대가 없이 나누기 때문이다. 더군다나 전통시장의 주요 소비자는 대체로 여성들이고, 여성 상인과 여성 단골 사이에서 자주 벌어져 더욱 비생산적인 행위처럼 여겨진다. 그러나 평소 가부장적 규범 속에서 자기 발화가 억제되는 여성들에게 시장은 단순한 소비의 공간만으로 여겨지지 않았다. 가정에서 벗어나 일종의 자율성이 보장되는 공간이었다. 그러므로 이들이 일상을 공유하고, 먹을거리를 나누는 것은 일종의 해방이자, 취약성을 지닌 존재들이 서로 의존하며 협력의 책임을 구성한 것이다. 이 과정 속에서 단골 관계는 서로가 단단히 연결되어 있다는 심원한 감각을 창출해 낸 것이다. 따라서 이들의 행위는 비생산적인 것이 아니라 오히려 서로의 취약성을 긍정하는 가운데 '우리'로 공존할 수 있는 힘을 구성한 것이다.

그럴 수 있는 이유는 이러한 베품이 일방적인 것이 아니기 때문이다. 상인은 단골 덕분에 생계를 이어나갈 수 있고, 단골은 그런 상인의 양심적 판매로 양질의 상품을 받아볼 수 있다. 그뿐만 아니라 상인의 관심과 애정은 단골이 직접 재배한 작물 나눔으로 이어진다. 상인들은 단골들의 나눔 덕분에 농사를 짓지 않아도 "사먹는 게 없"다. 그런 상인들은 "얻어먹은 만큼" 다시 베풀어 도리를 지키고자 한다. 그럼으로써 이들 사이에는 나누고 베푸는 호혜의 관계가 형성된다. 이것이 '정', '나눔', '사람냄새'와 같은 키워드들이 작동하게 하는 바탕이라고 할 수 있다. 따라서 단골은 시장이 그저 경제적 공간이 아닌 호혜와 상부상조의 관습 위에 다양한 관계성이 형성되는 공동체문화의 장인 것이다. 그러나 전통시장을 직접 방문하여 장을 보는 소비자들이 줄어들고, 온라인을 통한 상거래가 활발해지면서 시장의 단골 관계 역시 변화를 맞이하고 있다.

3. 온라인 시장의 출현과 단골문화의 융합

네트워크 통신의 발달로 웹 이용, 즉 웹을 통한 소통이 보편화되면서 웹은 이제 현장을 매개하는 또 다른 하나의 장이 되었다. 다중은 웹 활동에 자신의 이야기를 기록하고 공유한다. 그리고 이는 네트워크 너머의 누군가와 소통의 계기를 만들어낸다. 특히 최근에는 소셜네트워크서비스Social Network Service(이하 'SNS')를 통한 소통과 교류가 생활 깊숙이 자리 잡았다.

그뿐만 아니라 다중의 참여로 운영되는 웹은 상거래 방식의 패러다임 변화를 가져왔다. 판매자는 적은 자본으로도 물건을 판매할 수 있었고, 소비자는 몇 번의 클릭으로 물건을 구매해 받을 수 있었다. 이처럼 편리하고 저렴한 온라인 서비스는 웹 이용이 익숙한 세대에게 주된 소비 공간으로 자리 잡았다. 그런 까닭에 전통시장의 상인들 역시 판로를 확장하기 위해 웹을 통한 홍보와 전자상거래를 시도하고 있다. 이는 단순히 환경에 따른 상거래 방식의 변화를 넘어서서 단골 문화의 확장이자 변환으로 이해하고자 한다.

전통시장 역시 이러한 소통환경의 변화 속에서 온라인을 통한 다양한 시도가 이루어지고 있다. 안동 중앙신시장의 경우 시장을 홍보하고 알리기 위한 목적으로 2021년에는 유튜브[18]를, 2022년에는 블로그[19]를 운영한 바 있다. 유튜브를 통해서는 중앙신시장 상인들의 짧은 인터뷰를 통해 가게를 홍보했으며, 블로그 활동을 통해서는 시장에 관한 지형 정보, 축제 정보, 상인 이야기 등을 다양하게 담아냈다.

일상에서 시장을 방문한다면 지역의 소식과 정보, 시장의 역사와 이야기를 자연스럽게 취하게 된다. 그러나 점차 관광지로써 전통시장을 방문하는 일은 지역의 특산품을 구매할 수 있을지 몰라도, 상인과 소비자의 관계 속에서 꽃피었던 시장의 이야기로부터는 멀어질 수밖에 없다. 그런 까닭에 중앙신시장은 유튜브와 블로그 등의 운영을 통해 그러한 이야기를 공유한 것이다. 먼저 2021년에 운영되었던 유튜브 '안동중앙신시장TV' 채널은 신시장 홍보영상과 더불어 상인 18명의 인터뷰를 담았다. 상인들이 어떤 물건을 판매하는지, 물건의 품질이 어떤지에 대해 이야기한다. 이는 시장의 이야기를 영상을 통해 신시장의 전경을 보여주고, 장사하는 상인들의 인터뷰를 통해 시장을 재현하는 것이다. 문어, 떡, 수산물, 튀김, 혼수품, 식육점, 디저트 등의 시장에서 판매되는 다양한 품목들을 소개하고, 상인 역시 40년째 장사를 하고있는 상인부터 청년몰 사업으로 유입된 청년 상인까지 다양하게 담아낸다. 그럼으로써 시장을 단순히 오래된 공간이 아닌 새로운 세대와 그 취향이 공존하는 공간으로 재현하고자 하는 것이다. 유튜브 활동은

---

[18] 신시장은 2021년 〈안동중앙신시장〉이라는 채널을 개설해 신시장의 21개 점포를 홍보하고 있다. (https://www.youtube.com/@안동중앙신시장)

[19] 신시장은 2022년 〈안동중앙신시장〉 블로그 운영을 통해 신시장에 관한 정보를 공유한 바 있다. (https://blog.naver.com/andong_jssj)

전통시장이 가지고 있는 오래된 이미지를 타파하고, 새로운 소비자를 유입하고자 하는 적극적인 실천의 하나로 이해할 수 있다.

물론 한편으로 이는 시장 지원 사업의 일환으로 일시적으로 운영되었다는 점, 상인들의 적극적이고 능동적인 실천에 의해서 진행된 것이 아니라는 점에서 의미 있는 생성을 만든 것이라고 보긴 어렵다. 즉 역설적으로 유튜브 실천은 전통시장을 생명력이 상실되고 있는 공간으로 여겨지기도 한다. 즉 온라인 홍보를 통해서 시장의 활성화를 도모해야 할 것은 그만큼 현장의 소비가 활발하지 못하다는 것으로 비추어지기 때문이다.

한편 신시장 블로그는 2022년 1년 동안 한시적으로 운영되었다. 이 블로그를 통해 신시장은 시장 정보와 시장 상인들의 이야기를 공유했다. 이는 신사장 홍보를 위한 목적이기도 했지만, 다른 한편으로는 소비자들이 시장을 낯선 공간이 아닌 친숙한 공간으로 여길 수 있도록 하는 것이었다. 시장 정보로는 주차장과 화장실 위치부터 온라인을 통해 신시장의 상품들을 구매하는 방법, 온누리 상품권 사용 방법, 매달 시장에서 진행되는 행사와 상인교육 프로그램을 안내, 시장 축제와 사은행사 등의 내용들을 담았다. 그럼으로써 소비자들의 접근성을 높이고자 한 것이다. 이 밖에도 '시장이야기'라는 제목으로 통해 신시장에서 오랫동안 장사해 온 상인들의 생애를 인터뷰해 공유했다. 다양한 소상공인들이 모여 장사를 하는 시장은 그만큼 다양한 이야기들이 있다. 이를 공유함으로써 소비자들이 각 가게의 역사를 공유하여 보다 친근감을 느낄 수 있도록 한 것이다.

대표적으로 2022년 4월 1일에 게시된 '[상인 이야기] "새로운 희망을 찾아봐야죠." 풍산상회 박분홍, 김동욱 사장님 이야기'에서는 풍산상회의 시작과 시장 호황기, 아직도 생각나는 시절 그리고 손님, 장사하는 사람이라면 있어야 하는 것, 함께 잘 살고 싶은 마음, 앞으로의 풍산상회 등의 이야기를 담았다. 이렇듯 장사를 언제 시작하게 되었는지, 가게를 운영하면서 기억에 남았던 경험이 무엇이었는지, 오랫동안 장사를 하면서 느낀 점이 무엇인지 등에 관한 이야기를 블로그에 공유했다.

단골 관계에서 상인의 생애와 경험, 가게의 역사 등의 이야기는 자연스럽게 공유된다. 가게의 역사를 옆에서 지켜보며 함께했기 때문이다. 그러나 시장을 처음 방문하는 이들, 혹은 상인과 관계를 맺지 못한 이들과는 공유되지 못한다. 그런 소비자는 새롭게 관계를 맺기 어렵고, 그저 물건을 구매하는 공간으로 인식할 수밖에 없게 된다. 이러한 환경에서 신시장의 블로그 활동은 상인과 소비자의 간격을 좁히고 친숙함을 구성하는 역할을 한다고 할 수 있다. 그럼으로써 상인과 네트워크 너머의 존재가 일시적으로 단골 관계를 경험하는 것이다. 이는 웹을 통한 단골 관계의 재현으로 해석할 수 있다. 그러나 이 블로그 역시 유튜브 실천과 마찬가지로 1년이라는 시간 동안만 운영되었다는 점, 그리고 상인들이 주체가 되어 이룬 실천이라기보다 수동적으로 인터뷰에 응하며 진행되었다는 점에서 한계를 지닌다.

반면 상인들이 주체적으로 블로그와 SNS를 통해 가게를 홍보하고, 웹을 통해 상품을 판매하기도 했다. 대표적으로 강구문어의 사례를 살펴볼 수 있다. 강구문어가 온라인을 통한 홍보와 판매를 본격적으로 시작한 것은 코로나19 사태로 인한 매출 감소 때문이었다. 당시 전통시장은 온라인 거래가 아닌 대면 거래 중심이었기 때문에 그 피해는 더욱 심각했다. 코로나19로 인한 사회의 불안이 줄어든 이후에도 매출은 이전만큼 회복되지 못하자 이러한 상황을 돌파하기 위해 SNS를 시작한 것이다.

> 코로나 시대 때, 고 시절 때, 이제 마케팅 전부 다 "인스타, 인스타" 그러니까 이제 '그걸로 한 번 해봐, 한 번 해볼까' 생각은 했는데, 접어 넣었다가, 했다가, 맹 또 이런 그런 어려운 게 부딪히니까 또 안 하게 되더라고요. 그러다 보니까 또 시장이 자꾸 변하잖아. 듣는 귀가 있잖아요. 뭐라도 홍보를 좀 해봐야 되겠다. 이제 진짜 시장에 있어 보면 예전이랑 불과 몇 년 전까지 통계를 내보면은 지금이 적어. 사람들 자체가 적게 들어. …… 엄마 밑에 이제 장사하다가 명절이라고 수없이 세 봤을 거 아니에요. 글때는 진짜 문어 골목이라는 게 있어. 우리 시장에, 내가 우리 집 문어 골목 끝집이에요. …… 내가 늦게 출발했는 집이다 보니까, 요까지는 바글바글 그래, 근데 우리 집에는 손님이 덜 와요. 근데 명절 되면 밀려갖고 우리 집까지 오는 거야. 그 정도로 사람이 많았어. 근데 지금은 그게 그렇지가 않아. 여 까지 와도 헐렁해. 그만큼 반도 안 되지, 들어오는 그게. 그러니까 이제 뭔가 좀 손님, 오는 손님만 봐서는 안 되겠다 싶어 시작했는데 …….[20]

문어는 신시장을 대표하는 상품 중 하나이다. 안동에서 문어는 접빈接賓을 할 때 반드시 올라가는 음식 중 하나였다. 특히 제사상에도 빠지지 않는 제수祭羞인 까닭에 문어 소비가 많은 지역이다. 신시장에 '문어골목'이 형성되어 있는 것 역시 그 때문이다. 강구

---

20 심재순(여, 54세)의 면담자료(2024년 10월 17일, 강구문어).

문어는 문어 장사를 늦게 시작하기도 했지만, 문어골목이 끝나는 지점에 있어 늘 매출이 좋았던 것은 아니었지만, 그럼에도 명절에는 강구문어 역시 성황을 이뤘다. 그러나 점차 줄어들던 소비자는 코로나19를 기점으로 더욱 감소했다. 이에 제보자는 "오는 손님만" 기다리기보다는 적극적으로 손님을 모으기 위한 노력을 하기 시작했는데, 이때 사용된 것이 SNS였다.

특히 인스타그램 누구나 직접 사진, 영상, 글 등을 게시해 수용자들과 공유하며, 직접적으로 소통할 수 있는 까닭에 가장 활발하게 사용되고 있는 SNS이다. 그런 만큼 인스타그램은 홍보를 위한 수단으로 활용되고 있다. 이에 정부에서도 전통시장 상인들에게 이를 적극적으로 권장하며 관련 내용의 상인교육을 진행하기도 했다. 신시장에서는 2022년 8월 8일에는 '뉴노멀시대 전통시장 변화'라는 내용으로 상인교육이 이루어졌다. 이는 시대에 따른 전통시장의 변화를 강조하기 위해 새로운 마케팅 방법으로 SNS의 활용을 제시하는 것이었다. 또한 상인교육을 통해 안동 전통시장 상인들에게 SNS 사용법에 대한 교육이 이루어지기도 했다. 강구문어를 운영하는 심재순 씨는 이 교육과정을 수강하면서 SNS 활동을 시작하게 되었다.

강구문어는 @andong_gaggu_octopus라는 인스타그램 계정을 통해 가게 홍보를 하고 있다. 강구문어는 계정 소개글에 "안동중앙신시장에서 40년 원조문어집", "살아있는 문어 싱싱한문어 맛있는문어" "경조사등 각종행사 이바지문어전문"라고 적어두며 나름의 브랜딩을 구성하고있다. SNS 게시물 역시 전통시장에서 대를 이어 장사하고 있는 안동문어 가게라는 점과 신선한 생물 문어를 삶아 판매한다는 점을 강조한다. 이와 더불어 신시장에서 진행되는 행사 안내와 시장 분위기 등을 함께 공유한다. 이것이 실제로 얼마나 효과를 보이고 있는지는 알 수 없지만, 간혹 손님들이 "인스타로 많이 보고 있어요"라는 인사를 통해 "날 보긴 하는구나"라는 생각을 할 뿐이다. SNS가 홍보의 목적이라면, 직접적으로 판매에 영향을 미치는 것은 네이버 스마트스토어(이하 네이버 스토어)이다.

네이버 스토어는 거대포털인 네이버에서 운영하고 있는 전자상거래 플랫폼으로, 누구나 직접 서버를 구축해 쇼핑몰을 개설하고 운영 관리할 수 있도록 했다. 특히 네이버 스토어는 별다른 운영 관리 비용이 들지 않으면서도 손쉽게 쇼핑몰을 개설할 수 있고, 거대포털과 연계되어 있어 소비자의 유입이 원활하다는 이점이 있다. 또한 판매자들이 가상의 마켓, 즉 자기 쇼핑몰을 구성하는 것이기 때문에 고객과의 소통과 연결이 더욱 직접적이라는 특성을 지닌다. 그런 까닭에 판매자는 쇼핑몰을 통해 소비자와 관계를 맺을 수 있게 된다.

> 처음에 요것도 네이버 스토어 올린 것도, 이제 코로나 시작하고부터 이제 우리 신랑이 우리 네이버 이거로 한번 해보자 이랬을 때, "아휴 요즘 누가 야 이거 물량 이거 뭐 저울에 달아가지고 이거 보지도 않았고 누가 그걸로 사 먹겠노" 카면서 반대하더라고. 내가 막 우겨가 상인회 가가 매니저한테 좀 가르쳐 달라고, 어떻게 하면 되냐고, 그래가주고 대충 배워 와 가지고 닥달해가지고 올려놨더니 주문이 하나씩 들어오더래. 처음에 신기하더라고.[21]

강구문어는 '안동강구문어'라는 이름의 네이버 스토어를 운영 중이다. 네이버 스토어를 운영하게 된 계기는 코로나19로 인한 것이었다. 코로나19로 시장을 방문하는 소비자들이 줄어들기도 했지만, 사람들이 집단적으로 모이는 것이 제한되었기 때문이다. 문어는 개인 가정집에서 소비되기보다는 잔치, 경조사와 같이 많은 사람들이 모여 있을 때 대접하는 음식이기에 코로나19로 인한 사회적 거리두기는 판매량에 큰 영향을 미쳤던 것이다. 이에 강구문어는 소량 판매, 개인 판매를 플랫폼을 통해 시도하고자 한 것이다. 그러나 늘 시장에서 사람들과 대면하며 물건을 판매해 왔던 상인들의 입장에서 물건의 품질을 직접 확인하지 않고 구매하는 것은 낯선 것이었다. 오랫동안 관계를 맺으며 신뢰가 쌓여 있는 것도 아니었기에 더욱 그랬다. 그러나 코로나19라는 특수한 상황 속에서 별다른 판로를 확보하지 못했던 이들은 플랫폼을 판매 전략으로 삼은 것이다. 그리고 이는 실제로 어느정도 효과를 얻었다. 그리고 스토어를 통해 지속적으로 구매하는 단골이 형성되기도 했다.

> 완전 스토어는 완전히 단골. 단골이에요. 단골. 한 번 드셔본 분들이 계속 쭉 계속 오는 거예요. 계속. 여 단골보다 더 진짜 찐 단골들이 될 수도 있어요. 어디 갈 줄을 모르더라고요. 진짜. 한 번 인터넷상으로, 한 번 믿음 자기가 여기가 괜찮다고 마음먹으면 이분들이 야말로 진짜 다른 데 잘 안 가요. 이 단골들보다 그러니까 항상 더 신경 써줘야 돼. 진짜

---

21 심재순(여, 54세)의 면담자료(2024년 10월 17일, 강구문어).

판 데 안 가요. 내가 이제까지 뭐 그 그거 한 것도 스토어 한 것도 얼마 되진 않지만은 계속 보면 똑같은 분들이 계속 시켜요. 그러다 한 번은 다른 새로운 고객님들도 오지만은 10명 중에 한 일곱, 여덟 분은 계속 시켰던 분들이 계속 와요. 그이 완전히 찐단골이지.[22]

스토어를 통해 문어를 구매한 고객들은 제품의 배송상태, 품질, 맛 등을 종합적으로 평가한다. 평가를 통해 향후 구매를 이어 나갈지 결정하는 것이다. 특히 문어는 음식인 까닭에 맛과 품질의 정도가 중요한 기준이 되고, 향후 재구매 의사에 큰 영향을 미친다. 재구매한 이들은 강구문어의 품질과 상품 등에 만족한 것임을 나타내는 것이다. 몇 차례에 걸쳐 맛과 품질을 신뢰한 이들은 새로운 판매처를 잘 찾지 않는다. 새롭게 판매처를 찾는 일은 맛과 품질, 시간과 돈이 낭비될 위험을 감수하는 것이기 때문이다. 따라서 이미 충분히 맛과 품질에 만족한 소비자는 새로운 판매처를 찾기보다는 이미 보증된 곳에서 구매하는 경우가 대부분이다. 이에 상인 역시 같은 구매자의 정보를 반복적으로 마주하게 되면 이들을 단골로 인식한다. 따라서 대면하는 관계가 아니더라도, 온라인을 통한 반복적 구매를 통해 단골이 형성되는 것이다.

또한 소비자들이 리뷰를 통해 '잘 받았다' 또는 '맛있게 먹었다' 등의 후기를 남기면 판매자는 '감사하다'고 답글을 남긴다. 이 리뷰 시스템을 통해 소비자와 판매자가 소통할 수 있게 되는 것이다. 그뿐만 아니라 이 리뷰들은 이후 새로운 소비자를 유입하는 중요한 요소로 작동한다.

대형마트의 출현과 전자상거래의 확장, 전통시장 소비자 인구 감소, 코로나19로 인한 매출 감소 등으로 전통시장은 새로운 판로를 마련하기 위해 온라인 활동을 시작했다. 시장 차원에서 블로그와 유튜브를 통해 전통시장을 재현해 유입 인구를 늘리고자 했는데, 한편으로 이는 단골 문화의 재현으로도 해석할 수 있었다. 특히 신시장 상인들의 역사와 경험 등은 단골 관계에서 공유될 수 있는 이야기인데, 이를 웹에 게시함으로써 이용자들에게 일시적으로 단골의 경험을 체험하도록 한 것이다. 그런가 하면 상인 개인 차원에서는 SNS 활동을 통한 가게 홍보와 웹을 이용한 상품 판매를 수행하는데, 이 과정에서 주문이 반복적으로 이루어지는 온라인 단골이 형성되고 있었다. 시장에서 관계맺

---

22 심재순(여, 54세)의 면담자료(2024년 10월 17일, 강구문어).

는 단골처럼 유대관계가 형성되는 것은 아니지만, 반복적 구매 행위를 통해 단골로 인식되는 것이다. 그러나 한편으로 이는 전자상거래를 통한 단골의 형성은 사람 중심의 관계였던 단골문화가 자본의 논리로 포섭되는 것이라고도 할 수 있다.

4. 소비환경의 변화에 따른 단골문화 변환의 의미

웹 플랫폼은 시장 상인과 소비자가 직접 대면하지 않고도 연결될 수 있는 장을 형성했다. 소비자와 판매자는 지리적 한계를 넘어서서 소통하고, 구매자는 리뷰를 통해 상품에 관한 정보를 공유함으로써 잠재적 구매자들에게 신뢰를 줄 뿐만 아니라 실시간으로 피드백을 통해 판매자는 더 나은 물건을 판매할 수 있도록 한다. 나아가 지속적인 구매가 이루어지는 소비자의 경우 '단골'로 인식하여 여러 혜택을 제공할 수 있는 서비스도 생겨나고 있다는 점에서 새로운 단골 관계가 형성되고 있는 것으로 보인다. 그러나 한편으로 이는 시장 상인들을 플랫폼 노동에 흡수하는 것으로, 이중의 노동을 수행하도록 한다.

> 이거 삼각대도 샀는데 그래서 준비해가 샀는데, 여기 세워놓고, 이렇게 뭐를 혼자 찍으려니까 부끄러워서 못 찍는 거야. 그리고 이제 어르신들 지나가면 이제 아직 그게 많이 저게 안 되니까 "뭐 찍노, 뭐 찍노" 막 이렇게 …… 내가 해줘야 또 그 사람들이 또 눌러주기도 하고 그렇더라고. 그 시스템이. 그냥 진짜 잘하고 막 이렇게 하는 사람들은 그냥 내가 보고 이 사람 거 좋아 이러면 내가 먼저 다가가서 팔로우를 하잖아요. 그럼 이 사람들은 안 해도 돼. 왜냐하면 자기는 가만히 있어도 계속 이렇게 보고 막 하지. 우리 같은 사람들은 눌려줘야 돼. 내가 100명 눌려야 이제 나한테 겨우 이제 99명이나 10명이라도 팔로우를 해주지. 그냥 내가 뭐 잘하는 게 없잖아, 뭐 홍보도 뭐 이렇게 저거 하기도 하고 이러니까 계속 알려야 되는데, 내가 먼저 들어가고, '니 좋다' 그래줘야 이 사람도 계속 이 봐 보면서 '뭐 좀 좋아할 만하나' 이러고. 상대방도 이렇게 연결해 주고, 이 시스템이 그렇더라고, 가만히 있어가 절대 한 명도 안 올라가.[23]

---

[23] 심재순(여, 54세)의 면담자료(2024년 10월 17일, 강구문어).

SNS 플랫폼은 자유롭게 자기 창작물을 공유하면 수많은 이용자가 이를 보고, 공감하고, 소통할 수 있을 것처럼 여겨지지만 이는 쉽지 않다. 먼저 플랫폼 환경에 맞춰 게시물을 제작해야 한다. 짧은 길이의 영상 콘텐츠인 숏폼shor-form을 제작하거나, 의도를 담은 사진을 촬영해 게시하고 그에 어울리는 글을 작성해야 한다. 어렵게 게시물을 공유하는 데 성공하더라도, 이것으로 끝나지 않는다. 전 세계 사람들이 사용하는 플랫폼에는 게시물이 넘쳐나기에 플랫폼 기업은 이용자의 취향과 성향에 따른 알고리즘을 제시한다. 이 알고리즘을 통해 이용자의 게시물이 더 많은 이용자에게 공유될 수 있게 되는 것이다. 즉 내가 공유한 게시물이 알고리즘에 노출될 때 홍보 효과도 기대할 수 있다. SNS 홍보를 위해서 일종의 전략이 이용되기도 한다. 노출이 잘 될 수 있는 단어로 해시태그를 달거나, 다른 이들의 계정을 팔로우하고, 게시물에 '좋아요'와 '댓글'을 남겨 상대방 역시 나의 계정을 팔로우하고, 게시물에 '좋아요'와 '댓글'을 남겨주는 답신을 기다리는 것이다. 서로의 홍보를 돕기 위한 상부상조라고 할 수 있다. 그러한 노력에도 불구하고 그 효과가 가시적으로 드러나는 것은 아니다. 그럼에도 별다른 광고비용 없이도 가게를 홍보할 수 있다는 막연한 기대를 하는 것이다.

이렇듯 전통시장의 약화 속에서 장사하는 상인들은 플랫폼으로 흘러 들어간다. 이는 새로운 판로를 구성하기 위한 전략적이고도 주체적인 실천으로 보이지만, 사실상 이는 이중 노동의 현실에 처하게 되는 것이다. 상인들은 시장에서 이루어지는 장사와 더불어 온라인 홍보를 위한 콘텐츠 제작, 고객 응대, 브랜드 관리 등의 디지털 마케팅 활동을 혼자서 수행한다. 즉 상인은 단순히 물건을 판매하기 위한 판매자가 아닌 콘텐츠 창작자이면서 광고주의 역할을 모두 하는 것이다. 이는 장사를 위한 노동뿐만 아니라 인지노동까지 수행하게 되는 것 의미한다. 더군다나 플랫폼 시장의 의존도가 높아지는 만큼 노동 강도는 과중해지고 그동안 시장에서 가졌던 자율성은 오히려 사라지게 된다.

손님들이 이제 어떨 때는 뭐 "뭘 그렇게 열심히 들따 보고 있냐"고 장사 일하이, "돈 벌고 있어". 지금 돈 벌고 있어. 이제 아버님들 같은 분들이 뭘 그렇게 들따보고 있네 장사는 안 하고. 진짜로 어떨 때 그런다니까. 마이 그래. 요즘 들어 더 하지. 내가 휴대폰을 많이 붙들고 있으니. 할 시간이 없잖아. 아침에 사진 잠깐 찍어야 되고, 또 만든다고 이래 보면은 집에 가서 또 할 수 없는 거고. 가게에서 대충 이렇게 짬짬 날 때마다 붙들고 있으면 오늘도 몇 분 그러신다. 아버님들 지나가면서 "뭐 그래 열심히 보노" "아 이래요 돈 벌고 있어요." 장사 일환이 "택배 준비요. 택배 택배. 지금 택배 와가지고 택배 쓰고 있어요." 이 그거 논다고 그러면 안 되잖아. 휴대전화 보고 있는 자체가 또 손님들한테 미안하긴 하지. 장사하면서 엉뚱한 짓 하고 있으면 안 되니까.[24]

시장에서 손님들과 관계를 맺으며 장사해 온 상인이 온라인 마켓팅을 위해 스마트폰을 하는 것은 이질적인 장면으로 여겨진다. 오랫동안 알고 지내 온 손님들에게 이는 "장사는 안"하고 "엉뚱한 짓"을 하는 것으로 비추어진다. 이는 상인이 이중노동의 현실에 처해있는 것을 그대로 보여준다. 장사 준비를 하고, 단골 손님과 소통하고, 물건을 판매하는 것만으로도 많은 노동이 필요하다. 그럼에도 SNS를 통한 홍보와 웹 스토어를 운영하기 위해 장사를 하며 "짬짬 날 때마다" 웹에 접속하는 것이다. 이로 인해 단골들에게 집중할 수 있는 시간은 줄어들게 되고, 관계에 소홀해진다. 즉 단골들과 공동체적인 유대감을 쌓으며 보냈던 시간을 웹에 집중하며 보내는 것이다. 이는 플랫폼 시장의 확대가 시장의 시간과 문법에 영향을 미치고 있음을 보여준다.

웹 스토어를 통한 판매량이 증가할수록 시장 상인들은 더욱더 시장 소비자들과의 관계에 집중하기 어려워진다. 웹 스토어는 새로운 단골의 형성으로 이어지기 때문에 고객 관리가 필요해지기 때문이다. 그러나 웹을 통해 형성된 단골은 시장의 단골 관계와 차이를 지닌다. 시장에서 오랜 시간 함께한 단골의 경우 인간적이고 상호적인 관계를 지니지만, 웹을 통한 단골은 상업적 목표로 맺어진 관계이기 때문이다.

저기 뭐 스토어나 이렇게 대면 없이 사는 분들하고는 일단은 친밀감은 별로 없어. 자기들도 그냥 문자하고 넣고 이게 다 하고 전화 오히려 많이 하면 오히려 방해될까 봐 또 우리 스스로도 이제 진짜 그거 많이 차이 나요. 왜 전화 저거 하기 저래서 이제 문자 다 여기 주문지에 옇고, 그냥 딱 현금 주고, 여 결제하고 딱 마무리됐는데 몇 킬로 좀 더 가는데 뭐 어때요? 뭐 하러 쓰실 거예요? 이렇게 전화를 하게 되면 오히려 그 생활에 사생활에 좀 피해가 가나, 싶어 될 수 있으면 전화를 안 할 정도로 이제 맞춰 이제 내보내는 스타일이

---

[24] 심재순(여, 54세)의 면담자료(2024년 10월 17일, 강구문어).

지. 그리고 시장에 와서 단골분들하고 얘기하는 거하고는 격이 조금 있어요. … 아주 조심스럽죠. 실수하나 하면 뭐 리뷰라든가 그런 것도 있고, (타격이 있을 수 있으니까) 또 신경을 배로 많이 쓴다니까. 근데 여 시장에 매대에 그냥 우리 여 선생님 사러 왔어 그럼 본인들이 눈으로 보고 고를 수가 있잖아. 근데 SNS로하거나 뭐 스토어 이런 데는 그분들이 고를 수가 없는 상품이잖아. 직접 우리가 좋은 걸 골라줘야 되는 입장이니까, 더 딴 거 보는 거 한 개도 없고, 그냥 그거 매장 올려놓은 그거 하나 보고 지금 주문을 하는 거니까, 실수하면 안 돼요. 신경이 더 쓰이지.[25]

대면하는 관계 속에서 맺어지는 단골의 경우, 시장에 와서 구매하는 단골의 경우 직접 물건을 눈으로 확인하고 선택해 구매하기에 큰 불만이 생기지 않는다. 혹여 물건의 품질이 다소 떨어지더라도 이후에 다양한 방법을 통해 보상받을 수 있기 때문이다. 그러나 온라인 구매자의 경우 판매자가 직접 물건을 골라 보내주어야 하기에 품질에 관한 책임이 오롯이 상인에게 지어진다. 이는 곧 구매자가 상품의 품질을 평가하는 데 영향을 미칠 뿐만 아니라 평점과 리뷰로 그 기록이 남는다. 만약 상품의 품질에 불만족스러운 구매자는 낮은 평점과 불만을 리뷰로 남기게 되고, 이는 이후 새로운 구매자가 유입되는 데 어려움을 겪을 수 있게 된다. 그런 까닭에 판매자인 상인은 상품을 판매하는 데 더욱 신경을 쓰는 것이다.

또한 시장에서 맺어진 단골들과는 물건을 구매하며 일상적인 대화를 나누고 유대감을 쌓아가지만, 온라인 소비자의 경우 상품에 관한 이야기 이외에 어떠한 소통도 오가지 않는다. 구매자와 판매자는 상품에 한정된 소통만 허용되기 때문에 깊은 유대관계가 형성되기 어렵다. 판매자는 온라인 소비자에 관한 정보가 없는 까닭에 부득이한 경우가 아니라면 상품에 관한 소통을 발송 전에 나누지 않는다. 그런가 하면 구매자가 상품의 품질을 마음에 들어 하지 않는 경우 이를 평점과 리뷰로 표하기 때문에 판매자인 상인은 물건을 준비하는 데 있어 더욱 조심스럽다. 이렇듯 온라인 내에서 주기적으로 상품을 구매하는 단골과의 관계는 시장 내에서 형성된 관계와 질적으로 다르다. 그 관계는 오직 상품에만 한정된 것이기 때문이다. 즉 시장에서 단골들과 맺어온 인간적인 관계가 아닌

---

25 심재순(여, 54세)의 면담자료(2024년 10월 17일, 강구문어).

상업적 가치를 중심으로 한 관계인 것이다.

5. 전통시장 디지털화의 한계와 전망

전통시장에서 단골은 시장을 단순히 상품을 사고 파는 장소가 아닌 유대감과 신뢰를 바탕으로 한 공동체문화를 구성하는 주체이자 시장의 생명력을 유지할 수 있도록 하는 관계였다. 단골이 많을수록 상인은 재정적 안정감을 얻고, 시장은 활력이 유지되기 때문이다. 그 속에서 단골은 인간적이고 친밀한 관계를 형성하며 상품의 가격과 품질을 넘어서는 공동체적 관계를 구축해왔던 것이다. 특히 시장은 상품의 판매뿐만 아니라 그와 관련된 다양한 정보 공유, 관계망 형성 등의 역할을 두루 해왔다. 신시장의 경우 단골과 음식 조리법에 관한 정보를 공유하는가 하면, 포목점에서는 손님들의 중매를 했던 것에서 이를 확인할 수 있다. 깊은 유대감이 쌓인 관계는 서로가 가진 것을 나누는 호혜적 관계로 나아간다. 이러한 단골 관계를 통해 시장에서 공유되는 특별한 정서인 여겨지는 정, 인심, 넉넉함, 따뜻함, 사람냄새 등이 형성되었음을 확인할 수 있었다.

다만 시장 소비인구의 감소, 유통시장의 변화와 대형마트의 출현, 전자상거래의 활성화 등으로 시장 단골 문화에도 변화가 있었다. 시장 차원에서 웹을 통한 시장 홍보와 이야기를 공유했으며, 상인 개인 차원에서는 가게 홍보를 위한 SNS 활동과 개인 웹 스토어를 운영했다. 이를 통해 상인들은 새로운 단골을 형성하는 데 성공하기도 했다. 그러나 한편으로 이는 상인이 이중노동의 환경에 처하는 것이자, 단골의 관계가 인간적인 친밀감과 유대감이 아닌 상업적 소비를 중심에 둔 관계, 즉 자본의 논리에 포섭된 관계일 뿐이라는 점에서 문제적이기도 하다. 웹에서 형성된 단골 관계에서 판매자는 플랫폼의 구조에 따라 상업방식을 맞추어야 하고, 소비자를 잃지 않기 위해 플랫폼 노동에 많은 시간과 에너지를 사용하기 때문이다.

전통시장의 쇠퇴와 함께 시장의 디지털화가 새로운 전망으로 여겨지고 있다. 그러나 단순히 온라인 판매나 SNS 마케팅을 성공적으로 운영하는 것을 전통시장의 전망으로 여기기는 어렵다. 거기에는 상인들의 이중노동과 시장문화의 자본주의화 문제가 놓여 있기 때문이다. 따라서 중요한 것은 상인들이 자본주의적 플랫폼 경제와 플랫폼 노동에 포섭되지 않고 주체성을 유지하는 것이다. 주체성을 유지하는 가운데 플랫폼 시장을 전유하여 이용할 때 문화의 생성이 가능하기 때문이다. 앞으로 이에 관한 고민이 필요할 것으로 생각된다.

09

안동 중앙신시장의
가로구조와 건축 공간

정연상
국립안동대학교 건축공학과 교수

안동 중앙신시장의
가로구조와 건축 공간

1. 문화유산으로서 안동 도심의 시장

1) 문화유산의 장소와 공간 이해

도시의 장소와 건축의 공간에는 다양한 가치가 있는 유무형의 것이 오랜 시간에 걸쳐 축적되어 있다. 오늘날 우리는 이것들을 보존 관리하거나 각기 다른 방식으로 수리하여 재사용하거나 관리하고 있다. 이런 일련의 과정은 다른 장소와 공간에서 볼 수 없는 그곳만의 고유한 것들이 있기 때문이다. 장소와 공간은 오랜 시간 그곳에 살았고 현재도 사는 사람이 만들어낸 삶의 결과물이다.

장소와 공간은 전통문화와 시대적 변화, 삶의 일상이 응집된 문화의 총체다. 현존하는 건물은 건립된 이후 여러 번의 변화 과정을 겪고 지금에 이르렀기 때문에, 특정 시점을 한정 지어 보는 것보다 시간적 개념으로 접근하는 것이 바람직하다. 따라서 건축문화유산을 살펴보는 것은 과거와 현재 그리고 미래가 통하는 것을 찾는 것이다.

인간은 장소와 공간을 오감으로 체험하고 감성과 이성으로 인지하고 사유하면서 외부의 다양한 것과 관계를 맺는다. 장소와 공간은 인간의 의도적 또는 비의도적 개입으로 인간의 의식 세계와 가치관을 거치면서 문화자원이 되고, 더 나아가 이런 것이 쌓여 문화유산이 된다. 이런 장소와 공간은 개인을 위한 것부터 지역 주민을 위한 것에 이르기까지 다양하다. 대다수를 위한 장소와 공간은 어느 것보다 그 가치가 높은데, 특히 이런 가치는 많은 사람이 모이는 도시를 구성하는 데 중요한 요소가 되고 있다.

우리나라 지방의 도시와 건축은 지역 사회 구조 변화와 외부의 직간접 영향을 받으며 성장과 확장, 축소 등의 과정을 겪어 왔다. 전통적 사회문화와 가치관이 강한 도시는 근대기 사회로의 변화 속도가 늦지만 기존 모습과 변화된 모습이 분명하게 다르다. 특히 전통 사회에서 근대 사회로 넘어갈 때 중소 도시에 조성된 공공장소와 공간은 도심 구조 및 경관 형성에 큰 영향을 미쳤다. 도시의 대표적인 공공장소와 공간은 많은 사람이 오고 갔고, 지금도 오고 가고 있는 시장이다.

시장은 이용자의 접근방법과 교통수단의 변화에 영향을 받는데, 특히 근대기 철도의 신설은 도시의 많은 부분을 바꿔 놓았다. 근대기 산업 발전의 근간이 되는 철도 및 관련 기반 시설은 기존 도심 구조과 사회문화를 변모시켰으며, 철도에 의한 인구의 유입과 집중화는 기존 도심의 경관을 바꾸어 놓았다. 교통수단의 변화와 시장의 변화는 사람의 접근과 물류의 다양화 등을 이끌어 도시가 새롭게 변화할 수 있는 계기가 되었다.

안동은 전통적 사회문화와 가치가 강한 지방 도시인데, 근대기 철도의 등장이 외부의 새로운 문화와 문명을 접할 수 있는 중요한 통로 중 하나가 되었다. 안동의 철도는 경북선의 개통과 폐선이 있었고, 중앙선의 개통과 이전, 안동역의 건설과 이건이 있었다.

도시 내외부의 다양한 것들은 시장과 철길을 통해 지역사회에 퍼져 나갔다. 이런 도심 속 공공장소인 안동 시장은 도심의 변화에 맞게 현대적으로 재정비되어 현재에 이르고 있다. 더 나아가 시장은 역사문화자원으로서 안동의 새로운 경관을 형성할 때 중요한 역할을 하고 있다. 현재 안동 중앙신시장은 근대기 전통시장에서 현대시장으로 바뀌고 있다.

이 글은 안동 중앙신시장 조성 전후 변화를 고찰하여 내재한 가치를 재조명한다. 먼저 이글은 안동 중앙시장 형성 전후 입지 조건 및 환경에 대하여 고찰하고, 교통수단 변화에 따른 중앙시장 가로구조에 대하여 고찰하도록 한다. 그리고 안동 시내 시장의 상업용 중층 목조 중 문화자원으로서 가치가 있는 건축물을 살펴본다. 더 나아가 이글은 문화공간 정비나 경관 조성을 위한 기초자료를 제공하는데, 의의가 있다.

2) 안동 시내의 시장 현황

현재 안동시의 전통시장은 시내에 중앙신시장, 안동구시장, 용상시장, 북문시장, 서부시장이 있고, 외곽에 풍산시장과 구담시장이 있다.[1]

중앙신시장은 안동시청 앞을 흐르는 천리천 서측 안동시 대안로 주변(옥야동 285-1 외)

<그림 1> 안동 시내의 시장 위치 현황

일대에 1946년 개설되었고, 현재 있는 상업건물은 대부분 철근콘크리트 구조로 1974년 건립된 이후 개보수를 통해 오늘에 이르고 있다. 주요시설은 상가매장과 주차타워 및 노상주차장, 상인교육장, 시장 입구 문 등이 있다. 장날은 상시 및 정기(2일장, 7일 장)로 운영되고 있다. 중앙신시장은 외곽에 동서남북 도로가 지나고 있어 사면에서 접근이 편하게 했으며, 특히 남측의 동서축 도로가 주요 접근로이며, 이 도로는 정기 장날 중심 거리의 역할을 한다. 이 도로 남측에는 주차타워를 건립하여 시장 이용자의 주차장으로 사용하도록 했다.

안동구시장은 천리천 동측 안동시 남문동, 서부동 일원 연못을 메워 일제강점기에 조성되어 1946년 개설되었다. 시장의 건물은 대부분 철근콘크리트 구조로 1970년 건립되어 개보수를 통해 오늘에 이르고 있다. 주요시설은 주차장, 고객지원센터, 상업가 등이 있다. 구시장의 장날은 상시 및 정기(2일과 7일 장)로 운영되고 있다. 구시장은 남측에 안동초등학교가 있고, 서측에 북문시장과 안동시청 앞을 지나는 천리천 복개천로가 지나고 있다. 서측에서 구시장 접근은 복개천로에서 동측으로 난 시장길을 이용하며, 주변

---

1 https://www.andong.go.kr/portal/contents.do?mId=0601120000, 전통시장 및 상점가육성을 위한 특별법 제2조 1항, 전통시장 현황.

에 주차장과 시장길 주변 노상주차장을 이용하도록 했다.

용상시장은 공설시장으로 1976년 법흥교 넘어 경동로 862(용상동)에 개설되었고, 건물은 대부분 철근콘크리트 구조로 2007년 건립된 이후 개보수를 통해 오늘에 이르고 있다. 주요시설은 주차장과 어린이놀이방 등이 있고, 뒤편으로 용상동행정복지센터가 있다. 장은 상설시장으로 운영되고 있다. 용상시장의 터는 남북으로 길고, 용상동 중심을 동서로 지나는 대로를 면하고 있으며, 좌측에 노상주차장을 조성하여 출입하도록 했다.

서부시장은 사설 시장으로 서부시장길 주변으로 1980년 개설되었으며, 건물은 대부분 철근콘크리트 구조이며 개보수를 통해 오늘에 이르고 있다. 장은 2일장과 7일 정기장으로 운영되고 있다. 북문시장은 옛 안동읍성 북문 밖의 사설 시장으로 북문옥정길 주변에 자리하고 있으며, 1970년 건축하여 개설되었다. 대부분 건물은 철근콘크리트 구조이고, 이후 개보수되어 오늘에 이르고 있다. 장날은 2일과 7일 정기장으로 운영되고 있다.

풍산시장은 공설시장으로 풍산읍 안교리 일대에 1917년 개설되었으며, 대부분 건물은 강파이프와 목구조이며 개보수를 통해 오늘에 이르고 있다. 장날은 3, 8일 정기장으로 운영되고 있다. 구담시장은 사설 시장으로 구담리 462번지 일원로 1962년 개설되었으며, 최근 철골막구조로 개보수되었다. 장날은 4, 9일 정기시장으로 운영되고 있다.

2. 중앙신시장 형성과 가로구조

1) 읍성 해체 전후 중앙신시장터 현황

읍성 시기 안동시의 신시장 모습은 다양한 자료를 통해 확인이 가능하다. 근대기 이전 군현은 각기 읍치 지역과 외촌 지역으로 구분되는데, 읍치 지역은 행정의 중심으로 관아시설과 공공시설이 있었다. 읍치 지역은 대부분 토성이나 석성을 쌓아 외부와 경계를 삼았고, 외부에서의 출입은 동·서·남·북의 4 대문을 이용했다. 이와 같은 읍치 지역은 읍내라고 불리었다. 읍성을 경계로 한 성 내부와 외부의 구분은 조선 말 인구의 증가와 읍치 지역 정치 행정과 경제 활동의 확대·발달로 점차 와해되었으며, 성 밖에 주거지가 조성되고 시장이 형성했다. 이때 읍성의 성곽은 저해 요소가 되어 점진적으로 사라지게 되면서, 안팎은 형식적인 구분일 뿐이었다. 이들 지역은 일제강점기와 1960년대 이후

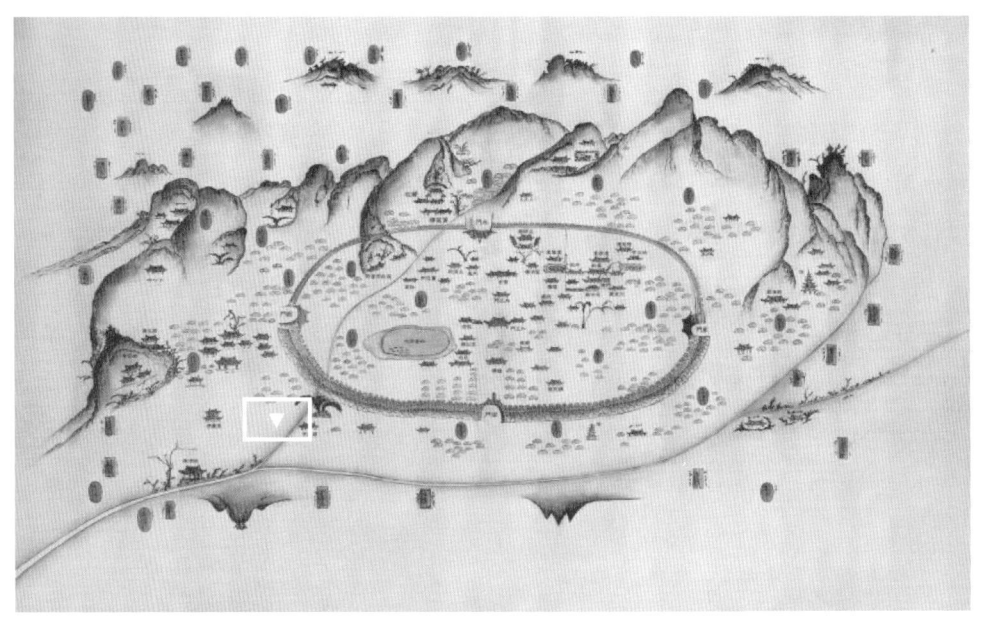

〈그림 2〉 안동읍도(18c) 내 안동 신시장 추정지(▼)

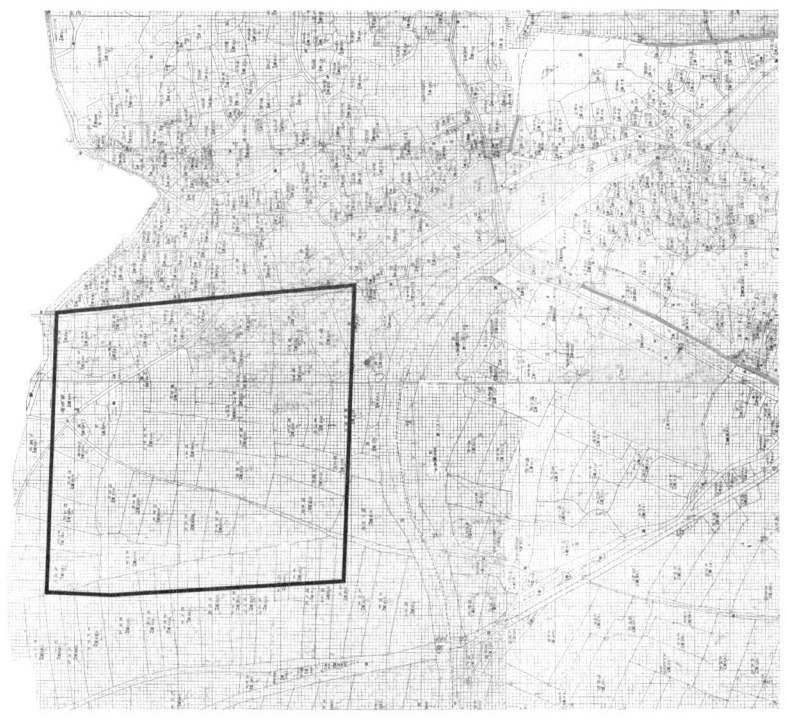

〈그림 3〉 1914년 작성한 안동시 지적도

읍이나 혹은 시로 승격되면서 하나의 행정단위로 발전했다.

18세기 안동읍도는 조선조 말기 읍성 내부의 공간구조를 설명하고 있다. 읍성은 네 곳에 누樓형식의 문이 있었다. 안동읍도를 보면, 읍성의 북동측 지역에는 태사묘, 객사와 관아 등 공공건축물이 있다. 성곽 내 남서측에는 커다란 연못이 있었다. 성밖 남쪽에는 낙동강이 동에서 서측으로 흐르고 있으며, 남문과 서문 사이에 천리천이 성곽 밑을 흐르고 있었다. 이 천리천은 남측의 낙동강물에 합수하고 있으며, 이 낙동강 변에는 영호루가 있었다.

서문 밖은 초가지붕의 건물과 기와지붕의 건물이 자리하고 있고, 서문 남측 성곽 근처에도 초가지붕이 있고, 서남측으로 범륭사가 자리하고 있다. 현재의 안동 신시장 자리는 법륭사와 천리천(현재 복개천) 사이로 추정된다. 18세기 안동읍도 속 안동 신시장 자리는 건물이 없었던 것으로 판단된다.

1914년 작성한 안동시 지적도를 보면, 안동읍의 성곽 안과 바깥의 현황을 볼 수 있다. 안동읍 성곽 축조 이후 안동 읍성은 오랜 기간 안동 구도심의 성장과 발전 등 다방면에 직간접으로 중요한 역할을 해왔다. 특히 읍성은 읍내의 가로구조와 건축 공간뿐만 아니라 사회 전반에 큰 영향을 끼쳐왔다. 이런 안동 읍성은 일제강점기와 근대기를 거치면서 점진적으로 사라졌다. 읍성은 1910년 이후 일제에 의해 해체되었는데, 일제강점기 1914년 지적원도를 작성할 때만 해도 일부 구간에 그 흔적들이 남아 있었다.[2] 이 시기 안동읍성 내부는 도시의 근대화로 팽창하기 시작하였다.

1914년 전후 시기 안동 중앙신시장이 들어설 터는 북측에서 남측으로 천리천(복개 전 모습)이 동측에 흐르고 있다. 북측은 동서축의 대각 길이 지나고 있고, 남측도 동서축의 대각 길이 지나고 있다. 이 두 길은 현재의 중앙신시장 서측의 옥야소공원 근처 육거리에서 만나는데, 이곳은 현재 여섯 갈래의 길이 만나는 육거리 식품 가게 앞이다. 따라서 1914년 전후 현재의 중앙신시장 자리는 천리천 동측으로 대부분 전田으로 되어 있었다. 이 지역의 가로는 전을 지나는 밭길과 천리천으로 삼각형으로 구획되어 있다. 현재도 이 밭길의 흔적은 골목길의 형태로 남아 있다. 이 당시 중앙신시장 자리는 건축물도 들어서지 않은 농경지로 사용하고 있었던 것을 판단된다.

---

2   안동시, 『옛 안동 읍성 내 건축물 등 자료조사 연구용역』, 안동시, 2016, 97쪽. 일제강점기 지적원도를 참조함.

〈사진 1〉 1917년 관왕묘에서 본 안동 시내 전경, 법륭사와 안동 중앙신시장터(안동시청 제공)

현재 옥동의 관왕묘 뒤편에서 안동 시내 도심을 촬영한 1917년 사진을 보면, 안동 시내 남측지역에 낙동강과 반변천이 합수하여 동측에서 서측으로 흐르고 있고, 물길을 따라 들녘이 펼쳐있다. 또한 밭 가운데, 현재의 법륭사가 있고, 길이 사찰 뒤편으로 지나고 있다. 안동읍은 북측 산자락에 기대어 있으며, 농경지 시작점에 읍내에서 서측 방향으로 난 길이 있다. 이 길은 읍성의 서문에서 예천 방향으로 난 현재의 대안로로 추정된다. 〈사진 1〉 속 이런 모습은 1914년에 완성한 지적원도의 모습을 유지하고 있다.

2) 철도 조성 이후 중앙신시장 모습

근대기 안동읍 내는 철도 개통으로 도시 구조 및 주요 교통수단이 바뀌었다. 옛 안동역은 1930년 경북선 경북안동역으로 시작되었으며, 다음 해 경북선[3]이 개통되어 1931년

---

3 경북선은 경북 김천, 상주, 점촌, 예천을 지나 안동역이 종착역인 지방철도로 1924년 김천과 상주 구간이 먼저 개통되었고, 예천과 안동역 구간이 1931년 개통되었으나 1944년 점촌 안동 구간이 폐선되었으며,

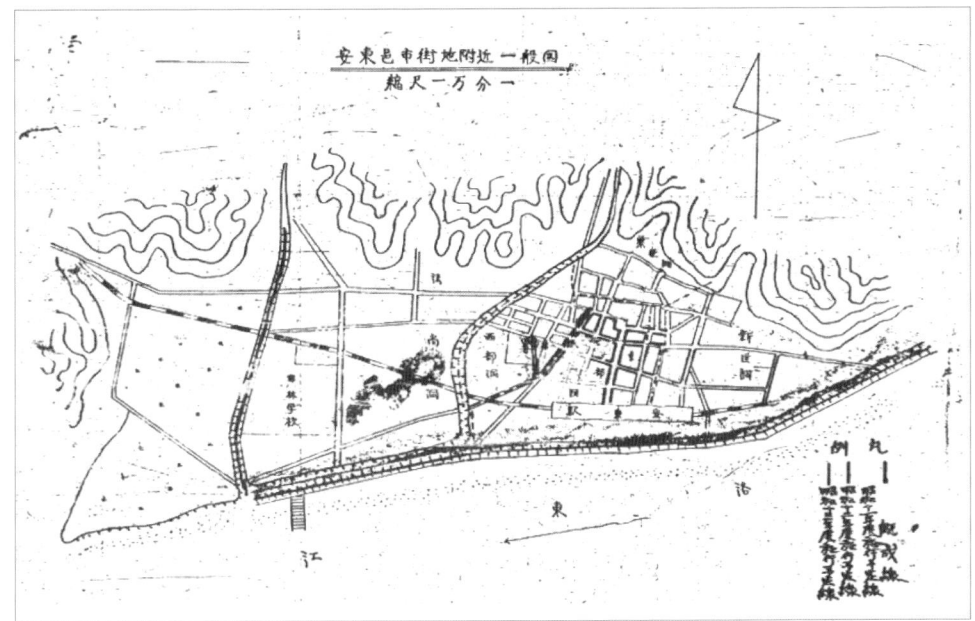

<그림 4> 안동읍시가지부근 일반도(국가기록원 제공, 1936)

11월 2일 경북안동역에서 경북선 예천-안동 간 개통축하회가 있었다. 이후 안동 도심과 지역 주민들은 그간 직면하지 못한 외부 세계와 환경 변화를 직면하게 되었다.[4]

안동과 예천 구간의 경북선은 안동역을 종점으로 서측 태화동과 풍산, 예천을 지나서 김천까지 연결된 지방 철도노선이었다. 기존 경북 안동역은 1936년 5월 청량리 경주 간 경경선(중앙선)이 지나는 역사로 사용하기 위해 증개축을 했다. 또한 철도 관사촌은 경북선 간이역이 있었던 평화동 북측에 조성하여 도심이 북서쪽으로 확장하게 되었다. 경경선은 1942년 4월 1일 안동역에서 개통식을 거행했다. 안동-점촌 구간의 경북선은 1943년 10월 철거를 시작하여 1944년 10월 1일 철거 완료 후 영업이 정지되었다. 따라서 안동은 외부와 통하는 교통의 중심이 경경선(중앙선)으로 바뀌게 되었다.

1936년 작성한 '안동읍시가지부근일반도'를 보면, 안동읍내 가로와 철도, 강과 하천, 행정구역 등 현황을 확인할 수 있다. 이 시가도는 중앙선이 개통되기 전 경북선이 안동의

1966년 안동 구간을 연결하지 않고 점촌, 예천, 영주 구간을 복구함.
4 경북기록문화연구원, 『그곳에 역이 있었네』, 예인, 2020, 8~16쪽의 내용을 정리함.

중요 교통수단으로 사용하고 있을 때의 모습이다. 경북선 철로는 안동역에서 서북측으로 조성되어 있고, 이 철로는 읍내 동측에서 서측으로 난 길과 만난다. 이 철길은 기존 밭길을 따라 조성되었다. 앞에서 살펴본 지적원도를 보면, 이 밭길과 경북선 철길이 거의 일치하는 것을 확인할 수 있다. 경북선의 철길은 읍내에서 남측 강변으로 난 두 길과 천리천을 지난 후, 북측에서 남측으로 난으로 제비원로 안기천로(안기천 복개로)를 지난다.

　이상으로 보아 안동 중앙신시장 자리는 천리천과 제비원로 사이 경북선 철로 주변이었다. 이때 안동의 구시장 지역은 가로 등이 구획되어 있는데, 중앙신시장 자리는 가로가 조성되어 있지 않은 것을 알 수 있다. 특히 현재 안동역과 천리천, 안동 중앙신시장 앞을 지나는 동서축의 가로(현 경동로)는 조성되지 않은 상태였다.

　안동 시내 구간의 경북선은 철거 이후 철길이 서북측 평화동과 남동쪽 안동역을 연결하면서 도시를 사선으로 관통하는 길이 되었다. 또한 1954년 촬영한 항공사진처럼 이 길 북측 지역은 주거지와 상업지역이 형성되어 천리천 내 읍내가 서측으로 확장되는 것을 알 수 있다. 중앙신시장은 경북선 철로 철거 후 1946년 안동역과 평화동 사이 철로 북측 주변에 개장되었다. 중앙신시장 북측에는 현재 시장 북문 앞을 지나는 도로와 목성동성당 앞을 지나는 동서 도로 2개가 지나고 있다.

〈사진 2〉 1954년 촬영한 안동 항공사진 (국토정보지리원)

<사진 3> 1971년 촬영한 안동 중앙신시장 모습

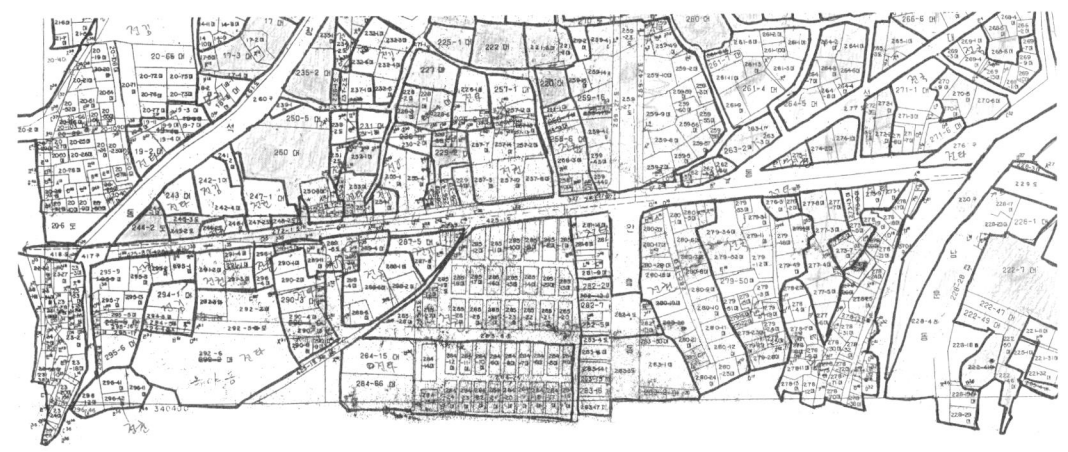

<그림 5> 1989년 제작한 지적도(정진영 제공)

　　안동 중앙신시장은 1946년 7월 상설시장 허가 이후 전통 재래시장의 모습을 갖추기 시작했는데, 한국전쟁을 겪으면서 대부분 훼손되었을 것으로 판단된다. 특히 안동 시내는 한국전쟁으로 심각한 피해를 당한 지역이었다. 중앙신시장은 한국전쟁 이후 거주민들이 소규모의 가게와 오일장으로 시장이 형성되었다. 1954년 촬영한 항공사진 속 신시

장은 1936년 지도 속 가로구조를 그대로 유지하고 있지만, 건축물이 채워지고 있는 것을 알 수 있다. 단, 오일장이 열리던 거리는 남북으로 길이 형성되어 있고, 동측으로 밭이 예전 그대로 있다. 또한 이 밭과 천리천 사이 천변을 따라 건물들이 들어선 상태였다.

　중앙신시장은 1960년대 안동역과 천리천, 신시장 앞을 지나는 동서축의 도로(현 경동로)가 개설되면서 시장 주변에 밭으로 있던 곳에 건축물이 들었으며, 60년대 말에 이르면 기존의 경북선이 있던 길의 남측으로 건축물이 들어 도심이 확장되는 것을 알 수 있다. 이 시기 중앙신시장 건물들은 1974년부터 1976년 사이 콘크리트구조로 개축되었다. 특히 동서축의 경동로는 중앙신시장의 남측을 면하고 있어 주 출입 동선이 되었다.

　안동 중앙신시장은 증개축을 통해 필지가 격자형으로 구획되었다. 1989년 작성한 지적도와 1914년도 작성한 지적도를 비교해 보면 시장 주변은 많은 변화가 있는 것을 알 수 있다. 이후 신시장은 2002~2004년 사이에 환경개선사업으로 지붕을 돔형식의 현대화된 구조로 바뀌어 현재 모습을 갖추었다.

3) 중앙신시장의 가로구조 현황

　안동 중앙신시장은 현재 안동의 중요한 전통시장으로 크고 작은 도로와 시장 골목으로 연결되어 있다. 중앙신시장은 남측에 안동의 동서축 도로 경동로가 지나고 있다. 경동로는 안동 시내를 동서로 지나면서 옛 안동역과 안동초등학교, 중앙신시장과 신시장 주차장, 중앙사거리를 지난다. 현재 중앙시장은 경동로를 면하고 있어 북측으로 난 시장길을 따라 출입한다. 신시장과 주차장은 경동로 위의 육교로 연결되어 있다.

　동측은 천리천 복개로인 퇴계로가 남북으로 지나고 있으며, 퇴계로에서 접근은 서측으로 난 신시장1길, 2길, 2길의 북측 길, 대안로를 이용한다. 이 접근로는 남북으로 난 2차선의 중앙시장길과 직교하는데, 이 중앙시장길은 장이 열리던 곳이다. 현재 중앙신시장은 중앙시장길을 면하고 있는 중앙신시장 4지구 입구(2길), 3지구 입구(1길), 2지구 입구(4길)로 출입한다.

　중앙신시장의 북측은 동서로 지나는 대안로로 접근하며, 출입은 대안로 남측의 중앙신시장 북문과 7개소 문을 이용한다. 중앙신시장은 북측의 7문과 남측 육교 밑을 연결하는 남북축의 시장길로 동측구역(1, 2, 3, 4구역)과 서측구역(8, 7, 6, 5구역)으로 나뉜다. 북문은 서측구역을 남북으로 지나는 중앙신시장 4길로 남문과 통하게 되어 있다.

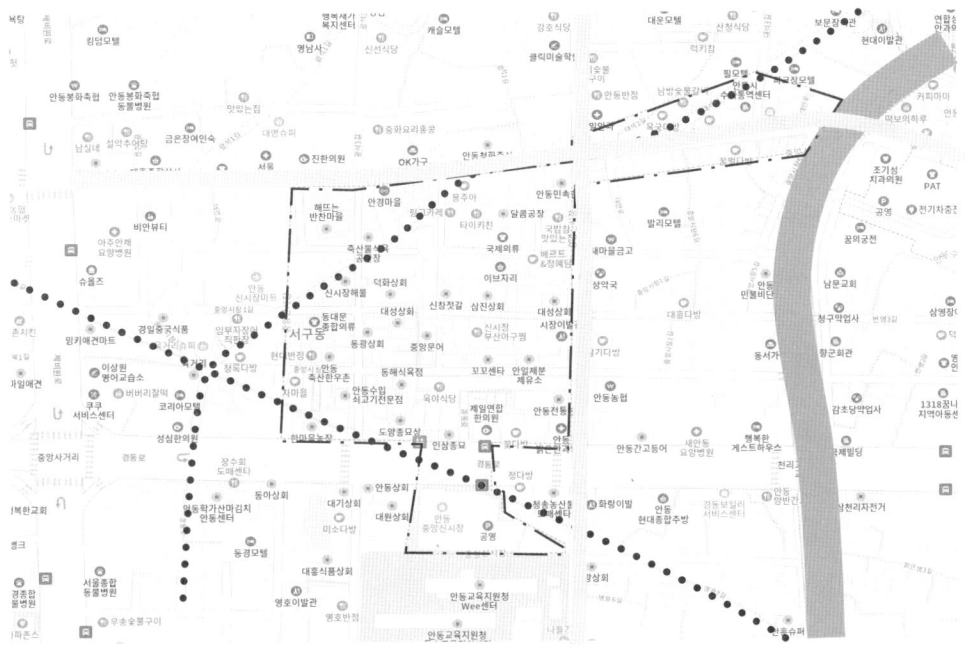

<그림 6> 안동 중앙신시장 범위 및 가로 현황(2024)

서측은 남북으로 지나는 제비원로에서 동측 중앙시장1길을 통해 접근하며, 블록 내 중앙시장3길의 서 1문과 1길의 서 2문, 2길의 서 3문으로 출입한다. 이상으로 중앙신시장은 남측에 출문 2개소, 북측에 8개소, 동측과 서측에 각 3개소의 출입구가 있다. 이외에도 신시장 출입은 작은 골목을 이용하고 있다.

서측 구역의 남서측에는 안동역에서 시작하여 평화동으로 난 대각선의 시장길이 지나고 있는데, 이 대각선의 시장길은 서측 육거리를 지난다. 육거리는 중앙시장1길과 중앙시장2길, 중앙시장3길이 교차한다. 남서측을 지나는 대각선 중앙신시장길은 경동로 남측 영호6길과 영호7길과 맑은샘2길의 골목길과 연계된다. 북측을 대각으로 지나는 중앙시장1길은 읍성의 서문 자리와 연결된다. 이 길은 신시장이 조성되기 전 형성된 길이다. 앞에서 살펴본 것처럼 이 길은 밭을 지나는 폭이 좁은 길이었고, 이후 경북선 철길이 되었고, 철길 철거 후 신시장의 남측 경계가 되었다. 현재는 골목길이 옛 모습을 간직하고 있다. 따라서 신시장의 가로는 신시장을 조성하면서 조성된 길인데, 대각으로 난 두 길은 안동의 역사문화경관을 그대로 간직하고 있는 길이다.

3. 안동 시장의 상업건물

1) 중층 목조상가

(1) 옥야동 신성세탁소

세탁소로 사용하고 있는 신성세탁소는 중앙신시장 북측을 지나는 동서 대안로를 면하고 있다. 대안로 남측에는 1950년대 건립한 여러 채의 목조 상가건물이 이 건물과 나란히 자리하고 있다. 이들 건물은 외관을 타일이나 현대적 재료로 개조한 상태지만 이들 재료 이면에 근대기 목조 상업건물의 모습을 간직하고 있다. 이들 건물의 구조는 대부분 적산가옥으로 2층 목구조이며, 1층은 상가로, 2층은 거주 공간으로 이용하고 있었다.

〈사진 4〉 대안로 주변 중층 목조상가 전경

세탁소 건물은 길을 따라 3개의 상점이 입점한 2층 목조건물로 골슬레이트를 올린 맞배지붕을 하고 있다. 이 건물의 규모는 정면 3칸, 측면 2칸이며, 3개의 상가가 1칸씩 나누어 사용하고 있다. 상가의 내부 각 간은 통간이다. 2층은 각 상가에서 사용하는 살림집이었다.

외관은 도로쪽에만 시멘트 벽돌로 쌓아 확장하여 다소 변형되었으나 그 외는 목구조 심벽에 시멘트모르타르를 바르고 흰색 페인트로 마감했다. 2층 바닥은 장마루 널을 깔고 시멘트모르타르로 마감하였다. 지붕은 사각형 서까래를 걸고 서까래 위에 널 판재를 깐 다음 골슬레이트를 깔아 마감했다.

〈사진 5〉 신성세탁소 전경

상가는 1층 동측부터 신성세탁소, 신금당, 상훈라사가 있었으며, 상훈라사는 창고로 사용되고 있다. 또한 상훈라사 좌측으로 상가는 외관에 타일을 붙여 마감했지만, 세탁소 건물과 같은 구조다. 이 상가에는 아이캔플라워 상호를 가진 가게가 입주한 상태다. 현재 이런 상가가 도로를 따라 여러 동이 있다. 이런 것으로 보아 예전에는 이와 같은 상가건물이 대안로를 따라 더 많았을 것으로 판단된다. 따라서 이 건물은 1950년 중앙신시장 주변의 역사문화자원으로 도시의 역사문화경관을 구성하는 중요한 자료다.

(2) 운흥동 옛 세은이발관

중층의 목조상가는 도심이 현대화되면서 대부분 철근콘크리트 구조로 바뀌었으며, 또한 안동의 중층 목조상가는 한국전쟁으로 대부분 소실되었다. 현재 남은 건물은 건립된 이후 다양한 상점이 입점하여 사용하면서 외관이 많이 바뀌었지만, 안동의 근대기 목조건물에서 현대 콘크리트구조 건물로 넘어가기 전 모습을 간직하고 있어 역사문화자원으로 가치가 있으며, 오늘날 도심의 경관을 구성하는 중요한 경관 요소가 된다.

세은이발관은 안동역과 웅부공원을 연결하는 도로에서 안동 시내의 구시장과 중앙신시장을 지나는 대안로를 따라 접근하며, 구시장의 동쪽 초입 대안로 남측에 자리하여 북측을 향하고 있다. 이 건물은 과거 부동산 가게로 사용했는데, 현재 이발관으로 사용하고 있었다.

이 건물은 한국전쟁 직후 도로변에 지은 것으로 도로에 면한 부정형 대지에 동서로 길게 자리한 목구조 2층으로 건물이다. 배치는 부정형 대지에 맞추어 측벽 전체를 좌측으로 60cm가량 틀어져 터를 잡고 있다. 이 건물은 2층 적산가옥 목구조 양식으로 지붕에 골슬레이트를 올린 맞배지붕을 하고 있다.

〈사진 6〉 대안로와 상가 전경

〈사진 7〉 운흥동 옛 세은이발관 전경

이 건물의 규모는 정면 3칸, 측면 1칸이었다. 1층 내부는 점포 3개가 나누어 입주해 사용했으며, 2층은 거주 공간으로 사용했었는데, 최근 사무실로 사용하고 있다. 2층은 1층 좌측칸 뒤에 목조 계단을 꾸며 오르도록 했다. 도로에 면한 정면은 출입구를 꾸미고 입점한 상점에 맞게 개조되었고, 삼면의 외벽은 목구조 심벽에 회바름으로 마감되어 있다. 2층 벽면은 전·후면 목재 창틀에 미서기창을 달아 놓았고, 2층 바닥은 마루 구조로 마감했다.

현재 이 건물은 서측 2칸은 이발관으로 사용하고 있고 나머지 1칸은 식당으로 사용하고 있다. 외관은 매점을 개조하면서 기존 건물 외벽에 현대적 재료로 마감하고 간판을 달아 기존 창문의 입면이 보이지 않는 상태다. 대안로 주변은 현재 3, 4층의 콘크리트구조의 상가들이 조성되어 가로의 경관이 바뀌고 있지만 이 건물은 근대기 상가로서 사라진 도심의 옛 경관을 보여주고 있다.

(3) 중구동 미림라사

미림라사는 경상북도 유교문화회관 정문 앞 서동문로 남측의 중앙로를 따라 접근하며, 중앙로 북측에 터를 잡고 중앙로를 바라보고 서남향을 하고 있다. 미림라사 상점은 1950년대 지은 건물이며, 서측으로 상점 2개소가 나란히 있다. 이들 상가는 북측의 서동문로와 남측 중앙로를 면하고 있는 부정형 대지에 건물이 동서로 길게 자리한 2층 목조건물이다.

평면은 정면 5칸, 측면 2칸으로 대지 조건에 맞게 기둥을 세워 후면 폭이 전면 폭보다 좁게 계획되었는데, 정면과 배면이 개조되어 원래 모습을 확인할 수 없다. 1층 내부는 3개의 점포가 입주해 사용하고 있으며, 2층은 3칸으로 나누어 창고로 활용하고 있다. 2004년 조사 시 점포는 좌측부터 교복사, 인쇄사, 미림라사가 입주했었다. 미림라사는 앞쪽 2칸을 점포로 사용했으며, 뒤쪽에 방과 2층으로 통하는 계단을 두었다. 복인당 인쇄사는 정면 1칸만 사용했으며, 뒤는 미림라사의 방과 부엌을 꾸며 사용했다. 교복사는 내부를 통칸으로 사용했고, 좌측에 2층으로 통하는 목조 계단을 꾸며 2층으로 통하게 했다.

외벽은 목구조 심벽으로 구성하고, 벽면에 회반죽으로 마감하였고, 2층 바닥은 장마루널에 장판지를 깔아 마감했다. 천정은 쫄대를 건 후 베니어합판으로 마감하였다. 건물의 지붕은 목조 가구에 골슬레이트를 올린 맞배지붕이다.

현재 미림라사는 현판은 걸려 있지만 폐업한 것으로 판단된다. 당시 미림라사 좌측에

<사진 8> 서동문로 본 미림라사 상점 배면　　　　　　　　　<사진 9> 중앙로에서 본 미림라사 상점 정면

존재하던 교복사는 한빛전동차로, 인쇄소는 야생화자수 서양자수 데이지로 바뀌었다. 특히 한빛전동차는 원래 모습을 알 수 없을 정도로 개조된 상태다. 이상으로 이들 상가가 있는 곳은 안동 읍성 서문 근처로 추정되며, 과거 서문 앞의 가로구조 및 경관을 확인할 수 있는 단서를 제공하고 있다.

2) 상품 제조 및 창고 공간

(1) 서구동 합동식품(국수공장)

서구동 합동식품은 중앙신시장 북측을 지나는 동서 대안로에서 북측으로 난 광석1길을 따라 진입하는데, 대안로에서 20여 미터 떨어진 광석1길의 북측에 터를 잡고 남향하고 있다. 이 건물은 부정형 대지에 ㄷ자형과 一자형 건물이 연결된 구조를 하고 있다. 구조는 단층의 목구조와 중층 목구조로 짜여 있다. 지붕은 골슬레이트를 올린 맞배지붕과 팔작지붕으로 구성되어 있다.

공장은 당시 소유자가 1982년에 매입하여 사용하고 있으며, 현재 다른 사람에 매각되어 철거 예정이라고 한다. 공장에는 건물로 감싸여 있는 작은 마당이 있는데, 남동쪽 광석1길을 면한 대문을 통해 출입하도록 했다. 공장은 우측에 사무실과 살림집이 있고, 좌측에 공장이 자리하고 있다.

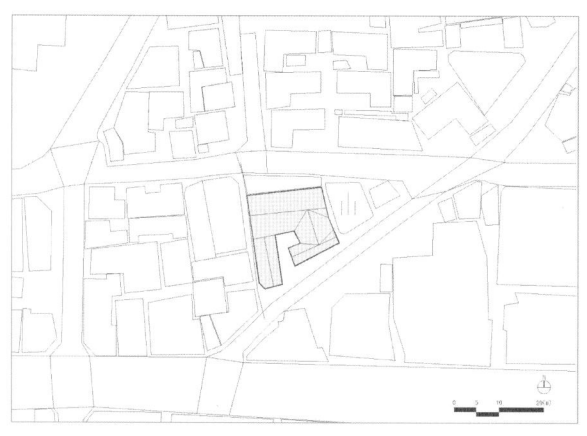
<그림 7> 합동식품 공장 배치도

<사진 10> 합동식품 공장 전경

　사무실은 2층 목구조 건물이다. 사무실 우측 공장은 시멘트블록 구조로 증축된 상태였다. 공장은 정면 5칸, 측면 1칸의 장방형 단층 목구조 건물과 정면 3칸, 측면 1칸의 단층 목구조 건물로 구성되어 있다. 공장 외벽은 목구조 심벽에 미닫이 유리 창호를 달고 회바름으로 마감했다. 공장 내부는 통칸으로 각종 기계나 장비가 설치되어 있다.

　합동식품(국수공장)은 현재 운영하지 않고 있으며, 2004년 조사 때와 크게 달라진 점이 없는 근대기 공장 건축물이다. 이 건물은 안동 시장과 인근

<사진 11> 합동식품 공장 정면

주민들에게 서민 음식 국수를 공급하던 공장으로 근대기 식품 제작 관련 역사문화자원이다. 따라서 시장에서 판매되는 다양한 식품과 제품의 생산과 제작 관련 장소 및 공간도 역사문화자원으로서 중요하므로 이들 건물과 공간에 대한 발굴이 필요하다.

(2) 광석동 불교용품 가게 창고

　광석동 불교용품 가게 창고는 중앙신시장의 북측을 지나는 동서축 대안로를 면하고 있는 불교용품 상점의 창고 건물로 가게 북측 뒤에 자리하고 있다. 이 대안로는 안동 구시장과 중앙신시장을 연결하고 있는데, 과거 이 대안로는 읍성의 서문과 연결된 도로

로 서측 지역 사람들이 빈번히 오가던 중요한 길이었다.

이 창고는 대안로에 면한 음식점의 배면과 접한 상태이고, 동측으로 불교용품점 건물이 세로로 맞닿은 상태다. 이 창고는 음식점 뒤편의 세로로 긴 부정형 대지에서 동남향하고 있다. 창고의 출입은 불교용품 판매장을 통하거나 필지의 배면에 동서로 난 골목길을 이용했었다. 현재 불교용품 창고는 안동 연화불교에 딸린 부속건물로 사용하고 있으며, 불교용품가게 좌측편 문과 건물 사이로만 출입하고 있다.

평면은 정면 4칸, 측면 2칸으로 장방형 2층 목구조 건물이다. 1층은 남쪽 정면에 철문을 달아 출입하도록 했다. 1층 내부는 통칸형으로 중앙열에 사각기둥을 세워 상부 마루를 받도록 했다. 또한 내부에는 좌측 앞칸에 2층으로 오를 수 있는 목조 계단이 설치되어 있다. 2층 내부도 통칸형으로 측면 중앙열에 사각기둥을 세워 보를 받도록 했다.

〈그림 8〉 불교용품 가게 창고 배치도

〈사진 12〉 2004년 불교용품가게 창고 전경

〈사진 13〉 불교용품가게 창고 외벽 모습

〈사진 14〉 불교용품가게 창고 2층 바닥 구조

이 건물 구조는 적산가옥의 목구조 방식으로 짜여 있다. 1층 외벽은 목구조 심벽에 시멘트모르타르로 미장하고 흰색 페인트로 마감한 상태다. 2층 외벽도 목구조 심벽에 회반바름으로 마감되어 있다. 벽면에는 창호가 설치되어 있는데, 1층은 개조되어 원래 모습을 확인하기 어려운 상태다. 2층 창호는 목제 창틀을 끼우고 전·후면 3개소, 양측면 각 2개소에 미서기창이 설치되어 있었다. 현재는 부분적으로 썬라이트로 가려 놓은 상태다.

1층 바닥은 시멘트모르타르로 마감한 후 장판지를 깔았고, 2층 바닥은 1층 도리에 멍에를 걸고 그 위에 장선을 놓고 장마루를 깔았다. 지붕은 맞배지붕이며, 서까래를 걸고 그 위에 널 판재를 깐 후 골함석으로 마감했다.

10

인적자원으로써 청년 인식과 안동 중앙신시장 활성화를 위한 시도

정민지
국립안동대학교 대학원 민속학과 박사과정

인적자원으로써 청년 인식과
안동 중앙신시장 활성화를 위한 시도

1. 청년과 전통시장 육성의 이정표

　안동 중앙신시장은 20세기 들어 안동의 인구가 증가하고 물자 교환이 활발해짐에 따라 신설된 시장으로 해석되고 있다. 기존에 있던 시장과 구분하기 위해 원도심의 기존 시장을 구시장으로, 신설된 시장을 신시장으로 불렀다. 현재 중앙신시장은 구시장과 도로 하나를 사이에 두고 있다. 구시장과 중앙신시장 사이에 위치한, 약간의 구릉처럼 보이기도 하는 도로는 사실 안동 시내를 흐르던 하천을 복개한 도로다. 안동 사람들이 "사장뚝"이라고 부르는 이 도로 아래 천변에는 한때 짚으로 만든 생활용품을 파는 이들이 둘러앉아 있기도 했고, 포장마차들이 줄지어 늘어서 젊은 청춘과 문학가들이 모여 술잔을 기울일 장소를 제공하기도 했다. 1989년의 도시개발사업으로 천리천이 덮이고 도로가 생겨나면서 구시장과 중앙신시장은 좀 더 명확히 분리된 존재로 여겨지기 시작했다.

　신시장과 중앙시장은 2005년에 '전통시장'으로 등록하기 위해 '중앙신시장'으로 통합되었다.[1] 이 시기에 중앙신시장의 시설이 정비되고 현재까지 이어지는 기본 구조가 갖추어졌다. 그런데 공교롭게도, 콘크리트 구조물로 시설이 정비되는 것과 비슷한 시기에, 농산물은 물론이고 포목과 가구, 건어물과 각종 제수용품, 고추에 이르기까지 다양한 물건을 취급하면서 안동 중앙신시장의 상권이 대단히 성행했던 때는 저물어가고 있었다.

1　안동 중앙신시장의 위상과 변화에 관련한 내용은 이민호·이미홍·주영욱, 『서구동의 어제와 오늘』, 안동문화원, 2022. 내용 중 중앙신시장에 대해 다루고 있는 130~134쪽을 참조할 수 있다.

안동 시내에 위치한 전통시장들은 안동 안의 상권 변화에 많은 영향을 받을 수밖에 없었다. 안동의 전통상권이 본격적으로 쇠락한 것은 많은 경우 옥동과 원도심에 대형마트가 자리잡은 이후로 지적된다. 안동의 주된 상권은 원도심과 옥동으로 대별되지만, 안동의 지역 특성상 시가지가 밀집 형성되어 있어 두 상권은 직선 거리 3km 이내로 가까이 위치한다. 게다가 안동 중앙신시장의 옆에는 신시장마트가, 길 건너에는 농협 하나로마트가 위치하면서, 마트와 대형점포를 선호하는 근래의 소비 트랜드에 따르면 고객 유치에 불리한 상권으로 해석된다. 시장의 쇠락은 누구보다도 시장의 상인이 가깝게 느끼고 있었다.

다 신시장 마트로 가지. 들어가서 시원하고, 싸고, 물건 뭐 다 살 수 있고 그러니까 거기로 가지. 일반 상인들은 손님이 자꾸자꾸 줄어요. 저부터도 여기 가서 뭐 하나 사고, 저기 가서 하나 사고 못 하잖아요. 시간상으로. 팔아는 줘야 하는 건 알지만 그러니까 웬만하면 그냥 신시장 마트 아니면 인터넷을 박스떼기로 해가지고 싸게. 막 이런 식으로 하니까. 또 팔아주려고 가면, 장사가 안되니까 물건구비를 안 해놔. 재고 생긴다고. 그러니까 신시장에 뭐, 살 수가 없어.[2]

안동 중앙신시장의 바로 옆에는 신시장 마트가 있다. 시장과 달리 닫힌 건축공간은 냉난방이 수월해 이용자들이 쾌적함을 느낄 수 있고, 주차시설도 마련되어 있으며, 시장에서는 여러 상점에 발품을 팔아 들러야만 구입할 수 있는 물건들을 집약적으로 배치해두어 물품 구입 동선도 간결하게 정리된다. 상인 역시 서로 물건을 팔아주어야만 하는 것은 알지만, 시간이 허비되는 문제도 있거니와 이미 상당히 영락한 시장 내의 점포들은 판매되지 못하고 쌓일 물건들에 대한 걱정으로 인해 재고를 다양하게 갖추고 있지 못하다는 점을 지적하면서 그 자신도 마트 혹은 인터넷을 이용한다고 말했다. 대형마트의 등장이 시장에 변화를 불러온 한 변곡점이었다면, 지금은 온라인 쇼핑과 유통·배송업의 발달이 전통시장과 상점가를 위협하는 가장 큰 요인이 되었다.

---

2 2구역 상인 D의 구술(70대 여성, 2024.09.14.).

이 장사 부분이 물론 이제, 뭐 뉴스같은 거 보면 대도시도 그렇고 중소도시도 그렇고, 사람들이 어떤 이제 물건을 구매를 하잖아요. 그럼 옛날 같으면 어찌 됐든 간에 시장에 와가지고 물건을 사고 옷을 사고 이러는데 요즘 사람들은, 젊은 사람들은 너무 좀 양면성을 갖고 있다. 요새 마트에 가 물건 가오기 싫으면 조금만 있으면 집에 문 앞까지 갖다 주는데 뭐.[3]

대면 구매를 안하고 인터넷 구매가. 인터넷 구매 쪽으로 활성화가 돼버렸어. 그게 이제 대중화가 돼버려서 이제는 나이 많은 사람들이나 이러지. 젊은 아들은 무조건 싸고 편리한 데로. 광고를 하니까 편리하지. 오늘 물건 신선식품 불러놓고 내일 아침에 아파트 현관문 앞에 딱 갖다 배달이 되이께네. 얼마나 편리하노.[4]

상인이 기억하는 '옛날 같으면'은 이제 20년도 더 된 이야기다. 요 몇 년간 명절이 아니면 시장이 북적이는 일은 좀처럼 없었다. 상인은 요즘 사람들이 편리함을 추구하기 때문에 시장보다는 마트를, 마트보다는 비대면 구입을 선호하는 경향이 있다고 해석했다. 또 다른 상인 역시 최근 인터넷 구매가 대중화가 되어버렸고, 이러한 환경에서 물품의 구입에 영향을 미치는 것은 시장에서 직접 눈으로 보고 선별하는 품질이 아니라 광고와 가격, 배송의 빠르기와 편리함에 있다고 보았다.

전통시장의 위기는 안동지역에 국한되어 발생한 일이 아니다. 농촌사회에서 산업사회로의 이행, 인구이동으로 인한 시장 배후인구 변화, 유통시장의 개방, 대형유통업체의 등장에 더해 홈쇼핑과 인터넷 쇼핑으로 비대면 구입이 활성화되면서 한국사회의 사회경제적 변화와 맞물려 지역의 상거래 장소인 시장은 쇠퇴하기 시작했다. 정부는 시장을 특별히 관리하기 위해 2002년에 중소기업의 구조개선과 재래시장 활성화를 위한 특별조치법을 제정했고, 2004년에 재래시장 육성을 위한 특별법을 제정했다. 이처럼 시장이 특별한 관심의 대상이 된 것은, '재래시장의 현대화와 유통산업의 균형발전을 도모하고, 지역경제 활성화와 국민경제발전에 기여하는 것을 목표'로 하고 있는 특별법안의 내용에서 읽어볼 수 있듯이 현대화되지 않은 시장을 정비하고, 시장의 침체와 반대급부로 성장하는 유통업과 균형을 이루기 위한 것이었다.

---

3 1구역 상인 A의 구술(60대 남성, 2024.09.14.).
4 1구역 상인 B의 구술(70대 남성, 2024.09.14.).

2006년에 제정된 재래시장 및 상점가 육성을 위한 특별법과 2010년 전통시장 및 상점가 육성을 위한 특별법으로 이어지는 변천에서는 재래시장의 명칭을 '전통시장'으로 바꾸어 말하고 있다. 이때 '전통시장'이란 법조상 분류에 적합한 등록시장 혹은 그 기능을 하는 곳이면서 상업기반 시설이 오래되고 낡아 개수·보수 또는 정비가 필요하거나 유통기능이 취약하여 경영 개선 및 상거래의 현대화 촉진이 필요한 장소를 일컫는다. 즉 법령에서의 해석, 그리고 일반적으로 인식되는 전통시장은 시설과 경영 방식이 현대화되지 못해 경쟁력을 갖추지 못한 곳이었다. 이런 상황에서 소비자가 다소의 불편함을 관대하게 받아들일 정도로 매력적인 관광형 시장 혹은 빼어난 특색을 지닌 시장이 아니라면 시장의 쇠퇴는 당연한 수순으로 여겨졌다.

시장의 쇠락을 저지하기 위해, 혹은 전과 같이 번영하는 장소로 만들기 위해 경영혁신과 상인 교육, 시설현대화와 상권활성화 관련 제도들이 시도되었다. 그러나 그것이 얼마나 효과적이었는지는 대답하기 어렵다. 시장마다 각기 다른 문제와 위기상황을 마주하고 있고, 그에 대한 대책도 획일화된 형태로 제시하기 어렵기 때문이다. 그중 한 가지 시도로 '청년'에 중점을 둔 정책이 시행된 바 있다. 청년은 침체된 전통시장에 활력을 불어넣을 중요한 요인으로 손꼽혔다. 소비자로서 청년, 더 중요하게는 청년을 비롯한 다양한 연령층의 방문과 이들을 불러올 청년 상인들이 활성화의 주역으로 지목되었다. 각기 특색이 있긴 하지만 주로 식재료와 생필품을 판매하는 전통시장의 노포들 사이에 특색을 더할, 청년들의 재기발랄하며 다종다양한 상점은 젊은 감각을 겨냥하고 시장 방문객의 증가와 관광형 시장 개발의 시작점으로 여겨졌다. 전통시장의 빈 점포를 활용하고 창업 지원으로 청년실업을 해결하는 상생협력의 이상적 청사진을 바탕으로 청년몰이 등장했다.

청년몰 사업 시행의 배경에는 사회에서 말하는 '청년'을 주목하는 담론이 긴밀하게 엮여있다. 즉 청년이라는 특정한 세대를 호명함으로써 청년에게 어떤 기대되는 역할을 맡기는 것이다. 청년 상인의 육성지원은 잠재고객과 미래고객에게 현재의 트렌드에 부합하는 콘텐츠를 제공하고, 전통시장의 세대를 바꾸어나가는 계기를 마련하며 시장의 변화와 혁신을 유도하기 위한 목적과 바람을 지니고 실시되었다.[5]

---

5 권은영, 「안동중앙신시장 청년 몰 활성화 방안 연구」, 안동대학교 한국문화산업전문대학원 석사학위논문, 2019, 16쪽.

이 글은 안동 중앙신시장에서 실시된 청년몰 사업을 바라보는, 합치되거나 균질화되지 않는 시각을 성기게나마 엮어보고, 그후 청년몰이라는 공간에 국한되지 않고 중앙신시장 전체로 범위를 넓혀 중앙신시장이 처한 현재 상황을 개괄해보려 한다. 청년몰이라는 제도와 사업에 대한 성패의 진단이나 경제적이고 통계적인 자료의 제시는 잠시 물려두고, 시장 구성원들의 목소리를 통해 현재 중앙신시장과 시장의 청년들의 모습을 살펴보자.

2. 청년과 시장의 접붙임

청년몰 지원사업은 '전통시장 및 상점가 육성을 위한 특별법'에 의거하여 정부가 전통시장 및 상점가 중 500㎡의 유휴공간을 제공할 수 있는 시장을 선정하고, 해당 공간에 39세 이하의 청년이 입점할 수 있도록 지원한 사업이다. 안동 중앙신시장은 2016년에 청년몰 지원사업 신청 후 2017년에 선정되어 2018년에 사업을 진행했다. 중앙신시장에 개설할 청년몰은 사업 시행 과정에서 먹거리 위주의 상가를 조성하게 되었으며, 입점 업체는 주로 요식업에 치중되었다.[6] 먹거리를 비롯하여 문화공연과 관광 등의 업종을, 또 지역자원을 활용한 관광상품 개발 업체와 유아부터 청년층을 겨냥하는 상품을 판매하는 상인을 우선 지원하겠다는 당초의 계획에서는 다소 벗어났지만, 청년몰은 신시장에서 그간 찾아보기 어려웠던 요리와 품목들을 더하며 지역민의 이목을 끌었다. 평소 인적이 드물었던 신시장 북문 방향이 청년몰 점포로 발걸음을 옮기는 많은 방문객으로 인해 북적이기도 했다.

신시장의 상권을 부흥하기 위해 수립한 계획들이 맞아떨어지며 청년몰은 순항하는 듯 보였다. 그러나 많은 가게가 청년몰에 정착하지 못하고 가게를 이전하거나 폐업했다. 청년 창업인들이 점포 운영을 지속적으로 유지하지 못한 것에는 다양한 해석과 의견이 엇갈린다. 가장 빈번히 거론되는 것은 코로나바이러스-19의 영향이다.

---

6   위의 글, 56~57쪽.

코로나가, 시장 상권을 코로나가 많이 변화를 시켰는데. 뭐라하나, 코로나가, 변화를.[7]

저희만, 거기만 그런 게 아니예요. 생각해보세요. 기억하시겠지만, 그때 자영업자들 특히 소상공인들 다 죽는다고 난리나고. 애초에 자본금이 적은 사람들이 자부담금이 적으니까 거기 들어간거라고요. 누가 오는 곳도 아니고, 좋은 입지가 아닌데. 거기서나마 시작해볼 수 있으니까 갔는데 그것마저도 현실적으로 어렵게 된. 그러니까 아마 다들 힘들었을 거예요.[8]

코로나바이러스의 확산은 한국사회 전반에 대규모의 경제적 충격을 불러일으켰다. 방역 지침에 따라 비대면 활동이 활성화되면서 서로 얼굴을 마주보고 직접 거래하는 시장은 아예 문을 닫을 수밖에 없었다. 소상공인을 위한 보상 정책과 다양한 방식의 지원이 시행되었지만 손실을 모두 메꿀 수준이 될 순 없었다. 특히 청년몰 입주 상인들에게는 이 상황이 더욱 큰 문제로 다가왔다.

청년몰 창업 상인들 대다수는 초기자본금이 넉넉하지 않았다. 이들에게 초기비용의 50%를 국비로, 40%는 지방비로 지원되며 실제 자부담금은 10% 정도인 청년몰 사업은 창업에 도전해볼 수 있는 매력적인 기회였다. 때문에 시장안에서 이미 공실이 되어 위치 경쟁력이 떨어지는 공간으로 판명난 점포임에도, 그 정도의 불리함을 감수하고 사업을 시작했던 것이다. 그러나 경제적 불안정성을 안고 시작한 사업은 코로나 시기를 넘기지 못했다. 비대면 판매가 아니면 수익창출 방식이 완전히 가로막힌 상황에서 요식업을 운영하는 청년몰 상인들은 급히 배송 판매 방안을 강구하였지만 특별한 자구책을 찾지 못한 채 전국적인 경제 불황에 휩쓸릴 수밖에 없었다. 게다가 청년몰 입주 상인들의 경제적인 불안정은 코로나 시기를 넘기지 못한 것 이상으로 다방면에서 표출되었다. 그중 하나는 점포세와 관련된 것이었다.

세 많이 준다고 막 주 치왔지. 포기한 데가 많지.[9]

---

[7] 1구역 상인 B의 구술(70대 남성, 2024.09.14.).
[8] 청년몰 폐점 상인 H의 구술(30대 여성, 2024.09.29.).
[9] 1구역 상인 E의 구술(70대 여성, 2024.09.14.).

우리는 자가야. 세도 이제는 많이 내렸고, 이게 주변에 포목점 하는 이는 이제 자기 가게 인게 이제 버티고 앉아 있고. 청년몰은 이제 보조금 받았는 게 그 시기가 지나부이 저가 돈이 안되니까 이제 나가지. 세도 내야하는데 벌이도 좀.[10]

청년몰 인근의 상인 일부는 청년 상인들이 폐업한 이유를 임대료에서 찾았다. 청년몰을 개설하면서 진행된 여러 지원 사업 중 점포 운영 요금을 일부 지원하는 것도 포함되어 있었다. 임대료와 여러 공과금, 기타 요금을 합친 고정지출이 부담스러운 청년 상인들이 가게 문을 닫기 시작한 시점이 보조금 지원이 종료되는 시기와 겹친다는 것이다. 게다가 청년몰이 조성된 중앙신시장의 1, 2구역은 다른 구역에 비해 점포세가 저렴한 편인데도 폐업 이유로 점포세가 부담스럽다고 말하는 것은 더욱 부정적인 인식을 불러왔다. 즉 폐업의 이유로 임대료가 제시되는 것이, 청년 상인들의 창업이 2년간 '보조금을 타먹고' '경험삼아 한 번 해 보는' 식일 것이라는 어떤 고정관념에 확신을 더하는 일이었던 것이다. 몇 년간 점포를 운영하면서 자생력을 갖춘 수익 구조를 창출하지 못한 청년 상인들에 대한 비판적인 인식도 함께 제시되었다.

배가 고프면 어찌 하면 살까. 이렇게 궁리도 하고, 옛날에 이 부근에 포목점이래. 그럼 옛날 사람들은 아, 한달에 세 얼마 받으면은 우리 점빵 세하고 이래 해서 점빵 하면 되겠다 이러고. 그러다 보면 기회도 있어. 이 돈도 생기면 좀 절반 쓰고 절반 저축도 하고 그러지만 요즘은 그게 아니잖아요. 요즘은 집집마다 다 냉장고 문 열면 먹을 게 꽉 차 있으니까, 이래가지고 일단은 그런 걱정 없이 이렇게 하다 보니까 마인드가 다른거라.[11]

기존, 이제 세대로 와가지고. 시기적으로 포목업은 사양업이고, 사양업이니까 정부의 지원 사업을 해가지고 청년몰 점포를 가능하면 이제. 그만둔 곳에 청년몰이 들어와가지고 정부 지원사업, 처음에는 정부 지원을 해준다 카니까네 그거 갖고 들어왔는데. 와보고 보니 실질적으로 생각하고, 의욕을 가지고 들어왔는데 해보니까 이제 부딪히는 게 많고, 매출도 안 올라가지 그만. 그이 그만두고, 그만두고. …(중략)… 기존에 있던 사람들은

---

10 1구역 상인 F의 구술(80대 여성, 2024.09.14.).
11 1구역 상인 E의 구술(70대 여성, 2024.09.14.).

바닥부터 위에까지 이렇게 올라가 단계를 살았다고. 몇십 년. 근데 젊은 사람들은 그저 하면 되는 걸로 알아. 그러면 기존에 있던 사람들, 그 위에 선배들. 어른들이 있는 데 도움을 받아야 해. 왜냐하면 이제 도움도 받고 지원도 받고 이제, 도와주세요. 그리고 고개 까딱하고 거 뭐 왔는 모양이다 하고 정부 지원 기간 끝나면, 안 되면 그리 가게를 시장을 오히려 나태시켜. 퇴보시켜. 근께 부모 밑에서 호강스럽게 크다가 저가 장사를 할라고 하면 그게 아니다. 숙여야 하는데. 바닥도 함 가고 이래야지 열심히 하지. 그래 고생해야.[12]

시장에서 오랜 기간 가게를 운영한 상인들은 지난 기억을 반추하며 현재 청년 상인들이 과거의 상인들과 다르다고 지적했다. 요컨대 소위 말하는 '헝그리정신'이 부족하다는 것이다. 임대료가 부담스럽다면 개인 소비를 줄이고 변동 가능한 지출 영역을 찾아 수익과 수준을 맞추어 나가는 절차가 필요한데, 청년으로 운위되는 요즘 세대들은 '부모 밑에서 호강스럽게', '냉장고 문 열면 먹을게 꽉 차' 있는 것처럼 부족함 없는 환경에 익숙하기 때문에 조금이라도 손해가 발생하면 버텨내지 못하는 것으로 이해되고 있었다.

점포를 운영하면서 발생하는 어려움에 대해서 주변 상인들에게 도움을 구하지도 않고, 정부지원만을 받다가 지원이 끝나면 자립해야 하는 환경에 대처하지 못하는 유약함도 청년 상인들에 대한 하나의 비판적 인식으로 자리하고 있었다. 심지어 상인들에게 이는 더 문제적인 것으로 여겨지는데, 청년 상인들의 창업과 폐업이 빠른 주기로 일어나는 만큼 청년 상인들의 사업이 생업으로서 진지하게 받아들여질 여지가 줄어들기 때문이다. 기존 상인들은, 소위 기회주의적인 이런 태도가 장사로 생업을 이어가고 있는 주변의 상가와 시장 전체에 좋지 않은 영향을 끼친다고 여겼다.

이러한 판단들은 행정기관에서 청년 상인들에게 기대하는 바와 거리가 있는 것이다. 지자체는 "전통시장 고유의 매력과 정체성을 유지하는 것도 매우 중요하다고 생각하지만 빠르게 변화하는 소비 패턴 등을 고려하였을 때 청년 상인들과 공존하며 새로운 변화에 따라 진화하는 것도 필요하다"고 생각하는 입장에서, "신선한 아이디어와 창의성으로 전통시장에 새로운 활력을 불어넣어 주기를 기대"하기 때문이다.[13] 그러나 중앙신시

---

12 1구역 상인 G의 구술(70대 남성, 2024.09.14.).
13 안동시 지역경제과 설문 결과 일부 발췌. "안동시는 2017년 중기청 공모사업에 선정되어 15억 원의 예산을 지원받아 2년간 '청년몰 조성 사업'을 하였습니다. 해당 사업은 중앙신시장 내 빈 점포에 청년 상인들이 입점해 청년 일자리 창출은 물론 전통시장 활성화를 위한 사업입니다. 입점을 원하는 청년 상인을 신청받아

장의 기존 점포 상인과 청년몰 상인들의 공존은 다양한 단계의 문화적 차이를 딛고 난 후에 가능할 것으로 여겨졌다.

> 일자리가 만들어지는 게 아니고. 자꾸. 결과적으로 젊은 아들이 그런다니까. 근데 또 그래 일 안하다가 그냥 먹고 놀다가 일하라 하면 안한다 카이. 또 일도 안 해 게을러 빠져가지고.[14]

> 처음에는 젊은이들 좀 왔지. 왔는데 점점 안 되지. 근데 야들이 우리가 또, 우리는 하마 여기 40여년 했는데 이 아들 자체가 안돼. 이래 하면은 왜, 옛날에는 어른들이 일로 가면 인사라도 지내면 우리가 뭐 이래 하면 뭐라도 사 먹을 건데. 저가 최고래. 인사도 안 하고, 그냥 아들이 말 잘하면 좋잖아. 아이고 뭐 합니다, 이번엔 뭐 합니다. 하면은 우리는 또 많이 팔려 주그든. 이 시장 안에서 우리가 제일 많이 소모를 좀 시킬 거 아니야. 이 집에도 사먹고, 저 집에도 사먹고. 근데 아들이 인사를 안 해. 그러니 내 이거 먹나. 다른 데 불러 먹지. 요 부근에 불러 먹어야, 저들 생각해 불러줘야 되는데 근데 이놈들 인사도 안 하는데 뭐 저 부르나. 그런 면도 있다 그이. 서로 돕고, 우리도 도와주고 싶은데. 그러니까 참, 우리도 옆에 장에 같이, 옆에 도와줘야 되는데 저들은 인사도 안 하는데. 우리, 난 일부러 이래이래 시작할때는 뭐 하는고, 보고 이래 사주고 이랬지. 그 뒤로 일단 한 번 더 사주고 이랬더니. 저가 최곤 줄 알아. 아들이 글타고. 그런 면이 있더라.[15]

앞서 말한 기존 상인들의 청년 상인들에 대한 인식과 유사한 맥락에서 발화되고 있지

창업 교육을 이수하고 점포 운영 전략, 창업 성공 가능성, 성실도 등을 종합 평가해 최종 선정된 청년 상인들에게는 점포 인테리어 비용과 임차료, 전기·수도 시설 등 운영 기반 시설비 등을 지원하였습니다. 청년몰을 조성한 후에도 2019년에는 '청년문화마켓 사업'을 통하여 전문경영인컨설팅, 공동상품개발, 공동마케팅, 홍보 등을 지원하였고, 2019년부터 2년 동안 '청년상인 운영지원 사업'을 추진하여 점포 운영 공공요금을 지원하였습니다. 현재 안동시 내 전통시장은 과거의 전통적인 모습을 그대로 가지고 있습니다. 전통시장 고유의 매력과 정체성을 유지하는 것도 매우 중요하다고 생각하지만 빠르게 변화하는 소비 패턴 등을 고려하였을 때 청년 상인들과 공존하며 새로운 변화에 따라 진화하는 것도 필요하다고 생각합니다. 그런 의미에서 우리 부서는 청년으로 대표되는 세대가 전통시장의 활성화에 기여할 것을 기대하고 있습니다. 기존의 상인들이나 지자체에서 놓치기 쉬운 젊은 세대의 소비 트렌드나 요구에 빠르게 대응하고, 전통적인 상품들을 현대적인 감각으로 재해석하는 등 신선한 아이디어와 창의성으로 전통시장에 새로운 활력을 불어넣어 주기를 기대하고 있습니다."

14 1구역 상인 C의 구술(70대 남성, 2024.09.14.).
15 1구역 상인 F의 구술(80대 여성, 2024.09.14.).

만, 이 구술에서는 청년 상인들과의 불충분한 소통에 대한 소회가 나타나고 있다. 청년몰이 위치한 1, 2 구역의 상인들은 아침에 가게 문을 열고 해가 질 무렵 가게 문을 닫는다. 요식업 위주의 업종에 편재된 청년몰의 상인들은 점심 혹은 저녁 시간에 가게를 열고 밤늦게 가게를 마감한다. 상점 운영 시간이 각기 다르고, 또 대개 일인 운영 매장인 청년몰의 상인들은 교육이 있거나 개인적인 용무가 있을 때 가게를 자주 비우게 되는데 이것이 기존 상인들에게는 방만한 운영으로 보여질 여지가 있는 것이다. 심지어 기존 점포와 청년몰 유입 점포의 운영시간이 상이한 것은 청년몰의 기대효과인 이용자 유입의 효과를 떨어뜨린다, 청년몰로 인해 시장 방문자가 늘어나더라도 이 유입은 청년몰 점포의 운영 시간에 맞추어 증가하기 때문에 기존 상인들은 이용자 유입 효과를 크게 체감하지 못하게 되기 때문이다.

청년 상인들이 시장의 빈 점포에 삽입되면서 발생한 문화적 괴리도 기존 상인들의 부정적인 인식에 영향을 미쳤다. 기존 상인들은 가까이 위치한 점포와 적어도 인사를 건네는 정도의 교류를 이어왔다. 그러나 청년 상인들은 자신의 가게를 향해 가는 동안 골목 안 점포에 앉아 있는 상인들에게 인사를 건네지 않았으며, 어떤 상인들에게 이것은 청년 상인이 자신을 무시하는 행위로까지 느낄만한 행동이었다. 상인 F의 말은, 시장에서 운영하는 요식업은 시장 내부의 수요를 충당하며 일부 매출을 고정적으로 가져갈 수도 있는데, 청년몰 업주들이 다른 상인들과 잘 지내려는 노력을 기울이지 않았으므로 상인들의 외면을 불러왔고 결국 그로 인해 매출의 이득을 전혀 보지 못했다는 것이다. 결론적으로 떠나간 청년몰 입점 업주들이 '젊고, 예의가 없으며, 기회주의적이고 끈기도 없는데 책임감도 희박'하다는 비판적인 평가가 남몰래 공유되고 있었다.

청년몰의 높은 폐점률을 청년 상인의 몫으로만 돌리기에는 부적절하다는 평가도 있었다. 중앙신시장의 북동쪽 영역은 이미 시장 내에서도 활기를 오래 전에 잃은 구역이며, 신시장 전체의 편의성이 부족하므로 청년몰의 부진은 한편으로 예정되어 있었다고 보는 것이다.

> 여기 청년몰은 장사되는 집 없어요. 이 마인드 자체가, 정부에서는 이제 밀어준다고 대출 많이 내주고 뭐 했는데. 그 사람들이 경험도 없고, 음식도 그렇고, 인테리어 하고 이런 거는 많이 정부에서 보조를 해줬는가 봐요. 음식을 우리도 먹으러 다 가보고, 시켜 먹고 하는데. 여기가, 신시장 자체가 죽었잖아요. 여기는 항상 얘기하지만 주차장 시설을 만들

기 전에는 가게가 살 수가 없어요. 젊은 청년 층을 상대하려고 하면, 신시장 들어오면 안 돼요. 여기는 뭐 60대, 70대 80대 이런 사람들. 입지 자체가, 안 좋은 정도가 아니고 뭐 좋은 걸 찾아볼 수가 없어요. 그리고 주차 시설이 길 건너에 저쪽에 있잖아요. 그러니까 거기까지 물건을 어떻게 가져가. 그러니까 여기를 살리려 하면, 지하든지 아니면 건물을 다시 해가지고 주차장 시설을 해야 돼. 주차 시설이랑 공중화장실만 제대로 해 놓으면. 또 다 까만 비닐봉지에 주렁주렁 담아주는데, 카트를 밀고 다닐 수 있는 것도 아니고. 주차 시설이 가깝지 않으면, 아는 사람들도 올 수가 없어.[16]

한 상인은 청년몰 점포의 매출이 높지 않은 이유는 청년 상인의 경험이 적기 때문이기도 하지만, 시장의 주 고객층이 60대 이상이므로 청년몰이 겨냥하는 수요가 애초에 적기 때문이라고 지적했다. 또한 시장의 고질적인 주차장 부족이 시급히 개선을 요하는 문제로 언급되고 있었다. 건물형 공영주차장은 청년몰과 반대편에 있는 남문쪽에 위치하고 있고, 서쪽의 도로변 공영주차장은 오일장이 서는 날이면 차량출입이 통제되므로 방문객이 청년몰까지 가기 어렵다는 것이다. 주차 문제는 청년몰 이용만이 아니라 시장 전체의 이용 편의성을 떨어뜨린다. 시장에서는 식료품을 소량으로 구입하기 어렵고, 또 비닐봉지에 담긴 구입한 물건을 손에 들고 차량까지 이동하는 일은 시장을 찾은 소비자들에게 불편한 경험으로 기억된다.

중앙신시장의 공간 구성이 청년몰 방문자를 난처하게 하는 경우도 있다. 오래된 아케이드와 좁은 골목에 더해 1, 2구역 점포 대부분이 포목점이기 때문에 외관상 점포 변별이 어려워 골목길이 모두 유사해 보이기 때문이다.

애들이랑 몇 번 왔는데, 뭐 먹으러. 근데 어디서 뭘 파는지 알 수가 없어. 골목골목 다 비슷한 것도 그렇고, 가게 이름만 봐서는 대체 뭘 파는지 모르겠더라고. 입구에서 지도를 보고 가도 길 잃고. 찾았다 싶으면 다른 가게거나 문을 닫았어. 그래서 그냥 몇 번 왔다가, 우리 애랑 같이, 밖에서 그냥 쳐다보면서 어, 여긴 뭘 팔까, 하고 그냥 가게 돼.[17]

---

16 2구역 상인 D의 구술(70대 여성, 2024.09.14.).
17 안동 중앙신시장 이용자 I의 구술(40대 여성, 2024.10.02.).

청년몰의 점포들은 집약적으로 위치하기보다 1, 2구역의 빈 점포에 산발적으로 흩어져 있어 방문객이 길을 찾기 어렵다. 1구역과 중앙신시장 서쪽 입구, 남쪽 공영주차장에 청년몰 점포를 표시한 약도가 있지만 점포의 변경이나 폐업 사실이 잘 반영되지 않았다. 방문객에게 주는 혼란을 줄이기 위해서는 청년몰에서 운영 중인 점포를 직관적으로 나타낼 수 있도록 약도를 개선해야 할 것이다. 현재 청년몰 대부분의 점포는 배달 전문으로 운영되고 있기 때문에, 시장에서 청년몰 점포를 방문하길 원하는 이용자를 위해 가게에서 음식 포장 후 취식이 가능한 공용휴게장소를 제공하는 방안도 생각해볼 수 있겠다.

또한 향후 청년몰에 입점을 원하는 가게는 1, 2구역에 위치한 기존 상점들과 어우러질 수 있는 업종, 예를 들어 1지구의 포목점과 청년창업 수공예 공방 등의 관계 설정에 기초한 입주를 권장하고 지원하는 것으로 변화를 꾀해볼 수 있을 것이다. 업종을 계열화하는 것으로 해당 구역을 특성을 강조할 수도 있고, 유사한 품목을 입점하는 것으로 소비 촉진을 기대해볼 수 있으며, 기존 상인과 청년 상인 간의 거리를 좁히는 것에 대한 해결 방안이 되리라 기대해볼 수 있다.

지금까지 살펴본 바로는 청년몰이 중앙신시장에서 성공적으로 자리잡았다고 말하긴 어려워 보인다. 그러나 전통시장 상권 활성화라는 목적에서는 실패했다는 평가가 가능하지만, 청년창업 지원이라는 측면에서는 실패로 단정지을 수만은 없다.[18] 다만 청년몰의 목표였던 시장 활성화가 달성되지 못한 배경을 청년몰의 현재 상황을 통해 개괄적으로나마 살펴보았으니 이제 청년몰 너머로 시야를 확장해볼 필요가 있을 것이다.

3. 중앙신시장 아케이드 아래의 청년들

원도심에 위치한 시장들은 안동 원도심에 집적되어 있었던 인구가 상업지구 개발과 신도시 개발로 인해 분산되고, 안동역과 버스터미널 등 공공교통 중심지가 이전됨에 따라 진행된 도심 공동화와 앞서 언급된 소비패턴의 변화가 맞물리며 점차 경기가 침체되었다. 정부에서 시장 활성화를 위해 실시한 제도와 투입한 자본이 일부 성과로 이어지

---

18 신기동·백인수·한영숙,「전통시장 청년몰, 실패의 경험과 발전모델 탐색」,『GRI이슈&진단』538, 경기연구원, 2024, 13쪽.

기도 하였으나, 지역의 특성이 제각기 반영되기 어려웠던 탓에 시장이 모습이 획일화되는 결과를 불러 일으켰고, 이는 설비의 현대화와 환경 개선이라는 하드웨어적 역량을 강화시켰지만 시장의 자생력에는 가시적인 도움을 보태지 못한 것으로 진단된다.

실제로 재래시장 혹은 전통시장으로 불리는 상업구역에 대한 관의 지원은 물리적인 차원에서 인프라를 개선·건설하는 것에 초점이 맞춰져 있었다. 그러나 이런 지원으로 전통시장이 대형마트와 같은 편의성을 갖춘 시설이 될 수는 없다.[19] 게다가 상인들의 역량 강화 교육에 집중한다고 하더라도, 시장에서 판매하는 품목이 현대의 소비생활에 맞게 갖춰지지 않는다면, 시장을 일상적으로 방문할 이용자들은 증가하지 않을 것이다. 이러한 문제점을 타개하기 위해 시장을 관광 매력을 지닌 공간으로 조성하고 대형마트와 인터넷 쇼핑과의 경쟁에서 차별성을 획득하려는 시도들이 다수 시도되었다.

현재 안동 원도심 상권은 2021년 중소벤처기업부의 상권르네상스 사업에 선정되어 상권 전반에 대한 종합적 개발을 실시하고 있다. 상권자생력을 강화하고 외부 관광객을 유입하기 위한 방법의 일환으로 문화체험 프로그램이나 다양한 공연 이벤트가 계획·실행되는 중이다.[20] 그러나 다양한 방면의 노력에도 불구하고, 지금까지의 시장 활성화 정도는 충분치 않은 것으로 판단되고 있었다.

> 진짜 답답했어요. 여기가 왜 이렇게 죽었을까, 진짜 그 생각이 많았어요. 왜 이렇게 유동인구가 없을까. 이렇게 큰 시장이, 시장이 진짜 크거든요. 이렇게 큰 시장이 어떻게 이렇게 안 될까. 그리고 시장이 좀 활성화됐으면 좋겠어요. 먹을 게 없어. 그래야 사람이 오지. 그냥 사람이 안 오는 게 아니라, 오고 싶은 시장이 아니니까. 시장 전체가 오고 싶은 시장으로, 뭔가 좀. 이 시장에는 그냥 원래 있던 것들 말고는 새로운 것이 없어요. 좀 먹을 거 많고 재미있는 요소들이 있고, 이래야 하회 탈춤 축제나, 이번에 백종원, 사실 먹을 거 말고는 사람들이 가 있는 곳이 없잖아요. 무조건 먹는 것만으로 완전 승부수 났잖아요.

---

19 채수홍·구혜경, 「전통시장의 쇠락과정, 대응양상, 그리고 미래」, 『비교문화연구』 21, 서울대학교 비교문화연구소, 2015, 104~105쪽.
20 구시장과 중앙신시장, 남서상점가와 문화의 거리, 음식의 거리를 포함하는 상권르네상스 사업에 대해서는 권수빈, 「구시장의 문화경제적 활성화와 지속가능발전을 위한 전망」, 안동대학교 민속학연구소 편, 『로컬한 역사와 문화의 공간, 안동 구시장』, 안동시립박물관, 2023, 276~280쪽을 참조할 수 있다. 제시된 글과 달리, 본문에서는 사업에 대한 구체적인 논의보다 개별의 상인들이 시장의 현재 활성화 정도를 어떻게 평가하고 있는지 확인하는 것에 초점을 맞춘다.

그렇게 사람들의 시선에 맞는 시장이 되어야 하는데. 한 집 건너 먹을 거, 한 집 건너 먹을 거. 원래 이렇게 퐁당퐁당 이렇게 돼야 되는데 이건 진짜 없어. 간식거리도 없고. 원래 떡볶이집이랑 어묵집 앞에 사람들이 막 보글보글 몰려 있어야 되거든요. 닭꼬치도 팔고, 쫀드기도 팔고, 도넛츠, 찹쌀떡, 막 이렇게 구색 있게. 시장의 재미는 막 쌓아놓고 먹고 이런 게 아니라 한 개, 도너츠 한 개 700원에 먹고 그냥 하나 먹고 가면, 사람들이 요새는 먹거든요. 사놓고 먹지 않고. 이런게 시장의 재미가 막 돼야 하는데 없어. 안동시장이 그런 느낌을 좀, 손님을 끌어당길 요소를 해야 돼요.[21]

중앙신시장은 면적으로 보았을 때 상설시장 중 큰 규모에 속하는 편이다. 그러나 중앙신시장의 규모에 부합하지 않는 방문객의 수와 유동인구는 시장의 매력이 부족하기 때문으로 지적되었다. 한편 시장의 매력은 다양하고 간편한 먹거리에서 창출될 수 있는 것이라는 판단이 상인의 구술 속에서 확인되는데, 이는 관광 매력과도 결부된 문제이다.

오랜 기간 전통시장은 주로 물건을 매매·소매 유통하는 것에 초점이 맞추어진 공간이었다. 과거의 시장 역시 문화적 유희가 펼쳐지는 장이기도 하였지만, 이는 필요에 의해 사람이 집적되고, 일정 수준의 인구밀도를 넘어서면서 발생하는 현상으로 이해되었다. 그러나 현재의 시장에 관광 매력물 등의 문화적 요소를 접목하려는 이유는, 시장이 여전히 경제활동이 이루어지는 사회문화적 공간이면서도, 현대 소비사회의 패턴과 빗겨난 부분이 존재하기 때문에 발생하는 방문객의 감소를, 재미있는 요소들을 제공하여 일부 회복할 수 있다고 판단하기 때문이다. 그 재미있는 요소의 하나로 먹거리가 언급되고 있는 배경에는, 전통시장의 특색있고 다양한 먹거리는 소비를 촉진하기도 하지만 방문객들의 볼거리가 되기도 하면서 시장의 방문 수요자들의 흥미를 끌 것이라는 기대가 자리한다. 게다가 시장의 먹거리는 주전부리에 가까운 단촐한 구성으로 소비자들에게 큰 부담으로 다가가지 않으며, 식음료 소비는 실제 시장의 매출 증대에 도움이 될 수 있다는 강점이 있다.

한쪽으로는, 시장의 방문객을 증대시킬 수 있는 방안으로 다양한 먹거리의 제시와 더불어 마트와 변별되는 시장만의 특색을 확실히 드러내야 한다는 점이 제시되고 있었

---

21 7구역 상인 J의 구술(40대 여성, 2024.10.23.).

다. 그런데 이러한 발화 속에는 마트와 인터넷 쇼핑과 시장의 차별점을 경쟁력으로 삼고자 하는 의지가 담겨 있기도 하면서, 대형유통구조가 표방하는 특성들의 일부를 시장에서 차용해야 한다는 생각이 엿보였다.

> 요즘 사람들은 또 이렇게 포장되고 저렇게 포장돼야 되고, 유통기한이 적혀 있어야 되고 진짜 까다롭잖아요. 냉동시켜서 소분해서 편하게 먹을 수 있어야 되고. 그런 시선에 맞춰지게 이렇게 좀 활성화되면 너무 좋을 것 같아. 시에서 이런, 그냥이 아니고 무슨 이런 포장 기계, 이런 냉장고. 요새는 어떻게 생선가게도 어떻게 누가 포장을 깨끗하게 잘해놨냐, 가시를 발라놨냐, 먹기좋게 해놨냐, 냉동 보관이 되느냐 이런 걸 보고 사람들이 구입을 하지. 어떻게 내가 보완해서 신선하게 먹을 수 있는지로 선택을 해서 지금 마트가 잘 되는 건데. 편하게 탁탁탁 해서 뭐든, 시장도 이렇게 해주면.[22]

현재 많은 사람들이 대형유통업체를 통해 소비재를 구매한다. 특히 식료품의 구매는 시장에서 연상되는 청결하지 못한 환경을 떠올렸을 때, 멸균된 공장에서 처리되어 나오는 물건과 비교 불가능한 것이 되어버린다. 유통기한의 표기 여부, 미리 손질되어 손이 덜 가는 재료, 보관에 용이한 포장 등 다방면의 편리함에 익숙한 소비자들이 시장을 이용하게 하려면, 식품공장과 대형마트와 유사한 수준의 청결과 현대화된 포장이 필요하다는 상인의 말이 핵심적이다. 즉 시장이 외면받게 된 계기인 요소들을 개선해나가는 것으로 경쟁력을 확보해야 한다고 주장하는 바인데, 시장이 대형유통업체와 유사한 포장수준의 물품을 구비하는 것이 일부 긍정적인 효과를 이끌어 낼 수는 있겠지만, 그것만으로 소비자들의 발걸음을 돌릴 수 있을 것이라 기대하기는 어렵다. 이러한 개선은 시장이 쇠락하게 된 원인과 계기를 근본적으로 전환하고 있지는 않기 때문이다.

이런 중 중앙신시장의 이용자 층이 고령화되어 있다는 사실에도 관심을 기울일 필요가 있다. 안동의 청년층이 외부로 유출되고 지역사회의 고령화가 진행된 것은 몇십 년에 걸쳐 나타난 현상이지만, 현재 시장의 상인과 이용자 다수가 고령이라는 점은 시장의 경관에도 일정한 영향을 끼친다.

---

[22] 7구역 상인 J의 구술(40대 여성, 2024.10.23.).

근데 전통시장 자체가 정말 이제는 좀 힘들어지는 것 같은 느낌이, 왜냐하면 제가 봐도 여기에 오시는 분들 주 연령층이 한 50대 중반부터 70~80세까지 오시는 것 같은데, 사실 이분들은 구매 여력이 그렇게까지 되지는 않으세요. 제가 그걸 느끼는 게, 여기에서 가격 저항성이 엄청 강해요. 다른 장터에 가면 똑같은 물건을 갖다 팔아도 비싸다는 말씀을 하시는 분들이 하나도 없어요. 그런데 1만 원의 가격 저항성이 엄청 강하더라고요. 그래서 참 이 연령이 그래서 중요하거나. 젊은 분들이 안 오시는 건 여기의 문제이기도 한데, 여기에 어떤 매력이 없으니 이쪽으로 안 오는 거다 보니, 그것도 또 당연한 거 같고. 결국 닭이 먼저인지 달걀이 먼저인지 모르겠는데, 뭐를 더 우선적으로 바꿔야 여기가 변할 수 있는지도 참 어려운 것 같아요.[23]

한 상인이 중앙신시장에서 느낀 가격저항성은 소비자들의 연령대와 연관이 있는 것으로 해석된다. 같은 물품을 신도청에서 판매했을 때와 중앙신시장에서 판매했을 때 소비자들의 반응에 차이가 있었는데, 그 이유를 고령층의 구매 여력과 살림의 규모로 해석하는 것이다. 상인은 반찬류를 판매하고 있다. 반찬을 한 팩에 1만 원으로 판매할 경우, 인근에 학군이 조성되어 있고 학령기 자녀를 둔 가정의 주부가 구매하는 것과 중앙신시장의 고령 소비자가 구매하는 것은 다를 수밖에 없다. 우선 가구 구성원의 차이로부터 구매 패턴의 변화가 비롯된다. 성장기 자녀들과 함께 거주하는 다인 가구와 고령화된 소가구는 음식 소비량이 다르다. 따라서 다인 가구는 소규모 가구보다 식품을 대량으로 구매하는 일에 거부감이 적을 수 있다. 게다가 사회적으로 고령자들이 수익을 얻을 만한 직무가 많지 않기 때문에 소비에 조금 더 보수적일 수 있다는 것이다. 물론 중앙신시장에도 청년이 소비자로서 방문하기도 하지만, 이들의 유입경로와 그 수는 유의미하게 측정될 수 있는 수준에 도달하지 않고 있다.

활기를 잃은 상권, 부족한 인프라, 상인과 소비자의 고령화 등 여러 방면의 고충을 떠안고 있는 시장은, 객관적으로 보았을 때 그다지 매력적이지 않은 사업장소이다. 그럼에도 불구하고 중앙신시장에서 창업을 결정한 청년들에게는 어떠한 요인이 주요하게 작용했을까? 중앙신시장에서 새롭게 창업했지만, 청년몰이 아닌 곳에서 가게를 시작한

---

23 5구역 상인 K의 구술(30대 남성, 2024.10.16.).

이들의 면담 결과는 고무적이진 않았다. 그러나 시장을 기회의 장소로 인식하지 않고 사업을 시작한 이들의 말 한 켠에는 희망이 내포되어 있다. 다음의 구술을 통해 청년 상인들의 중앙신시장에 대한 인식을 살펴보자.

> 장사 초짜다 보니까 유동인구가 어디로 흐르는지, 어디에서 사람들이 많이 정지하고 어떤 물건을 주로 구매하기 위해서 여기 오는지에 대한 그런 파악이 전혀 없고. 시장 자체가 이제 손님들이 오셔서 반찬도 보고, 반찬거리를 사시면서 저희를 이제 반찬거리로 들고 가시는 그런 품목으로 생각했기 때문에. 그런데 이게 사실은, 저는 이제 제가 봤던 이곳의 시장도, 이쪽 골목 입구에 저도 살았거든요. 그 때의 기억과 그 다음에, 그 이후로는 시장을 올 일이 거의 없었거든요, 저조차도. 그래서 여기가 이렇게 됐을 거라고 생각도 못했었고. 그래도 제가 봤을 때는 안동에서 인구 대비해서는 여기 유동인구가 그래도 좀 많이 다니는 곳이라고 저는 또 생각을 했었어서, 괜찮겠다 생각했는데 막상 이제 제가 장사를 시작해 보니까, 장사 초보다 보니까 그런 거에서 좀 많이 놓친 거 같더라고요. 되짚어보니까 이 상권도 중요하고, 입지도 중요하고, 여기서 파는 어떤 그런 시너지라고 해야 될까. 품목들도 다른 업체들의 이제 그런 것도 중요하다고 생각을 하는데, 여기는 말씀하신 대로 이런 먹거리라든지 어떤, 여기를 구경할 수 있는 그런 어떤 거리들이 조금 부족하다고 생각하거든요. 그것뿐만 아니라 여기 오실 만한 어떤 편의성도 좀 부족하다고 느끼고.[24]

5구역에서 가게를 운영하는 한 상인은 장사 경험이 전무했다. 직장인이었던 그는 다른 지역의 시장에 들렀다가 현재 판매하고 있는 물품의 사업 가능성을 확인하고 중앙신시장에서 점포를 운영할 계획을 세우게 되었다. 점포 운영 장소로 중앙신시장을 택한 이유는 그가 어린 시절 신시장 근처에서 거주하며 사람들이 오가는 모습을 보았던 기억과, 중앙신시장이 안동의 인구수에 대비하여 유동인구가 상당히 있는 원도심 상권이기 때문이었다. 그러나 그는 사업을 운영해본 경험이 없어서 사전에 면밀한 조사를 하지 못하였는데, 특히 시장 방문객들의 소비 패턴이나 주변 가게와의 구색 맞춤을 미처 파악하지 못했던 점을 아쉬워했다. 그의 가게가 위치한 5구역은 중앙신시장에서 가장 북적이

---

[24] 5구역 상인 K의 구술(30대 남성, 2024.10.16.).

는 남문과 가까이에 있다. 그러나 남문에서 북쪽으로 올라가는 메인 아케이드 옆의 골목으로 빠져나와야 그의 가게에 도착할 수 있다. 즉 일반적으로 중앙신시장을 방문하는 이들이라면 굳이 들리지 않고 지나쳐가는 위치에 매장이 자리한 것이다.

주변 가게의 상성을 고려하지 못한 점도 언급되었다. 그가 판매하는 물품은 반찬류로, 창업 당시의 생각으로는 시장에 반찬을 구매하러 오는 소비자들이 있으니 구매 과정 중 하나의 선택지로 자신의 물품이 놓일 수 있으리라 여겼다. 그러나 그의 가게 주변으로는 반찬을 판매하는 점포보다 청과류와 떡 등 먹거리라는 점에서 유사성은 있으나 구입 목적이 다른 품목들로 꾸려진 점포들이 많았다. 초기에 생각한 조건에 부합하지 않는 위치에서 개점한 그는 첫 1년간 여러 시도를 해보며 버텨내는 수밖에 없었다고 회고했다.

7구역에서 요식업 점포를 운영하는 한 젊은 상인은 개업 몇 개월 만에 사업을 일정 수준의 궤도에 올려놓았다. 메인 아케이드에서 조금 빗겨난 위치에 가게가 자리한 점은 5구역 상인과 유사하다. 두 상인의 차이가 있다면, 7구역 상인은 가게를 열기 전부터 SNS 상의 홍보를 계속해서 이어왔다는 점이다.

> 저희가, 여기가 상권 자체가. 이 시장이라고 해도 저쪽으로는 사람들이 다 다니는데 이 골목은 사람이 아예 안 다녀요. 그래서 이 골목에서 해도 되겠나 하면서 걱정 진짜 많이 했는데. 그리고 요즘 사람들은 솔직히 오픈을 해도 다 잘 안되잖아요. 맛이 있어도. 안 되잖아요. 그래서 홍보를 많이 했어. 처음, 오픈 전부터 계속 홍보를 하고, 젊은 사람들이 시장에 없으니까. 젊은 사람들을 시장에 유입하려면은 이제 너도 나도 전부 유튜브 쇼츠, 인스타 릴스 이런 걸로 해서 해보자. 홍보해 보자, 해서 처음부터 이렇게 공사하는 과정부터 이제 올리기 시작하면서 그렇게 사람들이 보게끔하고 공사 기간을 좀 오래 잡았어. 그러면 저기서 도대체 뭘 하려고 하는 거지 그래서. 처음에는 원래 젊은 사람이 시장에 없거든요. 할머니, 할아버지 손님들이 다였어요, 처음에는. 그러다가 이제야 이 젊은 사람들도 소문, 사람들이 소문 내주고 그 소문이 소문 내주고.[25]

점포 내부를 공사하는 모습부터 밑반찬을 만드는 것, 시장에서 장사하는 여러 모습을

---

25 7구역 상인 J의 구술(40대 여성, 2024.10.23.).

SNS에 공개하며 꾸준히 홍보한 결과, 해당 점포는 문을 열기 전부터 일부 사람들의 관심을 얻는 데 성공했다. 창업 예정지의 유동인구가 적다는 점을 개점 전부터 인식하고, 이를 보완할 수 있는 방법을 찾은 것이다. 가게를 열고 난 후에는 할머니, 할아버지로 대표되는 고령자들이 주 소비층이었지만, 손님들 사이에 가게가 입소문을 타기 시작하며 점점 더 많은 사람들이 찾아오기 시작했다.

그런데 시장에 이미 존재하는 수요보다 더 많은 방문을 이끌어내기 위해 홍보와 마케팅을 주요하게 이용한 7구역 상인과 달리, 5구역 상인은 홍보를 통해서도 유의미한 매출 변화를 불러오지는 못했다.

> 플리마켓도 나가고, 축제장도 나가고. 어디 홍보할 수 있는 그런 유튜브나, 안동시에서 하는 그런 데도 인터뷰 있다고 그러면 가기도 하고 나름대로 하긴 했거든요. 돈이 안 드는 것에서, 그래서 안 하던 인스타도 해보고 했는데 전혀 매출로 이어지지가 않더라고요. 그래서 저 앞에 골목, 유동인구가 좀 있는 곳에 매대만 깔고. 여기서 만들고. 그렇게 하니 조금 그래도 더 버틸 수 있는 여력이 생겼죠.[26]

5구역 상인은 창업 후 1년간 플리마켓, 지역 축제, 지역 홍보 매체 출연, SNS 등 여러 매체를 통해 가게를 알리려고 애썼지만 그것이 정기적인 매출 변화로 이어지지는 않았다고 평가했다. 이 사례는 홍보와 마케팅 등 하나의 획일적인 방편으로는 시장과 상인이 겪고있는 어려움을 모두 해소하지 못한다는 점을 단적으로 보여준다. 잠재 소비자들의 성향과 7구역 상인과 5구역 상인의 영업 형태, 판매 물품의 차이 등 여러 방면의 각기 다른 요소들이 이러한 결과에 영향을 미쳤을 것이다.

5구역 상인은 판매 방식에 변화를 꾀했고, 남문과 이어진 메인 아케이드 인근에 작은 매대를 하나 설치하고 물품을 판매하기 시작한 후로 지난해와 달리 조금 더 버틸만한 여력이 생겼다고 말했다. 사람이 드나들지 않는 골목에서 중앙 통로로 이동한 것만으로도 매출에 유의미한 변화가 생긴 것이다. 그의 경험을 통하자면, 시장 상인들의 수익 안정과 시장의 활기는 시장 방문객들의 시장 이용과 소비의 촉진에서 비롯될 수 있는

---

26 5구역 상인 K의 구술(30대 남성, 2024.10.16.).

것이었다. 그가 다른 시장을 방문하고 느낀 점 역시 이와 관계되어 있었다.

> 결국에는 시장이 살아야 여기 있는 모든 분들이 산다고 저는 생각하거든요. 그거를 또 느낀 게, 이번에 단양으로 갔었는데 거기 구경시장이라는 곳이 있어요. 근데 거기 사실 배후인구는 여기보다 훨씬 적거든요. 여기보다 더 작고 규모도, 팔고 있는 품목도 훨씬 적은데 오히려 유동인구는 훨씬 많은 거예요. 이 사람들이 어떻게 여기를 이렇게 활성화시켰는지가 저희랑은 다른 것 같은 거예요. 결국에는 거기는 먹거리나 어떤 그런 사람들을 끌 수 있는 그런 아이템들이 있어서 거기가 잘 이제 돌아가고 있다고 생각을 하는데, 여기는 그럴 만한 게 사실은 없다 보니까.[27]

단양 구경시장은 단양의 인구 감소의 직격을 맞아 쇠락한 시장으로 평가된 곳이었다. 그러나 단양의 특산품인 마늘을 이용한 다양한 음식을 개발하고 많은 점포들을 요식업 업체로 전환시키며 관광객을 불러오는 데 성공했다. 단양의 주요 관광지로 향하는 교통 접근성도 개선되면서 단양 구경시장은 성황을 이루었다. 가게 운영으로 인한 영리가 상당히 발생하니 상인의 고령화 현상도 해결되었다. 점포 주인의 자녀들이 가게를 물려받기 시작한 것이다. 이러한 모습을 목격한 5구역 상인은 중앙신시장보다 작은 규모에 취급 품목도 적은 단양 구경시장이 경제적으로 성공할 수 있었던 것처럼, 중앙신시장도 명확한 테마나 아이템을 선정하고 집중적으로 육성하는 것을 통해 활성화가 가능할 수 있겠다고 여기고 있었다.

그러나 한편으로, 현실의 중앙신시장은 전통시장이라는 공간이 주는 침체되고 부정적인 이미지에만 매몰되지 않는다. 아래의 구술처럼 시장이라는 것 자체만으로도 얻을 수 있는 강점이 피력되기도 했다.

> 근데 매력적이긴 해요. 사람이 오기 쉬워요. 다른 데서 홍보하는 것보다 시장에서 한다 하는 게, 시장이란 이 두 글자 자체만으로도 사람들을 움직일 수 있어. 옥동에 위치함, 이런 것보다 시장에서 장사해요 하면. 시장이라는 매력이 있어요. 특히 어르신들도 다같이 처음에 오픈할 때 너무 힘드니까 막 여기 상인들이 와서 다 도와주시고.[28]

---

[27] 5구역 상인 K의 구술(30대 남성, 2024.10.16.).

시장에서 장사한다는 말이 옥동에 위치해 있다는 말보다 사람들을 더 잘 움직일 수 있다는 말은, 대형유통업체가 일상화된 지금, 시장이라는 말이 갖는 특이성, 어쩌면 아직 남아있는 정감이 어린 장소의 지칭이 그 내부에 있는 점포들에 대한 친밀함을 더하는 일일 수 있다. 안동 중앙신시장의 활성화를 꾀한다면 이와 같은 장소적인 감정적 연결에도 주목할 필요가 있겠다.

4. 청년 담론 너머: 지역을 휘돌기

안동 중앙신시장의 위기에는 여러 변곡점이 있지만, 위기의 한 시작 지점을 짚어내기는 어렵다. 그 이유는 중앙신시장의 흥망성쇠는 근대화와 신자유주의의 확산 및 정책적 구조 속에서 지역 특성을 반영하며 나타난 현상이기 때문이다. 이중 특별히 한 세대를 짚어 내어 청년을 자원화하는 방식은 '청년'이라는 개념에 기초하고 있는 것으로 해석할 수 있다. 그러나 이것이 실제의 청년과 얼마나 닿아있는지 재고할 필요가 있을 것이다.

중앙신시장의 활성화를 꾀하며 시작된 청년몰의 상인들은 시장이라는 공간에서 시행착오를 거듭했다. 청년몰 입주 상인 다수는 사업 운영을 유지하지 못했고, 많은 청년몰 점포가 문을 닫았다. 청년몰 사업이 제공하는 공간이 기대와 달라서, 안정적인 수익 구조를 창출하지 못해서, 사업을 시장에서 운영하는 이점이 전혀 없다고 판단되어서, 다양한 이유로 청년몰 창업자들은 가게를 닫거나 이전했다. 기존 상인들과 청년몰 창업자들이 충분히 소통하지 못하면서, '청년'이라는 이름으로 묶인 청년몰 상인들을 평가하는 시선은 현대 사회의 세대론과 큰 차별점을 지니고 있지 않았다.

청년몰이 아닌 중앙신시장의 다른 점포에서 창업한 청년들은, 중앙신시장의 활성화 정도가 시장 규모에 비해 상당히 낮은 것으로 평가했다. 그럼에도 불구하고 그들이 시장 안에서 창업한 이유는 시장에 기대하는 바가 있었기 때문이다. 가게 운영 과정에서 비록 상인의 기대를 빗겨나는 일들이 있기도 하였지만, 이들은 시장 방문객들의 소비 패턴에 부합하는 품목의 선정, 시장이라는 말이 주는 이미지 등 시장을 자신들의 생업 배경으로

---

28   7구역 상인 J의 구술(40대 여성, 2024.10.23.).

삶을 이유를 주도적으로 찾아냈다는 점에서 시사하는 바가 크다. 상인들이 시장에서 생업을 이어가려면, 청년 없는 곳에서 청년을 찾아내거나 불러내는 것이 아니라, 지금의 시장 상황과 고령화된 지역 사회를 인지하는 것에서 출발해야 한다.

거쳐가는 하나의 상태, 어쩌면 주어진 세대론에 끼워 맞춰진 이들에게 필요한 것은 더 넓은 시야에서 우리가 어떻게, 무엇을 위해 '청년'에게 큰 기대를 가지게 되었는지 반추하는 일일 것이다. 우리가 위기의 해방구로서 청년에게 기대를 싣게 되었다면, 위기의 무게가 더해갈수록 더한 책임과 기대를 그 위에 막연히 내려놓고 있던 것은 아니었는지 생각해 볼 만한 일이다. 결국 청년몰 사업의 중심은 청년이 아니라 시장의 활성화에 놓여있었기 때문이다.

시장의 활성화가 최종 목표라면 시장의 쇠락 원인을 짚어내는 것이 우선되어야 한다. 그런데 많은 연구에서 시장의 쇠락은 구조적인 요인에서 찾으면서도, 해결방안은 대중적인 요법을 제시하고 있다.[29] 즉 신자유주의 도심 재구조화를 지적하고 그 부작용을 언급하면서 제시된 방안들은, 시장에 다시 규격화된 현대화와 도시화의 처방을 내민다는 것이다. 그러나 구조적 모순을 제도적 장치로 모두 상쇄할 수는 없더라도, 국가의 설계와 자본에 의탁하여 시장의 영멸을 늦출 수 있다면 시도하지 않을 도리가 없다. 결국 상인들이 도출한 결론은, 매우 어려운 일이지만 결국 시장의 활성화는 변화와 전환에 유연한 태도를 갖고 줄탁동시啐啄同時로 이루어져야 한다는 것이었다. '가성비'라는 말이 소비를 촉진하는 매개로 언급되는 현재, 급속도로 진행되는 전지구적 소비 세태는 시장의 전망을 차츰 어둡게 덧씌운다.[30] 중앙신시장의 기능은 무엇으로 기대되며, 그것은 회복될 수 있는 것인가? 시장의 기반이 되는 지역의 힘은 어떻게 시장에 집적될 수 있을까? 이에 대한 답을 함께 제시해야 시장 활성화의 전망이 전개될 것으로 보인다.

---

29 채수홍·구혜경, 앞의 글, 95~96쪽.
30 1구역 상인 B는 "서울에, 서울에 대형 쇼핑몰 이제 그쪽에도. 사람들이 쭉 가가 물건을 사러 가는 게 아니고, 물건이 얼마 하는 건지 시장 조사를 한다는 거래. 그래서 집에 가가지고, 그 몰에 들어가서는 저기는 백화점에 10만 원 하던데 요는 8만 5천원 하네. 그러면 거기서 딱 주문해버리는 거라. 그러면 결국은 일자리가 없어지고, 그 부는 어디로 가냐. 해외 몰 같으면 해외로 가버리고. 그러면 일자리가 자꾸자꾸 없어진다는 거야. 그런 거를 5%, 10% 싸다고 그거 계속 사줘버리면 국내 몰 다 죽여버리면 그때는 제대로 가격 오르는 거라. 그러니까 그게 너무 이제 양면성이. 싸게 사는 거는 좋은데 산업까지 다 죽어버린다."라는 말로 현재의 소비 형태가 시장만이 아니라 경제 산업 전반에 큰 충격을 가하게 될 것이라고 진단했다.

11

한 해의 기록,
사진으로 본 신시장
오일장의 풍경들

최민지
국립안동대학교 대학원 민속학과 박사과정 수료

한 해의 기록, 사진으로 본 신시장 오일장의 풍경들

1. 사진으로 보는 신시장 오일장의 변화

오일장은 고유한 주기성과 계절에 따라 변화하는 모습을 가진다. 매 계절, 5일마다 열리는 장은 신시장의 일상적인 공설 시장과는 다른 리듬과 풍경을 만들어내며, 오랜 시간 지역 주민들의 생활과 맞물려 발전해온 전통의 일부로 자리 잡고 있다. 계절 변화는 상품 구성과 상인 활동 방식에 영향을 미쳐, 각 시기마다 고유한 풍경들을 형성한다. 오일장은 단순한 상업적 거래를 넘어, 계절의 주기와 상인들의 연대 속에서 형성된 문화적 공간으로 자리하고 있다.

신시장 오일장은 사회적 변화에 따라 재구성되는 공간이다. 인구 구조의 변화와 고령화, 지역 경제의 쇠퇴, 전통 시장의 현대화 정책 등은 오일장이 기존의 모습에서 벗어나 새로운 양상으로 나아가게 하는 주요 요인으로 작용하고 있다. 이 글에서는 오일장의 다양한 풍경들을 사진으로 기록하여, 계절과 사회적 변화에 따라 역동적으로 변모하는 모습을 살펴보고자 한다. 주요 자료는 오일장 상인들이 제공한 사진들과 1년여에 걸쳐 직접 촬영한 사진들이다.

이 글에서 제시하는 대부분의 촬영본은 지역 청년들이 사라져 가는 오일장 전통에 주목하여 수행한 공동 프로젝트 아래 생산된 것이다.[1] 2023년 1월 17일부터 2024년 10월

---

1 2020년부터 지역 청년단체 '로컬그라피 오월'은 안동의 오일장을 주제로 한 기록 프로젝트를 진행하고 있으며, 이 과정에서 사진 자료를 공동 생산하고 있다. 본 연구의 주요 자료는 해당 프로젝트에 참여해 사진 아카이브 과정을 수행하며 수집되었다. 이 프로젝트 아래, 오월의 아카이브에는 신시장, 길안장, 풍산장, 구담장 등 총 네 곳의 오일장을 대상으로 사진, 인터뷰, 문서가 수집되어 있다. 그 중 주요 기록물인 사진은

까지 약 25회에 걸쳐 매월 1회 이상 지속적으로 오일장을 방문하여 촬영 및 인터뷰를 진행하였으며, 이를 통해 약 2,000여 장의 사진을 공동으로 생산하고 분류별로 아카이빙 하였다. 언급해두고자 하는 것은, 연구자가 지역 청년 모임의 일원으로서 이 사진 아카이빙 프로젝트를 공동으로 수행했다는 점이다. 이 아카이브에는 오일장의 변화하는 장면들 뿐만 아니라, 노령의 상인들과 지역의 청년 연구자가 사진을 매개로한 관계성이 담겼다. 즉 이 사진들은 지역을 살아가는 청년들의 시선 속에 단순히 신시장의 외형을 포착한 것이 아니라, 오일장의 계절적 변화와 상인들의 삶을 세밀하게 포착한 기록이다.

사진 자료는 지역 사회와의 긴밀한 상호작용 속에서 만들어진 것으로, 연구자의 위치성이 반영된 결과물이다. 사진은 단순히 사실을 전달하거나 무결한 지식을 제공하는 것이 아니라, 연구자가 현장에서 어떻게 상호작용하고 관찰했는지에 따라 그 의미가 재구성된다. 이러한 관점에서 나는 단순한 관찰자가 아니라, 지역 공동체와 함께 사진을 통해 공동의 기록을 만들어가는 과정에 참여하였다고 할 수 있겠다. 사진은 시장의 외형을 넘어서, 지역 공동체가 변화를 경험하고 행동하는 모습을 담아낸 민속적 실천의 기록이다. 나는 지역 청년으로서 상인들과 교류하며, 그들의 삶과 오일장의 변화를 민속적 관점에서 기록해왔다. 이 과정에서 사진은 단지 그 형태를 보여주는 것만이 아니라, 현장과의 상호작용 속에서 재구성된 민속적 경관을 시각적으로 표현하는 도구가 된다.

사진 기록은 시장의 계절적 변화와 상인들의 일상을 세밀히 포착하며, 지역 공동체의 역동성을 드러낸다. 1년 동안 촬영된 사진들은 계절 변화에 따른 오일장의 풍경을 세밀히 기록한 결과물이다. 이를 통해 오일장에서 판매되는 품목과 상인들의 활동 방식이 계절마다 어떻게 변모하는지를 분석하고자 한다. 한 해 동안의 사진에는 봄철 생동감 넘치는 농산물과 여름의 더위를 피하는 장치들, 가을 수확철의 풍성함, 그리고 겨울 추위를 견디는 모습 등이 담겨 있다. 본 작업은 계절적 변화가 오일장에 미치는 영향을 사진으로 기록하는 데 중점을 두었으며, 이를 통해 풍경, 거리, 사람, 물건 등 시장의 요소들이 계절마다 어떻게 변모하는지를 분석하고자 한다. 그리고 신시장 오일장의 특정 공간인 '마당'을 중심으로 촬영한 풍경을 바탕으로, 자리 배치 문화와 질서를 살펴본다.

오일장의 계절적 변화와 함께, 상인들이 불법 노점과 전통 시장의 경계에서 마주하는

간판, 교통수단, 동물, 물건, 인물, 풍경 등 여러 세부 카테고리로 분류되어 있다. 이 논문에 수록된 해당 촬영본은 별도의 출처 표기를 생략한다.

공간적 변화와 그 대응 과정을 살펴보고자 한다. 특히, 지난 1년간 안동 시정의 변화로 인해 전통적으로 자리 잡았던 오일장의 마당 공간이 주차장으로 변화했다. 이로 인해 상인들은 기존 공간에서 밀려나거나, 규율된 '직거래장터'로 편입되는 등 새로운 환경에 적응해야 했다. 이러한 상황 속에서 상인들은 때로는 저항과 연대를 통해 새로운 흐름을 만들어가며 공동의 실천을 수행하였다. 이처럼 오일장은 단순한 경제적 교환의 장을 넘어, 현재의 질서에 대한 저항의 공간으로 부상하고 있다. 이러한 변화의 과정과 상인들의 대응을 기록하고 분석하는 것은 이 연구의 중요한 초점중 하나가 되었다. 이 글에서는 신시장 오일장이 겪고 있는 이러한 변화의 과정을 사진을 통해 시각적으로 기록하며, 상인들이 함께 행동하는 모습을 민속적 경관의 일환으로 분석한다.

결론적으로, 신시장 오일장은 1년간의 변화 속에서 민속적 경관으로서 재구성되고 있으며, 계절적 특성과 공간적 변화를 통해 새로운 풍경을 형성하고 있다. 특히, 오일장의 마당 공간이 주차장으로 변하는 물리적 변화는 상인들의 활동 방식과 시장의 경관에 큰 영향을 미쳤다. 계절마다 시장에 물건을 내오기까지의 움직임과, 그 행동 전략들, 그리고 공간 변화 속에서 어려움을 겪는 노령의 상인들이 연대하여 거리에 나서는 풍경들은 이를 잘 보여준다. '어차피 10년 안에는 죽어 떠날'[2] 노령의 상인들이 연대하여 거리에 나서는 풍경은 그들의 생존과 공동의 실천이 오일장의 특징적인 행동으로 자리 잡고 있음을 드러낸다. 이는 비자본주의의 경관 또는 실천의 흐름에 부상하는 공동체문화적 행동이라는 점에서 민속적이다. 이를 통해 신시장에는 단지 물건을 사고 파는 자본중심적 경관만이 아니라, 공동체문화적 행동과 그 계기 속에서 달리 펼쳐지는 민속적 경관이 존재한다 할 수 있겠다.

---

[2] "노인들이 물건을 가지고 오지도 못한다 아이가. 주차장에 배달을 못해. 저 자리가 제일 제격이라. 그렇게 하다가 보면은 한 10년 되면 어차피 그 노인네들 다 죽어 떠나. 재래시장 저절로 없어지는데. 맞아 내부터도 이거 뭐 10년까지 하겠어? 못 한다". 이○○(여, 70대)의 구술(2024년 7월 21일, 자택).

2. 오일마다 펼쳐지는 다채로운 풍경들

1) 계절과 함께 흐르는 장터의 풍경

신시장 오일장의 상인들은 계절에 따라 다양한 물건을 장에 내놓으며 생업을 이어가고 있다. 특히 고령의 상인들은 계절적 수확물에 맞춘 판매 전략을 통해 오랜 생업을 유지하고 있다. 이러한 생업 방식은 계절에 따른 수확물과 판매 전략이 오일장의 모습을 구성하며, 지역민의 생활 리듬에 맞춰 유기적으로 작동하는 공간임을 보여준다. 예컨대, 아래의 구술자는 봄철에는 각종 산나물과 밭에서 기른 나물들을, 여름에는 열무, 가을에는 고구마나 땅콩과 같은 뿌리작물을, 겨울에는 냉이나 달래와 같은 계절성 강한 재료를 장에 내놓는다. 이는 고령의 상인들이 계절에 따른 수확물에 의존해 자급자족 경제를 실현하고, 자신만의 생산물을 활용한 경제 활동을 이어가는 방식으로 볼 수 있다.

> 봄부터는 나물 팔고 밭에 나물 팔고 이제 여름 되면 열무 같은 거 이런 거 팔고 가을에는 이제 추수했는 거 뭐 고구마나 땅콩 이런 거 땅콩 하면 캐가 다 팔아뿌고 없었다. 그다음에 이제 겨울 되면 냉이도 캐고 오고 달랭이도 캐고.[3]

> 아이고, 설이나 추석 때 되면 장에 사람들 버글버글하지. 그때는 새벽부터 나와서 물건 챙기고, 장사 준비도 단단히 해놓지. 제사상 차릴라믄 나물에 과일까지, 빠지는 거 없이 다 필요하잖아. 명절 때는 우리도 더 열심히 나가서 장사하고. 또 단골 손님들 와서 '올해는 뭐가 좋노?' 하고 묻고 많이 사가. 그카면 사람들헌테 명절 선물 나눠주는 거 거튼 느낌도 들고 그러지.[4]

---

3 이OO(여, 70대)의 구술(2024년 10월 7일, 신시장 오일장).
4 정OO(여, 70대)의 구술(2024년 10월 7일, 신시장 오일장).

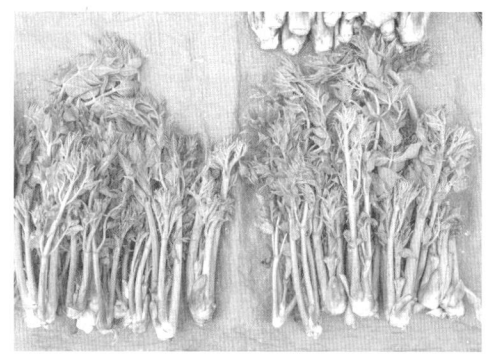
봄의 두릅

여름의 열무

가을의 햇땅콩

겨울의 냉이

〈사진 1-4〉 계절별 판매 물품

　봄철 오일장은 이른 아침부터 채취된 산나물과 밭나물들이 주를 이루며, 신선함을 유지하기 위한 상인들의 철저한 관리 방식이 돋보인다. 상인들은 새벽에 나물을 채취한 뒤 이를 다듬어 손님들에게 내놓기까지 각별히 신경을 쓰며, 이러한 작업은 상업적 교류를 넘어 그들의 일상과 자연을 밀접하게 연결하는 행위로 자리 잡고 있다. 즉 오일장은 단순히 상품의 교환 장소가 아닌, 상인들이 스스로 가꾼 봄철 작물의 품질이 시장을 통해 지역에 전해지는 생동감 있는 공간으로 기능한다.

　여름철이 되면 무더위로 인해 장터의 풍경은 또 다른 양상으로 전환된다. 열무와 같은 여름철 채소가 주요 판매 품목이 되며, 상인들은 열기를 피하기 위해 파라솔이나 그늘막을 설치하여 시장 공간의 변화를 꾀한다. 이는 여름이라는 계절적 요인이 시장의 물리적 환경뿐 아니라 상업 활동 방식에도 영향을 미치고 있음을 보여준다. 상인들이 열무를 비롯한 다양한 여름 작물을 판매하며 운영하는 방식은, 계절의 특성을 반영한 수행 전략의 일환으로 볼 수 있다.

가을철 오일장은 수확의 계절에 맞춰 그 풍성함이 강조된다. 고구마나 땅콩과 같은 뿌리작물을 내놓고, 상인들은 이를 통해 자신들의 가을 수확의 결실을 지역 사회에 공유한다. 겨울철 오일장은 매서운 추위를 견디는 상인들의 모습과 계절성 강한 작물들이 어우러져 계절적 경관을 형성한다. 위의 구술자의 경우, 냉이나 달래와 같은 겨울 채소들을 주요 판매 품목으로 삼고 있다. 상인들은 오랜 경험을 바탕으로 이러한 겨울 작물을 최적의 시점에 수확하고, 손질한 뒤 시장에 내놓는다.

상인들은 계절에 따라 작물의 수확 시기와 시장에 내놓는 시점을 조율한다. 계절적 특성에 맞춘 판매 전략과 물건 준비 과정은 자신들의 경험을 기반으로 한다. 언제 수확해야 할 지, 얼만큼 수확해야 할 지에 대한 결정은 그들에게 중요한 과제다. 또한, 오일장에 내놓을 물건과 다른 곳에 미리 판매할 품목을 구분하거나, 자신이 오일장에서 소화할 수 있는 양만큼의 물건을 준비하는 등 전략적인 선택을 한다. 이러한 상인들의 판매 전략은 대규모 유통 체계와는 다른 오일장의 독특한 유통 방식을 보여준다. 오랜 기간 반복된 이 경험은 상업 활동이 단순히 경제적 거래를 넘어, 계절의 리듬이 상인들의 생업 경험에 밀접하게 연관되어 있음을 보여준다.

계절의 변화는 상인들의 생업 활동 전반에 영향을 미친다. 계절마다 등장하는 농산물의 종류와 특성에 따라, 상인들은 물건을 준비하고 판매 방식을 조정하며 시장의 흐름에 적응한다. 특히, 봄, 여름, 가을, 겨울로 이어지는 계절의 주기는 시장 내 행동 방식을 형성하는 중요한 리듬으로 작용한다. 그중에서도 명절은 오일장 상인들이 특정 시기에 맞춰 행동을 다르게 하는 주기적 리듬을 만든다. 명절에 이루어지는 상인들의 행동의 빠르기는 좀 더 이른 새벽시간에 나와 장을 깔아내는 몸으로, 또 더 많은 물건을 준비하느라 바쁜 손으로 나타난다. 그리고 손님들 또한 장에 나와 평소 때보다 더 많은 물건을 사간다. 가족들과 나누는 음식 준비를 위해, 단골 관계를 맺고 있는 상인에 찾아가 어느 때보다 더 좋은 물건을 찾기 위해 노력하기도 한다.

설이나 추석과 같은 세시를 맞이할 때 상인들은 새벽부터 준비하여 제사상에 필요한 물건들을 좀 더 철저히 준비하고, 단골 손님들과 적극적으로 소통하며 판매한다. 위 상인은 관계를 맺고 있는 손님들에게 더 좋은 물건을 건넬 때, 마치 단골들에게 명절 선물을 나누는 것 같다고 느끼곤 한다. 이러한 경험은 상인과 손님 간의 정서적 유대를 드러내며, 명절이라는 특정한 시기가 가져오는 고유한 감정적 흐름을 만들어낸다.

이와 같이 오일장에서 이루어지는 판매자와 구매자의 관계는 단순히 자본주의적 거래를 넘어, 정서적 교류가 함께 이루어지는 특별한 관계로 자리잡는다. 이러한 관계는 5일마다 열리는 장터의 일상적 흐름 속에 자리 잡고 있다가, 명절과 같은 주기적 시기에 더욱 강하게 드러난다. 명절이라는 시기는 상인과 손님 모두에게 특별한 의미를 부여하며, 상인들에게는 단골과의 관계를 공고히 할 기회가 되고, 손님들에게는 가족과 나눌 음식을 준비하며 가지는 기대와 기쁨이 명절 특유의 정서를 구성한다.

세시풍속은 전통사회에서 사람들이 기후와 계절 변화에 민감하게 반응하며 형성한 생활 리듬으로, 계절의 주기 속에서 공동체적 삶을 지속하는 중요한 시간의식이었다. 비록 그 전통적인 의례의 형태는 약화되었지만, 오일장은 여전히 계절의 변화와 명절이라는 주기적 흐름에 따라 고유한 정서와 리듬을 만들어가고 있다. 오일장의 이러한 리듬은 단순히 상품을 사고파는 상업적 공간을 넘어, 지역 사회의 기억과 정서가 교차하며 형성된 특징적인 풍경들을 보여주고 있다.

2) 협력으로 극복하는 장날의 날씨

> 여름 더우면 우산 치고 그늘망 치고 겨울에는 마구 깡통에 불 놔가 불놔가 서로 불쬐가면서 이래 하고 여기도 불 놓고 저 위에도 불 놓고 자기네 장작을 가지고 와가 과수원하는 사람은 나무 잘라 가져와가 깡통에 놔놓고 니도나도 같이 쬐고 또 날 풀리면 나와가 장사하고.[5]

> 여기 이 집에 있고 이 집에 있으면 내 우산 치고 내 우산 쳤으면 이거를 길게 갖다 덮어버리는 사이에 같이 서이 둘이는 이래 같이 덮어도 되니까. 너르면 안 되지만 좁은 사람들은 그래 하니까.[6]

---

5 이OO(여, 70대)의 구술(2024년 10월 7일, 신시장 오일장).
6 정OO(여, 70대)의 구술(2024년 10월 7일, 신시장 오일장).

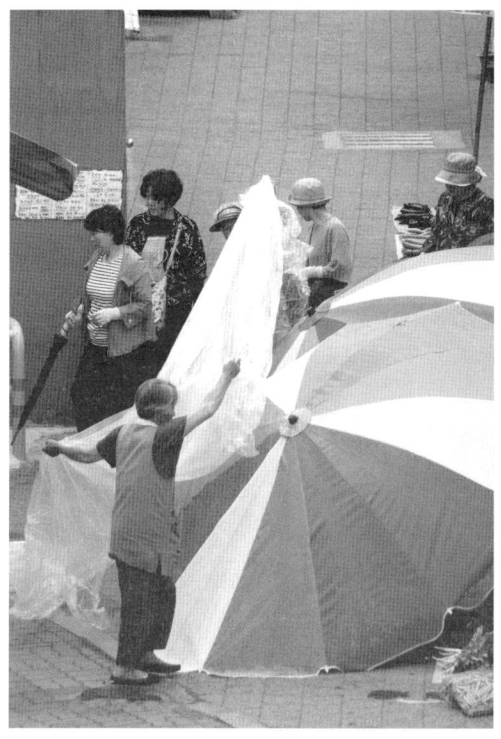

〈사진 6〉 공동의 차양

〈사진 5〉 비에 대비하는 상인들　　　　　　〈사진 7〉 겨울 장작 때기

　오일장은 외부 환경에 노출된 공간이라는 특성 속에서, 상인들이 날씨와 계절 변화에 맞추어 적응해 나가는 모습을 가지고 있다. 여름이면 상인들은 더위를 피하기 위해 우산과 그늘망을 치고, 겨울에는 깡통에 장작을 담아 불을 피우며 서로 온기를 나눈다. 이러한 일상적 대응은 단순히 생존을 위한 전략을 넘어, 상인들 간의 협력과 상호 의존의 관계망을 드러내는 구체적인 실천이다.

　구술에 따르면, 상인들은 비 오는 날 각자의 자원을 연결해 공동의 차양을 만들거나, 장작을 모아 추위를 견디며 서로 돕는다. 이러한 행동은 날씨 변화에 즉각적으로 대응하기 위한 전략임과 동시에, 상인들 간의 신뢰와 연대를 강화하는 과정으로 이어진다. 상인들이 함께 문제를 해결하는 이러한 모습은, 단순한 생업 유지 방식을 넘어 환경 변화에 대응하기 위한 협력 관계를 형성하는 과정을 드러낸다.

　이와 같은 협력은 오일장이 실내 상업 공간과 구별되는 독특한 문화를 구성한다. 상인들은 외부 환경에 적응하기 위해 자연스럽게 협력 관계를 맺으며, 시장의 생업 조건을 조정해 나간다. . 특히, 이러한 방식은 계절 변화와 날씨 조건에 따라 자율적으로 조정해 나가는 상업적 생활 방식을 보여준다. 이는 한정된 공간 안에서 서로 도움으로써 어려움을 극복하는 방식이며, 개인의 생업을 위한 자구책을 넘어서 시장 내 상인 간 신뢰와 상호 의존을 기반으로 하는 작은 공동체를 형성한다는 점에서 의의를 가진다.

〈사진 6〉과 〈사진 7〉은 상인들의 이러한 적응 방식을 구체적으로 보여준다. 〈사진 6〉에서는 비 오는 날 상인들이 자원을 연결해 공동의 차양을 만들어내는 모습이, 〈사진 7〉에서는 각자의 장작을 모아 불을 쬐며 추위를 견디는 모습이 나타난다. 이들은 모두 상업적 경쟁을 넘어 공동체적 지혜와 협력의 풍경들을 보여준다. 이는 단순히 날씨에 적응하기 위한 일시적 조치가 아니라, 상인들이 일상 속에서 서로의 필요를 이해하고 자원을 나누며 연대감을 지속적으로 강화해 나가는 과정을 보여준다.

결국, 오일장에서의 노동은 외부 환경 속에서 이루어지는 즉각적인 대응 방식을 포함하면서도, 시장이라는 공간의 사회적·경제적 의미를 확장하는 역할을 한다. 날씨 변화에 따른 상인들의 행동은 단순히 개별적 생업을 넘어, 지역 사회의 협력과 연대를 기반으로 한 오일장의 지속 가능성을 보여준다. 이러한 행동을 통해 오일장은 단순한 상업적 거래의 공간을 넘어, 지역 공동체의 정서를 담아내는 독특한 경관으로 자리 잡는다.

3) 고령의 상인들이 일구는 전략적 상업 공간

내가 또 물건 같은 이런 걸 남한테 떼가지고 파는 것도 남는 게 있나? 그렇게 떼가 하는 것도 아니고 내가 농사 짓는 거니까 이거 해갖고 호박잎도 일부러 밭둑에 심었어. 심어가지고 작년에 호박을 막 막 땄어 했는데 호박을 팔러 가지고 댕겨보니까 무거버가 들고 다니기 힘들어. 안돼. 그래가 내가 올해 이파리만 따가 파니께네 그게 나은거야. 호박을 막 가져댕게 무겁고 내 힘이 버겁고 막 이래. 내가 그래가지고 계속 호박잎을 땄잖아. 땄더니 호박이 안 열어 올해 없어. 안 열지. 내가 자꾸 따뿌니까 계속 따니까. 이틀 있다. 또 따고 다 따뿌니까 호박이 안 열어. 그래가지고 내가 호박은 필요 없다 카고 그냥 호박을 들고 다니기 힘들고 그래 호박이 올해 없어. (근데 호박잎 잘 팔리던데요?) 그래 내 있는 동시에 그래서 내가 이 자리도 비내루 자리도 두 자리씩 까놓기 바빠. 호박잎이 잘 팔리. 왜그러까 카내 이게 옛날 조선호박이래. 요새 호박은 왜 하우스가 막 올라가가 그게 마디 호박이래 옛날 호박이 아이래. 마디 호박이 그 호박이 잎이 까끌하고 못 먹어. 그거는 맛

〈사진 9〉 여름의 주요 판매 물품, 호박잎

〈사진 8〉 신시장 오일장에 나온 상인   〈사진 10〉 해당 상인의 호박밭

이 없어. 내가 해서 파는 거는 옛날 호박 옛날 조선 호박이래요. 이게 쪄놓으면 맛이 있어. 그러니까 내가 그 파는 걸 사람들이 알아가지고 맨날 알아가지고 사러 오는 거야. 나한테 그래 내가 까놓기 안 바쁘다? 그 사람들 아는 거야. 맨날 봐. 알아 봐. 이 사람들이 내한테 사먹는 사람들이 하면 몇 년을 이래 사모 계속 하면 이걸 알아 그래서 내한테 자꾸 찾아오는 거야.[7]

신시장 오일장은 주로 고령의 상인들에 의해 운영되며, 이들은 오랜 경험을 바탕으로 자신만의 판매 전략과 방식을 발전시켜왔다. 이들은 자신이 직접 재배한 농작물을 판매하며 지역민들과 긴밀한 관계를 형성한다. 특히, 상인들은 지역민들의 수요를 면밀히 파악하고, 그에 맞춘 판매 방식을 선보인다. 이렇게 축적된 경험과 전략은 오일장에서의 관계를 유지하고, 상인들이 지속적으로 생업을 이어갈 수 있는 기반이 된다.

---

7 조OO(여, 70대)의 구술(2024년 9월 10일, 자택).

구술에 따르면, 고령의 상인은 호박을 판매하는 과정에서 체력적 한계를 느꼈다. 무거운 호박을 시장에 운반하는 일이 점점 더 힘들어지자, 그는 작물의 특성과 자신의 상황을 고려하여 판매 방식을 변화했다. 그는 호박 대신 호박잎을 수확하여 판매하는 전략을 선택했다. 호박잎은 가볍고 운반이 쉬울 뿐만 아니라, 손님들의 선호도가 높았다.

호박잎을 판매하기로 한 선택은 단지 체력 부담을 줄이기 위한 대책에 그치지 않았다. 호박잎은 기존의 호박보다 수월하게 재배 및 운반할 수 있었을 뿐만 아니라, 소비자들로부터 높은 선호를 받는 품목이었다. 판매 과정에서 상인은 소비자들이 자신의 호박잎이 다른 품종에 비해 부드럽고 맛있다고 평가하는 것을 알게 되었다. 이러한 소비자들의 반응은 호박잎에 대한 신뢰를 높였고, 자연스럽게 단골 관계를 형성하는 데 기여했다. 이 선택은 단순히 체력 부담을 줄이는 데 그치지 않고, 시장에서의 경쟁력을 유지하면서도 자신의 생업을 지속 가능하게 만드는 전략적 판단이었다.

호박잎 판매의 성공은 단골 관계의 형성과 확장으로 이어졌다. 손님들은 상인이 제공하는 호박잎의 품질과 신뢰성을 높이 평가하며, 지속적으로 상인을 찾아왔다. 단골 관계는 상업 활동의 지속 가능성을 뒷받침하는 핵심 기반이다. 상인은 단골과의 관계를 통해 안정적인 판매 기반을 확보하고, 소비자들은 상인을 신뢰할 수 있는 구매처로 인식한다. 이를 통해 단골 관계는 거래 이상의 의미를 가지며, 시장 내 상업 활동의 지속 가능성을 뒷받침하는 핵심 요소로 작용한다.

호박잎 판매의 성공은 상인이 시장 내 공간 활용을 재구성하는 방식으로도 이어졌다. 상인은 자신의 자리인 '비내루' 공간을 두 자리로 넓히며, 판매 기반을 확장하는 동시에 고객 접근성을 높였다. 이러한 공간 재편은 단순히 자리를 넓히는 것을 넘어, 상인과 소비자가 만나는 공간을 조정하며 시장의 유동성과 활력을 강화하는 데 기여했다.

상인은 이러한 판매 전략을 선택하면서, 호박밭의 환경이 변화함을 경험했다. 〈사진 10〉과 같이 호박밭에 열매가 많이 열리지 않게 된 것이다. 호박은 잎에서 생성된 에너지를 열매로 보내는 과정을 통해 결실을 맺는데, 잎을 계속해서 제거할 경우 광합성 면적이 줄어들어 열매 형성이 억제된다. 이는 상인의 선택이 작물의 생리적 특성에 영향을 미치고, 생산 환경을 변모시켰다는 점에서 특징적이다. 상인의 전략은 환경에 영향을 미치며, 변화된 환경에 다시 적응하는 과정을 통해 생업과 생태 간의 밀접한 연결성을 드러낸다.

결론적으로, 고령의 상인들이 만들어 가는 오일장은 생업과 환경, 소비자 관계가 서로 영향을 주고받는 공간이다. 상인들은 체력적 한계를 극복하고 작물의 특성을 이해하며,

시장의 수요에 맞춘 전략을 지속적으로 조정해 나간다. 이러한 판매 전략은 단순히 경제적 효율성을 추구하는 것에 그치지 않는다. 소비자들과의 신뢰를 기반으로 한 단골 관계, 재배 환경의 변화에 따른 생태적 적응, 그리고 판매 공간을 재구성하는 능동적 실천이 결합된다.

고령의 상인들이 일구는 전략적 상업 공간으로서 오일장은, 단순한 경제적 전략 창출을 넘어, 단골 관계, 생태, 그리고 공간의 조건과 같은 다양한 환경과 상호작용하는 곳이다. 이러한 역동적 관계 속에서 오일장은 상품 교환의 장을 넘어 공동체적 연대와 지속 가능한 생업의 기반을 형성하는 중요한 공간으로 배치된다.

4) 관계로 엮어진 삶의 터전

경남 창원에서 과일 장사하러 왔다가 부도가 나는 바람에 못 가갖고 눌러앉은 곳이 안동인데 뭘 했나 하면 신시장 안에 옛날에 육거리 수퍼 옆에 보면 그 건물이 쪼매는 거 한 개 있어. 거기에 담배 사러 갔다 거기 집주인이 날보고 식당을 한번 해봐라 카면서 외상으로 집을 줬어. 그래 갖고 거기에서 이제 식당을 조그마하게 외상 집을 얻어 갖고 일했어 했는데 잘 됐어. …(중략)… 난 이거 농사 지을 줄 몰랐는데 시장에 앉아 그 팔고 있으니까네. 저 위에 집 아저씨가 "저기 이렇게 우리 저기 밭이 한 600평 있는데 누가 붙일라요" 이 하는 기라. 그래 따라와봤어. 골짝도 모르는데 따라왔어. 무턱대고 따라와 보니까네. 밭만 가르쳐주고. 그럼 한번 해보지 뭐 그래가 처음에 콩을 심은 데 엄청 잘 돼. 철도 모리고 할 지기가 잘 돼. …(중략)… 그래 갖고 이거 저 땅 이거 집 두 채 팔기 땅 팔기 전에 저까지 저 위에 거까지 다 했어 하니까 재미나는 기라. 안 하다가 해보이. (이제 농사꾼 다 되셨나요?) 인자는 잘한다. 그럴 때는 막 남한테 물어보고 그래 했는데 이제는 안 물어보고 내 혼자 잘한다. …(중략)… (농사는 어떻게 배우셨어요?) 이제 이 농사짓는 사람들이 인부가 필요하면 거기에 이제 사람들이 조를 짜가 가더라고. 그래 몇 번 따라댕기다가 그거 보고는 했지 농사는 안 지. 처음에는 콩을 심었는데 엄청 잘 됐더라고. 콩 메주콩하고 검은콩을 영양 가서 씨를 사 와갖고 심었는데 너무 잘 됐어. 그래 갖고 그 장류공장 하는 사람들이 왔다 갔다 하면서 콩 보고 떨어가고 저거 돌라캐가 그거 다 팔았어. (지금은 뭐 심으셨어요?) 지금은 땅콩하고 고구마하고 옥수수 참깨 이제 나물 종류 내 이제 오일 잔에 팔 만큼 썩 있는데 정구지도 있고.[8]

오일장은 단순한 물건의 거래 장소를 넘어, 상인들이 서로 관계를 맺고 그 관계를 통해 생업을 지속해가는 중요한 삶의 터전이다. 이곳에서의 생업은 계획된 경로나 공적인 지원을 통해서가 아니라, 상인들 간의 예상치 못한 만남과 관계망을 통해 이루어지며, 이를 통해 상인들은 자립의 기반을 쌓아간다. 특히 고령의 상인들은 장터에서 오랜 시간 교류를 통해 형성된 신뢰와 도움 속에서 생업을 확장하며, 일상 속에서 삶의 터전을 이어간다.

구술자의 생애는 안동 오일장에서 살아가는 상인들의 삶이 어떻게 예상치 못한 만남과 관계망을 통해 형성되고 확장되는지를 잘 보여준다. 오일장에서의 상업적 생계는 철저히 계획된 경로보다는 다양한 사람들과의 우연한 접촉과 관계 속에서 이루어지며, 상인들은 이러한 관계 속에서 자신의 생업을 꾸려나가며 새로운 기회와 교류를 지속적으로 만들어 나간다.

경남 창원에서 과일 장사로 안동에 온 구술자는 사업 실패로 인해 예상치 않게 장터에 머물게 되었고, 육거리 슈퍼에 담배를 사러 갔다가 우연히 가게 주인의 권유와 신용으로 뜻밖에 식당 운영을 시작하게 된다. 이를 계기로 구술자는 상인으로서의 첫 발걸음을 떼게 되었으며, 이는 장터에서 발생하는 다양한 만남이 상인들의 생업을 어떻게 전환시키는지 보여주는 한 예라 할 수 있다.

이후 구술자는 장사를 접을 무렵 또 다른 우연한 인연을 통해 농사에 발을 들이게 된다. 이웃 상인이 자신의 땅을 빌려주겠다는 제안을 하면서, 구술자는 농사를 시작하게 되었고, 농업 경험이 없던 그는 인부로서 다른 농민들과 일하며 농사법을 익히기 시작했다. 이 과정에서 지역 농민들의 도움을 받아 농업 역량을 키워 나갔으며, 이러한 배움의 방식은 장터에서 맺어진 인연과 접촉을 통해 스스로의 생업을 확장하는 방법을 보여준다. 이를 통해 오일장은 고령의 상인들에게 있어 지속적으로 관계를 형성하고 생업을 이어갈 수 있는 중요한 공간으로 기능하고 있음을 살펴볼 수 있다.

오일장에서 상인들은 사람들과 교류하며 자연스럽게 형성된 관계망을 통해 필요한 자원과 기회를 얻기도 한다. 구술자가 처음 식당을 시작하게 된 계기와 이후 농업으로 생업을 확장하게 된 과정은 모두 이러한 관계망 속에서 가능해진 일들이다. 특히, 고령의

---

8   이〇〇(여, 70대)의 구술(2024년 7월 21일, 자택).

상인들에게 장터는 일방적인 교류나 일회성 만남이 아닌, 지속적이고 상호적인 관계를 구축하며 함께 생업을 꾸려갈 수 있는 장소로 자리 잡는다.

오일장의 경우, 상인들은 단순히 물건을 사고파는 자본주의적 거래를 넘어서, 지속적이고 상호적인 관계망을 통해 생업을 구축해 나가고 있다. 산업화와 근대화 이후 현대 사회의 대부분의 경제 관계는 생산성 증대와 이윤 창출을 중심으로 이루어지며, 그 과정에서 인간 관계는 경제적 이해에 따라 일회적이고 기능적으로 소비되는 경향이 있다. 반면, 오일장과 같은 전통적인 장터에서 이루어지는 상인들의 관계는 철저한 효율성과 생산성을 중시하는 산업 사회의 경제적 관계와는 본질적으로 다르다고 볼 수 있다.

사례는 오일장의 경제적 활동이 이윤 창출을 위한 개별적 경쟁보다도, 장터라는 공동체적 공간 속에서 상인들 간의 신뢰와 협력, 상호 의존적 관계망을 통해 생업이 유지된다는 것을 보여준다. 이런 관계망은 상인들이 서로 생업에 필요한 정보를 나누고 자원을 공유하며 새로운 기회를 창출하는 자율적 생존 기반으로 작용한다. 장터에서 상인들은 오랜 시간에 걸쳐 쌓인 신뢰 속에서 서로 돕고 협력하며, 이러한 관계는 일회적인 만남이 아니라 지속적이고 일상적인 교류를 통해 유지된다.

구술자의 사례는 특히 고령의 상인들이 오랜 시간 장터에서 맺어온 관계 속에서 어떻게 생업을 지속하고 확장해 가는지를 잘 보여준다. 이는 장터가 상인들이 서로에게 의지하고 협력하며 자립적인 생업을 확립하는 중요한 사회적 기반이 되고 있음을 의미한다. 즉, 산업 사회에서 자본주의적 이윤과 효율성이 중시되는 관계가 경제적 기능에 따라 일회적으로 맺어지고 해체되는 특징을 보이는 것과 달리, 오일장의 관계망은 인간적 신뢰와 상호 의존을 기반으로 구축된다. 오일장은 상인들이 서로 자원을 공유하고 새로운 생업을 모색할 수 있는 자율적 생존의 장으로 기능하며, 이는 곧 오일장이 도시적인 경제 관계와는 다른 경제 생태계를 형성하고 있음을 보여준다 할 수 있겠다.

5) 자리잡기의 방식, 자생적 규율로 이어진 마당의 질서

(그러면 여기 칸 안에 자리는 어떻게 정했어요?) 이제 늘 오는 사람들이 자리가 딱딱 있어 자기 자리가 딱딱있어. 하던데가 딱딱 다 있어. 그리고 이제 남는 자리는 이제 촌에서 어른들이 뭐 날마다 잘 못오고 가끔 가끔 오는 분들이 이제 빈 자리에 자꾸 앉으고 그래가지고 이 자리가 꽉 차지. 늘 장마다 오는 사람 겨울에도 오고 여름에도 오고 하는 사람들은

〈사진 11〉 신시장 오일장의 마당 공간(출처: 김만옥 상인 제보 사진)

이제 장마다 오는 사람들은 제 자리가 있고. 그냥 앉지. 그리고 미리 앉으고 그 다음에 촌의 어른들은, 우리는 차로 새벽에 오지만 우리는 새벽에 오잖아. 오늘도 3시에 왔잖아. 3시에 오잖아 3시 2시 뭐 4시 차로 오는 사람은 그래 오고. 차가 왜냐하면 빨리 짐을 내랴야 사람 없을 때 짐을 내랴야 되니까. 짐을 내랴야 되니까. 차가 여기까지 들어 올라면 사람이 없어야 되니까. 안 잡으면 못 드오잖아. 촌에 어른들 조금씩 지고 이래 오는 사람들은 남는 자리에 앉아서 늦게 이제 자리 빈 자리에 앉고 꽉 차는 거야.[9]

　신시장 오일장에는 '마당'이라 불리며 상인들에게 오랜 시간 중심 공간으로 자리 잡아 온 상징적인 장소가 있다. 마당은 단순히 물건을 거래하는 상업적 공간을 넘어, 상인들이 오랫동안 쌓아온 관계와 공동체적 유대를 상징하는 장소로서 오일장의 핵심 공간으로 기능해왔다. 장의 위치는 육교 아래, 공영주차타워와 노상주차장 부지 옆에 자리하고 있다. 대로와 상설시장 건물들을 사이에 두고 있어 버스 정류장이 가까워 접근성이 좋으며, 장날마다 상인들과 방문객들이 모이는 중심 공간으로 자리했다. 마당은 오랜 세월을 통해 형성된 자리 배치 규율이 자연스럽게 유지된 공간이었다. 상인들은 각자의 자리와 정체성을 이어가며 질서를 형성해 왔고, 밀접한 관계를 맺으며 마당을 지켜왔다.

　마당의 자리는 경쟁적인 방식보다는 상인들 사이의 자연스러운 규율과 관습에 따라 배치되었다. 마당의 중앙부에 있는 상인들은 주로 이곳에서 먼저 장사를 시작하여 제자리를 확보한 상인들이다. 이들은 물건의 양이 많고, 비교적 기동력이 있다. 이들은 장날 새벽 일찍 차량을 이용해 장터에 도착하여 마당 중앙에 물건을 실어와 장을 펼쳤다. 차량을 이용하면 많은 물건을 빠르게 옮길 수 있어, 이들은 매 장날마다 같은 자리를 사용하며 안정적인 위치를 확보했다. 이러한 배치는 상인들에게 장터의 중심부 질서와 안정감을 제공하며, 장터의 주요 흐름을 형성하는 역할을 한다.

　한편, 마당의 주변부에서는 보통 고령이거나 소량의 물품을 가지고 오는 상인들이 주로 자리했다. 이들 상인은 차량이 아닌 버스를 이용해 이동하며, 봇짐을 지고 마당에

---

[9]　정OO(여, 70대)의 구술(2024년 10월 7일, 신시장 오일장).

<사진 12-14> 버스를 타고 나온 상인들

온다. 상대적으로 늦은 시간에 도착하는 이들은 이미 자리 잡은 중앙부 상인들 주위의 남은 공간에 자연스럽게 자리를 펴고 장사를 시작한다. 주변부 상인들은 비정기적으로 장에 참여하고, 소규모로 자리 잡는 방식으로 마당의 외곽에서 상업 활동을 이어갔다. 즉, 마당 중앙부의 상인들은 장기적이고 정기적으로 장사를 해왔으며, 반면에 주변부 상인들은 고령의 상인들로, 비정기적이고 소규모로 장사하는 경향이 있다.

오일장의 자리 배치는 상인들의 다양한 상황에 맞게 자연스럽게 이루어졌다. 상인들은 각자의 상황에 맞는 자리를 찾아가며, 자발적으로 규율을 지켰다. 이러한 구조는 장터 내에서 고유한 위치를 유지하게 하며, 공동체적 유대를 강화하는 중요한 요소로 작용했다. 오일장은 단순히 물건을 사고파는 곳을 넘어, 상인들이 상호 배려 속에서 생업을 이어가며 공동체적 연대감을 형성해나가는 공간으로 기능하고 있다. 한편 아래의 구술은, 이러한 자리배치의 관행에 있어 상호 도움의 문화가 있음을 구체적으로 보여주고 있다.

 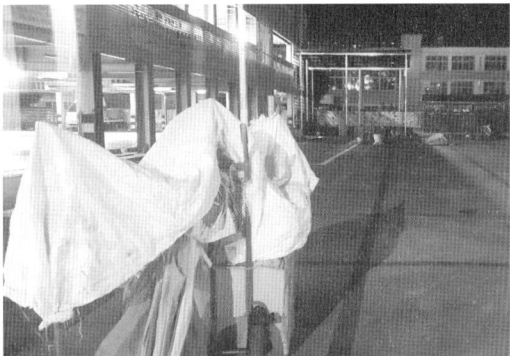

〈사진 14-15〉 새벽 자리잡기

어제는 새벽 4시 반에 갔어. 4시 반에 전에는 몰라가지고 마구 새벽 2시에도 가고 3시에도 가고 그랬어 그랬는데 그래서 잠 못 자잖아. 맞아요. 그래도 자야 한다. 그도 못자고 수잠 자 자꾸 수잠 자고 너무 늦어뿌까바 자꾸 수잠 자고 자꾸 깨. (전에 보니까 그 옆에 할머니 자리 맡아주시고 하시던데) 그 할머니가 처음에 내가 가가 팔 적에 내 옆에 팔더라고 그래 참 둘이 안자있다 보니 마음이 맞고 하니까 자리를 잡아준다카네. 잡아주고 내가 또 미안 찮아. 그리고 그냥 모있어. 참기름 한 병 짜갔지 들기름 한 병 또 짜가 줘야지. 미안찮아. 그 아줌마는 미안타고 안 받으려 해. 근데 저는 또 사과도 한 상자 줬어. 늘 준다. 그래 또 해주지 서로가.
(그러면 자리를 잡는 게 그냥 막 하나 깔아놓기만 하면 되는 거예요?) 자리를 깔아놓으면 돼. 깔아놓으면 돼. 다른이 거기 못 오잖아. 그러니까 아침에 새벽에 보다 일찍 가면 여즉 다 깔아놓는 자리에 사람들이 있어. 맡아 놔 거야. 그렇기 때문에 맡아놔야 자기 자리에 많이 파는 거야. 그래 하면 내가 그거 계속 하는 사람이니까 어떻게 가보니 하나 가봐 안 까났어 아무도 없더라고 또 안 까났더라고 그거 내 자리인줄 아는동 안 까났다 그래.[10]

자리 배치와 유지 방식은 상인들 사이에서 일종의 암묵적 위계와 역할 분담을 형성하며, 상인들 간의 규율을 유지하고 장터의 안정성을 확보하는 데 기여한다. 예를 들어, 한 상인이 새벽에 나와 자리를 펼치지 못하는 날이 있더라도, 이웃 상인들이 그 자리를

---

10 조OO(여, 70대)의 구술(2024년 9월 10일, 자택).

지킨다. 이러한 모습들은 상인들 간의 신뢰와 공동체적 유대가 자리 배치를 통해 어떻게 유지되고 있는지를 잘 보여준다. 위 구술자는 새벽부터 자리를 잡기 위해 일찍 장터에 나와야 하는 상황에서, 이웃 상인을 위해 자리를 대신 맡아주는 상호 보완적인 관계가 있었으며, 이에 대한 감사의 표시로 서로 작은 선물을 주고 받았음을 이야기하고 있다. 이는 오일장이 단순한 상업적 거래를 넘어 정서적 유대감을 형성하는 공간으로 기능하고 있음을 나타낸다. 구술에 나타난 바와 같이, "그 자리는 여즉 다 깔아놓는 자리에 사람들이 있어"라는 상인의 말은 오일장에서 각 상인이 고유한 자리의 주인으로서 인식되고 있으며, 상호 간의 배려 속에서 서로의 자리를 지켜나가는 자생적 체계가 작동하고 있음을 시사한다.

오일장의 자리 배치는 상인들 간의 자발적인 규율과 오랜 시간에 걸쳐 형성된 유대를 기반으로 이루어진다. 이는 단순한 상업적 공간의 확보를 넘어, 장터에서의 신뢰와 배려 속에서 상인들 각각의 '자리'가 암묵적으로 인정되고 유지되는 과정을 보여준다. 특히 후대에 들어와 마당의 주변부에서 장사를 시작한 상인들도 지속적으로 같은 공간에서 장사를 이어나가면서 주변 상인들과 관계를 맺게 되고, 이 과정에서 자신이 특정 자리에 대한 일종의 권리를 얻게 된다. 이러한 자리 배치는 단순히 고정된 자리가 아닌 상인들 간의 관계를 통해 형성된 신뢰와 연대감을 바탕으로 유지되었음을 보여준다. 이들은 다른 상인들과 함께 자리 배치와 자리를 지키는 규율을 공유하게 되면서도, 자신의 일정한 위치에 대한 소속감을 느끼며 생업을 이어간다.

계속 대체로 보니까 장에 아랫대들이 웃어른이 돌아가시면 자리를 자기네 자리라고 차고 들어오드라고. 사람이 사는 동안에 한 평생 사는 동안 평탄한 길만 못 걷거든. 언제 어찌 될지 모르기 때문에 장사하는 사람들은 대체로 아랫대들이 오더라고 보니까. 그래 이제 늦게 귀농하는 사람이 오드라니까. 윤리도 모르고 뭐 처음 들어오면 못 앉을라 카면 "니 돈 주고 샀나" 카면서 해. 덮어 씌우고 대드는데. (그러면 원래 있던 분들이랑 관계가 안좋아요?) 그래 되면 이제 안 좋지. 좋은 사람도 있고 그래 싸고 돌아주는 사람이 있고 너무 또 얄밉으면 내뱉을 사람이 있고 그래. 나는 그 뒤에 벙어리 그 내외분은 내가 항상 안고 돌지. (그 분들 언제 오셨어요?) 아래 작년부터 오는 것 같던데 어디 사는지는 몰라. 말이 안 통하니 내가 수화를 할 줄 아는지 뭐.[11]

오일장에서 자리는 자연스럽게 세대 교체를 통해 이어지기도 한다. "장에 아랫대들이 웃어른이 돌아가시면 자기 자리를 자기네 자리라고 차고 들어온다"는 구술에서 알 수 있듯, 후대 상인들이 기존 상인의 자리를 자연스럽게 이어받아 새로운 자리를 형성하기도 한다. 이는 단순히 물리적 공간을 차지하는 것을 넘어서, 오일장 내에서 세대 간의 관계와 상호작용을 통해 자리의 연속성을 유지하려는 경향을 반영하고 있다. 그러나 마당 공간은 단순히 상업적 가치나 자본주의적 논리가 우선시되는 장소가 아니라, 오랜 시간과 역사를 통해 상인들 간의 관계 속에서 자연스럽게 형성된 공간이라는 점이 중요하다. 이후에 들어온 새로운 상인이 이러한 공간에 대한 규율을 깨트렸을 때, 기존 상인들은 이를 용인하지 못하고 배척하는 자세를 취하기도 한다. "니 돈 주고 샀나"라는 논쟁은 새로운 상인이 진입할 때 생길 수 있는 긴장을 내포하고 있으며, 그 자리에는 단순한 금전적 가치 이상의 관계적 맥락이 얽혀 있음을 상징한다. 이러한 말은 자리의 점유와 권리가 상인들 간의 오랜 상호작용과 암묵적 동의에 의해 형성되었으며, 이를 통해 자리의 주인이 결정되어 있다는 이해가 깔려 있다.

기존의 규율을 무시하고, 관계를 상호적으로 맺지 않는 후대 상인들에게는 배타적인 반응을 보이는 반면, 오일장은 약자를 포용하고 보다 함께 가려는 모습을 가지고 있기도 하다. 기존 상인들은 상호 신뢰와 배려 속에서 자신들보다 고령의 상인이나 신체적 어려움이 있는 상인들과 협력하며, 공동체의 일원으로서 이들을 지지한다. 예를 들어, 위 구술자는 언어적 장벽이 있는 '벙어리 내외분'과 특별한 관계를 맺고 도움을 주며 그들의 필요를 이해하고 있다. 이러한 관계는 오일장이 단순한 상업 공간을 넘어서 서로의 자리를 존중하고 상호 협력하는 사회적 관계망이 형성된 장소임을 보여준다.

이러한 구술은 오일장이 정해진 가격으로 사고팔 수 있는 시장이 아니라, 상인들 간의 역사와 연대의 산물로써 '마당'이라는 공간이 형성되었음을 보여준다. 이로 인해 상인들은 금전 거래나 단순한 시장 논리로 자리를 확보하는 대신, 서로의 자리를 지키고 존중하는 과정을 통해 오랜 시간 자리 배치의 연속성을 유지해 온 것이다. 마당의 자리 배치는 단순한 상업 공간을 넘어서, 상인들 각자의 생업과 유대를 기반으로 형성된 독특한 관계의 산물이다. 이는 서로 간의 신뢰와 배려 속에서 암묵적으로 공유된 자리의 의미를 보여

---

11 이○○(여, 70대)의 구술(2024년 10월 7일, 신시장 오일장).

준다. 따라서 오일장에서 자리 배치는 금전적 가치에 의해 좌우되는 것이 아니라, 오랜 시간 쌓아온 상인들 간의 신뢰와 공동체적 관계에 기반한 것이다. 이 점은 상인들이 오랫동안 '내 자리' 여겨온 위치가 단순히 거래 가능한 부동산과는 다르며, 그 자리에는 상인들의 삶과 공동체적 의미가 담겨 있음을 시사한다.

오일장은 단순한 거래 공간을 넘어 서로의 자리를 존중하고 도움을 주고받는 사회적 관계망을 유지하며, 그 안에서 자연스러운 세대 교체와 자리 배치가 이루어지는 자생적 체계임을 시사한다. 마당의 자리 배치는 경쟁을 통한 상업적 효율성을 추구하기보다는, 상인들의 관계 속에서 자연스럽게 형성된 문법에 따라 이루어지며, 이를 통해 상인들은 자신들의 공동체적 가치를 이어가고 장터의 장소성을 지켜나가고 있다. 즉 마당은 단순히 장사를 위해 차지해야할 경쟁적인 공간을 넘어, 상인들 간의 역사와 관계가 누적된 상호관계적 공간이었다. 오래된 상인들은 자기 자리를 통해 정체성을 지키고, 새로운 상인들은 이를 존중하며 자연스럽게 장터의 질서에 적응하는 방식으로 오일장의 자생적 체계를 이어왔다 할 수 있겠다.

3. 너른 마당에서 좁은 골목으로

우리가 처음에 가가지고 그 마당에 (주차장에요?) 어 그 당일 현재 옛날에 일찍 했던 사람은 거기 마당에 가가 팔고, 우리는 늦게 장사를 해서 자리를 못 갔어. 자리를 모한 거야. 모 하고 바깥에 왜 주차장 바깥에 보면 여기 버스 타는 데 있잖아요. 있고 여기 샛골목을 거 하다. 샛골목에 들어갔는데 거기 맡아가 다 팔았는거야. 거기 앉아가 우리가 다 팔았어 하다가 봄에 거기서 절로 가라 하면서 다 쫓았어. 다 쫓아가 거기 있는 사람이 싹 쫓겨 내려가 그 밑 골목 가가 앉아있어. 그래 이제 그 밑에 골목 파는 사람들은 이제 위에 파는 사람이에요. 전부 위에서 파다가 글로 내려 내려갔어.[12]

---

12 조OO(여, 70대)의 구술(2024년 9월 10일, 자택).

마당은 신시장 오일장에서 중심 공간으로서 기능하며 상인들 사이에 오랫동안 쌓여온 자생적인 규율과 공동체적 유대의 상징적 장소였다. 상인들은 이곳에서 각자의 자리를 배정받고, 새벽부터 자리를 잡아 장터를 열었다. 구술자는 비교적 늦게 장에 합류한 후대 상인으로, 마당 중앙에 자리한 상인들은 자신보다 일찍 장에 나와 오랜 세월 같은 자리를 고수하며 자연스럽게 그들의 위치를 확보해 왔다고 설명하고 있다. 마당 외곽이나 주차장 바깥쪽 골목에는 구술자와 같이 후에 장사에 합류한 상인들, 또는 대중교통을 이용해 장에 나와 봇짐을 메고 장사를 하는 고령의 상인들이 주로 자리 잡았다. 이 외곽 상인들은 상대적으로 불안정한 위치에 있었지만, 중심부 상인들의 배치와 규칙을 존중하며 장터 내에서 자리를 찾고 장사를 이어나가는 방식으로 상호 조화를 이루어 왔다.

구술 속 '옛날에 일찍 장사를 했는 사람'이라는 대상은 오랜 시간에 걸쳐 형성된 장터의 암묵적 규율과 상인들 간의 계층을 좀 더 명확히 드러낸다. 중심부 상인들이 오랫동안 같은 자리를 고수함으로써 그 자리의 주인으로 인식되는 규율과 그 과정이 있음을 말하는 것이다. 이러한 규율은 상인들 사이에 고유한 위계와 역할을 부여하며, 장터 내에서 상인들이 서로 간의 암묵적 약속을 지키며 갈등 없이 자리를 배분할 수 있는 기반이 되어 왔다. 이처럼 오일장의 자리들은 단순히 상업적 공간의 확보를 넘어, 상인들 사이의 상호 협력과 연대가 실질적으로 이루어지는 체계로 작용해 왔다. 그 중에서도 특히 마당이라는 공간은 장터의 중심부로서 고유한 자리 배치 규율과 질서를 형성하며, 상인들이 안정적으로 생업을 이어갈 수 있도록 해주는 기반이었다.

중요하게 살펴볼 수 있는 것은, 최근 마당 공간이 노상주차장으로 변화하면서 자생적인 규율과 그 문법이 크게 달라졌으며, 자리 배치의 질서가 무너지게 되었다는 것이다. 오일장 자리의 질서는 암묵적이면서도 오랫동안 유지되어 왔다. 과거 마당 공간은 상인들 간 자리 배치의 중심축으로 기능했으며, 그 뒤로 골목의 자리 배치 또한 자연스러운 질서를 이루고 있었다. 그러나 올해 초 마당이 주차장으로 전환되면서 이러한 자리 배치의 질서와 자생적인 규율이 크게 달라졌다.

오일장 자리의 질서는 암묵적이면서도 오랫동안 상인들에 의해 유지되어 왔지만, 마당 공간이 사라지면서 상인들은 더 이상 오랜 자리 배치의 질서를 고수하기 어려운 상황에 직면했다. 그 결과, 장사 시작이 늦거나 나이가 많은 고령 상인들은 마당의 중심부나 인근 샛골목에 자리를 잡기 어려워졌고, 대신 이들은 다른 골목들로 흩어질 수밖에 없었다.

마당이 사라지면서 상인들은 오랜 터전이던 공간을 떠나 각자의 조건에 맞는 새로운 골목들로 흩어질 수밖에 없었다. 이들의 이동 경로는 크게 네 가지로 나뉜다. 첫째, 시에서 새로 개설한 직거래장터, 둘째, 버스 정류장 옆 골목, 셋째, 옛장터라 불리는 골목, 그리고 마지막으로 마당 주변의 남은 공간이 그것이다.

첫 번째 경로는 시에서 새로 개설한 직거래장터로, 전통시장의 날짜와 운영 방식을 제도적으로 포섭하려는 시도가 나타나는 공간이다. 직거래장터는 전통 오일장과 연결된 날짜와 운영 시간을 유지하면서도 상인들에게 새로운 장소로의 적응을 요구한다. 그러나 직거래장터는 대중교통을 이용하는 고령 상인들이 접근하기 어려운 위치에 있으며, 이로 인해 체력적 여유가 있는 상인들만 주로 이곳에서 장사를 이어가고 있다.

두 번째 경로는 '옛장터'라 불리는 골목으로, 이곳은 오랜 시간 동안 신시장 오일장의 일부로 자리 잡아왔던 공간이다. 상인들에게는 '전통시장'이라는 정체성을 상징하며, 시의 제도적 언어로 '옛장터'라는 명칭이 부여되었지만, 이는 상인들로 하여금 전통적 위치를 떠나도록 강제하는 도구로 기능하고 있다. 상인들은 이 공간에서 기존의 오일장 질서와 정체성을 지키려 하고 있지만, 주변부로의 밀려남과 분산은 점점 이들의 결속을 약화시키고 있다.

세 번째 경로는 마당과 가까운 버스 정류장 옆 작은 골목으로, 일부 상인들이 직거래장터 대신 선택한 대안적 장사 공간이다. 이 골목은 버스 정류장과 인접해 있어 무거운 짐을 쉽게 옮길 수 있다는 점에서 고령 상인들에게 접근성이 높다. 고령 상인들이 가까운 거리에서 장사를 이어갈 수 있는 위치로, 마당 공간의 역할을 대신하려는 의도가 반영된 장소로 볼 수 있다.

네 번째 경로는 마당 주변의 남은 공간으로, 장터가 주차장으로 변모하면서도 상인들이 여전히 그 자리를 고수하려는 저항적 성격을 가장 뚜렷하게 보여주는 장소다. 이곳에 남아 있는 상인들은 마당 공간을 잃지 않으려는 강한 의지로 자리를 지키며, 주차장 근처의 빈틈마다 장사를 이어가고 있다. 이들은 주차장으로의 전환에 강하게 반발하며 기존의 마당 자리에서 이어져 온 공동체적 연대와 공간의 상징성을 되찾고자 하는 운동을 지속하고 있다.

1) 직거래장터

> 지금 오는 할매들도 저짜 가야 된대. 안 가, 안 가고 내 거가 안 팔아. 안가잖아. 할매들이 그 보따리 짊어지고 그쪽으로 가기가 힘드는 거야. 횡단보도 짊어지고 이래가 들고 가기 힘드니까 건내가기도 힘들지. 그러니까 그거 앉아가 팔고 안 가는 거야. 전부 글로 안 가잖아.[13]

첫 번째 공간인 직거래장터는 안동시가 전통시장을 활성화하고 지역 농산물의 판로를 확장하기 위한 정책적 조치로 개설된 구역이다. 이 장터는 기존 오일장의 공간과는 다른 장소에서 이루어진다. 장소는 다르지만, 일정은 동일하게 기존 오일장날이었던 매월 끝자리 2일과 7일에 맞춰 운영된다. 장터의 운영 시간은 오전 5시부터 오후 3시까지로 정해져 있다.[14] 위치는 안동시 안흥동의 중앙시장길 일대로, 특정 도로 구간을 지정하여 차량 통행을 제한하는 방식으로 방문객의 이용을 유도하고 있다. 이는 기존의 오일장 전통과 일정을 제도적 틀 안에 포섭함으로써, 오일장 고유의 상거래 방식을 일정 부분 정책적, 제도적 공간으로 재구성하려는 의도를 반영한다.

직거래장터는 후술할 다른 골목들과 달리, 정책적으로 상인들을 편입하고 새로운 공간으로 유도하려는 의도가 담긴 장소라는 점에서 그 성격이 다르다. 위의 구술은 요청된 이동이 상인들이 오랫동안 유지해 온 자율적 공간 질서를 무시하는 정책적 조치로 받아들여지며, 고령의 상인들이 직면하는 제약이라는 것을 드러내고 있다. 그 중 하나는 직거래장터 위치가 버스를 타고 장에 오는 고령 상인들에게는 물리적 이동의 부담을 가중시키는 요인으로 작용한다는 것이다.

직거래장터가 자리하고 있는 도로는 마당을 중심으로 펼쳐졌던 오일장의 공간보다 버스정류장에서 먼 곳에 위치한다. 오일장에 나오는 상인들의 대다수는 각자의 마을에

---

13 조OO(여, 70대)의 구술(2024년 9월 10일, 자택).
14 이 장터는 기존 오일장날이었던 매월 끝자리 2일과 7일, 즉 2일, 7일, 12일, 17일, 22일, 27일에 열리며, 운영시간은 오전 5시부터 오후 3시까지로 정해져 있다. 장터가 열리는 위치는 안동시 안흥동 282-4와 312-9 일대의 중앙시장길로, 푸른약국과 우덕농약종묘사, 안동민속한우, 신안고무 사이의 도로 구간이다. 현재 이 구간은 '왔니껴 안동장터'로 운영되고 있다. 권기일, 「안동시, '중앙신시장 직거래장터' 개설」, 『안동인터넷신문』, 2024년 3월 26일 기사.

<사진 16> 직거래장터

서 버스를 타고 나와 장을 편다. 직거래장터로 이동한 상인들은 대체로 짐을 옮길 체력적 여유가 있는 비교적 젊은 상인들이며, 이들은 이곳에서 자리를 잡게 되었다. 반면 고령의 상인들은 직거래장터에서의 장사보다는 기존 오일장 주변의 작은 골목에 자리를 잡는 경향을 보이고 있다. 이는 오일장 내 자생적 질서가 변화함에 따라 상인들 간 세대 및 신체적 조건에 따른 공간적 분화가 나타나고 있음을 시사한다. 직거래장터로의 이동은 장터의 새로운 공간 배치를 수용하도록 하는 과정에서 상인들이 자생적으로 형성해 온 기존의 공간 질서와 상호 배려의 문화에 다른 변화를 가져오고 있는 것으로 보인다.

2) 옛장터

우리도 가라 그래요. 우리도 막 가라고 맨날 그래 맨날 대모하잖아. 그 그 그래도 우리가 안 갔지. 그때 왔는 지 얼마 안 되고 해가 그걸 안 가고 맨날 그 자리에 파지 파는데 우리 옛날에 파던 샛골목에 글로도 지금 꽉 찼잖아. 그 마당에 못 파는 사람 할매들이 니 늦게

<사진 17> 옛장터

차 타고 나와가지고 그 골목 다 앉아버린 거야. 저 쪽 안 가 할매들도 안 가더라고 그 골목 가야 되는데 그걸로 다 몰아가 한 군데 가야 재래시장 장이 되는 거야. 근데 이쪽 우리 파는 골목 있지 그 할매들이 도로가에 그자 골목이 이래 한 데 안 모여 장이 옳게 안 되잖아. 시장 같으면 하루 종일 장이 돼야 되는데 하마 오전 11시쯤 되면 끝나버려. 나도 열한 시 쯤 되면 보따리 싸가 와뿐다. 열한 시 되면 그 골목에 사람도 없어.[15]

마당에서 이동한 상인들이 선택한 경로에는 '옛장터'라고 명명된 골목이 있다. 이곳은 남문 건너 영호초 정문으로 이어지는 길목에 펼쳐지는 오일장이다. 옛장터는 마당과 함께 신시장 오일장의 주요한 상업 공간이었으며, 지역사회 내에서 전통적인 장터의 정체성을 상징하는 공간적 중심 역할을 해왔다. 위 사진과 같이 해당 골목에는 '옛장터

---

15 조OO(여, 70대)의 구술(2024년 9월 10일, 자택).

폐쇄 및 직거래장터 개설 안내' 플랜카드가 걸려 있어, 장터의 변화와 정책적 개입을 상징적으로 보여주고 있다. 이 플랜카드는 오일장이 장기적으로 관리와 개편을 거쳐 변화하고 있다는 시의 입장을 반영하며, 상인들에게 새로 개설된 직거래장터로의 이주를 요청하는 내용을 담고 있다. 이와 같은 안내는 전통시장 지원 정책의 일환으로 볼 수 있으나, 동시에 기존의 자생적 공간 질서를 제도적 공간으로 대체하려는 시도의 일환으로 해석될 수 있다.

그러나 직거래장터로 이동하라는 정책적 요청에도 불구하고, 여전히 많은 상인들이 이 골목에 자리를 잡고 장사를 이어가고 있다. 이는 기존의 장소가 지닌 익숙함과 안정성, 그리고 상인들이 해당 장소에 쌓아온 기억과 관계들의 가치가 여전히 강하게 자리 잡고 있음을 시사한다. 특히 이 골목은 마당과 달리 물리적 변형이 이루어지지 않았기 때문에, 상인들에게는 기존의 장터의 분위기와 유대를 이어갈 수 있는 상징적 공간으로 기능하고 있다. 마당이 물리적으로 주차장으로 전환된 이후에도 이 골목은 여전히 오일장 본래의 모습을 유지하고 있으며, 상인들은 그 자리에 대한 애착을 바탕으로 이곳을 떠나지 않고 있다.

위 상인의 구술을 통해 이 골목은 단순한 상업 공간 이상의 의미를 지니며, 상인들은 이곳에서 오랫동안 이어져 온 관계와 상호작용을 중시하고 있음을 살펴볼 수 있다. 이 골목은 상인들에게 물리적 장소를 넘어 정체성과 연속성을 지닌 공간으로서, 단순히 직거래장터로의 이동이 아닌 관계와 정체성의 단절로 받아들여지고 있는 것이다. 따라서 상인들이 여전히 이곳에 머무르는 것은, 장터에서 형성된 관계와 고유한 리듬을 보존하려는 의지의 표현이라고 할 수 있다.

그런 한편 상인들은 오일장 공간의 물리적 변화와 함께 장터의 시간 리듬과 활력이 이전과 다르게 분절되고 있음을 체감하고 있다. 과거에는 하루 종일 이어졌던 장이, 골목으로의 이동과 직거래장터의 개설 이후 짧은 시간에 마무리되는 모습은 상인들에게 있어 공간 변화가 장터의 생명력을 약화시키고 있음을 보여준다. 과거의 장은 아침부터 오후까지 이어지며 상인들과 지역 주민들이 교류하고 상호작용하는 장소로 기능했으나, 직거래장터로의 이동과 기존 마당의 주차장 전환은 장터의 운영 시간마저 축소시켜 버렸다는 것이다. 이는 상인들에게 있어 공간 변화가 시간의 흐름과 연결된 장날의 고유한 활력을 약화시키는 요소로 체감되고 있다.

'옛장터'는 정책적 언어로써 전통을 규정하고자 하는 시도의 일환이지만, 동시에 제도적 변화를 가속화하는 장치로 기능하는 양면성을 지닌다. 옛장터라는 명칭은 상인들에게 전통적 정체성의 연속성을 부여하면서도, 이를 단절하려는 제도적 노력의 대상이 된다는 점에서 상반된 역할을 수행하고 있다. '옛장터'라는 명칭은 상인들에게 오랜 기간 이어온 상업 활동의 연속성을 부여하는 동시에, 기존의 오일장을 다른 지정된 장소인 직거래장터로 옮기도록 유도하는 장치가 되고 있는 것이다. 이로 인해 '옛장터'라는 표현은 전통을 인정하는 듯하면서도, 오히려 상인들이 새로운 공간으로 이동하도록 압박하는 제도적 변화의 상징이 되고 있다.

결과적으로 상인들은 직거래장터라는 새로운 공간에 완전히 편입되지 않고, 기존의 장소에서 자신의 생업을 지속하려는 태도를 보이고 있다. 이는 제도적 변화가 상인들에게 새로운 공간을 제시하더라도, 자생적 질서와 공동체적 연대를 기반으로 한 기존 공간의 의미가 쉽게 단절되지 않음을 보여준다. 이러한 상인들의 반응은 제도적인 포섭의 한계를 드러내며, 오일장이 가지는 복합적인 문화 경관으로서의 성격을 드러낸다.

3) 버스 정류장 골목

> 할매들이 내가 여 있으이 여기 다 자리잡아 왔다. 안 그러면 내가 또 딴 데 가버려 또 따라오지 내한테 어디 꿀이 붙었는가 지금 나한테 다 따라와. 그래도 여기 버스에 내리면 여기가 가까우니까 저 건너 갈려면 들고 가면 무겁거든. 처음에 올 때는 내 혼자 여기 왔는데 다 따라왔어.[16]

세 번째로 버스 정류장 옆 골목은 기존의 마당 인근에 위치한 작은 골목이다. 이곳에는 오랜 시간 마당 중심부에서 장사를 이어온 이OO씨를 중심으로 형성된 상인들이 자리하고 있다. 이OO씨는 시장 내에서 흔히 '보살할머니'로 불리며, 마당이 주차장으로 바뀐 이후, 변화하는 장터에서 상인들을 결집시키고 목소리를 내는 중요한 인물로 여겨진다. 그가 이 골목 입구에 자리를 잡음으로써, 그와 관계가 깊은 고령 상인들이 뒤따라 이 골목에 자리하게 되었다. 이 골목은 버스 정류장과 가까운 위치로, 고령의 상인들이 짐을 쉽게

---

16 이OO(여, 70대)의 구술(2024년 10월 7일, 신시장 오일장).

〈사진 18〉 버스정류장 골목

옮길 수 있는 장점이 있어 자연스럽게 이들이 모이기에 적합한 환경이 되었던 것이다.
 이 골목의 상인들은 단순히 물리적 장소의 편리성 때문에 모인 것이 아니라, '보살할머니'라는 인물을 따라 결속된 네트워크의 일환으로 자리하는 경향을 지닌다. 이 관계는 오일장이 단순한 상업적 공간을 넘어서 상인들 간의 연대와 상호 의지로 형성된 공동체적 공간임을 보여준다. 구술자는 자신이 새로운 위치에 자리잡자 다른 상인들이 그를 따라온 현상을 설명하고 있다. 이는 상인들이 공간적 이동 중에도 서로의 관계를 유지하려는 모습을 보여준다.
 버스 정류장 옆 골목은, 마당 중심부가 사라진 상황에서 상인들이 상호 의존하며 자신들의 고유한 상업 환경을 재구성하는 사례로 볼 수 있다. 특히 '보살 할머니'는 이 공간에서 상인들 간의 소통을 촉진하고, 고령의 상인들이 장터에서 지속적으로 활동할 수 있도록 돕는 중심 역할을 하고 있는 것이다. 이를 통해 마당이 사라진 후에도 상인들은 새로운 환경에 맞춰 자발적인 질서와 관계를 형성하며, 지속적으로 공동체를 재구성하고 있음을 확인할 수 있다.

4) 마당 주변 공간

네 번째 공간인 마당 주변 공간은 장터가 주차장으로 변모하면서도 상인들이 여전히 그 자리를 고수하려는 저항적 성격을 가장 뚜렷하게 보여주는 장소이다. 이 공간에 남아 장사를 하고 있는 상인들은 오일장의 전통적인 장소성을 되찾고자 하는 강한 의지를 표현하고 있다. 이들은 주차장으로 바뀐 마당 주변의 빈틈마다 그 자리를 지키며 장사를 하고 있다.

〈사진 19-22〉의 네 장면을 통해 마당 주변 공간이 어떻게 상인들에게 저항의 장으로 기능하고 있는지를 시각적으로 살펴볼 수 있다. 첫 번째 사진에서는 주차장이 된 마당에 '장터 폐쇄' 현수막이 내걸린 가운데, 그 아래에서 여전히 자리를 지키고 있는 상인의

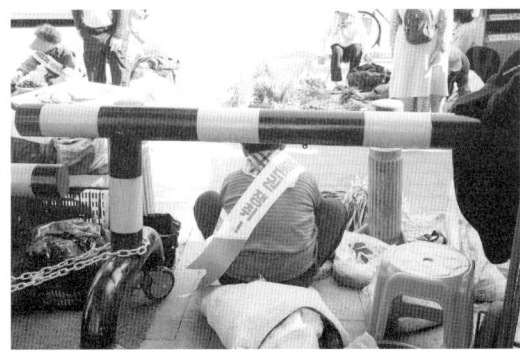

〈사진 19-22〉 마당 주변 공간에서 장사하는 상인들

모습을 보여준다. 이는 상인들이 단순히 물리적 공간에서 밀려난 것에 그치지 않고, 장터의 정체성과 자율성을 지키기 위해 저항적 실천을 수행하고 있음을 나타낸다. 두 번째 사진에는 주차장이 된 마당 옆, 큰 트럭 바퀴 옆에서 장사하는 상인의 모습이 담겨 있다. 이는 전통적 장터와 현대적 주차 공간이 맞닿아 있음을 보여주며, 상인들이 주차장 경계 너머로 밀려나지 않기 위해 애쓰는 노력을 시각적으로 드러낸다.

또한, 바리케이드 앞에서 띠를 두르고 장사하는 상인의 모습은 마당을 주차장으로 규정하려는 물리적 장치들에 맞서 상인들이 자리를 지키고 있음을 상징적으로 보여준다. 바리케이드는 주차장과 장터를 구분하고자 하는 제도적 장치지만, 상인들은 바로 그 앞에서 자리를 잡아 마치 경계를 넘나들고자 하는 듯한 모습을 보이고 있다. 마지막 사진은 주차장 입구 차단기 뒤편에 위치한 상인의 모습으로, 육교 바로 아래에 자리를 잡고 있다. 이는 주차장 내부로의 진입이 제한된 상황에서도 여전히 그 주변을 중심으로 장터의 자리를 확보하고자 하는 상인들의 저항적 태도를 보여준다.

> 전통시장 30년 넘게 했는 자리인데 뺐으니까 우리가 돌려달라고 그러지. 전통시장을 돌려달라고. 길바닥에. 우리는 안 나가겠다. 옛날 전통시장을 돌려달라고 그지. 이렇게 이래 만들어버렸잖아 전통시장을 차 주차장을 만들어버렸잖아. 그래도 우리는 돌려달라고. 안 그러면 이게 장날 오일장날만 허락해라 했다고. 날마다 하는 게 아니고 오일장만. 그렇게도 하고 근데 그것도 안 된다고 그래서 지금 싸우고 있지. 시위하고 있지. 저 골목에 간 사람들 말고는 다 여 안에 있었지. 안에 있었는데 다 지금 쫓겨가고 우리는 못 물러난다 그고 이 뻐치고 있지.[17]

위 구술은 이러한 저항적 행위를 더욱 구체적으로 설명해 준다. "전통시장 30년 넘게 했는 자리인데 뺐으니까 우리가 돌려달라고 그러지"라는 구술은 단순히 물리적 공간을 요구하는 것이 아니라, 오랫동안 상인들의 삶과 얽혀온 역사를 지닌, '전통시장'이라는 문화적 공간에 대한 의미를 내포한다. 이들은 매일이 아닌 오일장날만이라도 기존의 자리를 지킬 수 있기를 희망하며, 전통시장으로서의 마당 공간이 재개되기를 바라고

---

17 정○○(여, 70대)의 구술(2024년 10월 7일, 신시장 오일장).

있다. 이러한 요구는 상인들이 장터 공간의 물리적 상실뿐 아니라, 그 공간이 가지는 전통적 가치와 정체성의 회복을 염원하고 있음을 보여준다.

즉 마당을 잃고 주변 골목으로 밀려난 상인들을 다시 모아내는 이들의 행동은 전통시장을 회복하려는 공동체적 저항의 모습을 드러내며, 이들은 장터의 장소성과 정체성을 보존하는 데 앞장서고 있다. 마당 주변 공간에 남아 있는 상인들은 주차장으로 변모한 마당을 다시 장터로 되찾기 위해 적극적으로 운동에 참여하고 있는 사람들이 대부분이다. 이들은 직거래장터로의 이동을 거부하고, 오랜 시간 이어온 장터의 장소성을 회복하기 위해 공동의 실천을 지속하고 있다. 넓은 마당에서 각각의 골목들로 흩어진 상인들은 다시 결집하여 함께 행동함으로써, 물리적 장소의 상실을 넘어 전통을 지키려는 의지를 보여주고 있는 것이다.

상인들은 단순히 자신들의 생업 공간을 되찾고자 하는 것이 아니라, 그곳에서 쌓아온 관계와 공동체적 연대를 유지하려는 결속력으로 모여 있다. 그들은 주차장이 된 마당 공간의 변화를 제도적 침해로 인식하며, 이곳이 전통시장의 정체성을 상징적으로 보존하는 공간이기를 희망하고 있다. 상인들이 모여 행동함은 마당을 향한 집단적 기억과 애착을 바탕으로, 직거래장터로의 편입을 거부하고 오일장의 의미를 지키고자 하는 집합적 노력의 일환이라 할 수 있다.

4. 전통의 자리 혹은 변화의 경계에서

1933년 안동 신시장의 건설은 일본의 식민 도시화 정책과 밀접하게 관련된 시기적 맥락 속에서 이루어졌다. 이 시기 일본은 조선 내 도시 확장을 추진하며, 특히 조선총독부는 오일장과 같은 전통 시장을 원시적이며 비합리적인 유습으로 규정하고 이를 근대적 질서로 재편하려 했다. 조선총독부의 시장정책은 도시의 상업 기능을 통제하고 시장세를 징수하는 방식으로 진행되었고, 시장을 법률적·행정적 장치에 따라 통제하고 관리하려는 목적을 가지고 있었다.[18] 조선총독부는 오일장을 공설화하면서 지역 행정기관과

---

18 허영란, 「조선총독부의 오일장에 대한 통제 및 활용과 그 한계」, 『사학연구』 82, 한국사학회, 2006.

경찰을 통해 오일장을 엄격히 관리했으며, 시장의 효율성과 공공성을 강조하는 공영시장 정책을 추진하였다. 일제의 도시화와 전통 시장 통제 정책은 근대적 질서를 강조하며 조선의 상업공간을 재편하려는 목적을 담고 있었으며, 안동 신시장의 1933년 건설 역시 그러한 시대적 흐름 속에서 이루어진 사례로 이해될 수 있다.

1933년 안동 신시장의 건설은 1930년에 개통된 안동역과 긴밀히 연계된 도시 확장의 일환으로 볼 수 있다. 안동역의 개통은 기존 읍성 중심의 상업구조에 변화를 가져오며 안동 시가지가 서쪽 평화동까지 확장되는 계기가 되었다.[19] 이러한 도시 팽창은 새로운 상업 공간에 대한 수요를 증대시켰으며, 이 배경 속에서 신시장이 계획되고 건설된 것으로 해석된다. 당시 일본은 조선 내 주요 지방 도시들에서 경제적 기반을 확보하고자 했으며, 특히 안동역 주변을 상업 거점으로 삼아 경제 통합과 식민지 관리 체제 강화를 시도했다. 안동 신시장의 건설은 이러한 도시 재편 흐름과 맞물려, 조선 내 상업 활동을 통제하고 자원 착취를 가능하게 하는 공간적 도구로 활용된 측면이 있다. 이러한 맥락에서 안동 신시장은 단순한 상업 공간 확장 이상의 의미를 지니며, 당시 식민 통치를 강화하려는 일본의 전략적 의도가 반영된 것으로 이해될 수 있다.

일제는 오일장이 조선인의 일상생활과 밀접하게 연관된 주요 생활 공간이자 중요한 경제 활동의 장이었기 때문에 이를 식민지 통치의 효율적 도구로 삼고자 했다. 이를 위해 1913년 10월, 조선총독부 농상공부 상공과는 「시장취체규칙」을 입안하기 시작해 관계 기관과 협의한 뒤, 1914년 9월 총독부령 제136호로 「시장규칙」을 공포하였다. 「시장규칙」은 식민지 조선의 오일장을 국가의 행정 및 경찰 기구를 통해 직접적으로 통제하려는 목적을 명확히 드러낸다. 공식적으로는 조선의 오일장이 무질서하고 위생 문제를 일으킨다는 명분 아래 시장 환경을 개선하겠다는 취지로 선전되었지만, 실질적 목적은 전국에 분포된 오일장을 경찰과 행정 기구를 통해 관리하고 통제하는 데 있었다. 이 규칙에 따라 오일장과 같은 민간 전통시장을 공영제로 규정하고, 이를 경영하는 권한을 지방 행정기구에 부여함으로써 시장의 공공성을 강조하는 동시에, 허가제를 통해 철저히 관리하고자 했다. 이는 오일장이 불결하고 무질서한 공간으로 묘사되며, 식민지 통치 논리 아래 관리 대상이 되었음을 반영한다.[20]

19　김기철, 「안동 도시공간구성의 변천에 관한 연구」, 대구대학교 박사학위논문, 2014, 137쪽.
20　정경운, 「일제강점기 식민도시화 정책과 오일장 변화과정」, 『국학연구론총』 17, 택민국학연구원, 2016,

「시장규칙」은 오일장이 조선인의 일상적이고 문화적인 생활 공간일 뿐 아니라, 정치적 담론이 형성되는 장소로서 가지는 영향력을 억제하려는 식민 정책의 일환이었다. 이를 통해 시장 사용료 징수를 비롯한 경제적 통제도 강화했으며, 오일장은 일제의 도시계획과 토지 개편, 교통망 재편에 따라 폐지·이전·병합 등의 과정을 겪으며 기존의 오일장으로서의 성격을 상실하고 상설화되거나 공영화되었다. 이러한 과정은 조선 사회의 전통적 시장 운영 방식에 중대한 영향을 미쳤으며, 결과적으로는 식민지 도시의 재편에 부합하도록 오일장의 변형을 초래하였다.

주목되는 것은, 이러한 식민지적 개입에도 불구하고 오일장은 여전히 조선 민중의 일상생활에서 필수적인 상업 공간으로 기능했다는 점이다.[21] 일제의 강력한 통제와 규제에도 불구하고, 오일장은 민중의 경제적 생존과 공동체적 연대가 실현되는 장으로서 지속된 것이다. 오일장은 매번 장날마다 지역 사회 구성원들이 모여들어 상호부조와 신뢰를 기반으로 하는 교류를 이루는 장소로 자리 잡았고, 민중의 경제적 자립을 가능하게 하는 중요한 생활 기반이었다. 장날에는 농민들이 자신이 재배한 농산물과 자가 소비품을 판매하며 경제적 자급을 실현하고, 상인들은 고정 상점과는 차별화된 유동적 시장 경제를 형성함으로써 더 넓은 계층의 고객층을 만날 수 있었다. 이 과정에서 민중은 일제가 강제한 공설 시장 체제와는 다른 자율적 경제 체제를 고수하며, 일방적 통제와는 차별화된 상호 신뢰와 협력의 경제적 네트워크를 유지할 수 있었다.

오일장은 조선 민중에게 단순히 경제적 공간이 아닌, 사회적 의례와 공동체적 소통의 장으로서도 기능했다. 장날을 통해 사람들은 소식을 교환하고 공동체의 안녕을 확인하며, 서로의 생계와 삶을 이어가는 중요한 관계망을 형성했다. 이렇듯 오일장은 민중의 문화적 정체성과 공동체 의식이 반영된 생활공간으로서, 일제의 경제적·사회적 억압과는 구별되는 조선 민중의 독자적 세계관이 투영된 공간이었다. 따라서 일제의 공설화와 강제 통제 정책에도 불구하고, 오일장은 민중의 자발적이고 저항적인 경제·문화적 실천이 발현되는 장으로서 기능을 지속할 수 있었다. 이는 장시라는 공간이 단순한 상업적 기능을 넘어서, 민중이 식민 통치에 맞서 일상 속에서 저항과 자립을 실천할 수 있는

155쪽.
21 관련하여 정경운은 광주 양동시장의 사례를 통해 오일장 상인들이 일제의 규제에 맞서 장을 지키기 위한 저항의 역사를 주목한 바 있다. 정경운, 위의 글.

2016년 9월(출처: 김만옥 상인 제보 사진)

2023년 1월

2024년 7월

2024년 10월

〈사진 23-26〉 마당 공간의 변화

민속적 장으로 자리매김했음을 의미한다.

  민속은 특정 시대와 장소에서 권력 구조와 긴장하면서 끊임없이 변화하고 재생산되는 것으로 이해될 수 있다. 이러한 이해 속에서 일제강점기의 오일장 통제와 신시장 건설, 그리고 현재 안동 신시장 오일장에서 발생하고 있는 갈등을 민속의 변화와 생성이라는 관점에서 주목해볼 수 있겠다. 일제강점기라는 국면 속에서 오일장의 저항은, 식민통치에 대한 민중적 실천이었다. 조선 민중은 일제가 강요하는 근대적 시장 체제 속에서도 전통적 경제 활동과 상호부조 체계를 유지하며 오일장을 민속적 연대의 장으로 활용했다. 이는 공동체가 시대적 억압 구조와 맞닥뜨릴 때 새로운 형태로 변환되고 생성되는 과정의 일환이었다 할 수 있다.

중앙신시장에서 매달 2일과 7일 이루어지는 장날에는 타워형 공영주차장 옆 약 220평 부지를 중심으로 상인과 방문객으로 붐비며 지역 오일장의 전통적 중심지 역할을 해왔다. 이 공간은 오랫동안 '마당'으로 인식되며 상인들 사이에 자연스러운 규율이 형성된 중심지였다. 상인들은 이 마당을 중심으로 자리를 잡아 장사를 이어왔으며, 특히 새벽부터 자리를 확보하기 위한 움직임이 활발히 이루어졌다. 마당은 고정적인 자리를 지켜온 상인들에게는 자신의 위치를 상징하는 중요한 생업 터전이자, 상호 협력을 통해 관계를 맺어온 공동체적 유대의 장으로 기능해왔다. 장날이면 주변 골목에서도 장이 펼쳐졌으나, 오일장날의 중심은 수십 년간 이 자리로 확립되어 왔으며, 지역민과 상인들에게 단순한 상업 공간을 넘어 지역의 공동체적 유대를 상징하는 공간으로 자리잡아 왔다. 그러나 2024년 2월, 안동시의 도시 재편 정책에 따라 기존 오일장 상인들은 해당 장소에서 철거되어 새로운 위치로 이동하라는 시의 요청을 받게 된다. 새로운 장터는 중앙시장길 도로 상에 '직거래장터'라는 명칭으로 마련되었으나, 이주를 꺼리는 상인들이 자리를 지키자 기존 장터에 대형 버스를 배치해 물리적 접근을 차단하는 강경한 조치가 취해졌다.

이 조치는 상인들이 오랜 시간 유지해 온 장터의 공간적, 상징적 가치를 무시하는 것으로 인식되었고, 일부 상인들은 기존의 자리를 떠나지 않으려 했으나, 상당수는 주변 골목이나 직거래장터 골목 끝으로 밀려나게 되었다. 주차장으로의 물리적 전환은 이후 차단기 설치와 차량 배치로 더욱 확고해졌고, 이것이 상인들과 지역민들에게는 오일장 장터의 본격적인 소멸로 비쳐졌다. 관광 자원으로 오일장을 활성화하겠다는 목표 아래 추진되는 이러한 변화는, 수십 년간 자리를 지켜온 상인들에게 전통적 장터가 단순히 주차장으로 대체되는 과정으로 여겨지고 있다. 이는 전통시장의 활성화를 위한 정책이라는 시의 입장과 상충되며, 지역 전통의 유지와 공동체적 유대라는 측면에서 기존 장터의 의미와 역할이 상반되는 사례로 해석될 수 있다.

(저기 새로 만들어놓은 골목에는 왜 안 가셨어요?) 그게 또 전통시장을 만들어주는 것이 아니고 2월까지 그 2월까지만 하니까 저 사람이 지금 내년 2월까지 하면 어디로 또 쫓겨가야 될지 몰라. 우리는 아예 싫다. 우리는 원래 하던 대로 하고 그 사람들은 일단 모하게 하니까 거 갔는데 그게 이제 2월까지 기한이야. 그 뒤에 가게 사는 사람들이 또 허락을

해줘야 시장이 2월까지만 허락받았으니까 지금 뒤에 가게 하는 사람들이 허락을 해줘야 또 할 수 있고 안 그러면 다 지금 남우 가게 앞에 못 하게 하면 또 가야 되지 쫓겨나야 되지. 그러니까 우리는 그리 싫다. 우리 전통시장 그대로 놔놔라. 30년이나 되는 전통시장을 왜 없애? 그래 적어도 2월이 아니고, 옳은 자리 같으면 그 가는데, 그게 2월까지 되면 또 어예들 또 모르니까. 안 간다. 아예 안 간다. 그래 싸웠는데.[22]

상인들은 시에서 새롭게 개설한 직거래장터 대신에, 상가 상인들과의 충돌 가능성이 적고 기존의 고객과 접근성이 보장되는 원래의 장터 공간을 원하고 있다. 상인들은 직거래장터가 2월까지 한시적 공간으로 설정되어 있고, 전통 오일장의 장날인 2일과 7일에 한해서만 열릴 수 있다는 점에서 "전통시장이 아닌 임시적 상거래 장소에 불과하다"는 인식을 드러내고 있다.

상인들의 구술에 따르면, 이들은 장터가 단순한 상업 공간이 아닌, 자신들이 오랜 시간 형성해온 공동체적 생활과 유대의 공간으로 인식하고 있다. 상인들은 오일장의 고유한 '자리'를 통해 전통적 장터에서의 역할과 규칙이 유지되어야 한다고 보며, 이를 지역의 전통으로 이해하고 있다. 이러한 시위와 저항은 기존의 장터가 단순히 물리적 공간이 아닌, 지역적 정체성과 상징으로서 전통시장의 가치와 역할을 재구성하려는 의도를 반영하고 있다.

마당은 지역민의 일상과 공동체문화를 담고있는 공간이자, 전통적 상업 구조의 중심지 역할을 수행해 왔다. 특히, 〈사진 27〉과 같이 안동 신시장 공영주차타워가 완공된 2010년 11월 이후 2일과 7일의 오일장 장날마다 이곳은 상인들에게 무료 개방되었으며, 장날 전날에는 주차된 차량의 이동을 해야 한다는 플랜카드가 설치되어 있었다. 이는 장날에는 주차장을 장터로 전환하는 행정적 조치를 통해 오일장이 단순한 상업 기능을 넘어 지역의 전통성과 공동체적 공간으로 기능할 수 있도록 한 사례로 해석될 수 있다. 이러한 조치는 오랜 시간 동안 지역민들에게 있어 오일장이 단순한 시장 이상의 전통적 가치를 지닌 공간임을 인지하고 그 지속성을 보장하려는 의미가 담겨 있었다고 볼 수 있다.

---

22 정OO(여, 70대)의 구술(2024년 10월 7일, 신시장 오일장).

2019년 장날(출처: 안동시 공식블로그, https://blog.naver.com/andongcity00/221711560528)

2024년 7월

2024년 6월

2024년 8월

〈사진 27-30〉 오일장 플랜카드의 변화

　　현재는 주차장 내 모든 장날 행사를 금지하고 해당 부지 입구에 대형 트럭을 주차해 출입을 차단하는 등의 적극적인 규제 조치가 취해지고 있는 상황이다. 폐쇄된 주차장에는 '옛 장터'의 폐쇄를 알리는 플랜카드가 걸렸고, 기존의 오일장 상인들은 불법 노점으로 간주되어 오랜 장터 자리를 떠나도록 요구받았다. 이러한 정책은 전통 시장의 효율적 관리와 도시 미관 개선을 목표로 했으나, 오랜 기간 그곳에서 생계를 이어온 오일장 상인들에게는 생존권을 침해당하고 장터에서 형성된 유대 관계가 단절되는 일로 받아들여졌다. 또한, 기존에 신시장 남문 맞은편의 골목, 안동상회부터 옛 영호초등학교까지 이어진 구역에서 오일장을 열었던 상인들 역시 '직거래장터'라는 이름 아래 새롭게 조성된 공간으로 옮겨갈 것을 권유받았다. 이에 따라 상인들은 새롭게 꾸려진 직거래장터를 받아들일지, 혹은 기존 자리를 유지하기 위해 싸울지 고민하는 상황에 처하게 되었다.

<사진 31-32> 오일장 상인들의 플랜카드

<사진 33> 오일장 상인들의 거리 행진

<사진 34> 시 관계자들의 거리 행진

　전통 오일장의 폐쇄와 장소 재편은 오랜 시간 그 자리를 지켜온 상인들에게 공간적 정체성을 위협하는 사건으로 다가오고 있다. 특히 안동 오일장의 상인들은 중앙에서 밀려난 이후에도 공영주차장 한편과 주변 골목에 흩어져 자리를 지키고자 하는 저항의 움직임을 보이고 있으며, 이는 단순히 경제적 생존을 넘어서 자신들이 속해 있는 공동체적 유대와 공간의 정체성을 보전하려는 시도라고 볼 수 있다. 장터라는 물리적 중심을 상실한 상황에서도 그들은 새로운 장터로 옮겨가기를 거부하고, 지역적 유대가 유지된

장소에서 전통을 지키고자 한다.

이와 같은 변화는 전통시장의 의미가 단순한 상업적 기능을 넘어 지역적 유대와 정체성의 담지자로 기능해 왔음을 보여준다. 하지만, 시가 장터를 불법적 노점상 활동으로 규정하고 이를 금지하는 플랜카드를 세우고, 입구에 대형 트럭을 배치하여 주차장 출입을 차단하는 모습은 전통이 행정적 통제 아래에서 억압되고 소거되는 현재의 상황을 극적으로 드러낸다. '옛 장터 폐쇄'와 같은 공고는 과거의 장이 서던 장소가 외부에 의해 사라지게 되는 풍경으로, 상인들의 거리 행진 풍경에서 '전통시장을 살려내라'는 외침과 '노점상 생존권 쟁취', '오일장 이전 결사반대'라는 띠의 구호는 이러한 민속적 전통이 현대적 행정과의 충돌 속에서 소멸될 위기에 있음을 상징한다.

한편, 시 관계자들이 내건 '고객 보행로 확보'와 '불법 도로 점용 제한' 같은 구호는 행정적 규제와 근대적 가치 속에서 전통 오일장이 점차 구시대적 공간으로 재분류되고 있음을 보여준다. '옛 장터 폐쇄'를 알리는 플랜카드와 주차장 출입구에 배치된 대형 트럭은 효율성, 안전, 미관과 같은 근대적 가치가 전통 시장의 공간을 새롭게 관리하고자 하는 행정적 목표와 방향을 상징적으로 드러낸다. 이는 위로부터의 행정적 재구성과, 아래로부터 지켜져 온 오일장의 전통이 대비되는 풍경을 이루며, 전통과 근대의 상반된 가치가 어떻게 공간에서 표현되고 충돌하는지를 시사한다.

행정적 시각에서 이루어진 이와 같은 조치는 전통 장터가 지닌 장소적 의미와 공동체적 유대가 행정과 제도 속에서 어떠한 방향으로 변형될 수 있는지 보여준다. 특히 근대적 관점에서 강조되는 '안전'과 '보행로 확보'는 전통 시장을 현대적 규범에 따라 재편해야 하는 대상으로 간주하게 만들며, 이러한 재편은 전통 시장의 기능과 역할이 제도적 틀 속에서 조정되고 제한될 수 있음을 시사한다. 이는 근대화 과정 속에서 전통 공간이 사회적 유대와 공동체적 정체성을 매개하는 역할을 어떻게 재구성하거나 상실해가는지를 보여주는 사례로, 전통적 장소의 재편이 지니는 복합적 의미를 내포한다.

오일장은 도시 개발과 재개발 과정에서 반복적으로 철거와 단속의 대상이 되어 왔으나, 이러한 규제와 제한 속에서도 오랜 시간에 걸쳐 공동체 내에서 존속해 온 장소적 특성을 지니고 있다. 이러한 점에서 오일장은 단순히 이분법적 구도로 규정될 수 없는 역사적, 사회적 의미를 내포하며, 도시화와 자본주의적 규율에 맞서 그 고유의 민속적 질서와 사회적 유대를 통해 존재해 온 공간으로 자리매김해 왔다.

결국, 오일장이라는 문화적 공간과 현대 행정 규제 간의 갈등은 단순한 물리적 충돌이 아니라, 전통과 근대적 가치의 경합이 일어나는 장으로 이해할 수 있다. 이러한 맥락에서 오일장 상인들은 도시 개발과 규제의 흐름 속에서 전통적 삶의 방식을 유지하며 공동체적 연대와 상호작용을 지속하는 주체로 해석된다. 사진과 구술 기록을 통해 드러나는 그들의 실천은 단순한 생계 활동이 아니라, 자본주의적 공간 질서에 대한 저항이자, 자생적으로 형성된 민속적 문화의 재생산 과정임을 보여준다.

> 내 자리여다. 이제 내 자리가 여야. (여기 주차장에 있던 상인분들 이제 다 자리는 잡았어요?) 안 잡았어 아직. 이 할머니들 새로 다 왔지 원래 기존에 있던 사람들은 몇이 안 되고. 기존에 있던 할머니들은 저 저 건너에 몇이 가고 저 밑에 골목에 들어가고. (아예 장사 접으신 분들도 있어요?) 접어논 사람도 있고. 이 할마이들은 회비도 안 내고 지금 들어와가. 회비 내라 캐봐라. 전부 다 욕만하고 안 오지 여기 안 들어온다고 해요. 여기 하는 사람만 이 안에 주차장 안에 하는 사람만 일년에 만 원 뭐 갖고 이제 일년에 한 번썩 윷도 놀고 명절 끝에. 뭐 사 먹기도 하고 밥 사 먹기도 하고. (그럼 윷은 어디서 놀아요?) 저 마당에서 주차장 안에 마당에서 놀았는데 올해는 뭐 어디서 뭘 해야 될지 생각을 한번 해봐야지.[23]

> 돈 거두면 먹는거 불러 먹고 상품 사고 뭐 그래 놀지. "놀래?" 그래가지구 "놀자!" 그러면 이제 다음주 얼마씩 모두코, 사먹고 윷놀고 그러지. 일부러 다달이 받는 게 아니고 오늘 오는 날 논다. 그거는 뭐 자나 떠다 놀자 이래서 이제 여기 다 모이니까 장날 여 모이니까 다 흩어지잖아요. 안동시내 농촌에 농사짓는 사람이 와룡 도산 임동 남선 임하 원림 마구 다 멀리 각처에서 일찍 뭐 이런 사람들이 다 여기 모이니까 장날 다 모이니까 그러니까 딴 데 가 못 모이고. (보름날 놀던 사람들 끼리 그러면 시위도 나중에 하게 된 거예요?) 그래가 이제 저 갔는 사람들은 안 하고 여기 있는 사람들만 하고 있지. 그래 갔는 사람은 우리는 전통시장 만약에 되찾는다 그러면 당신도 오지 마라 같이 단합을 안 했으니까 당신도 오지 마라 그랬어.[24]

---

23 이○○(여, 70대)의 구술(2024년 10월 7일, 신시장 오일장).
24 정○○(여, 70대)의 구술(2024년 10월 7일, 신시장 오일장).

〈사진 35〉 재래시장 상인회의 수기 명부와 통장

오일장의 상인들은 각기 다른 지역에서 장에 모여들며 자연스럽게 형성된 공동체적 유대를 통해 상호부조의 형태를 유지해왔다. 특히, 이들은 '마당'에서 매년 대보름날 윷놀이를 하고 음식을 나누어 먹으며, 서로의 삶을 공유하기도 했다. 이러한 행위들은 상인들 간의 협력과 상생을 기반으로, 분리된 지역적 경계를 넘어서 공동체문화적 실천을 지속해온 모습이라 할 수 있다. 이를 통해 오일장이 단순히 물건을 사고파는 상거래의 공간을 넘어, 공동체문화적 실천이 자리하는 장으로 자리해 왔음을 살펴볼 수 있다.

현대에 이르러 도시 재개발과 행정적 규제로 인해 오일장 공간이 제한되고, 상인들에게 새로운 장터로의 이동이 요구되면서 마당에서 펼쳐지던 윷놀이와 공동체적 결속 또한 변화의 기로에 놓이게 되었다. 상인들은 과거 윷놀이를 위해 자발적으로 모았던 기금을 시위 자원으로 전환해 플랜카드를 제작하는 등 집회를 위한 재원으로 활용하며, 연대의 형태를 변형해 유지하는 방식을 보여준다. 이러한 상인회의 결성과 활동은 두레나 계와 같은 자생적 협동 체계를 현대적 맥락에 맞춰 변형한 예로 볼 수 있으며, 민속이 당대의 조건과 현실적 상황에 대응하며 새롭게 재편되는 생성적 특성을 잘 드러낸다. 상인들은 또한 '재래시장 상인회'를 조직하고 기존의 자리를 지키기 위해 공동체적 실천을 강화하며 새로운 대응 방식을 형성하고 있다. 이는 단순한 경제적 결속을 넘어, 전통적 상인 공동체가 행정적 변화에 대응하며 새로운 성격을 획득해가는 과정을 보여준다.

기존의 공동체문화적 실천은 현재의 조건에 맞춰 유동적으로 변화하며, 상인들은 이를 통해 공동의 가치를 지키기 위한 새로운 대응 방식을 끊임없이 모색하고 있다.

> 저렇게 하다가 보면 한 10년 되면 그 노인네들 다 죽어 재래시장 저절로 없어지는데. 맞아 내부터도 이거 뭐 10년까지 하겠어 못 한다. 이게 잘 될라면 이런 식으로 하면 안 된다 이거야. 어디든지 재래시장이 될 만한 곳이 장만 해놓고 사람을 쫓아야지. 1년 하고 나면 어디 가서 우리 또 어디 쫓기러 가노. 우리는 다 살았다 이거야. 우리는 얼마 안 남았어. 나도 농사를 뭐 몇 년 더 지을라는 거는 몰라도 내 땅 한 평 없이 남에 땅에 심어 묵으라 캐가 심어 묵고 하는데 지금 귀농하는 사람들 젊은 사람들 오면은 판로가 없어 갖고 어디로 가나 이거라. 아무래도 생각을 해보라 얘기지. 그래 인자 이게 1년 전부터 내 혼자서 했는데 이 사람들이 "저 할머니가 뭘 아노" 이리 생각했던 거예요. 지금도 그런다니까. 그러니까 이 안 되니까 내가 이제 회원을 만들었지 팔러 오는 사람들한테. 이게 팔고 우리가 앞으로 계획을 하려면 1년에 돈 만원썩 회비를 내라. 내가 다 걷었어. 친한 집에부터 걷었어. (그렇게 회원 모임을 뭐라고 불러요? 그 분들끼리는) 시장 재래시장 상인회. 이래 내 통장의 명칭을 그래 만들었어.[25]

현재의 위기 앞에 연대하고 있는 안동 오일장의 상인들은 대부분 70대 이상의 고령으로, 이들은 행정적 변화 속에서도 자신들이 오랫동안 지켜온 오일장을 유지하려는 강한 의지를 표명하고 있다. 이들은 단순히 자신의 생계를 넘어, 오일장의 판로와 전통을 미래 세대에게 계승하고자 하는 공동체적 실천을 통해 연대를 이어가고 있다. 구술에 담긴 "우리는 얼마 안 남았어"라는 표현은, 현재의 상인들이 자신들의 활동을 오랜 전통과 후대의 연결고리로 인식하고 있음을 시사하며, 단순한 상업적 이익을 넘어 오일장의 전통과 가치를 후대에 물려주려는 의지를 드러낸다.

고령의 상인들이 오일장을 지키려는 이러한 연대 실천은 자본주의적 도시화와 행정적 규제 속에서도 자신들의 정체성과 전통을 보전하려는 공동체문화적 실천들을 보여준다. 전통적 공간의 기능과 의미가 근대적 도시 계획에 의해 통제되고 변화하는 과정

---

[25] 이OO(여, 70대)의 구술(2024년 7월 21일, 자택).

<사진 36> 왔니껴 안동 오일장의 입구

<사진 37> 왔니껴 안동 오일장의 풍경

속에서, 위 구술에는 이러한 도시 개발과 행정적 통제가 오일장의 지속 가능성에 대한 불안과 무력감이 담겨있기도 하다. 기존의 장소적 소속감을 대체할 수 있는 새로운 공간을 강요받는 상황에 처한 상인들은, 오일장이 현대의 통제 방식으로는 더 이상 온전히 지속되기 어렵다는 인식을 드러내고 있다.

이러한 상황에서 상인들은 재래시장 상인회를 조직하고, 회비를 걷어 자율적 운영체계를 마련하는 등 계 조직의 형태를 현재의 상황에 맞게 변형하고 있다. 이와 같은 실천은 단순한 경제적 이해관계를 넘어, 오일장이 지닌 전통적 가치와 공동체적 연대를 유지하기 위한 자발적 대응을 보여준다. 또한, 변화하는 행정적 통제에 맞서 기존의 장터 전통을 지켜내고자 하는 이들의 집단적 저항은 오일장이 단순한 상업적 공간을 넘어서는 민속적 공간임을 나타낸다.

> 그 도로변을 막아 갖고 특별히 그 골목에는 농약방 철물점 전부 뭐 비니루 이런 거 전부 상인 아이가. 그 앞에 가 장날이 차로 차단시켜 보니까 거기는 차가 들어갈 수가 없어요. 그 사람들이 엄청 불편한 거야. 불편하고 말고지. 그전엔 괜찮았고 지금 현재에 거기에 가는 사람은 안동 사람 10명도 안 돼. 다 영주에서 불리고 예천에서 부리고 돈 주고 불러 왔는 사람들이야. 없어 안동시에서 온 사람 별로 없어. … 이쪽에 농산물 재래시장은 우리가 좌우를 하지 그래 안동 사람이 농사 짓는 거를 이 대구는 멀리서 온 상인들이 사가 가는 게 아이고 대구서 물건이 들어와서 팔지 우리 거는 안 사가간다 이거야. 그래 안동돈이 가뜩이나 경제가 어려븐데 안동돈이 외지로 다 빠진다 이거야. 여기 골목도 그렇지만은

> 저 밑에 저쪽 시장 건너에 옛날에 그 용달차 주차장이 있었어. 있는데 그 주차장 안에 사람을 안동 사람이 들어가서 한다고 쫓아내버리고 대구 사람이 그거 다 들어와버리는 거. 그쪽에도 한 50명이 넘게 들어가 있어.[26]

현재 열리고 있는 '왔니껴 오일장'은 지역의 전통적인 오일장 문화를 근대적 관점에서 재편성한 공간으로 볼 수 있다. 이 장터는 지역색을 담아내는 동시에 규율과 질서를 강조하고 있는데, 이는 근대적 행정체계가 민속적 공간에 개입하면서 새로운 형태의 장터를 제시하는 방식이라고 해석될 수 있다. 이전의 오일장이 자율성과 상호작용을 바탕으로 한 민속적 특성을 지녔다면, '왔니껴 오일장'은 이러한 자생적 요소들이 일정 부분 제한된 환경에서 운영된다. 예컨대, 일렬로 늘어선 주차 금지 라바콘이나 단체복을 착용한 상인들의 모습은 전통 오일장과 달리 질서와 일관성을 강조한 근대적 풍경을 보여준다.

또한, 외지 상인들의 유입 증가와 장터 초기 이름인 '직거래 장터'의 의미가 약화된 점은 장터의 경제적 기능에 새로운 관점이 필요함을 시사한다. 전통 오일장이 자발적인 상호작용과 지역 중심의 경제 순환을 반영했다면, 현재의 장터는 외부 요소의 개입으로 인해 경제적 역할이 변화하고 있다. 구술 자료에서도 확인되듯이, 외부 상인의 비중이 커지면서 지역 농산물 중심의 유통 구조가 점차 변모하고 있는 것이다.

한편 시 관계자들이 장터의 질서를 관리하고 차량 통행을 제한하는 모습은, 전통적으로 상인들이 자율적으로 형성해온 질서가 행정적 규제와 효율성이라는 근대적 가치에 의해 재편되는 모습을 상징적으로 보여준다. 결국 '왔니껴 오일장'은 단순한 물리적 이동이 아니라, 민속적 공간이 근대적 규율과 효율성 아래 구획되고 재구성되는 사례로 이해할 수 있다. 결국, 이 장터는 지역 오일장의 물리적 이동뿐만 아니라, 전통과 현대, 자율성과 규율이 맞물리며 새로운 형태의 공동체적 실천과 상호작용이 나타나는 생성의 계기가 되고 있다.

---

26 이〇〇(여, 70대)의 구술(2024년 7월 21일, 자택).

5. 관점 너머, 상인들이 일궈내는 공통의 집

　한국 사회에서 오일장은 농산물과 생필품을 거래하는 기능을 넘어, 도시화와 경제 발전 속에서도 전통과 지역 공동체의 역사를 담아내는 장소로 기능하고 있다. 그러나 최근 정책적 규제와 도시 개발이 오일장의 전통적 기능을 더욱 약화시키면서, 오일장은 자본주의적 도시 질서와 충돌하고 있다. 정부와 지자체는 오일장을 규제하기 위해 상인들을 공공 공간에서 열리는 불법적 노점의 행위자로 간주하며, 도시 미관과 질서를 이유로 철거와 단속을 강화하고 있다. 그 결과, 지역 내에서 오일장은 점차 공공의 적으로 규정되는 경향을 가지며, 대형마트와 같은 자본주의적 상업 시설들이 공고히 그 자리를 대신하고 있다.

　한국 사회에서 노점상 문제는 도시 질서의 유지라는 차원에서 정책적 규제의 문제를 넘어, 공공 공간의 의미와 그 활용 방식을 둘러싸고 다양한 이해관계가 얽혀 있는 담론의 장을 형성하고 있다. 한국 사회에서 오일장과 노점상 문제는 빈곤층의 생계 유지, 공공 공간의 활용, 도시 질서와 미관에 관한 다양한 이해관계가 맞물린 복합적 현상으로 주목받고 있다. 노점상에 대한 정책적 접근은 대체로 공공의 이익을 위한 규제와 정비 차원에서 이루어지며, 정부와 지자체는 노점을 불법적 상업 공간으로 간주하여 철거와 단속을 통해 도시 질서를 유지하고자 한다. 이러한 관점에서 노점상은 공공의 도로를 점유하고, 위생 문제와 세금 납부의 기준을 충족하지 않는 비공식 경제 활동으로 비춰지며, 공공 이익을 해친다는 인식 속에서 단속의 대상이 된다.

　반면 다른 시각에서는 노점상을 빈곤층의 생존권을 위한 자율적 활동으로 보고, 이들의 공공 공간 활용을 사회적 약자의 권리로 인정해야 한다는 입장을 견지한다. 이와 같은 두 관점은 노점상을 바라보는 방식에서 상이한 입장을 취하지만, 궁극적으로 노점상에 대한 부정적 언어와 인식 구조를 재생산하는 경향이 있다는 점에서 공통된다. 이러한 이중적 시각은 노점상을 규제와 관리의 대상으로 삼는 기존 체제를 강화하는 동시에, 그들을 서발턴적subaltern 위치에 고정시키며 이를 지속적으로 재생산하는 효과를 가진다. 그 아래, 그들이 존재해야 할 사회적 조건이나 환경을 개선하려는 시도보다는 규제와 단속을 통한 문제 해결 방식이 주를 이루고 있다.

　한편 노점상을 사회적 약자로 바라보며, 자본주의 시스템이 포괄하지 못하는 경제적 소외 계층으로서 이들의 생계 공간을 인정하고 보호해야 한다는 입장이 전개되기도 한다. 노점상을 단순한 도시 미관과 공공질서를 해치는 불법적인 존재로 보는 정부의 시각을 비판하며, 오일장은 도시 빈민들의 생존 수단임이 강조된다.[27] 이와 같은 접근은 노점상인들이 단속의 대상이 아닌, 안정적인 생계 공간을 보장받아야 할 존재로 바라보며, 이들에 대한 제도적 지원과 정책적 보호의 필요성을 강조한다. 이 관점은 보다 포용적이거나 보호적인 역할을 수행하지만, 궁극적으로는 그들의 존재를 종속적 주체로 고정시키는 결과를 초래하는, 부정적 효과에 복무하는 경향이 있다.

오일장은 단지 적법과 불법, 경제적/비경제적, 합리적/비합리적 구도로만 환원될 수 없는 다양한 형태와 민속적 의미를 지닌 공간이다. 오일장은 단순한 상업 공간을 넘어, 지역의 전통과 생활 방식이 녹아있는 민속적 공간으로 자리해왔다. 민속적인 층위에서 오일장은 상거래만을 목적으로 하는 현대적 시장과 구별되는 특성을 지니며, 상인과 지역 주민의 생활이 맞물려 형성된 공동체적 유대를 기반으로 한다. 장날마다 모여드는 상인과 지역민들은 경제적 거래뿐 아니라, 사회적 소통과 문화적 교류를 이루어 왔으며, 이는 오일장이 단순한 교환의 장소를 넘어 민속적 실천이 이루어지는 장이라는 점을 부각시킨다.

> 돈 버는 재미가 있지. 또래 모임도 있고 돈은 많이는 못 하고 그렇지. 내 앞에 집에 할배가 있어. 할배가 날 보고 맨날 씩씩 웃어 내 앞에 와가 할배 왜요? 카면, 아지매, 기름값이나 되나 이카는 거야. 나 보고 기름값 되나 놀지 난 나 놀리는 거야. 자기 보기에는 뭐 고빼이 팔아 봐도 기름값 벌어야 되지 뭐 남는 게 있나 싶은 거야.[28]

오일장은 자본주의적 공간의 이윤 극대화와 효율성을 중시하는 구조와는 대조적으로, 상인들이 소소한 생계를 유지하며 공동체적 유대를 형성하는 비자본주의적 공간으로 자리하고 있다. 이곳에서는 상인들이 높은 수익을 추구하기보다는 일상의 소소한

---

27 이와 같은 관점에서 1980년대 노점상운동의 형성과정은 노점상이 도시 공간에서 생존권과 노동권을 인정받기 위해 끊임없이 투쟁해 온 사회적 현상으로 논의되고 있다. 노점상은 경제 위기 속에서 증가하였으며, 이들의 활동은 정부의 지속적인 단속 대상이 되었지만 생존을 위한 활동으로 사회적 정당성을 지니고 있다는 것이다. 김준희, 「도시공간과 노점상의 권리에 관한 연구-1980년대 노점상운동의 형성과정을 중심으로」, 『공간과 사회』 36, 한국공간환경학회, 2011.

28 조OO(여, 70대)의 구술(2024년 9월 10일, 자택).

만족감과 상호 관계를 중시하며 살아간다. 효율성보다는 공동체의 일상과 정서적 교류가 중요한 이 공간은 상업적 목적을 넘어 상인들 간의 따뜻한 유대를 이어가는 장으로서의 의미를 갖는다. 이러한 비자본주의적 특성은 오일장이 단순한 상업 공간을 넘어, 서로의 존재를 인정하고 공유하는 공동체적 생활 기반으로 기능하게 한다.

> 별호가 와룡에 있으면 와룡아 와룡아 그고. 일직, 남선, 망호에 있으면 망호야 망호야 그고. 뭐 그러지. 내 같은 거는 별호가 거북이래. 부지런하다고 거북이. 거북아! 다 그래. 이 별호가 또 있어. 각자가 별호가 있어. 내 같은 경우에도 나는 옹천서 농사지가 오는데, 옹천 장기리에서 농사지가 오는데 날 왜 거북이라고 그노? 그니께네 부지런하게 거북이라고 그지. 그날부터 불러오면 거북아! 거북아! 그래.[29]

오일장 내에서 상인들은 서로의 별호로 불리며, 이 별호는 단순한 호칭을 넘어 상호 신뢰와 관계의 깊이를 상징하는 역할을 한다. 별호는 주로 상인의 고향이나 특정한 성격적 특질에서 유래하는데, 이는 오랜 시간 함께한 관계에서 형성된 이해와 친밀감의 결과이다. 예를 들어, 상인이 농사일을 성실히 해온 모습이 별호로 반영되듯, 별호는 각 상인의 일상과 특성을 반영하며 그 사람의 정체성을 담아낸다. 이처럼 오일장은 각 상인들이 본인의 고유한 별호로 불리며 서로를 인정하고 존중하는 공동체적 공간으로 기능하며, 자본주의적 공간에서는 드물게 볼 수 있는 친밀한 연대와 공동체적 실천을 보여준다 할 수 있다.

계절에 따른 시장의 변화, 서로를 마을명으로 부르는 상인들, 공유된 전통과 풍습들은 오일장이 고유한 지역성과 민속적 상호작용을 통해 독자적인 공동체 문화를 형성해왔음을 보여준다. 예컨대, 상인들이 자발적으로 참여해 온 윷놀이와 공동 식사는 이들이 상업적 목적을 넘어 서로의 삶을 공유하고 소속감을 확인하는 공동체적 경험으로 기능한다. 이를 통해 오일장은 현대적 도시 공간에서 찾아보기 어려운 일상적 연대와 자발적 공동체의 실천을 담아내는 장소로 자리잡고 있다.

오일장의 특성은, 자본주의적 도시화와 행정적 규제가 오일장을 단속하고 재편성하

---

29 정OO(여, 70대)의 구술(2024년 10월 7일, 신시장 오일장).

려는 시도와 부딪히며 더욱 두드러지고 있다. 오일장을 규제하려는 행정적 개입은 전통적인 공동체와 상충되는 근대적 관리 체제를 내세워 이들의 자생적 질서를 통제하고자 한다. 그러나 이러한 규제에도 불구하고 상인들은 기존의 공간을 고수하거나 새로운 형태의 연대와 저항을 통해 공동체문화를 유지하고자 하며, 이로 인해 오일장은 끊임없이 변화하는 민속적 경관으로서의 의미를 재생산하고 있다. 다시말해 오일장의 경관은, 근대적 규율과 자본주의적 공간 질서가 들어서는 상황에서도 자발적 실천과 공동체적 연대를 통해 자생적 문화를 이어가고자 하는 다른 경관들을 만들어오기도 한 것이다.

이에 따라 오일장을 민속적 관점에서 심층적으로 분석하는 연구가 더욱 요청된다. 오일장은 근대화와 자본주의화의 흐름 속에서도 고유한 민속적 가치와 생활권을 지속해 온 공간으로, 지역 주민들에게는 단순한 경제적 거래를 넘어 공동체와 문화적 교류의 장으로 자리 잡아 왔다. 특히, 오일장에서 계절에 따라 드러나는 변화, 상인들의 상호 연대, 공공 공간에서 발생하는 갈등과 협력의 역동성은 공동체가 생존을 넘어 자생적 문화를 만들어 가는 과정의 일환으로 이해할 수 있다. 오일장은 이러한 과정을 통해 끊임없이 재구성되는 민속적 경관을 형성하며, 이는 민속 연구와 사진 기록의 중요한 자료로서 파악될 수 있다.

> (다시 저 자리로 돌아가게 되면 더 좋을 거 같으세요?) 다 모이면 더 좋지. 하던 자리 꼭 내 집 같은 기분이지. 이거는 30년 했던 거기 때문에 내 집에서 쫓겨나는 기분이고 저리로 가면, 여는 돌아오면 내 집 같고 하던 자리니까. 그래 모여 점심도 해오는 사람 있으면 나눠먹고 니 한 번 해 오면 나 다음 해 오고 다음에 니 해 오고 이래 재밌었는데 이제 다 뿔뿔 다 흩어져 버렸지.[30]

글의 끝에서, 오일장에서 만난 고령의 상인들은 어딘가에 종속된 사회적 약자가 아닌, 오랜 시간 전통과 공동체를 능동적으로 지켜온 주체적 존재로 다가온다. 여기서 그들은 원래의 자리로 돌아가고자 하는 소망 아래 공동의 실천을 이어가며, 오일장의 고유한 장소성을 지키고자 하는 실천가의 모습을 보여준다. 구술에서 언급된 '하던 자리, 꼭 내

---

30 정OO(여, 70대)의 구술(2024년 10월 7일, 신시장 오일장).

집 같은 기분'처럼, 이들에게 오일장은 단순한 상업 공간을 넘어 개인의 기억과 공동체적 유대가 깃든 '내 집' 같은 공간이다.

상인들은 각기 다른 환경과 어려움 속에서도 서로 협력하고 연대하며 자신들의 터전을 지키고 있다. 오일마다 일구어가는 상인들의 실천은 자본주의적 질서와 근대적 규제 속에서도 자생적 문화를 형성하며, 지역민과 상인들의 삶 속에 그 고유한 경관을 유지해왔다. 오일장은 각자의 집과 마을에서 지내던 고령 상인들이 오일마다 모여 공통의 실천을 이어가는 기반이 되고 있다.

오일장에서 느끼는 '내 집' 같은 공간감은 단순한 상업적 의미를 넘어, 삶의 터전이자 일상의 무대로서 상인들의 정체성과 공동체적 유대를 담아낸다. 이 집은 단순히 주거의 의미를 넘어선 삶의 터전이자 일상의 무대이다. 그러한 점에서 지금의 오일장은 위기에 맞서 상인들이 협력과 상호 의존을 통해 구축해가는 '공통의 집'이다.

오늘도 고령의 상인들은 오일장에 나와 자신들만의 문화를 만들고, 기억을 쌓아가고 있다. 그 문화적 기억은 질서와 규제의 바깥에서, 연대와 공동체적 실천을 통해 세대와 전통을 이어가며 지속되고 있다. 오일장의 역동적인 풍경 속에서 우리는 지배적인 관점을 넘어, 상인들이 일구어온 공통의 집과 그 미래를 상상해볼 수 있겠다.